史地 | 生活 | 人物 | 故事 | 读书 | 科技

文史趣录

叶献高 编著

中山大学出版社
·广州·

图书在版编目（CIP）数据

文史趣录/叶献高编著. —广州：中山大学出版社，2014.2
ISBN 978-7-306-04789-2

Ⅰ.①文…　Ⅱ.①叶…　Ⅲ.①文史—世界—通俗读物　Ⅳ.①C49
中国版本图书馆CIP数据核字（2014）第005009号

出 版 人：徐　劲
策划编辑：徐诗荣
责任编辑：陈　霞
封面设计：林绵华
责任校对：廖丽玲
责任技编：何雅涛
出版发行：中山大学出版社
电　　话：编辑部 020-84111996，84113349，84111997，84110779
　　　　　发行部 020-84111998，84111981，84111160
地　　址：广州市新港西路135号
邮　　编：510275　　传真：020-84036565
网　　址：http://www.zsup.com.cn　E-mail：zdcbs@mail.sysu.edu.cn
印 刷 者：广州家联印刷有限公司
规　　格：787mm×1092mm　1/16　23.25印张　379千字
版次印次：2014年2月第1版　2014年2月第1次印刷
定　　价：45.00元

"巨型邮轮"—— 澳大利亚悉尼歌剧院

左为作者夫人吴学萍，中为四子叶向佳，右为作者（二 OO 六年摄于澳大利亚悉尼）

后为作者，前左为次孙叶永盛，前右为长孙叶宇盛（二〇一二年摄于澳大利亚悉尼）

左为三子叶向科，中为长孙叶宇盛，右为儿媳熊爱辉（二〇〇九年摄于太平洋东海岸）

前为次孙叶永盛，后为长孙叶宇盛（二〇一三年摄于南美洲）

左为长女叶美琴，中为四子叶向佳，右为次女叶美江（二〇〇六年摄于澳大利亚悉尼）

前左为外孙黄骏，前中为长孙叶宇盛，前右为外孙女黄洁，后为长媳熊爱辉（二〇〇八年摄于澳大利亚悉尼）

作者主要作品

作者每次从海外归来，都会在中山大学康乐园举办一次诗酒宴会，总共 6 次邀请老师和大学同学与会，共叙离情别绪。图为阔别 44 年（1962—2006）之后第一次相聚时的合影，前排中为作者（二 OO 六年羊城晚报编辑部主任张文辉摄于中山大学）

自　　序

贫因书而富　富因书而贵

黄金有价书无价　散尽黄金为收书

人遗子　金满籝

我教子　唯一经

积金千两　不如明解经书

以上这些经典名句，字字珠玑，掷地有声。这是我们的祖先经过社会实践的宝贵经验，是留给万世子孙共享的精神财富。

人们常说，犹太人智商较高，比较聪明。究其原因，当然因素很多。曾有好事者统计，世界众多人种中，平均读书最多的非犹太人莫属。犹太人每年人均读 60 本书，美国人年均读 40 本书，俄罗斯人年均读 28 本书，德、英、法等国人年均读 20 本书。中国人年均只读四五本书，有些人可能连这个数字都达不到。这样的数据确实令国人有点汗颜。但笔者认为，这个统计数据也不能一概而论。

笔者曾经写过几本书，大多数是客观地评说历史人物和历史事件，介绍中华传统文化和世界一些其他国家的文化，以及记述各国的名胜古迹、秀丽山川及民情风俗，故适合各行各业的读者征订和阅读。这些书在全国各地特别是在笔者的故乡海南得到大家的热烈欢迎，许多单位和学校的领导均出资购阅以大力支持“读书工程”，详细名录请见本书第十六章的附录——“读书工程，无边风月”。在此，笔者对这些重视文化知识，并借助读书来不断提高人身素养的同志表示敬意！因为读书一事看似简单，意义却实为深远。

北宋文学家、书画家苏东坡，因以作诗“谤讪朝廷”贬谪至黄州，后又贬谪至惠州以及笔者的故乡——海南儋州。他在儋州中和谪居三年，开馆授徒，生徒“载酒问字”者众，亦培养出符确等进士。自此，儋州人读书成风，题诗成风，文人雅士辈出。历经一千多年，儋州人好学之风始终不衰，东坡遗风历久弥新。凡外方人士到儋州工作的，受到这样浓厚读书之风影响者甚众，故人们历来都击节赞赏“儋州人陋才不陋”。儋州人对苏公心怀感念，为了永久纪念这位文坛巨擘，乡村父老在儋州市中和镇苏公曾居住过的旧址建起了东坡书院，当地人称“东坡庙”，每年不远万里慕名而来瞻仰的外方游客络绎不绝。

继前人之精神，承东坡之遗风，笔者历来喜欢读书，上至天文，下至地理，总觉人生百态，殊为有趣。每至精彩处，不敢私藏，撷其精华以辑录成册，以飨广大读者。

世界上没有一本万全的字典，但“麻雀虽小，五脏俱全”，本书横亘时空，涵括中外，包罗万象。对于能够启迪思想、塑造人物个性之作品，不管它是中国的还是外国的，古代的抑或现代的，科学的或是人文的，举凡一切具有教育意义且能提升人的修养的，本书皆酌情收录，并将性质相近的内容分门别类，便于阅读；本书亦介绍一些鲜为人知却幽然隽永或稀奇古怪的故事，这些故事神奇但不离奇，例如有许多故事就因上古时代没有文字记载只能口颂相传所以被称为“传说”；本书中还有一些咏怀之作，亦可以陶性灵、发幽思。

本书对历来众说纷纭、莫衷一是之历史事件及人物，亦采取慎之又慎的评说态度，详尽参考经史子集与典章制度，甄采各家之说；疏通发的，考其异同，辨其因革，又望能让后人考证相资。

诸家姓氏，往往通行已久，而溯厥源流，非其本字者，如丘之为邱，则以避孔子讳而为丘加部。冼之为洗，况之为况，扬之为杨，则皆传写之误，今皆改从本字。

本书为难读、难解、易误之生僻字附上注音，以让读者一目了然。有的地方对于人名、地名、物名也略加小史，以省检阅之功。

对于有关西方文化之著作，余亦笃志不倦以攻读，焚膏继晷，寒暑不辍，孜孜以求，务求理解之趣。此所谓“涉浅水见虾，深水见鱼，而尤甚者观蛟龙”。

本书融知识性、科学性、趣味性于一体，注重阅读、参考及收藏价值，希望读者阅读本书后，在获猎广博知识的同时，更能够在彷徨失措之时找到精神的依归，在迷惘困惑之时找到人生的真理，在孤立无援之时找到奋斗的力量！

读书并不仅仅是为了获取知识，更是为了提升自己的素养。君子之风，为中华传统文化中的理想美德。它以仁、智、勇为主要特征，即仁者不忧、智者不惑、勇者不惧。为了培养这种真、善、美全面发展的理想人格，它不仅需要挖掘人的知识潜能，熏陶人的审美情趣，更需要开发人的德性力量。只有这样，我们才能在精神世界与现实生活中实现人格的尊严与独立，最终达到“富贵不能淫，贫贱不能移，威武不能屈”的境界。

本书从前人研究中汲取营养，亦稍加参考近人有关著作。本书中个别资料与篇章，选自报刊或网络，为与全书吻合，其中有些内容有所删节或补充，有的标题有所改动，凡此种种，因篇幅所限，未能一一说明，敬请见谅并表示感谢。

罗马绝非一日建成，万里长城更非一夜之间建成。笔者夙兴夜寐，一条一目，字斟句酌，孜孜不倦地“伏案耕耘”，历三载有余，三易其稿而成此书。然而，个人的学识和精力终究有限，心思所未及，耳目所未周，本书讹误不当之处在所难免，敬祈海内外硕学通才、饱学之士博雅，有以教之，幸矣！

有朝一日，倘真能见到一些读者“举欣欣然有喜色而相告”此书，笔者将倍感欣慰。

期望本书能陪伴读者度过美好的时光。

谨书此以志，永矢弗谖。

是为序。

叶献高

澳大利亚悉尼 HORNSBY　春雨楼　玉宇斋

2013 年 9 月

目　录

第一编　文化·史地

第二编　文化·生活

第三编 人 物

第四编　故　　事

第五编　读　　书

第六编　科　技

第一编

文化·史地

第一章 神话传说

盘古之君　龙头蛇身

蛇的古体字是“它”，《说文》中此篆字的写法不是宝盖头，而是条大蛇的头，下部的“匕”这一弯钩便是蛇身和蛇尾，后世书法家称之为“龙尾钩”，这是描摹实物的象形字。《说文解字》注：“它，虫也，虫而长，象冤曲垂尾形。上古草居患它，故相问：‘无它乎？’”蛇是后起字，《说文》有“蛇”字，但无注释，注见“它”字。

世界上大约有2500种蛇，中国约有208种。中东地区的线蛇是最小的种类，亚洲的网状花纹巨蛇和南美的巨水蚺是最大的种类，热带地区的种类最多。但世界上许多岛屿无蛇。蛇一般都是吞食整个猎物，其牙齿都不适宜咀嚼。许多蛇将猎物吞下去靠消化液杀死。有的蛇独立演化出缢缩身体的方法以制服猎物。有的蛇的唾液腺变成了毒腺，毒液从中空的或成凹槽的毒牙排出。蛇大多无护卵或育幼习性，幼蛇孵出或生出后即能捕食。蛇的外形独特，少数有毒腺的蛇类能使人中毒或死亡，又有很多蛇的性刚烈，有进攻性，故人们谈蛇色变。早在混沌蒙昧的远古时代，蛇拖着尾巴而行，随时发起袭击，为人类之祸患。“无它乎”即“无蛇乎”，是“你好吗？”“平安吗？”的意思。

人们只知中华民族是龙的传人，但也许是蛇的传人。很多人对此有所不知，或以为此说多有所不雅。

在神话故事中，盘古是开天地的始祖，是大神。传说盘古从混沌中出生，执斧凿开天辟地。《太平御览·三五历记》：“天地混沌如鸡子，盘古生其中。万八千岁，天地开辟，阳清为天，阴浊为地，盘古在其中。一日九变，神于天，圣于地。天日高一丈，地日厚一丈，盘古日长一丈。”南朝梁任昉所著《述异记》又说，所有日月、星辰、风云、山川、田地、草木、金石、雷霆、道路，都是盘古死后他身体的各部分变成的（如毛发、器官等）。又说，他临死时肢体变为大地四极和五方名山，身上的寄生虫却变成黎民百姓。后来更传说盘古夫妻是人类配婚的开始。一般认为，盘古神话是根据中国西南少数民族中流传的伏羲、盘瓠神话加以道家方士的推想而成的。据三国吴人徐整《五运历年纪》记载：“盘古之君，龙头蛇身。”这说明了盘古原来是一条蛇神。

传说从前天地是模糊一团的世界，宇宙就像一个黑乎乎的鸡蛋，盘古在这个大黑蛋中孕育睡着历经一万八千年。一天，他忽然醒了，睁开眼一看，哎呀！漆黑一团，什么都看不见，他一怒之下，不知从哪里抓过一柄大板斧，朝着眼前的黑暗用力一劈，只听得轰隆声震动如雷霆，“大鸡蛋”突然破裂，其中一片轻轻的烟雾渐渐飘浮上升，变成了天，重而浊的尘埃下降为地。

天地分开之后，盘古担心又会合拢，于是以头顶天，以脚踏地，顶在天地中间。随着天地的变化而变化，天每天升高一丈，地每天加厚一丈，盘古的身躯每天也增高一丈。这样又过了一万八千年，天升得极高，地变得极厚，盘古的身躯也长得极长。他孤独地支撑着，日久年深，天地的结构已经固定了，这位巨人也必须歇息一下。一天，他终于疲劳过度倒在地上死了。

盘古临死前，他呼出的气变成了风和云，他的左眼变成了太阳，右眼变成了月亮，声音变成了轰隆的雷鸣，肌肤变成了田土，血液变成了江河，筋骨变成了道路，毛发变成了森林草木，双手与双足变成了大地的四柱（四极）和五方名山。他用自己的胆略、智慧和力气开天辟地，用自己的躯体化生成世界万物。

盘古是开天辟地首出创世的大神，后人便以他为天地万物之始祖，追祀他的魂。

古人认为，人能离开身体而存在的精神为魂。附形之灵为魄，附气之神为魂。故有传说盘古喜则天晴，怒则天阴，哭泣则眼泪流成江河，嘘则为风雨，吹为雷电，实为神灵，为天地之神祇，为人文始祖。

盘古既是一条蛇神，又创造了人，所以又有中华民族是蛇的传人的说法。

伏羲始祖　蛇身人面

古帝中大皞为世系，《山海经·海内经》云：“西南有巴国，太皞生咸鸟，咸鸟生乘釐，乘釐生后照，后照是始为巴人。”

太皞又称作伏羲、太昊、庖牺、炮牺、伏希、宓牺等。

巴崭是伏羲的后代，居住在中国西南地区，属于蛇图腾部族。《说文》云：“巴虫也，或曰食象蛇。”即能吞下大象的大蟒蛇，名为“巴蛇”。《说文》解释作“虫”，其实就是长虫，是蛇的形象。伏羲、女娲的婚配与创世神话完整无缺地在苗族、瑶族等西南少数民族的文化中保存下来并广泛地流传着，历代不衰。

伏羲和女娲是一场大洪水浩劫余生的兄妹，后来结为夫妻，成了人类共同的祖先。当时水神共工与火神祝融逐鹿天下，共工有“头触不周山”的故事。《淮南子·天文》：“昔者共工与颛顼争为帝，怒触不周之山，天柱折，地微绝。天倾西北，故日月星辰移焉；地不满东南，故水潦尘埃归焉。”这两个人面兽身的大神，一时互相残杀得天昏地暗。天下的猛禽走兽纷纷出来行凶作恶，有道“城门失火，殃及池鱼”，人民只有像成群的蚂蚁般死去。最后共工孤注一掷，一头撞倒了不周之山，即撞断了一根顶天的大柱。顿时天空倾坍、大地破裂，洪水与烈火重新泛滥滔天。女娲挺身而出，担负起炼五色石补天的重任。然后她又宰杀了一只巨大的乌龟，用它的四只脚代替了撑天大柱，把天空支撑平整。接着又消灭掉危害中原甚久的黑龙，驱赶了各种各样的毒蛇猛兽，又堆积起芦草灰，止住了滔天的洪水。这时天地才恢复了正常的位置，四季的更替有序，人民也获得一条生路。但天空却略为向西北倾斜，大地也变成西高东低，这就使日月西行，百川朝东。

南宋吉州庐陵人罗泌，学博才宏，侈游坟典，著《路史》引注《宝椟记》云："帝女游于华胥之渊，感虫也而孕，十三年而生伏羲。"可见伏羲的出生是典型的感生神话。华胥本是寓言中的世外桃源，这个乐园中的圣女，到雷泽出游，就按照当时的求子仪式，用脚去接触神的尸体及舞蹈的脚印。一触之后身子就受了感应，后来果然怀孕生子，就是伏羲。那脚印是雷神所留下的。《海内东经》："雷泽中有雷神，龙身人头。"伏羲氏与雷神有渊源，也是人首龙身，或人首蛇身的形象。凡人仅十月怀胎，一朝分娩。此说华胥怀胎十三年才生伏羲。

雷神即司雷之神，也就是雷公。《楚辞·远游》："左雨师使径侍兮，右雷公以为卫。"

由上可见，伏羲就是雷神的后代，因为他的母亲是在"雷泽"（又名雷夏，在今山东定陶县地）踩上一个脚印后孕育了他。其母名亦为华胥，来自华氏国。伏羲也像雷泽的主神雷神，是人蛇合体。后来被人尊为木神或春天之神。

伏羲的业绩比女娲稍逊一筹，在他出生的年代，天下早已太平，人口繁衍，他不必再造人，不必炼石补天，他的业绩主要是在文化的贡献上。他是中华民族文明的创始者。他教导百姓结绳为网，捞鱼捕鸟，驯服野兽。又推广熟食，把取火方法教给百姓，使人们脱离蒙昧，迈向文明。由于他善于观照天地的形象制作出了八卦或六十四卦。卦相由阴（--）阳（—）两种线条组成，阴阳是八卦的根本。卦名代表一定属性的事物。八卦中，乾与坤、震与巽、坎与离、艮与兑是相对立的。八卦又以两卦相叠演为六十四卦，以象征自然现象与社会现象的发展变化。八卦最初是上古人们记事的符号，后用作占卜

中华男性人文始祖伏羲是"蛇神"

的符号。可表达思想，分别代表天、地、水、火、雷、风、山、泽这两两成对的八种事物。

由于火与八卦的发明与使用，伏羲成为中华文化的创始者之一，被尊为东方之帝。

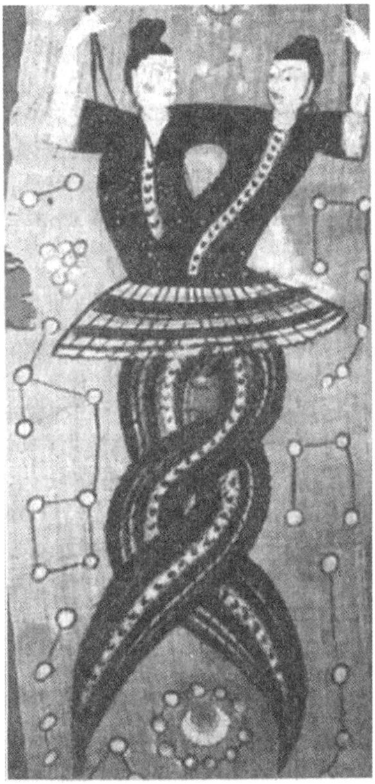
伏羲女娲交尾图

伏羲制订了一系列制度。女娲教会人类进行婚配，伏羲则进一步教会人类遵循嫁娶的礼节，从同种血缘婚姻走向别族婚姻。

伏羲还发明了三十五弦的琴瑟。在汉代的石画中，他手持一柄曲尺，象征着他发明百般工艺。

由于伏羲对人类的文明有过重大的贡献，后人尊称他为“三皇之首”。

人类经过石破天惊的考古新发现，伏羲、女娲蛇身人面的传说已经有力地得到了证明。

中国商代后期王都在今河南安阳市小屯村，商代从盘庚至帝辛（约公元前1300 年—前 1065 年）均在此建都。1928 年开始发掘，在殷墟侯家庄 1001 号大墓中，出土过一件特殊的文物——一头两身蛇形木器，头部已残缺，但不影响器物全貌。又留一描绘着明晰的大眼睛，蛇身相交，双尾勾曲，与之后的伏羲女娲交尾图相似，断定此必商代伏羲女娲交尾图。

长沙马王堆汉墓是西汉前期的墓葬，1972—1974 年先后两次发掘了三座墓。已出土的女娲画像，便是蛇身。

在成都发现的一块东汉画像砖上，伏羲女娲交尾图更具独特的创意，两人两臂间尚有一个小儿，将伏羲、女娲“创造了人”这一人类社会的各种文化现象的意境表现得淋漓尽致，具有虚实相生、意与境谐、境生象外、韵外之致的审美特征，使人产生丰富的想象和联想，让人深受感染。

《艺文类聚》卷十一："太昊帝庖羲氏，风姓也，蛇身人首。""帝女娲氏，亦风姓也，作笙簧，亦蛇身人首。""或云二皇，人首蛇形，神化七十，何德之灵。"

十六国时的王嘉，陇西安阳人。貌丑，语滑稽，喜谈神仙怪异。清虚服气，不与世人交，与高僧道安过从甚密。隐居终南山，弟子数百人。传说言未来之事，皆灵验。在《拾遗记》中有言："神母游其上，有青蛇绕神母，久而方灭，既觉而有娠，历十二年而生庖羲。"此处言及庖羲之父乃是青蛇，怀孕时间为十二年，与上文罗泌所记仅少一年。

唐李冗撰《独异志》，内容杂录古事，以鬼神怪诞之事居多。"昔宇宙初开之时，只有女娲兄妹二人在昆仑山，而天下未有人民。议以为夫妻，又自羞耻，兄即与其妹上昆仑山，咒曰：'天若遗（wèi）我兄妹二人为夫妻，而烟悉合。若不，使烟散。'于是烟即合，其妹前来就兄，乃结草为扇，像其事也。"

山东嘉祥县的东汉武梁祠石室画像，包括武氏家族墓葬的双阙和四个石祠堂的装饰画。其中以武梁的祠堂为最早，从汉桓帝建和元年（公元147年）开始，数十年间陆续营造，故亦称"武氏祠画像"。用减底平钑法，刻画历史人物故事、神仙怪异和墓主人生前的生活，画像旁有隶书题记，艺术风格浑朴雄健。其中一些画像都有龙形两交的图形。

新疆吐鲁番市东南高昌故址出土的唐高昌国绢画中，也有龙形相交的图形。

北周匹娄观石棺上线刻石画像有不交尾的图形。甲骨文卜辞上有"䖵"字也是两条蛇的形象，作为燎祭的崇拜之神。

䖵（kūn）通作"昆"。《说文·䖵部》："䖵，虫之总名也。"段玉裁注："凡经传言昆虫，即䖵虫也。昆者，众也。"

凡是两蛇或两龙相交或相对的图形，都是象征伏羲、女娲二皇。他们不但是苗族的始祖，也是汉族器物上双龙或双蛇相交形所象征的始祖，象征古中国"两部制"的图腾文化。

中国各地都设有伏羲庙祭祀，最享盛名的是伏羲的故乡河南淮阳的伏羲庙，或称"人祖庙"。这里的人们认为伏羲是"人根之祖"、"斯文鼻祖"，故当地群众尊称其为"人祖爷"，称女娲为"人祖奶奶"。人祖庙后面是伏羲陵。每年农历二月二至三月三，当地人民都会举行隆重无比的人祖庙会，人山人海、万人空巷地祭人祖、占卜问卦、跳巫舞和举行巫术活动。巫舞是敬献给女娲老母娘娘的，又名“担花篮”。

此外，山东邹县西南凫山的人祖庙，甘肃天水市西关明弘治三年建的伏羲庙，山东鱼台县东北的伏羲陵也颇具盛名。

伏羲是蛇，伏羲创造了人，所以说中华民族是蛇的传人也不算错。

女娲始祖　人首蛇身

女娲人身蛇尾，抟（tuán）土作人，故人是蛇的传人。

战国列禦寇撰《列子·黄帝篇》言及女娲“蛇身人面”；《太平御览·风俗通》：“俗说天地开辟，未有人民。女娲抟黄土作人，剧务，力不暇供，乃引绳于泥中，举以为人。故富贵者，黄土人也，贫贱凡庸者，絙人也。”按世界各民族都有关于天地开辟、人类出现的神话传说，其以人有贵贱之别，已掺杂了阶级社会后的思想意识。

女娲神通广大，变化多端，法力无边。能化生万物，日变七十次，其肠子曾变化出十个西方之神，其最主要的创世业迹是造人与补天。尽管抟出了一批又一批人，累得异常疲惫，仍未肯罢休。但她感到造人的速度太慢，于是抽出一条绳（藤）条，将它浸透泥浆，再举手挥舞，这样洒在地上的泥浆就星罗棋布，转变成了人。但最初的人类无男女之别。没有男女就不成婚姻，无婚姻就无家庭。于是她又着手让人们懂得男女相配的道理，性交成为本能，这样她又建立了婚姻制度，让善男信女能传宗接代，因此芸芸众生都将女娲奉为高禖之神。

高禖（méi）是媒神。后世祀之以求嗣。帝王妃以求子。

《诗经·鸿雁之什·斯干》：“大人占（卜）之：维熊维罴，男子之祥！维虺维蛇，女子之祥！”即大人占卜：如果是熊罴，则是生男子的吉兆！如果是虺蛇，则是生女子的吉兆！认为梦见蛇就是生女子的吉兆。这皆因女娲是蛇。

《山海经》里没有直接记载伏羲、女娲二神的隐私关系，但他们是蛇形，化身也是蛇形都是一致的。

“有神十人，名曰女娲之肠，化为神，处粟广之野，横道而处。”（《大荒西经》）

肠的形状似蛇形。“横道而处”具体地写出了长长的蛇形。

郭璞注：“女娲，古神女而帝者，人面蛇身，一日中七十变。”

西晋皇甫谧（mì）博综典籍百家之言，以著述为务，武帝赐书一车。著有《帝王世纪》、《高士传》、《烈女传》、《针灸甲乙经》。在《帝王世纪》中记载：“（女娲）蛇身人首。”

三国陈思王曹植《女娲画赞》云：“女娲人首蛇形。”远古时，人们对蛇顶礼膜拜，把蛇拟人化。

女娲是创世之女神，历来为人所仰慕，早在唐末，人们就建庙祠祭祀，均尊称为伏羲女娲庙。最享盛名的有河水涉县索堡村凤凰山上的娲媓宫，俗名“奶奶顶”。主体建筑高达23米，嵌在绝壁之上，危乎高哉！使人听此凋朱颜。山西洪洞县赵城镇东有娲皇庙，亦享有盛名。

女娲是蛇，女娲创造人，故说人是蛇的传人亦对。

神农始祖　人身牛首

少典是伏羲、女娲之子，春秋时左丘明著的国别史《国语·晋经》最详，说炎帝、黄帝的父亲是少典，母亲是有蟜氏。原文说：“昔少典娶于有蟜氏，生黄帝、炎帝。”有蟜氏本来就是一条蛇。生母既然是蛇，儿子必然是蛇的后代，当然也是蛇的传人。再说少典是伏羲、女娲之子，而伏羲、女娲本来就是一对蛇兄蛇妹相互婚配，儿子少典必然是蛇种，这是他们的血脉。

《史记》开宗明义第一卷《五帝本纪》：“黄帝者，少典之子，姓公孙，名曰轩辕。”《山海经》也说，黄帝是“人面蛇身”。明陶宗仪编的《说郛》言及黄帝是“龙身而人头”。这里的“龙身”实际上指的是“蛇身”。《山海经》也写有炎帝感生的神话，说有蟜氏的少女安登，为少典的妃子，往华阳山求子时，遇见龙首的神，感生了炎帝，是“人身牛首”的形象。

炎帝又称神农，最突出的贡献是在农业方面，他“斫木为耜，揉木为耒，耒耨之利以教天下”。农耕依靠农具，农具的创制、改良对提高农业产量具有决定性的作用，炎帝就是顺应农业增产的需要制作农具，播种五谷，开凿井渠，烧制陶器。由于粮食增多，人们就自然地结束居无定所、随畜群逐水草转移的游牧生活。所以牛首的神农，象征中华民族懂得开始驯服野牛成耕牛。人们也开始建立固定的家园，生活安定之后，他又教导人们“日中为市，致天下之民，聚天下之货，交易而退，各得其所”。故人们尊他为太阳神、田祖、农神。

传说炎帝上山采药来到了神农架，目睹药草繁多，便决定在此久居，于是便在山上修建宫殿。他请两个石匠雕刻石狮子欲安置大门。石匠卖力地雕刻七七四十九天，手皮磨破了，血液将石狮子染红。石狮子雕成之后，两名石匠也疲劳过度而死了。

炎帝料理两位石匠的善事之后，便命人将石狮子安置在大门两旁，当众人将狮子抬起时，奇迹出现了，石狮突然周身发亮，人们推断，此必石匠的血液流入石狮子的血管里所致。神农灵机一动，开窍了。他一边派人上山采药，一边将所采的药熬煮成汤灌给石狮子喝。因石狮子全身透明如水晶肚，汤便在肠里分流至108根筋管里，历历在目，炎帝便将情况记下来。神农自此再也不用亲口尝药了。

神农架在今湖北巴东、兴山、房县交界处，占地面积90000公顷，区内以亚热带植被为主，混杂有温带和热带成分，具明显的垂直地带性。蕨类和种子植物至今仍有2062种，其中，国家重点保护的野生植物有珙桐、香果树、银杏、红豆杉等32种；陆生脊椎动物有500多种，其中国家重点保护野生动物有金丝猴、华南虎、金钱豹、白冠长尾雉、金雕、娃娃鱼等共54种。区内药用植物以种类多、产量大、珍贵稀有而驰名中外，被誉为“百草园”和“天然药园”。1990年加入联合国教科文组织国际人与生物圈保护区网络。

再说这山上原有一头黑虎精，它窥视炎帝石狮子尝百草，生怕它复活了成为山大王，便采了一株“断肠草”，又名“断魂草”，趁炎帝不注意之时偷偷放进他的药篮里。炎帝将药草又熬成汤灌两石狮子，狮子立即周身发黑，死了。炎帝万分惋惜，叫人将两个石狮子抬下山坡。

一天，炎帝从山上采药回来，意外地发现一头石狮子又奇迹般地复活了。他简直不敢相信自己的眼睛，又百思不得其解，“左顾右盼”，终于明白了，原来一头石狮子放在半山坡上，刚好旁边有一棵小树，树叶上的露珠正在一滴一滴地滴进它的嘴里，这就是石狮子死而复活的原因。他想，这准是一种解毒治病的还魂草，于是便采下树叶熬汤，将另一头石狮子也救活了。他自信地尝了一口，口感性平味甘，香醇扑鼻，而且提神醒脑，精神顿时焕发。于是，他广为宣传这种树叶的精妙之处。因此家喻户晓，人人都以此作为煮饮饮料，借以解渴，并将这种树叶叫做“茶叶”。

在农业地区的人们，为了纪念神农，都建有神农祠或神农庙，或称“先啬宫”。

因神农教民始为稼啬，故称神农为“先啬”。稼，耕作；啬即“穑”，收获。《礼·郊特牲》：“蜡之祭也，主先啬而祭司啬也。”郑玄注：“先啬，若神农者。”

陕西宝鸡姜城堡的神农祠（庙）素负盛名；湖北随州市北厉山的神农祠也很有名。神农的形象为裸背赤足，头顶生角，口含粟谷，肩披树叶。

北京市宣武区天桥西南有先农坛，明嘉靖中建。相传周制有籍田，并祀先农，表示劝农的意思。历代封建王朝沿袭此制。南朝宋元嘉二十五年（449 年）始立先农坛。这是明清帝王祭祀神农的地方，每年都举行定期的祭祀大典，表示帝王对神农的敬仰及其对农业的重视。

古代以羊祭神农，而不以牛祭，因为神农是“人身牛首”的形象。同时牛能耕田，与人相依为命，对农业有功，人们自然刀下留情，不忍心解牛去祭祀神农，这是一大禁忌。

神农，又因以火德称王，火性炎，故称炎帝。

古代方士有“五德”之说。以帝王受命正值五行的火运，称为火德。相传神农始以火德王。唐、尧亦为火德。《史记·秦始皇纪》：“始皇推终始五德之传，以为周为火德。”

传炎帝上山采药，亲尝百草，中毒身亡。另一版本说他南下巡游时积劳成疾而去世，葬于湖南株洲市东南的炎帝陵，炎帝陵又名“天子坟”。炎帝身后葬地实无考，此为纪念性建筑。祠庙及陵墓皆坐北朝南，依次为正门、祭祀亭、炎帝殿及配享殿、陵寝。书“炎帝神农氏之墓”石刻碑立于碑亭内。陵周古木掩翳，洣水环流，岸畔有石似龙首、龙爪，称“龙脑石”。陵侧有被传为炎帝采洗草药场所的“洗药池”。

盘古、伏羲、女娲都是蛇，少典是蛇，其后代炎帝、黄帝自然是蛇种。黄帝部落使用蛇为图腾，后来变成了龙，这就公开宣称自己是蛇的传人。所以说中华民族是蛇的传人，未必是无理无据。

神农尝百草拯救黎民

早在太古时期，人类的祖先以猎取小型猎物、捕鱼及采集野生植物为生，其工具特色是打制大而宽的投掷尖状器、石碾和石磨、骨器及骨器饰物。约在公元前5000年时，他们又改进了一些磨制加工石器，如手斧、石碗、标枪、投掷石器上的石锤等。在这段漫长的人类社会中，一切武器都是石制的，这就是太古文明。

太古又称上古、远古，均在唐虞之前。

当时的人类夜居洞窟，昼处牧野，经常与洪水猛兽作斗争，与大自然作斗争，天下瘟疫流行，死者众多。为了拯救苍生，神农决意进入深山老林，遍尝百草。

神农尝百草

司马迁在《史记·补三皇本纪》中记载：“神农氏作蜡祭，以赭鞭鞭草木，尝百草，始有医药。”

蜡祭是指周代十二月祭百神之称。《礼记·郊特牲》：“蜡者也，索也，岁十二月合聚万物而索飨之也。”

赭（zhě）鞭是赤色之鞭。晋干宝《搜神记》：“神农以赭鞭鞭百草，尽知其平毒寒温之性，臭味所主，以播百谷，故天下号神农也。”这就是说，神农在深山野林看见了枝繁叶茂的草木时，就用赤色的神鞭抽打，直到渗出了津液，才以口亲自尝一尝，他通过舌尖的感应就可分辨出各种草木的性味。

平药是指性质平和的药，可渐宣通。

毒药是药物的一种。毒药攻邪。辟邪安正，惟毒乃能，因为有不同的性能集于一体，故通谓之毒药也。对生物体有害的物质是毒药。

在民间亦有传说，神农尝百草，尝到了一种断肠草，于是死了。

断肠草又名钩吻、胡蔓草，毒草名。晋张华《博物志》："太阴之草，名曰钩吻，不可食，入口即死。人信钩吻之杀人，不信黄精之益寿，不亦惑乎！"

再说"温"，就是药性温和的草木，用以治温病。《素问》曰："冬伤于寒，春必病温。"温病是多种热病的总称。《伤寒论·伤寒例》："中而即病者，名曰伤寒；不即病者，寒毒藏于肌肤，至春变为温病，至夏变为暑病。"

汉淮南王刘安等著《淮南子·修务训》云："神农尝百草之滋味，一日而七十毒。"可见神农是冒着生命的危险而遍尝百草的。《黑暗传》中亦有记载："神农尝服解毒药，识破七十二毒神。要害神农有道君，神农判出众姓名。七十二毒逃了生，三十六种还阳草。神农采回救黎民，毒神逃进深山林。至今良药平地广，毒药平地果然稀。"

由于神农遍尝百草，他已掌握各种草木的性能，所以在尝到毒草之时，便能以一降物化解，才能转危为安、化险为夷。常用的药物有黄连、金银花、生甘草、连翘、板蓝根、蒲公英、山豆根等。

神农识破了七十二毒神的面孔与野心。"七十二"是举大数而言，表示众多；"有道"就是有德行、有才艺、清明的人。

神农经过亲身实践，又识别出三十六种还阳草，又名"还魂草"、"卷柏"。全草入药，性平、味淡微涩，功能收敛、止血，主治脱肛、吐血、鼻衄、带下、血崩等症。

神农还识别了哪些物种可以食，哪些不能食用，哪些物种可以作药物治病。其中，上等药物一百二十种，可以摄养身心，以期保健延年。中等药物一百二十种，可以涵养本性，静漠恬淡，补虚助气。如，补肺气，用人参、黄芪等；补肺阴，用沙参、麦冬等；补肾，用龟甲、熟地黄、黄柏、女贞子、鳖甲等；补阳虚，用大戟天、仙灵脾、肉桂、补骨脂、菟丝子等；补血，用地黄、当归、白芍、何首乌等。神农还辨别出一百二十五种下等药物，可以治病求本。

后世的药物学家和医学家，根据《神农本草经》的佚本，共载药物三百六十五种。详述药物性味、功用和主治，为中国现存较早的药物学重要文献。该书把药物分为三品：无毒的称上品为君，毒性较小的称中品为臣，毒性较大的称下品为佐使。将药物分为君、臣、使三等，给予药物人格化。

自古以来，神农就受到人们的敬重，被尊称为"药物学的鼻祖"。《神农本草经》被誉为中国药物学的奠基之作。

黄帝神话
——人文初祖

少典是古代帝王。娶有蛴氏，生炎帝、黄帝，黄帝又叫皇帝。

黄帝姓公孙。生于寿丘，长于姬水，居于轩辕之丘，故名轩辕。号有熊氏，因长期居于姬水，便以地为姓姬。古书称之为皇帝，原意为"皇天上帝"。"帝"指上帝。"皇"是帝的形容词，形容帝的伟大，是一代伟人。又因古人以五色配五行五方，土居中央，土又是黄色，故以黄色为中央正色。后来神化了轩辕，奉之为五方之帝的中央之帝，故又称为黄帝，即以土德称王。土色为黄，故作"黄帝"。

五色是青、黄、赤、白、黑。旧时把这五种颜色作为主要颜色；五行是金、木、水、火、土，古代称其为构成各种物质的主要元素；五方是东、西、南、北、中。

相传黄帝的母亲叫附宝。一天夜里，附宝目击一道电光环绕着北斗枢星。当时那颗枢星陨落，附宝自此感应而孕，怀胎 24 个月而一朝分娩，这婴儿就是后来的黄帝。这嗷嗷待哺的娃娃，生下不多久便能说话。这是"生而神灵，弱而能言"。他最初的形象丑陋、怪异而神奇。相传他长有四张脸，可以在同一时间内观测四方的动静，这当然是让人疑惑的传说。

黄帝长到 15 岁而无所不通，驭百神，制四方，主司风雨雷电，创造天地万物。他坦诚勤劳，明辨是非，博闻强记，人皆不及，长大之后被推选为部落联盟的首领，顿时联盟势力崛起。其时“诸侯相侵伐，暴虐百姓”，弄得鸡飞狗走，天下大乱。黄帝审时度势，把握住这一有利契机，大力“习用干戈”，征服不肯降服称臣的部落，其来势汹，使势衰力薄的炎帝心怀危惧。他亦想让诸侯归附于己之麾下，后“诸侯咸归轩辕”。黄帝自西方来到中十之后，间或遭受东部地区九黎族的抵抗袭击，不得已而溃退至河北涿鹿（桑干河）流域，其时元气大伤，士气受挫。但黄帝却修明政治，努力发展生产，种植五谷，囤积粮食，抚恤百姓，安定四方而元气和顺；又积极修习战备，提高军人的作战能力，修德振兵。一切准备得停停当当之后，黄帝就统率各部大军，据有罴、熊、貔、貅、貙、虎、豺等各类兽图腾的部落，另外还有奇异的应龙和女魃，让他们各自施展奇能和异术，与炎帝打了三场大仗，战斗场面极其惨烈又残酷，士兵鲜血流汇成河，叫人目不忍睹。最后炎帝惨败，黄帝的势力占据了整个中原地区。

人文初祖黄帝

黄帝与炎帝的这场战争，史学家称为“阪泉之战”。阪泉其地说法不一，一说在今河北涿鹿县东南，一说即今山西运城市盐池。

但是战争并未到此止息，炎帝的后裔和臣子都先后接踵奋起为炎帝复仇雪恨。诸侯及其他部落也兴兵与黄帝作战。

黄帝在阪泉之战获取胜利之时，东方沿海地区以蚩尤为首的九黎族亦雄踞于苏北、山东等地。先是蚩尤起兵讨伐黄帝，他本有兄弟七十二人，“兽身人语”。他们均长四只眼睛，头上长角，六条胳膊，铜头铁额，两寸长的牙齿，无比坚硬尖利，吃石头和铁块。作战时能兴云驾雾，耳鬓长毛倒竖起来犹如剑戟，锐莫能挡。

一说蚩尤有兄弟八十一人，这是九个部族联合起来，每个部落有九兄弟。蚩尤本人人身牛蹄，八眼四手，手握大斧，毛发竖立，五彩缤纷；禁闭妖魔，对神灵恶魔明察秋毫，一切神魔，均莫敢近。

蚩尤又能冶铜以制造兵器，裁草以缝甲胄，充当“司兵之神”。

蚩尤一边加紧训练兵士，一边赶造武器，加紧战备。当一切准备就绪，便兴师动众，向黄帝发起猛烈的进攻。经过多次交锋，双方势均力敌，莫能相食。黄帝不得已而收兵回到泰山，再厉兵秣马，作好战胜蚩尤的准备。但刚到那里，一连三天三夜大雾弥漫，天昏地暗，伸手不见五指。正当此时，突然在黄帝跟前出现一位妇人，人头，鸟身。黄帝连忙下跪，再三地叩头，伏地不敢起立。妇人道：“我是九天玄女，你有何难事要直白地说出来。”黄帝求之不得，便道：“我想进攻蚩尤时出师万次而旗开得胜，马到成功；防御时，埋伏万次而万次都不被敌人发现，请指点我应当怎么办?”于是九天玄女将战法一五一十地教给了他。

当时有一座流波山耸立在东海中，入海有七千里之遥，住有一头怪兽，名叫夔（kuí），其状如牛，苍色无角，一足能走，出入水即兴风雨，目光如日月般光辉。黄帝的诸侯将其捕捉之后，黄帝便将它杀掉，用它的皮作鼓，以雷神的骨头击打，发出的鼓声在五百里外都能听到。

黄帝在想，蚩尤的头坚如铜铸，能腾云驾雾，飞墙走壁，强悍至极，要制服他谈何容易？他吸取了前几次战争的教训，又总结了经验，才运筹帷幄，制定了周密的作战计划。

一天晚上，黄帝梦见突然刮起漫天大风，飞沙走石，把大地上的尘垢刮得荡然无存。接着又梦见一人手持千钧之弩，驱逐数万羊群。梦断之后，黄帝感到非常诧异，心想：风，号令而为主；垢是污秽，水土无垢为洁。天下莫非有姓风名后的人？千钧之弩是让力能致远，驰数万羊群，是牧人为善，难道有力姓牧名的人不成？他越想越好奇，又越发狐疑。于是，便派部属在天下觅寻这两个人。工夫不负有心人，结果在沿海地区找到了风后，在水草丛杂之处找到力牧。

后以风后为黄帝相。《史记·五帝纪》：“举风后、力牧、常先、大鸿以治民。”《集解》引郑玄注：“风后，黄帝三公也。”

力牧也为黄帝臣。黄帝梦人执千钧之弩，驱羊数万群。依照占卜找寻，得力牧于大泽，进以为将。

为了有效地战胜如此强大的九黎族，黄帝修德振武，制造武器，创作军乐，设制军旗，创立阵法。这时九黎族又掀起烽烟，不断侵袭早已败于黄帝部族的地域。势单力薄的炎帝与九黎族亦势不两立，立即向黄帝求救，黄帝就与他结成共同抗击九黎族的部落联盟，共同携手进击敌人。此时黄帝被诸侯尊为天子。黄帝与蚩尤在涿鹿山双双摆开阵势鏖战。蚩尤布下百里大雾迷漫整个天空，雾霾三日三夜不散，黄帝的士兵一时晕头转向。这时黄帝便令风后造指南车，以指示方位，风后用天然磁铁矿琢磨成指南针，磁针在地磁作用下能保持在子午线平面内，利用这一性能，即可辨别方向。在这危急时刻，西王母亦派玄女前来，教他三宫秘略、五音权谋之术，这正是“天助我也”，蚩尤不败才怪呢！

西王母又称金母、王母娘娘、西姥、女神。《山海经》说她是一个豹尾虎齿而善啸的怪物。又称“瑶池金母”，民间以为长生不老的象征。

“玄女”又称九天玄女。黄帝战蚩尤，天遣玄女下授兵符，乃得胜。相传六壬、遁甲诸书皆出于玄女。

“三宫”，指天上有三个星座，即紫宫、太微、文昌。秘略是奥旨的策略精义。

“五音”是宫、商、角、徵、羽，也叫五声。

接着风后又演化出遁甲之法。这是古代方士术数之一。起于《易纬乾凿度》太乙行九宫法，盛于南北朝。神奇的说法是出自帝风后及九天玄女。其法以十干的乙、丙、丁为三奇，以戊、己、庚、辛、壬、癸为六仪。三奇、六仪，分置九宫，而以甲统之，视其加临吉凶，以为趋避，故称遁甲。

黄帝做了充分的准备之后，便在冀州（今河南、河北一带）与蚩尤重新开战。

蚩尤率领的是南方巨人族，是狞猛怪异的族群，是一批强悍的部落，如剽悍的苗民，还有稀奇怪样装饰的魑魅魍魉等一齐杀向涿鹿的大原野。这是一场水神与火神的战争。他是算准了大雾弥漫的天气才发动攻击的。他会兴作大雾，连续三天三夜，又请风伯、雨师纵风下雨，大举进攻黄帝，克制应龙的神通。

魑魅魍魉，魑是山神；魅是怪物；魍魉是水神。即各种山神、鬼怪。

风伯是风神，能兴疾风；雨师是司雨之神，即二十八宿之毕宿，一说屏翳为雨师；一说共工之子玄冥为雨师。

应龙即有翼的龙。龙五百年为角龙，又千年为应龙。

黄帝马上命令天神女魃下凡，所到之处，狂风暴雨立刻消逝，破坏了风伯、雨师的法术。应龙生擒了蚩尤和夸父。黄帝命令杀蚩尤于凶黎之谷，分尸葬于四处，使之尸首异地。

女魃是旱神。《山海经·大荒北经》：“有人衣（穿）青衣，名曰黄帝女魃。蚩尤作兴伐黄帝，黄帝乃命应龙攻之冀州之野。应龙蓄水，蚩尤请风伯、雨师纵大风雨。黄帝乃下天女曰魃，雨止，遂杀蚩尤。”《张衡传》中的《应间》：“夫女魃北而应龙翔，洪鼎声而军容息。”

黄帝平日恩威兼施，厉兵秣马，励精图治，战时胸有成竹，指挥若定，用雷神骨槌，奋力击打用夔牛皮制成的军鼓，响应声震天动地，远闻五百里，一连九通，声威大震，士气昂扬，兽阵神兵，再加上应龙、女魃，把蚩尤以及其部属的夸父族人等赶尽杀绝。战斗极其残酷而惨烈，乃至“流血百里而飘杵”。这是一场中国神话中的大战，双方的鲜血染红了涿鹿的大片原野，污染了流水，这与阪泉之战都是混合血与泪的战争。

黄帝把蚩尤的身首分别葬在两个地方，这是为了不再让蚩尤日后成精作怪，再来捣乱。一段尸体葬在东平郡寿张县阚乡城里。传说坟高七丈，平日均有一股红色的云气从墓中直冲高空，犹如一匹绛红色的布悬空而挂，人们称之为“蚩尤旗”，民常十月祀之。后来又有一种体育运动项目叫“蚩尤戏”，这是角觝的别名。秦汉年间有传说：蚩尤牛耳，须如剑戟，头有角，与轩辕斗，以角抵人，人不能向。冀州旧乐名“蚩尤戏”，其民两两三三，头带角而相抵，即角觝之戏。

蚩尤的另一段尸体葬在山东西南部万福河北岸的巨野县重聚乡。坟墓的规模与阚乡城的相似。因蚩尤被杀时身首分离，故被杀之地称为“解”。解即剖开，分割肢体。时至今日，解州还有大盐池卤水的颜色是殷红的，当地人称之为“蚩尤血”。蚩尤被解开肢体之后，他身上的枷梏被抛掷在大荒中的宋山上，之后枷梏变成大片的枫木之林。殷红色的枫叶比二月的花还红，象征着蚩尤洒在枷梏上斑斑的血迹和千滴的泪珠，好似在诉说着他无限的悲愤、怨入骨髓的气恨。

蚩尤及其八十一名兄弟皆铜头铁额，头上长角，异常狞猛；能造戈、矛、戟、酋、夷矛等兵器；在与黄帝作战中，又得到夸父族人、风伯、雨师，还有魑魅魍魉等相助；既会吹烟喷雾，又能飞空走险，虽然战败被杀，但虽败犹荣。古代齐国祭祀八尊天神，第三位便是他；秦末刘邦起兵，也在沛庭祠祭蚩尤和黄帝。这说明后代的人已将蚩尤作为战神祀奉。他死得悲惨，但又不以胜败论英雄，蚩尤战败，但并非狗熊，他同样是英雄。

黄帝虽然战胜了蚩尤，但天下并不自此太平。后来，神农之后裔榆罔又兴兵与黄帝争天下。黄帝制造鹏鹗、鹰鹯为旗，以熊罴虎豹为前驱，在阪泉之野与榆罔会战，历经三次血战，终于将榆罔击溃。

接着炎帝的属臣刑天又与黄帝争神位，黄帝砍掉了他的头，将其尸体埋葬在常羊之山。被砍断了头的刑天死前便以自己的两个乳头作眼睛，以肥大的肚脐作嘴巴，左手执盾，右手持斧，仍然杀气腾腾地在那里挥舞，血战到底，不肯倒地。晋陶潜《读山海经》诗“刑天舞干戚，猛志固常在”即咏此事，讴歌刑天“宁愿站着死，不愿跪着生”、战斗到底的顽强精神。

“干戚”是盾与斧，皆古兵器。

黄帝亲率兵马征讨各方不肯降服的诸侯，前后共经52战之后，才统一了天下。

再说黄帝擒杀蚩尤之后，夸父又前来挑战，黄帝再派应龙出战，杀死了夸父。

“夸父”的传说有三个版本。《山海经·海外北经》：“夸父与日逐走，入日；渴欲得饮，饮于河、渭。河渭不足，北饮大泽。未至，道渴而死。弃其杖，化为邓林。”又有一说夸父为兽名。《山海经·东经》：“（犲山）有兽焉，其状如夸父而彘毛。”又《西山经》：“（崇吾之山）有兽焉，其状如禺，而文臂豹虎而善投，名曰举父。”《注》：“或作夸父。”举、夸声近，故夸父也作举父。

本文所指的是第一个版本，夸父是炎帝的后裔。传曾追逐落日，想在日落虞渊之前追上日影。途中口渴，饮尽黄、渭河水，渴犹未止。想北去饮大泽水，中途渴死。死后手中杖化为桃林（或树林）。夸父子孙繁衍成夸父国，在黄帝与蚩尤战争中，曾助蚩尤作战。

经过了这场血与火的大厮杀，应龙的神力已耗尽，不能再升天行雨了，只好居住在南方深山大谷中，所以南方多雨，往往形成泽国。后来下界每闹旱灾时，人们经常装扮成应龙的模样，实行求雨的法术，向上天祈祷以求福下雨，解除旱象。

女魃也破了功力，不能返回天上，于是她所居住的地方就不再下雨，变成一片酷热的天地，赤地上不生五谷。叔均只能如实向黄帝报告，然后将女魃安置在赤水之北。赤水是神话中的水名，出东南隅而东北流向。但是女魃却常逃出来。这个旱魃所到之处，人人惶恐。因此，人们要驱逐女魃时，总是首先清除水道，疏通沟渠，然后祷祝道：“神啊！回到你的赤水之北的老家吧！”人们以这种方式进行驱魃的仪式。

旱魃是能致旱的神。传南方有人，长二三尺，而目在顶上，行走如风，名曰魃，所见之国大旱，赤地千里，一名旱母。

黄帝一统天下之后，划分州野，制礼兴乐，教化百姓。带领部属在涿鹿山麓的平原地带建造都邑。他还巡游四方八境，每到一地，均要求士兵筑起高垒来防卫，确保安全。建造房屋，使百姓不再穴居野处。黄帝“见百物，始穿井”，让百姓得以摆脱了依赖河流而居的生活方式，使人的活动领域得以拓展致远，使百姓生产与生活稳定。

据考古发现，太湖地区新石器时代早期的河姆渡文化（1973 年发掘）中有“干栏”建筑遗迹，梁柱间用榫卯接合，地板用企口板密拼，具有相当成熟的木构技术。生产工具有伐木用的石斧、石凿，农耕用的骨耜和狩猎用的骨镞等。陶器为黑陶，造型简单，主要是钵、罐、盆、盘等，有类似鼎足的活动支座。同时也发现了大量谷物遗迹，说明农业是当时的主要经济载体，还饲养有猪、狗、水牛等家畜。这是一种与黄河中游的仰韶文化完全不同的文化类型，其年代极为久远，据碳－14 法测定，河姆渡三、四层的年代约为公元前 4800 年。当时也有木构浅水井。所有以上发现均证明，从很早的年代起，中国人的祖先不仅在黄河流域，同时也在长江流域创造了灿烂的原始文化。

1928 年首次于山东章丘龙山镇城子崖发现的龙山文化，约在公元前 2800—前 2300 年，属父系氏族公社时期，有黑陶，故称“黑陶文化”。生产工具有很发达的磨制石器，出现了石镰、蚌镰。陶器已开始用轮制，以灰陶为主，黑陶次之，红陶与白陶极少。除平底器外，有圈足和三足的；饰纹有绳纹、蓝纹、方格纹、弦纹等，还有镂孔的。此外还发现有水井、卜骨。经济生活以农业为主，有较发达的畜牧业。

黄帝生活的时代距今有 4500 年左右，也正处在我国父系氏族公社时代。黄帝“弦木为弧，剡木为矢；弧矢之利，以威天下”（《易·系辞下》)。

凿木成半圆形状像弓称“弦”;木弓叫“弧”。剡(yǎn),削。一作“掞”。

石镞是远在黄帝之前早已发明的,并非由黄帝发明。据1963年在山西朔县(今朔州)峙峪发现的峙峪人为一块枕骨,地质时代属更新世晚期,距今约28000年;同时发现大量烧骨、动物化石和大量石器。动物化石以野马、野驴、普氏羚羊为主,并有披毛犀和王氏野牛。石器体积一般不大,主要有小型砍砸器、尖锐器和石镞。

当时的石镞(箭)是靠人力投射的。人力不可持久,同时又必须在近距离内,才有把握射中目标,这样造成的杀伤力不大。为了把箭射得更远,又能发挥最大的杀伤力,黄帝最终发明了弓,加上箭,利用弓的弹性,就形成了厉害无比的杀伤性武器弓箭。弓之前称为弩,这是一种机括(一作“栝”),为弩上发箭器的机件。机是弩牙,栝是箭手括。

黄帝既“断木为杵,掘地为臼;杵臼之利,万民以济”。又有“雍父作杵臼”之说。雍父,传为黄帝臣,始作臼。

杵臼为谷物加工的工具。但早在新石器时代(约7000多年前),人们就已发明了石磨盘、磨棒等谷物加工的工具。

仓颉(xié或jié)又作苍颉。黄帝之史官。始作汉字。一说伏羲以前或炎帝之世或神农、黄帝之间人。也有人认为就是史官的称谓,当为古代整理文字之代表人物。《荀子·解蔽》:“好书者众矣,而仓颉独传者一也。”

黄帝的妻子嫘祖发明养蚕缫丝,被奉为蚕神。后民始得“治丝茧以供衣服”。

黄帝还“刳术为舟,剡森为楫;舟楫之利以济不通,以利天下”。楫是船桨。

黄帝作车。车轮的发明也在新石器时代后期。

黄帝“采首山铜,铸鼎于荆山之下”。荆山在今河南灵宝县南,又名覆釜山。后来夏禹收九州之金,铸九鼎以象万物。

其时黄帝的大臣曹胡发明了上衣,伯余发明了下裳,从此人们不再用树叶来遮蔽身体,不再穿兽皮、树皮。故有黄帝“初作冕”,“重衣裳而天下治”之说。

伯余是古代最初制造衣裳的人。《淮南子·氾论》："伯余之初作衣也，緂麻索缕，手经指挂，其成犹网罗。后世为之机杼胜複，以便其用，而民得以揜形御寒。"又注："伯余，黄帝臣。"《世本》曰："伯余制衣裳。一曰伯余，黄帝。"以前人们以兽皮为衣。黄帝时代便以葛、麻织物为衣，纺织与制衣的技术相当普及。

当时，于则又制造出鞋子。人们从此不再赤脚。《太平御览》引《世本》："于则作履扉。"又注："于则，黄帝臣。草曰扉，麻曰履也。"

黄帝又根据浮叶飘在水上的原理制作舟船行于水上，将河水两岸的陆地连接起来，让人们不再涉水过河，依靠摆渡，"同舟共济，安危势同"。共鼓又配上舟楫行于水上，更使舟船如虎添翼，渡过河道快速如飞。

共鼓是黄帝之臣，与货狄二人造船。

《荀子·劝学》："假楫者，非能水也，而绝江河。""绝"在这里是跨过的意思。

其时，又根据转蓬的原理，发明了车辅，以便利四方相交相通。

"转蓬"即蓬草随风飘转。《后汉书·舆服志》上："上古圣人见转蓬始知为轮。"车辅即是车的轮辐。从此，人们便利用牛马拉车，运载重物，生活就更为方便。

其时，黄雍父又发明了舂。接着，黄帝又令人制造出釜甑。从此百姓便可蒸饭煮粥。

舂（chōng），用杵臼捣去谷物的皮壳。

釜为烹饪器。即无足之锅；甑（zèng），瓦制煮器。后世以竹木制者称蒸笼。

在新石器时代晚期的龙山文化中，更有釜、鼎、甑、鬲、罐等各种炊器。

燧人氏古帝，发明钻木取火，使民熟食。《韩非子·五蠹》："民食果蓏蚌蛤腥臊恶臭，而伤害腹胃，民多疾病。有圣人作，钻燧取火以化腥臊，而民说（悦）之，使王（统治）天下，号之曰燧人氏。"到黄帝时代，饮食烹饪的技术更有所提高和进步，炊器的种类也繁多。

黄帝命"羲和占日，常仪占月，臾区占星气"，并令"大挠作甲子"。

羲和是传说中掌天文历法的官吏。《史记·历书》："盖黄帝考定星历。"司马贞索隐引《世本》："黄帝命羲和占日。"《尚书·尧典》载，尧派羲仲、羲叔、和仲、和叔分驻东、南、西、北四地，观星相，定季节，制作历法。《尚书·胤征》载，夏朝仲康时的羲和因沉湎于酒，昏迷天相，未能预报日食，仲康命人征伐治罪。

大挠是黄帝史官。相传他始作甲子，以干支相配以记日。《世本》："容成作历，大挠作甲子。"容成、大挠皆为黄帝史官。容成"综六律而著调历（历法）。"

容成作历法。后被道家列为仙人，号容成公，善养生之术，为黄帝师。

从1952年开始发掘的郑州商代遗迹中发现铸造铜、制陶、制骨等手工坊遗址，以及贵族和平民的墓地。从中就发现了太阳纹、月亮纹、日晕纹与星座图等，这些天象资料都与天文历法有密切的关系。这些历法资料又与农业的生产和发展息息相关，后来到了黄帝时代，更有进一步对天文的观测和研究。黄历就是轩辕黄帝颁布的历法，尊称为黄历，是炎黄子孙对祖先黄帝的尊敬和永恒的纪念。所以后代自称为天子的皇帝均沿用黄历。历代皇朝的历书都由皇帝颁布，并由官方刻印，因此黄历又名皇历。到了清朝颁发的历书泛指为历本。除载农时节气外，又有一些封建迷信的"宜忌"，如某日宜祭祀，某日忌出行，某日喜神在何方，等等。

黄帝又令"伶伦造乐律"。

伶伦是黄帝时的乐官。又名泠纶、泠沦氏、泠伦。后称演员为伶伦。祭天的《云门大卷》更是庄严隆重的乐舞。

黄帝自己又改造了"庖牺之瑟，为二十五弦，长七尺二寸"。

黄帝之孙曰伯陵。伯陵私通缘妇，生了三个儿子，其中的鼓与延创制了钟，又制作了种种乐曲，为人间的音乐增加了声音响亮而清远的钟声。黄帝时代是我国音乐大发展的百花争艳时代。

黄帝命"雷公、岐伯等论经脉，傍通问难八十一，为难经。教制九针，著内外术经十八卷"。

雷公为黄帝之臣，善医。黄帝坐明堂，召雷公而问之，共同讨论医学理论，载于《素问》、《灵枢》两书中。

黄帝设置左右大监督责四方诸侯，各方诸侯皆同敬合恭而和善相处，呈现了"治天下，致升平"的太平景象。

黄帝又设祭场以祭祀鬼神山川，更为郑重。凡遇大事如朝、盟誓、祭天、封拜、封禅等均以土筑高台集体祭拜，隆重无比。

《史记·封禅书》：“黄帝作宝鼎三，象天地人。”《武帝纪》、《孝武纪》也有黄帝得宝鼎的记载。鼎为王朝相传之重器，故称为宝。

黄帝又获能预测节气日辰的通灵即神异，能与神灵相通。他用风后、力牧、常先、大鸿四大臣去治理百姓。大鸿是鬼臾区的称号。《封禅书》：“鬼臾区，号大鸿。”

黄帝顺应天道之变化无常、天地四时之规律，阐明了阴阳五行的变化，制定出养生送终的基本规范。

四时即春、夏、秋、冬。《书·尧典》：“以闰月定四时成岁。”四时即四季。每时三月，其第三个月为季月，即三、六、九、十二月，季月终则进入另一时。因为四时中各有一个季月，故又称四季。

黄帝遵循季节的时令，因为晴雨无常，时令反常，生灵受其病。所以他按照季节种植百谷草木，驯化鸟兽昆虫。他所关注的事情大到日月星辰的运行，小至水波、土石、金玉的性能，几乎无微不至、无所不及。他不惜生命，竭尽忠诚，思不懈于思考，力不懈于亲躬，目不懈于察物，耳不懈于倾听。恒思一丝一缕来之不易，山林川泽的物产尽管丰盛，他总是很有节度地使用，开源节流，精打细算。

一次，黄帝在赤水以北的地方游玩，登上了昆仑山巅，当下山时，不慎丢失了一颗黑色珠宝。他先后派了一名叫知的聪明天神和一名叫离朱的明目天神去寻觅，但都空手而归。

离朱是古之明目者。《庄子·骈拇》：“青黄黼黻之煌煌，非乎，而离朱是已。”《孟子·离娄》中写作离娄。汉赵岐注曰：“离娄者，古之明目者，盖以为黄帝之时人也。黄帝亡（丢失）其玄珠，使离朱索之，离朱即离娄也，能视于百步之外，见秋毫之末。”离朱算是远视的千里眼了，在远距离之外能看见细而末、锐如鸟兽之毫毛的东西。

黄帝又派大力士喫诟去寻觅，仍然空手而归，真是踏破铁鞋无觅处。

喫诟是古代力气最大的人。《庄子·大地》：“黄帝游乎赤水之北，……遗其玄珠，使知索之而不得，使离朱索之而不得，使喫诟索之而不得也。”

黄帝求玄珠之心切，不得已而求其次，又派一个处事随随便便的象罔去寻找，但奇迹出现了，他竟得来全不费工夫。黄帝万万没有想到竟有这样的奇事。他深感惊奇道：“怪哉，怪哉！像象罔如此漫不经心的人竟能一去就把黑色玄珠找到了，怪异啊！”

象罔又作罔象。《庄子》寓言中的人物。象，形象；罔，无；象罔，无心之谓。张融《答周颙书》：“但敷生灵以竦志，足不罔象以扪珠。”

可惜，过了不多久，震蒙氏的女儿竟敢在黄帝的头上动土，盗窃了黄帝的这颗玄珠，且沉江而死，最终化为一个马首龙身而又奇形怪状的神，即江渎神。

一天，黄帝和大臣们正在洛水上观赏风景，忽然见到一只大鸟衔着一张图，放在他的跟前，黄帝连忙拜受下来。再看那鸟，形状似鹤，鸡头、燕嘴、龟颈、鱼尾、骈翼、龙形，五彩斑驳。图中有六字：慎德、仁义、仁智。他深感稀奇，立即去问天老。天老直白地说，这种鸟雄的为凤，雌的谓凰。早晨叫是登晨，白天叫是上翔，傍晚鸣叫归昌，夜间鸣保长。凤凰一出，天下安宁，是大祥的征兆。

凤凰为瑞鸟。《大戴礼·易本命》：“有羽之虫三百六十而凤凰为长。”

归昌是凤凰的鸣声。汉刘向《说苑·辨物》：“夫凤，……飞鸣曰上翔，集鸣曰归昌。”一说“昼鸣曰上朔，夕鸣曰归昌”。

后来，黄帝又梦见两条龙持一幅白图自黄河中出来献给他。他百思不得其解，又来问天老。天老对他说，这是河洛书将要出现的预兆。于是黄帝便与天老等结伴于河洛之间泛乎中流，沉璧于河中，杀三牲斋戒。最初三日是大雾连连，之后又降大雨七日七夜。这时奇迹出现了，有黄龙捧图自河中而出。黄帝诚惶诚恐地下跪接图。只见图上五色斑斓交错，白图蓝页朱文，正是河洛图书。

天老是黄帝臣。《后汉书·张衡传》中的《应间》：“方将师天老而友地典，与之乎高睨而大谈。”后来因以作宰相重臣的代称。

三牲是指牛、羊、猪，具为一牢；道家以麞、鹿、麂为玉署三牲。

斋戒是指古人在祭祀前沐浴更衣，不饮酒，不吃荤，不与妻妾同寝，整洁心身，以示虔诚。《孟子·离娄》下：“虽有恶人，斋戒沐浴，则可以祀上帝。”

河图是关于《周易》一书来源的传说。《易·系辞》上：“河出图，洛出书，圣人则之。”汉郑玄以为《洛书》即《洪范》九畴。《书·洪范》：“天乃锡（赐）禹《洪范》九畴。”汉孔安国说：“天与禹洛出书。

神龟负文而出，列于背，有数至于九。禹遂因而第之以成九类常道。”孔认为河图即八卦。

黄帝接受河图洛书之后，便开始巡游天下，封禅泰山。这是古代帝王祭天地的典礼。在泰山上筑土为坛祭天，报天之功，称封；在泰山梁父山上辟场祭地，报地之功，称禅。自汉以后，历代封建王朝都把封禅作为国家大事典。《大戴礼·保傅》：“封泰山而禅梁甫。”《史记》里亦有《封禅书》。

黄帝打败各个部落的进攻之后，深受人民的拥戴，自此亦少过问政事，而注重于调养身体，满足口福，娱乐耳目，结果反而弄得个颜色憔悴，形容枯槁，头脑昏眩，双目昏黑发花，心神无主，神志失常。过了十五年，社会动荡不安。黄帝亦坐卧不安，食不甘味，忧心忡忡。于是再振作精神，竭尽全力治理百姓，但还是没有多大效果。他叹息地说：“我的过失太大了啊，只顾保养身体，才招致了如此的祸害。我兢兢业业，如临深渊，如履薄冰，一心想治理好国家，但仍然扭转不了这样的颓势。”于是他干脆将繁忙的政务摒之门外，舍弃富丽的殿宇，抛弃左右亲近的人，撤除娱乐的乐器，减少美味的佳肴，独自生活在隐居之所，改过自新，排除使人沉溺的情欲，三月不施政办事，亦不过问行政事务。

一天，黄帝竟做了三个白昼梦，梦见自己在华胥之国随意遨游。这是一片世外桃源极乐土，是人类最理想的国家。《列子·黄帝》：“（黄帝）昼寝而梦，游于华胥氏之国……其国无帅长，自然而已；其民无嗜欲，自然而已；不知乐生，不知恶死，故无夭殇；不知亲己，不知疎物，故无爱憎；不知背逆，不知向顺，故无利害。”

黄帝白昼做的华胥梦是：这个理想之国没有统治者，一切顺其自然；百姓没有任何私欲，一切顺其自然；他们不知欢乐与求生，也不知愤怒与死亡，故无一个短命鬼；不知偏爱自己，不知疏远外物，故无爱憎；不知背叛和不顺从，不知看人眉睫，依附权势，攀高结贵，故无利害关系。全然没有对人热腹冷肠，也全然没有畏首畏尾，顾忌过多，沉水也不会溺死。火海敢闯，也不会灼伤，刀山敢上，刀砍鞭打无伤痛，指甲搔爬无痛痒；腾云驾雾如同脚踏实地，睡在虚处如同躺在榻上。浓云密雾遮挡不住他们的视线，双眼看透千里之外。雷霆之响对他们的听觉毫无干扰，长有一双顺风耳。美恶不会迷乱他们的心意，山谷不能绊倒他们的脚步。所有这一切都是自然的元气在运行罢了。《庄子·田子方》云：“夫至人者，上闚青天，下潜黄泉，挥斥八极，神气不变。”这个理想之华胥国，一切顺应天道，遵循天意，人的思想与生活自由自在，活得舒坦，活得有尊严，人人其乐也融融，社会其乐也泄泄，人人恬然无思，个个淡然无虑。

黄帝梦断之后，心情突然豁亮，器度开阔，豁达大度，召来力牧、天老、太山稽等左右重臣，对他们道：“我闲居避世了三个月，神志正常地进行深刻的反省，摒除杂念省察过去言论行止的错误，苦思那调养身心治理万物的道理，都没有得其要领。后来我疲惫不堪而入睡，才进入梦乡，梦到这些情景。现在才开始领悟到最高深而精妙的道理，这是不能依靠主观想象去求得的，都要一切遵循天意，顺其自然。我领会了，我豁然领悟了，只能意会，不可言传，故无法告诉你们啊！”

有一次，黄帝听说有个叫广成子的仙人住在崆峒山①，就立刻前往，向他咨询请教。

广成子，居崆峒山石室之中，黄帝曾请问至道之要。

广成子对黄帝说：“自从你治理天下以后，云气不聚而雨，草木不枯则凋，日月的光辉受暗。而奸佞小人之心反都得以成道，你又凭什么值得我和你谈论最善的道呢？”这就是黄帝独居离人反省了三个月的原因。

黄帝反省了三个月之后，再顾广成子。这次广成子头朝南躺着，黄帝两膝着地，光着双脚爬到他的床前，问他怎样才能获得长生。广成子欣然而起道：“此问甚好！至道之精，窈窈冥冥；至道之极，昏昏默默。无视无听，抱神以静。形将自正，必静必清；无劳汝形，无摇汝精，方可长生。目无所见，耳无所闻，心无所知，如此神形合一，方可长生。”说完，广成子给他一卷《自然经》。

窈窈即深远，奥秘；冥冥即玄远，幽暗；昏昏是寂静无为；默默是空无。窈、冥、昏、默，皆了无也。

黄帝向广成子问至道，得了《自然经》之后，接着又登上王屋山，取得丹经。又向玄女、素女求教养生之法。

玄女即上面所说的神女。黄帝战蚩尤，天遣玄女下授兵符，乃得胜。

---

① 关于崆峒山有以下几说：一、在甘肃平凉市西。又名鸡头、笄头等。《史记·五帝纪》：“黄帝至于崆峒，登鸡头。”即此。二、在甘肃高台县西北。传说黄帝曾登此山。三、在河南临汝县西南，《庄子·在宥》谓黄帝问道于广成子之所。

素女是神女名。她长于音乐。《史记·封禅书》：“太帝使素女鼓五十弦瑟。”《古文苑》中扬雄的《太玄赋》：“听素女之清声兮，观宓妃之妙曲。”或言其知阴阳天道。《吴越春秋·勾践伐吴外传》：“越王还于吴，当归，而问于范蠡曰：‘何子言之，其合于天?’范蠡曰：‘此素女之道，一言即合大王之事。’”或言其善房中术。汉王充《论衡·命义》：“素女对黄帝陈五女之法，非徒伤父母之心，乃又贼男女之性。”素女是一专多能之神女。

时间过得真快，又过去了二十八年，黄帝以顺应天道的方法，使天下从大乱达大治。君臣上下贵贱皆从法，局势十分安定，人民安居乐业，就像华胥之国这个世外桃源那样。

黄帝曾到缙云堂修炼。缙云在今浙江。他又派人开采首山的铜矿，在荆山下铸造了一只铜鼎，以之作为战胜蚩尤永恒的纪念。荆山在今河南灵宝县南。

鼎铸成的当天，就有一条龙垂长须飘来迎接黄帝升上仙境。说时迟，那时快，黄帝当即骑上龙身。黄帝的群臣们不忍他离开，急忙抓住龙须爬上去，想跟随他而去。但龙须却被扯断了，群臣们都摔下地上，黄帝的弓也挂在龙须上，一同掉到地上。群臣们共同望着升腾远去的黄帝，悲恸万分地哭泣着。群臣自此耳无再闻，目无再见，其情亦足以丧天下。

岐伯是黄帝时医家，被尊为“天师”。《黄帝内经素问集注》：“天师，尊称岐伯也。”《黄帝内经》系托名他与黄帝讨论医学问题，以问答形式写成的。后世称中医学为“岐黄之术”，即源于此。

由上可见，黄帝时代医学已经出现，为广大生灵纾解疾病困苦，也为传统中医学的发展奠定了望闻问切的初步基础。

史称当时的黎民百姓“甘其食，美其服，乐其俗，安其居”。宇内清平，呈现一派升平的新气象，乾坤定矣，钟鼓乐之，自此，中华民族走向文明开化之路。

黄帝一生戎马倥偬，东征西讨，披荆斩棘，开山凿岩，从未有过群花围绕、玉软香温的生活。他的足迹几乎走遍中华大地的山山水水。向东抵大海滨，登上丸山和泰山东；西达崆峒，登上鸡头山；南至长江，登上熊山和湘山；北征荤粥（xūn yù），即“猃狁”，秦谓匈奴族。会集诸侯合符于釜山。他居无定所，往来多迁移。他临时营地的四周，就布置军队，构成一道护卫的屏障。

黄帝为姬姓部族的生祖，轩辕为图腾的名称，黄帝名为轩辕，所居之丘为轩辕之丘，即昆仑之丘。昆仑就是圆的意思，它的化身为云，所以郯子说："黄帝氏为云纪，故为云师而云名。"圆图腾团祭祀的乐舞，叫做云门大卷。云是圆图腾所发的元气，居于昆仑的黄帝，治理的就是这以云为纪，以昆仑为圣山，居于大地的中央，同时也称为轩辕氏的伟大帝国。故他的军队称为云师。

又由于黄帝受命有云瑞，故以云纪事，百官师长皆以云为名号。云师也即百官。

龙髯，据《史记·封禅书》："黄帝采首山铜，铸鼎于荆山下。鼎既成，有龙垂胡髯下迎黄帝。黄帝上骑，群臣后宫从者七十余人，龙乃上去。余小臣不得上，乃悉持龙髯，龙髯拔，堕，堕黄帝之弓。百姓仰望黄帝既上天，乃抱其弓与胡髯号（哭），故后世因名其曰鼎湖，其弓曰乌号。"后因以鼎湖为皇帝死亡之典。

乌号，因黄帝铸鼎于荆山湖，得道而仙，乘龙而去，其臣授弓射龙，欲下黄帝，不能也。乌，於也；号，呼也。于是众臣抱弓而号，因名其弓为乌号之弓也。

据说后来的龙须草就是被拔断的那些龙须变成的。

黄帝享年110岁，可谓大寿星了，享国（在位）100年。死后葬于桥山，即今陕西黄陵县内的桥山，今天的黄帝陵和黄帝庙，就是当时人们所谓的陵寝和庙宇。黄陵又称桥陵。今陵相传创自汉代，历代均有修葺。桥山巅为黄帝陵墓和祭亭，陵前有汉武帝祈仙台。黄帝陵今有古柏6万株，最大的一株高58尺，树下围31尺，七人合抱有余，相传原为黄帝亲手所植，为千年古木、神树。山下的轩辕庙，大殿绚丽壮观，周围古柏参天，苍劲挺拔。黄帝陵前建有高大的陵碑。黄帝庙现存53块石碑，多为历代御制祝文。庙内的黄帝像显示出一位伟大的原始部落的英雄。黄帝最初的形象极其怪异而神秘。据说，他最初的神职是主司雷雨，能呼风唤雨，他长有四张脸，可以同时洞察四周。

还有一种说法认为，桥山与黄陵在我国有多处，黄陵又是山名。在湖南湘阴县北滨洞庭洞。一名湘山，湘水由此入湖。传说舜二妃墓亦在其上。有黄陵亭、黄陵庙。《水经注·湘水》："湖水西流迳二妃庙南，世谓之黄陵庙也。言大舜之陟方也，二妃从征，溺于湘江。……故民为立祠于水侧焉。”

帝王之殁曰陟（zhì），即升天。“方”乃死者。故释陟为死地。

黄帝陵的另一说在桥山，即在今陕西黄陵县西北。有沮水穿山而过，山呈桥形，因以为名。也称子午山，相传上有黄帝墓。《史记·五帝纪》：“黄帝崩，葬桥山。”《正义》引《括地志》：“黄帝陵在宁州罗川县东八十里子午山。”

人们通常所说的桥山黄帝陵，是今陕西省黄陵县格里山的轩辕黄帝陵。庙内的黄帝像，头戴冕旒，身穿袍服，雍容华贵，所谓铁中铮铮、佣中佼佼者也，俨然一后世帝王，为千古一帝。被中华民族奉为“人文初祖”。

每年的阳历4月3日，不便亲临黄陵祭拜的华人，都举行遥祭。庄严隆重的典礼，凸显对“慎终追远”、“民德归厚”、“源远流长”等传统文化的重大意义的重视。有的地方定这天为“民族扫墓节”，悼念这位为中华民族留下了极其丰富的精神文明和物质文明的中国古史传说时代的英雄。

黄帝的后裔，有关版本各载不一。据大戴礼帝系姓、世本帝系，以及国语中晋语司空季子所言的世系均各异。国语晋语言黄帝有四妃，共二十五子，其中仅有方雷氏之子青阳（羊），彤鱼氏之子夷鼓（苍林）与黄帝同姓，为姬姓族属。

彤鱼，国名，己姓。相传为黄帝次妃的彤鱼氏女，生子夷鼓。

其他同父异母的各兄弟均为异姓。这是原始社会一夫多妻家族，混合父系氏、母系制的社会，才有父子、兄弟异姓的现象。黄帝二十五子中，仅有十四子有后嗣传宗接代，分衍为十二姓，其他儿子均无嗣。元配嫘祖所产的一系有玄嚣。《史记·五帝纪》：“（嫘祖）生二子，其后皆有天下：其一曰玄嚣，是为青阳，青阳降居江水（长江）。其二曰昌意，降居若水（含雅砻江、金沙江）。”木支（分支）百世，蔚为大宗，支撑家门，光宗耀祖。

嫘祖生昌意，而有颛顼。昌意娶蜀山氏女品仆，生高阳。黄帝死后，其孙高阳即位，是为颛顼帝，为“五帝”之一。

黄帝二十五子中，有十四人获得姓氏。共有十二个家族。黄帝的部族称“有穷氏”，所有部族的成员都称为“有穷氏”。

关于黄帝的后裔，《山海经》载有三条资料：

(1) 有儋耳之国，任姓，禺号虎子，食谷北海之渚中。有神，人面鸟身，珥两黄蛇，践两赤蛇，名曰禺疆。（《山海经·大荒北经》）

儋耳是古代北方国名。非指今海南省儋州市，古亦称儋耳。

珥是耳饰，即贯耳。“珥两黄蛇”即以蛇贯耳。

禺疆是海神或天神。《山海经·海外北经》：“北方禺疆，人面鸟身，珥两青蛇，践两青蛇。”

任姓为黄帝异姓子之一。异姓十一子依次为：酉、祁、己、箴、任、滕、荀、僖、姞、儇、依，儋耳国为黄帝的远裔，即远代子孙。

(2) 黄帝生苗龙，苗龙生融吾，融吾生弄明，弄明生白犬，有牝牡（pìn mǔ），是为犬戎，肉食。(《山海经·大荒北经》)

白犬有牝牡，牡是禽兽的雄性，牝是雌性。

犬戎，我国古民族的一支，在殷、周时居于我国西部；肉食指肉类食品。

白犬部族属于一部族中分成两部制的现象，均以犬为图腾。

(3) 有北狄之国，黄帝之孙曰始均，始均生北狄。(《山海经·大荒西经》)

北狄是古代北方少数民族的总称，也作“翟”。

始均约属于尧时人，仕于尧。“尝逐女魃于弱水之北”，指今陕西洛水上游某一支流。尧命为田祖。传北魏之祖拓跋毛为其裔孙。

这一支族未知系出何姓，北狄属犬部，即狄的左偏旁为“犬”。黄帝异姓之子均远居于边陲地区，故繁衍了诸如儋耳、犬戎、北狄等边疆少数民族。

此外，《海内经》尚记有“黄帝生骆明，骆明生白马，白马是为鲧”。

鲧（gǔn）一作“鮌”。相传为禹之父，颛顼子。封崇伯，因居于崇。尧时由四岳举之，奉命治水。以土壤堵塞之法，九年治水无功。被舜杀于羽山。一说鲧死后化为黄熊，为四凶之一。

四凶是指古代四个凶人，指不服从舜控制的四个部族首领，即浑敦、穷奇、梼杌、饕餮，皆被舜流放。《书·舜典》：“流共工于幽州，放驩兜于崇山，窜三苗于三危，殛鲧于羽山，四罪而天下咸服。”但与《左传》不同，有人认为穷奇为共工，浑敦为驩兜，饕餮为三苗，梼杌为鲧。

四岳相传为唐、尧臣，羲和的四子。分管四方的诸侯，所以叫四岳。但宋孔平仲、明杨慎都认为四岳为一人。

骆明未详出于何系。鲧禹一支系是黄帝子孙却无疑。帝系说昌阳（意）出颛顼之子，可能各名各异。

海上保护神妈祖

妈祖原名林默，正式尊号为“天上圣母”。台湾地区的妈祖庙林立，约四百座，为全国之冠，仅次于观音菩萨。

妈祖又称温灵妈、湄州妈、银同妈等，多称其实一体，专指一人。宋徽宗封她为“夫人”，元世祖忽必烈封她为“天妃”，明太祖朱元璋封她为“圣妃”，清圣祖康熙封她为“天后”，经历朝历代的诰封，即帝王的封赠命令，截至清代嘉庆年间，合并加封为“护国庇民妙灵照应宏仁普济福祐群生诚感咸孚显神赞助垂慈笃天祐后之神”，其帝王所封的称号冠冕堂皇，非常体面，为历代后妃之冠，是绝无仅有的。她备受人们的尊崇与仰赖，更倍于天地诸神，亦空前绝后。

林默，祖籍福建省莆田湄州屿。早在唐朝时，远祖曾任州刺史，祖上历代高官，因五代时兵荒马乱，又兵连祸结，其曾祖父就弃官归隐到湄州屿来，自此落籍福建东部沿海的莆田县。其祖父承袭世勋，做过福建总督，政绩卓著，政声远扬。晚年辞官还梓，悠游卒岁，隐居而寿终正寝。其父林愿为人敦厚以崇礼，敦率遗典，乐善好施，人们均尊称为“林善人”。林善人已有一男五女，儿孙绕膝。由于男孩先天不足，身体羸弱，因此夫妻俩期盼再生一个男孩，以支撑家门。为此，朝朝暮暮对观音菩萨祭告焚香，虔诚地顶礼膜拜。年复一年，又过了好几年。显德六年（959年）六月十五日，夫妻俩又斋戒沐浴，斋供充盈，再设案虔诚地祷告。这下奇迹出现了，当夜便进入梦乡，梦见观音显灵，告诉他们：“你们林家世代行善积德，行道义闻于乡里，上天将会保佑你们。”

观音说完，又拿出一颗药丸，给他的妻子，并且告诉她：“吞下药丸，你即将如愿以偿。所生贵人，将会普度众生。”

王氏依言吞下药丸，梦断之后，似乎有所感应。

感应是佛教谓众生以其精诚感动神明，而神明应之，必有祥瑞。

王氏不久便身怀六甲。十月怀胎，一朝分娩，于次年三月二十三日傍晚，夜幕降临之时，忽见一道红光自西北方射入王氏家中，五色斑驳，光辉夺目，异香盈室。王氏立刻临盆，谁也始料不及，这又是一个女婴，且一声不响地来到人间。夫妻俩大眼看小眼，大失所望，又大惑不解。但由于这是天降祥瑞以应人愿，依然倍加疼爱。

俗话说婴儿呱呱而泣坠地，早已认其一生。奇怪的是，这个婴儿悄悄来到人间，甚至到了一周月也从未哭过一声。因此，林善人便命其名为林默。即默默无闻，无声无息。

林默长到一周岁之时，每见诸神像，即双手合十作叩拜状，5 岁能诵《观音经》，11 岁能跳悦神舞，似乎与神灵结下不解之缘。长大后，“通悟秘法，预知休咎”，为人治病，亦多为“手到病除”。

默娘早慧，聪明过人，才 7 岁就说：“我既然有‘默’为名，应该有‘静’的心。”

她喜欢在窗明几净的堂中独处。8 岁入私塾，常常过目成诵，智商极高，悟性极深。10 岁时已知焚香礼佛，朝夕诵经。13 岁时出落得亭亭玉立，雍容华贵且娴雅。她不但学识渊博，识见精深，同时极尽孝道以亲父母，敬爱兄姊，申之以孝悌之义。

有一年，有位道士叫玄通的到她家教化众生，讲因缘来而入世、缘尽而去的道理。默娘款待宾客极尽敬意，以礼相待。老道士深为感动，就对她微笑地说：“你天生极有慧根，应以慈悲为怀，超度世人。”并给她传授“玄微秘法”。默娘均一一谨记于心。

默娘未曾离开过家门一步，在宋太祖开宝四年（971 年）的一个深秋午后，林默突然踪影消失，家人焦急万分，全家分头四方，遍寻亦无踪影。人人急得像热锅上的蚂蚁，邻人均以为个中必有可疑。于是亲朋故旧、左邻右舍的人，均帮忙分头找路，都是踏破铁鞋无觅处。最终总算是从一位渔翁的口中获得了一点线索。据说曾有一位鹤发童颜、飘然有出世之姿的老年人，划着一叶扁舟自天际来，接引一位豆蔻年华少女登舟而去。烟波浩瀚，天连水，水连天，一片白茫茫，悠悠地飘摇而去，尔后踪影全无。

寻寻觅觅，家人百感凄恻。日与月与，荏苒代谢，转瞬已经过去了三年，后有海客又看见一位鹤发童年的老者，驾一叶扁舟，浮于江湖，乘长风、破万里浪而来。舟中载着一位妍媚、端庄、雅致的青春少女，款款步舍舟登陆，一时间乡里便风闻："林家幺女失踪三年，竟然又好端端地回来了。"这正是人间奇迹，得来全不费工夫。人们更感到离奇。

林默到底去过何方，连自己都说不清、道不尽，只记得曾跟随一位老者乘一叶扁舟驶入一处海中仙岛，怪石嶙峋，且林立峻峭，石泉淙淙若风雨，桂花松子常满地，参天古木二千尺，鸟语莺花，一派春光明媚。林默朝夕洗耳恭听老者谈玄说道，且容貌整丽地谈言微中，委婉而切中事理，又悉心传授驱邪之法、气象之学、吐纳之术、岐黄之理。

驱邪即赶走鬼神给予人的妖异怪诞的灾祸。吐纳即呼吸。呼吸吐纳，服食养身，使形神相亲，表里俱济，是为吐纳之术。岐黄是指岐伯及黄帝，相传为医学之祖，后以"岐黄"为中医学术的代称；气象指自然界的景色、现象。《梁书·徐勉传·答客喻》："仆闻古往今来，理运之常数；春荣秋落，气象之定期。"

林默耳濡目染，不学已能。不特精通翰墨，兼善女红，更能驱邪降妖，尤精岐黄之术，治病救人；又能上观天文，下察地理，尽管天有不测之风云，亦能预知其莫测之变化，实着是天仙化人，神佛在世。她为乡亲驱魔镇妖，疗治疑难杂症，每每着手成春，使枯木再发，使个个病离身，人人身离病。灵验无比，一时声名雀起，传扬大江南北。

这位见人之所不见，知人之所不知，来去无方的神明少女，又有哪个善男斗胆敢来攀亲结贵呢?!

日月逝兮，岁不我与！不觉林默標梅已过，仍宫居闺处独自叹守空房。好在她事双亲至孝，依然菽水承欢。尽管长兄与三位姐姐已有家室，她仍淡定于个人的终身归宿问题。

標（biào）梅即梅花坠落。《诗·召南·標有梅》："標有標梅，言梅熟而落。比喻女子已到结婚年龄。"

菽水即豆和水。指粗茶淡饭，形容生活清苦，无以为养。

林默的长兄在海上经商，长年累月往来于惊涛骇浪之中。一天，她与其母正在安寝，很快便进入梦乡。她梦见狂风暴雨正从海上骤起，她紧闭双目，手足突然失去了自控力，便厉声直呼，乱动起来。母亲连忙将她推醒，误以为她正在做噩梦。

恶梦，《周礼·春官·占梦》："占六梦之吉凶，一曰正梦，二曰噩梦。"又注："本子春云：'噩当为惊愕之愕，谓惊愕而梦。'"后称凶恶可怖的不祥之梦为噩梦。

林默醒过来之时，十分抱怨地说："为什么不让我保全兄长呢?""我两手两脚拉住了船舷，本来没事，您一喊，就被风刮掉了。"说时迟，那时快，于是恸哭起来。"大哥的性命难保了!"过了三天，由于船只的桅杆折断，船只翻覆，乘客也载浮载沉地漂流在海上，年轻力壮者拼命向着岸边击水游去，出尽九牛二虎之力，最终捡回一条性命，成为大难不死的幸运儿。可怜的是身力羸弱、手无缚鸡之力的长兄，竟然葬身鱼腹。

灾难发生在宋太宗太平兴国六年（981 年）仲春之际，船只朝发福州可暮达湄州，因途经兴化湾外海，突然风浪大作，一霎间将船只卷入漩涡中。林默正在梦见其兄在惊涛骇浪中挣扎着，呼号着。正当此时，林默受惊而梦断。后从覆舟的幸存者口中证实林默的长兄遇难的噩耗。林母神魂颠倒，顿足且悲痛欲绝。林默更是泪涕纵横，犹如万箭穿心，万念俱灰。这时，全家才恍然大悟，林默不是做噩梦，而是在营救兄长。林母更是后悔莫及，沮丧不已。此事不胫而走，不翼而飞，越传越神奇莫测。林默也因之名声大震，被认为是神明。

自此，林默亦声言不嫁人，做一个终身快乐的单身汉。她经常乘船渡海，云游于岛屿之间，行踪无定。凭着一身好水性，随势而流，又加上一颗善意的同情心，与惊涛骇浪相搏，多次营救遇难的船民，让人击节称颂，美其名曰龙女、神女。

宋徽宗宣和五年（1123 年），给事中路允迪奉旨出使高丽，曾率领大船八艘航行于渤海中。顷刻间浊浪滔天，狂风肆虐，一下子刮沉七艘大船。路允迪惊悸不安，十万火急地跪下闭目祈祷："神女下凡，保我平安!"便立即见了一位红衣神女站立在船舷上。依仗着神女的保佑，路允迪果然有惊无险，有险不成灾，平安无事地抵达高丽，不辱使命。宋徽宗得悉之后，亲赐林默神祠匾额一具，上书"顺济"二字。

随着时间的推移，有关神女的预言，人们都说灵验得很，人人信服。她曾帮助渔民严惩海盗，帮助宋军抗击金兵，为民驱除患难，消弭天灾疾疫等灾难。她能澄清海水，最终觅到兄长的尸体。传说她 18 岁那年，奋不顾身地与死神搏斗，将遭遇海难的父亲营救回来。另一版本说她一再鼓起勇气，咬紧牙关，终成沥血剖肝的“硬汉”，昂首奋力在海中寻寻觅觅，终于发现了乃父的尸体。她不顾自己疲惫不堪的身体，出尽九牛二虎之力，希望将其带回岸边。过了三天之后，湄州岛的海滨才漂来了林默与其父的尸体，林父已亡命多时，林默也已力竭气绝而亡。这正是“黄泉路上无老少”。

另有一种版本言及，宋太宗雍熙四年（987 年），九月初八那一天，她对家人说：“明天是九九重阳节，我想去登高临远，故先来道别。”

家人也当做平常事，并不介意。次日天高云淡，万里晴空，秋高气爽。默娘亦黎明即起，梳洗一番之后，又“当窗理云鬓，对镜贴花黄”。盛装严饰之后，便告辞而去。她的一个姐姐也想与之一道去，却被婉言相拒。她卑辞屈礼相别，仍依依不舍，其行迟迟，其意好相离别。始料不及的是说时迟，那时快，默娘一登上湄峰，便如履平地，不费吹灰之力地跃上云端，天际立时传来仙乐悠扬，笙歌嘹亮之声。“顿时洞天石扉，訇然中开……霓为衣兮风为马，云之君兮纷纷而来下，虎鼓瑟兮鸾回车，仙之人兮列如麻。”在仙童玉女的簇拥下，林默娘飘飘升天而去。

林默升天的热闹场面，正像李白在《梦游天姥吟留别》中所梦见的仙境那样：神仙洞府的石门訇的一声忽然敞开……彩霞是神仙们的衣衫，长风是他们的骏马。云中君带领着众仙，纷纷从天空中下来。老虎弹瑟，鸾凤架车，迎接“我”的神仙排列得密密麻麻。

对于林默的死尽管有不同的版本，众说纷纭，莫衷一是，但应为在海上救险，实被强风恶流肆虐而卷去。人们都不承认她的罹难，认为她孝行感人，功德圆满。她的贤孝，她的贞节，她的医术，她的道行及其具备的才能气概，都让天下的人无比地怀念。尤其是她云英未嫁，英年早逝，更留给人们无限的惋惜与怀念，所以世人不愿目睹她以死去的悲剧收场，而赋以她得道升天的喜剧作为圆满无比的结局。在她的灵前献上一道耀眼的光环，这样才使人们从心里获得快慰和满足。

云英是人名。此处有几说：①唐钟陵妓。罗隐《甲乙集》八《偶题》诗：“钟陵辞别十余春，重见云英掌上身。我未成名君未嫁，可能俱是不如人。”②唐裴铏《传奇》叙唐长庆间秀才裴航落第，途经蓝桥驿，渴甚，有女云英以水浆饮之，甘如玉液。云英绝美，航欲娶以为妇，因遍访得玉杵臼为聘。既婚，夫妇相偕入山仙去。（《太平广记》五十）明人龙膺作《蓝桥记》传奇，即以此故事为题材；又杨之炯合航与崔护事作《玉杵记》。

林默死后，并非人走茶凉，神迹仍经常显现，赶走瘟神，救护黎民。据传，她曾竭尽全力，遏阻过流行的急性传染病，阻止了敌人的疯狂进袭，使绵绵霪雨（久雨）变为风止雨霁（雨雪止，云雾散），云无处所。她能使天普降甘霖以清除旱情，让病体十分轻松，而使半夜的更火焚烧贼人的巢穴。大凡渔民往来于海上，一旦遭到强风暴雨袭击，只要虔诚地祈求她的保佑，她必有求必应，使人化险为夷，转危为安。

林默升天以后，时时显灵，湄州有的人常看见一位身披红衣的女神飞行于海上，营救行船遇难的人。家乡父老对其大恩大德感念不已，特地建庙祀奉，俗称海神庙。

人们尊林默为“通贤灵女”。一般人为了表示亲切，干脆称她为妈祖，这是奶奶、娘娘之意。

妈祖显圣的灵迹极多，历朝历代皆有传闻，不绝如缕。因此历朝历代对妈祖信赖的人也接踵而至，越来越多。随着航海事业的不断发达，对妈祖信仰的地区亦越来越广，祭祀妈祖的香火亦不绝。自宋代至清代帝王的褒奖，历八百年间，对林默神灵的册封达四十之多，如辅国护圣、护国庇民、灵惠助顺、妙灵昭应、宏仁普济、昭灵显佑、广济明著、灵惠夫人、天妃、圣妃、水仙圣母、天上圣母、妈祖等。由民间祭祀而逐渐晋级为国家祭典，隆重无比。为了感念其恩德卓著，恩惠无边，泽及万民，人们特地建庙供奉，沿江河码头天后宫、天妃宫纷纷兴建。沿海到处奉祀，哪里有福建商贾的足迹，天妃信仰也就到哪地，鸿名就到哪里。福建商帮的会馆名为“天后宫”。以天津市旧城东北角的天后宫（又名天妃宫、娘娘宫）名声最盛，为元建筑；福建泉州市南门的天妃宫，为宋建筑。天津娘娘宫大殿正中供奉着天后圣母。天后是一个方面大脸庞、头戴凤冠、身着红袍的贵妇人像。

凤冠是古代妇人所戴的有凤饰的礼冠。汉制唯太皇太后、皇太后、皇后入庙行礼，其冠饰有凤凰。其制历代多有变革。明代九品以上命妇皆用凤冠，平民嫁女亦得假用九品服，其后凤冠霞帔遂成为嫡妻的例服，相沿至清末。

霞帔是命妇的礼服。类似披肩，因纹有霞彩，故名。

天后左右侍立着众多娘娘，其中有送子的千子娘娘、百子娘娘、子孙娘娘等。天妃成了送子护子诸神的主神。此外，尚有治眼的眼光娘娘，治疹子的斑子娘娘，治耳疾的耳光娘娘，等等。

朝天宫又名妈祖庙。清康熙三十三年（1694年）建，在今台湾嘉义市北，为佛教著名寺院之一，香火最盛。祭的是“北港妈祖”，民间所谓“北港妈祖、鲲身王爷”是家喻户晓妇孺皆知的。每年黄历正月至三月的进香期间，都有几十万信徒组团涌向北港朝拜。

接着，天妃信仰传至香港、澳门。澳门语“先有妈阁，后有澳门”。妈祖庙又称妈阁庙、天后庙，简称妈阁。澳门西南端的妈阁街，始建于明弘治元年（1488年），有弘仁殿、大殿、石殿和观音阁等主要建筑。石殿建于万历年间（1573—1620年）。传说当年有一福建商人在澳门附近海上遇难，危急中见一女神站立山崖营救。事后人们在此建石殿，并在殿前巨石上刻“利涉大川”四字以示纪念，此为澳门最悠久的历史古刹。

利涉即顺利渡河。《易·需》：“利涉大川，往有功也。”《北史·魏记》一：“冰革相结若浮桥，众军利涉。”后有人称舟为利涉。

奉祀妈祖之庙称为妈祖庙或天后宫，以莆田湄州岛妈祖庙为祖庙。天津天后宫、台湾北港妈祖庙为妈祖分灵后的地区性祖庙，每年黄历三月二十三日为妈祖诞辰日。

再说澳门，自古称蠔镜、濠镜、濠镜澳，别称濠江、镜湖等，简称澳。在珠江口西岸，面积27.5平方千米。妈祖庙建立之时在明成化年间，距今已有约530年。当时的澳门是一个荒漠、冷落、寂寥阻绝之区，渔民在此休息，补网、晒网、祭神。澳门的英文名是“MACAO”，这是“妈阁”的音译。“妈阁”就是澳门的前身。西人沿居民旧称曰“妈港”。澳门港湾当时便于船只停泊。

至于香港，在珠江东侧，包括香港岛和九龙半岛两部分，旧称红香炉山，属新安县（今宝安县）。《新安县志》载有赤柱山、红香炉营汛、黄泥涌、薄凫林、香港村等名，皆为岛中局部地方之称，后以香港作全岛之称，即由香港村而来，故址即今岛南之香港围。又因地产沉香，并因此而得名，又称香江、香海。面积1104平方千米。

以前香港也是船民停泊晒网、补网、祭神之海岛，原名红香炉。据说很久以前不明不白地从海上漂流来一个红香炉，刚好泊在天后庙前，居民以为是天后显灵，便将红香炉供奉起来，这里才被称为“红香炉”，简称“红港”、“香港”，英文名音译为“Hong Kong”。香港的天妃庙很多，最深受港人爱戴的是“娘妈的女神”。北宋时就在九龙佛堂建天后宫，传为福建行商林长胜捐资兴建。之后数百年间，该庙一直由林氏后人管理，并自负一切管理费用，直到20世纪30年代才交当地政府接管。九龙天后宫内设有一张龙床。龙床本是皇帝所用之床，民间迷信睡龙床必生龙子，故每逢黄历三月二十三神诞日，新婚后尚未生男的信女们，便来此庙虔诚地祷告娘娘，早生龙子。要是求子心切，就给庙祝一点财物，以手触摸一下龙床，就得到“早生贵子”的福愿，让这些信女信男心里得到快慰和满足。此所谓“神灵庙祝肥”。庙祝就是庙中管香火的人。

台湾简称台，战国时称岛夷，两汉和三国时称东鳀、夷洲，隋唐以来称流求，是中国第一大岛，陆地面积约3.6万平方千米。居民大多从福建渡海而去，信奉天妃之俗也随之而到台湾。据说宋太宗雍熙四年（987年）林默升化时，是从福建湄州渡海至台湾的。人们便大兴土木，纷纷建立了庙宇祭祀，当时称为妈祖庙或朝天宫，后来总共建有天妃宫、妈祖庙约600座，可谓庙宇林立。北港镇的朝天宫，香火最盛，每年前来进香的人就有上百万。人们都以为妈祖在台湾极其灵验，如果在航海时遭遇风险，只要高呼“妈祖”，则立现海神披发赶来。要是呼“天妃”，海神必冠、袍俱备而来，这可能会拖延时间。所以人们在十万火急时都脱口而出喊“妈祖”。“妈祖”经常挂在人们嘴上，毫不吝啬地抛出去。

随着航海业的不断发展，华人的足迹也遍及全球。明永乐年间，三保太监郑和七次下西洋，天妃庙在南洋各地即如雨后春笋般涌现，遍及印度尼西亚、菲律宾、新加坡、马来西亚、泰国、老挝、越南、柬埔寨等。香火鼎盛，进香的人络绎不绝。到了清代，又先后传到韩国、日本，天后庙建得富丽堂皇。根据各处人文及地域的不同，天后宫也有各异的风格。日本九州西岸港市长崎有兴福寺、浦上天主堂、妈祖寺之座等古迹，日本人称为“唐之寺”。盛传这是中国海上的保护神，当时人称能玄灵女，屡显神异，多现身海上平息风涛，护佑船舶。每逢天后诞辰香火甚盛，船民出海前常往祈祷。今海外华侨聚居地亦多有庙奉祀。

天津的娘娘宫庙享誉全球，清乾隆皇帝曾褒扬有加，赏了会旗，使娘娘会成了“皇会”。人山人海，盛况空前。

第二章
血浓于水

大陆与台湾　始终心连心

一、大陆台湾从来没有断地脉

《尚书·夏书》中的《禹贡》中所谓的岛夷，后来《汉书·地理志》所称的“东鳀”，都与台湾有关。《后汉书·东夷传》、《三国志·吴志·孙权传》所称的“夷州”即今台湾。

《隋书·流求传》称为“流求”，并具体记载了中国大陆和台湾地区的联系。南宋时澎湖属福建泉州，移居台湾地区的汉族居民显著增多。元至元二十九年（1292 年）设澎湖巡检司，管辖澎湖、台湾。台南的一个主要海湾原名“大湾”，后来被扩大指全岛，在明万历年间又谐音为“台湾”，开始叫“台湾”这个名称。而葡萄牙航海者在通过台湾海峡时，见岛上风光旖旎，因不明岛的名称，曾称呼它为“福摩萨”（Fomosa，意为美丽），因此引起了西方的注意。

1624 年，台湾开始被荷兰人侵占，到 17 世纪中期，岛上还没有形成城市聚落。1652 年，赤崁一带汉族居民起义反抗荷兰侵略者，牺牲了数千人。1662 年，郑成功在岛上居民的支持下收复台湾，设东都承天府和天兴、万年两县，大规模地开垦土地，台、澎口岸才逐渐成为中国对外贸易的主要转运站。清康熙二十三年（1684 年）改为台湾府，属福建省台湾厦门道。光绪十一年（1885 年）建台湾省。甲午战争中，清军战败，于 1895 年 4 月 17 日被迫割让台湾、澎湖等岛给日本。第二次世界大战后，中国成为战胜国之一，1945 年 10 月 25 日，日本归还台湾、澎湖等岛，台湾仍为中国的一个省。全岛面积 35700 平方千米，是中国第一大岛。

由史观之，早在三国时吴开国皇帝孙权（字仲谋）不但与刘备合力破曹操于赤壁，从此西联蜀汉，北抗曹魏，形成三分天下的鼎立局面，而且依据江东的地势，派遣将军卫温、诸葛直率水军东渡，抵达"夷洲"。这是中国大陆王朝首次与台湾的联系，可见孙权极其重视对海上的经营。

夷洲，即今台湾。三国吴黄龙二年（230 年），卫温、诸葛直曾率甲士万人至此。隋以后又称流求。

孙吴此役历时经年，水军多染恶疾，生者十仅存一。由于驻扎夷洲的时间有一年，吴人对当地的风俗民情、气候以及山川的地理情况有较为深刻而全面的了解。

沈莹是三国吴人，官至丹阳太守。沈莹不仅是一个赳赳武夫，同时在文辞上也有两下子。所作《临海水土志》一书记载："夷洲在临海东南，去郡二千里，土地无霜雪，草木不死，四面是山，众山夷所居。"

临海郡，三国吴太平二年（257 年）置，治所即今浙江临市，1986 年改临海为市。

所记"夷洲去（距离）郡二千里"正与台湾的方位相吻合。书中还记有夷洲的地形、地貌、气候、天然物产及山夷居住、饮食等习俗。

山夷，即"夷洲土人"，三国时今台湾南山族先人名称。《临海水土志》记有当时山夷仍使用石器和骨角器。男子从妻居，保留母系氏族社会遗俗。嗜酒、喜食腌制生鱼肉，有髡头、穿耳、凿齿、猎头等习俗。卫温、诸葛直率甲士万余人到夷洲（今台湾）带回山夷数千。

东汉、三国时称今台湾为"夷洲"，隋改称流求，一直沿用到宋元时期。明称小琉球，中叶后称北港、东番、鸡笼，明末始称台湾。隋多次派人至其地，大业六年（610 年）陈稜、张镇周率兵万余自义安（治今广东潮州市）泛海至琉求，即此。

据《隋书》记载，大业元年（605 年），海师（熟悉海上航路的人）何蛮上奏，每逢春秋二季，天清风静，万里无云时，极目向东眺望，模模糊糊可辨烟雾之气，亦未知相去几千里远。大业三年（607 年），炀帝命羽骑尉朱宽与何蛮入海寻访异俗风情，因不懂当地语言，无法进行沟通，最后劫持一人而返航。

羽骑尉，武散官名。隋开皇中置，秩从九品下。

雄心愤发的炀帝次年再派朱宽前往招安，流求仍不归顺，朱宽无奈取其布甲而归。

炀帝因招安未就，决定诉诸武力使之降服，大业六年（610 年），便派武贲郎陈棱、朝廷大夫张镇周，率兵甲万余人，自义安郡出发，二日到高华屿，又东行二日里程达鼊屿，又行一日便抵流求。

义安郡，东晋义熙九年（413 年）置，治所在海阳县，隋开皇十年（590 年）废，大业初复改潮州置义安郡。在今广东潮州市东北。

高华屿，今台湾西澎湖列岛花屿。

鼊（pì）屿，即今奎壁屿，在澎湖群岛。

流求实指台湾。

流求人初见船舰抵达，误以为商旅到来进行商贸活动，因此纷纷涌至军中进行贸易往来，可见大陆与流求在当时已有商务往来和商品交流。

陈棱率兵登陆后，要求当地酋长欢斯渴剌兜归顺，但遭到断然拒绝。陈棱无奈，便“虏其男女数千人，载军实而还”。

军实，指器械、粮饷及作战俘获等军事物资。

据唐魏征等撰《隋书》中的《音乐》、《食货》、《刑法》、《百官》、《地理》等纪传体史与台湾有关的内容，均与清人笔下的台湾风土人情、青山绿水、自然地貌、社会风尚、地方风物大致相同。

唐人施肩吾《岛夷行》一诗对汉人在台湾地区的社会生活均有反映。施肩吾是唐睦分水人，字希圣。宪宗元和（806—820 年）进士。后隐居洪州西山，世称“华阳真人”。为诗奇丽，有《西山集》。

《禹贡》：“岛夷卉服，厥篚织具。”此“岛夷”所指有数说。或指台湾先民，即东鳀；或指琉球、吕宋等地；或指东南沿海越族，今舟山群岛一带。近人从台湾说较多。

宋代明州鄞人楼钥，孝宗隆兴元年（1163 年）进士。曾以书状官从汪大猷使金，归撰《北行日录》。官同知枢密院事，进参知政事。通贯经史，文辞精博。其《汪公行状》记载，乾道七年（1171 年）四月，汪大猷知泉州郡，“郡实濒海，中有沙洲数万亩，号平湖，忽为岛夷号毗舍邪者奄至，尽刈所种”。汪大猷是宋庆鄞县人。高宗绍兴十五年（1145 年）进士。历官礼部员外郎。迁秘书少监，修五朝会要，曾出使金国，后为江西安抚使。

宋建宁府浦城人真德秀，一说原姓慎，避孝宗赵昚（shèn）讳改。宁宗庆元五年（1199 年）进士，开禧元年（1205 年）中博学富士宏词科，曾为礼部尚书，改翰林学士、知制诰。修《大行衍义》。有《真文忠公集》。他在《申枢秘院措置沿海事宜状》言及澎湖："朱字寨去法石七十里，初乾道间，毗舍耶国人，杀害居民，遂置寨于此，其地阚临大海，直望东洋，一日一夜可至澎湖。"

法石山一名万岁山，在今福建泉州市东南。

由此可知，《汪公行状》所说的云海中大洲"平湖"实是澎湖，而非指福建连江县东塘湖。宋李弥逊对后者有诗："山绕平湖绿四边。"

后来，宋人赵汝适在《诸蕃志》中记有："泉有海岛日澎湖，隶晋江县。"

赵汝适是宋宗室，寓居四明，科第进士。宁宗嘉定间，尝知武义县，历任卿、监、郎官等职。累官至朝散大夫、提举福建路市舶司，以见闻及来访得海外诸国事迹，著成《诸蕃志》。

有史籍记载澎湖"宋时编户甚蕃"的史料，可见澎湖当时已有不少居民定居，政府也确定编制。居民主要从事粮食生产与棉花、烟草、甘蔗等经济作物的种植。宋朝政府当时已注意武装守卫，派兵把守，澎湖在行政区划上隶属于福建晋江县直接管辖的范围。

隋、唐、五代以降，中原人口曾多次向南迁徙，福建等地才得到开发，荒山、森林、水力等自然资源才得以利用。但由于山多地少，又多为瘦田，粮食产量不多，不能供给人口增长速度之需。

据史籍记载，唐天宝元年（742 年），福建王郡共 9.1 万余户，人口 41 万多。到南宋绍兴三十二年（1162 年），只 420 年左右的时间，已达到 139 万余户、282.8 万余人，人口已增加近 6 倍。由于人稠地狭且贫瘠，故生活十分艰难困苦，正如方勺在《泊宅编》中所记："一闽地狭瘠，而水源浅远，其人虽为勤俭，而所以为生之具，此处终无有甚富者。"

方勺是宋婺州金华人，寓居岛程，字仁声，号泊宅翁。哲宗元祐五年（1090 年）应试不举，遂无仕进意。与苏轼、苏颂、朱服、叶梦得、洪兴祖等游，对时事、人物轶事多所见闻。著有《清溪寇轨》、《泊宅编》。

《泊宅编》，笔记。记载北宋中后期至南宋初年朝野遗事。所记方腊起义始末，颇为详细，有较高的史料价值。后人曾抽出单行，题作《清溪寇轨》，有今人校点本。

连年烽火连天，鸡犬不宁，这使部分民众离乡别井，逃至台澎。沈文开的《杂记》中言及："宋时零丁洋之败，遁亡至此者，聚众以居。"

零丁洋亦作伶仃洋，在广东省珠江口外内伶仃岛和外伶仃岛之间。万山群岛横亘外口，为天然屏障。南宋末文天祥被元兵所执，至此，为作《过零丁洋》诗，有"人生自古谁无死，留取丹心照汗青"之名句。鸦片战争前，英、美侵略者的鸦片贩子，曾用趸船和快艇强占伶仃洋洋面和伶仃岛，对中国进行大量的鸦片走私。

据《噶玛兰志略》记载："宋零丁洋之败，有航海者至此。"

噶（gá）玛兰亦作"蛤仔难"、"甲子兰"。旧地区名，即今台湾东北部的地区宜兰平原。本为蛤仔难族聚居处，三面负山，东临海，平原万顷。清嘉庆十六年（1811 年）置噶（gá）玛兰为厅，治五围（今台湾宜兰）。1875 年改置宜兰县。清嘉庆元年（1796 年），福建泉州人吴沙率漳州、泉州及广东人民在此开垦荒地。但早在南宋时，就有不少大陆汉人到澎湖群岛从事开垦种植与打捞和养殖水生动物的生产事业了。宋代大陆民众迁徙台湾的原因，一是隋、唐、五代以降，中原人口稠密、土地稀少而南迁；二是政治动乱，连年烽火；三是寺院经济恶性膨胀，又大量占据土地。

据明宋濂等撰纪传体《元史》所载，至元二十八年（1291 年）冬十月，元世祖忽必烈曾派遣杨祥、吴志斗、阮鉴等一行，携带诏书，出使招谕流求。次年春夏之交，他们自澎湖出发，曾遇一个"山长而低者的地方"，派人离舟登陆察看，因语言障碍无法沟通，三人遂被杀，竟无功而还。

高兴是元蔡州人，可力挽二石弓。曾为福建省右丞，改平章政事。元成宗元贞三年（1297 年）上奏章言及：今行省由福州徒治泉州，离流求很近，可随时侦察消息，斟酌招降或讨伐，不必调动他处兵力，愿意就近一试。同年九月，高兴派遣张浩、张进赴流求，生擒 130 余人而还。次年正月，又将所俘流求人释放，要他们效顺。

元末顺帝年间，元南昌人汪大渊，于文宗至顺帝至顺元年间，随商船出海，所经之地包括今菲律宾群岛、印度支那半岛、马来半岛、印度尼西亚群岛、印度半岛、阿拉伯半岛及今坦桑尼亚之桑给巴尔。所撰《岛夷志略》，成书于顺帝至正九年（1349 年），所记皆目击见闻。

岛夷即海岛的居民，指古代我国东部近海一带，如胶东、渤海湾、江苏等地的居民。《书·禹贡》："岛夷卉服。"

《岛夷志略》多记汪大渊所到之处的山川、地理、物产、风俗等见闻。上承宋赵汝适《诸蕃志》，下接明马欢《瀛涯胜览》、费信《星槎胜览》，为我国记载古代中外交通的重要著作之一。书中所记"琉球"的特产有黄豆、黄腊、硫黄、沙金、黍子、豹、鹿、麂皮等。此外，尚有处州瓷器等，"海外诸国盖由此始"。可见当时大陆与台澎间已有贸易往来，交流物资的有无。大陆与各国的商舶经常过往台湾。澎湖群岛扼台湾海峡交通要津，有"台湾海峡之键"的称号。该书尚记述"岛分三十有六"，"泉人结茅为屋居之"，人多长寿，男女皆着布衣，地产胡麻、绿豆，山羊数万成群。澎湖属火山岛，由玄武岩组成，环以珊瑚礁，地势平坦，多大风，农业以旱作为主，居民多从事渔业。

澎湖是台湾省开发最早的县份。唐元和年间（806—820 年）开始有中国大陆移民定居，南宋（1127—1279 年）时澎湖属福建省晋江县。元二十三年至元三十一年（1286—1294 年）开始在澎湖设巡检司，管理澎湖、台湾，仍隶福建省。明天启二年（1622 年）荷兰攻澳门不下，败窜澎湖，侵占到 1624 年才被逐走。清光绪十一年（1885 年）法军攻占马公港后，因主将故拔（S. Courbet）病死澎湖，当年退出。甲午战争后日本又占领澎湖（1895—1945 年）。

1945 年，日本投降后将澎湖与台湾归还中国。

总之，大陆和台湾人民的交往日久天长。台湾人民血管里流的是炎黄子孙的血液。血脉相通，血肉相连，血浓于水。

二、法国曾出价 1500 万法郎买台湾

甲午战争亦称"中东战役"、"中日甲午战争"，为 1894—1895 年发生的日本为夺占朝鲜和发动侵略中国的战争。清光绪二十年（1894 年，甲午年），趁朝鲜政府请求，清政府出兵协助镇压东学党起义。日本立即出兵

侵占朝鲜，7 月下旬出兵突袭中国海陆军。8 月 1 日，双方正式宣战。次年 2 月日军攻占威海卫军港，清北洋舰队覆没。3 月，日军侵占牛庄、营口、田庄台，控制了辽东半岛。尽管中国人民和爱国官兵奋起英勇作战，但因清政府腐败无能，终遭失败。清政府被迫签订关于结束甲午战争的不平等条约。光绪二十一年（1894 年）4 月 17 日，清政府议和全权大臣李鸿章及其子李经方，与日本首相伊藤博文和外相陆奥宗光，在日本马关（即下关）春帆楼签订《马关条约》，原名《马关新约》，亦称《春帆楼条约》、《中日马关条约》。强迫中国割让台湾全岛及所有附属各岛屿、澎湖列岛和辽东半岛给日本。

1895 年 5 月，日本政府任命桦山资纪为台湾首任总督，并设总督府于台北。

桦山资纪是日本海军将领，1871 年任陆军大队长。1874 年参加入侵中国台湾，1884 年由陆军少将转为海军少将，授子爵。次年晋海军中将。1890 年出任海军大臣，积极主张发动侵华战争，1894 年任海军军令部长后，更直接参与谋划于密室。中日甲午战争结束后，升海军大将，赐伯爵，出任第一任台湾总督。1896 年调任内务大臣。后任文部大臣、枢密顾问官。1903 年获元帅称号。

桦山资纪是个狂热的军国主义分子，他性情狂暴，在台湾设立殖民统治官制，颁行《六三法案》，疯狂地发动清庄运动，毫无顾忌地屠杀反抗日本殖民残暴者的台湾人民。尽管桦山资纪使用各种高压手段进行残酷迫害，但台湾人民并不低头屈服，更激发起反抗日本殖民者的情绪。斗争一个接着一个，让敌人防不胜防，心惊胆战。

据《台湾战纪》记载，1895 年 12 月，在简大狮和陈秋菊的领导下，起义军向日本统治的中心台北发起了猛烈的攻击，震惊了日本朝野，显示出台湾人民誓死不屈的精神。

简大狮又名简太师，台湾台北人。本为绿林中人。光绪二十一年聚众起义抗日，后在台北、淡水等地与日军作战。光绪二十五年（1898 年）内渡，居同安。清光绪二十七年（1900 年）为日本勾结清吏捕杀。

陈秋菊是清台湾人。光绪二十一年清廷卖台后，聚众起义抗击日军，进攻台北，后入山区坚持斗争数年，拒绝日本统治者招抚。（《台湾八日记》）

桦山资纪对台湾人民的反抗束手无策，治理无方。总督位子尚未坐热，不到一年时间，便于1896年6月初调回日本。

桦山资纪垂头丧气地挟着皮包走了，桂太郎接任第二任台湾总督。桂太郎是陆军将领。长州藩士出身。中日甲午战争时任第三师团团长。1896年任台湾总督。1898年升陆军大将，1901年任陆相。后任日本首相（1901—1906，1908—1911，1912—1913）。首相任内，缔结英日同盟，进行日俄战争，吞并朝鲜，并制造大逆事件，又称“幸德事件”，是日本明治政府镇压社会主义运动的事件。1910年5月，日本政府以莫须有的罪名，逮捕数百名社会主义者，并以阴谋暗杀天皇的“大逆罪”对其中26人起诉。次年1月判处24人死刑、2人有期徒刑。同月，幸德秋水等12人被杀害，其他12人改为无期徒刑。此后，日本社会主义运动转入低潮。

桂太郎一开始任台湾总督，就野心勃勃地放出大言一定要治理好台湾。但他所使用的是铁血政策，猖狂地向台湾人民举起了屠刀，围剿各地的义军，屠杀各地对日本殖民者不满的台湾平民百姓。在对云林的一次大屠杀中，就血洗了无辜平民三万多人，充分暴露出这个刽子手的狰狞面目。

铁血政策原是普鲁士通过王朝战争实现德意志统一的政策。普鲁士首相俾斯麦代表容克贵族和大资产阶级利益，主张以强权和武力统一德意志。1862年他宣称：“当前重大问题不是演说词和多数议决所能解决的……要解决它只有用铁和血。”铁血政策一词后成为战争的同义语。

压迫越大，反抗越强，仇恨越深，日本殖民者在台湾的日子越来越不好混，危机四伏。随着伊藤博文的垮台，桂太郎也趁机灰溜溜又神情懊丧地夹着尾巴逃回了日本。

伊藤博文是长州藩士出身。1885年起四任首相。1888年起三任枢密院议长。1900年创立政友会并任总裁。执政期间发动中日甲午战争，强迫清政府接受《马关条约》，并将朝鲜置于日本统治之下。1905年起任“韩国统监”。在中国哈尔滨为朝鲜爱国志士安重根击毙。

1896年10日，乃木希典接第三任台湾总督大位。

乃木希典是日本陆军将领，长州藩士出身。曾参加戊辰战争。中日甲午战争期间，率部侵占旅顺、辽阳。1895年任师长，率部占领中国台湾省。日俄战争期间，晋陆军上将，率集团军攻占旅顺并参加奉天会战。战后，任军事参议官、学习院院长等职。

乃木希典在台湾大力推行“以台治台”策略，颁布《台湾绅章规划》、《土匪归顺政策》等。但由于台湾人民的抵抗，他自以为得计，结果其阴谋未能得逞。

由于台湾人民对日军的突然袭击频仍，让乃木希典招架不住，黔驴技穷。他登台仅两个月，便激起台东爆发“太鲁阁斗争”。

太鲁阁聚居有一万多泰雅族人，日本殖民者对泰雅人的武装挑衅变本加厉，亦更加激起泰雅人的怒火。泰雅族主要分布在台湾北部埔里以北广大地区。1896 年 12 月，泰雅族人民忍无可忍，揭竿而起突然向日军哨所袭击，哨所日军措手不及，全被歼灭。1897 年 1 月，日军进行报复，派军舰一艘及炮兵和步兵 500 多人反扑太鲁阁。但泰雅人早有充分防备，结果又歼灭日军过半。但乃木希典仍不死心，于 2 月又从台北调集日军千余人再次反扑太鲁阁，又被泰雅人重创，日军伤亡数百，最后又是铩羽而归。

由于台湾人民反日情绪日益高涨，野心勃勃的乃木希典此时也尝尽了台湾民众给予的苦头，一天到晚提心吊胆、恐惧不安地打发时间，巴不得借机扔掉这个烫手的“芋头”（甘薯），一走了事。他想，台湾对日本没有什么价值，毫无作用。因为日本侵占台湾的几年内在经济上不但分文未获，两手空空，而且日军的死伤惨重，陷入惨境，台湾人民的报复惨烈，自己亦惨怛（dá）于心。要是不及早“偃旗息鼓”而继续占领下去，日本势必赔出更多的人命和钱财，那将更惨，不如及早鸣金收兵，是为上策。于是他转了一个邪恶的念头：将台湾卖掉，而且最好卖给英国。

1897 年春，乃木希典回日本述职，他利用这个难得的机会，向首相松方正义及军政界要员谈了日军在台湾的窘境，忽然话锋一转提出自己决心卖掉台湾的想法。

松方正义是日本政治家，推翻德川幕府后，在新帝国政府中历任要职。1881 年任大藏卿。当时，纸币不断贬值，人民争相竞存硬币。土地税是固定的，因此，以实际值而言，也逐渐减少。他上任后大力削减政府开支，把新建工厂卖给私人经营，创办发行货币的日本银行。不出三年，通货膨胀稳定下来，政府的财政状况有所好转。他在 1891 年和 1896 年两度任首相。1897 年再次出任大藏卿。1902 年成为元老。

乃木希典在军政要员面前权衡台湾利弊，主张将台湾卖给英国，这样既可以甩掉这个沉重的包袱，又可获得一大笔意外之财，一举两得，何乐而不为！日本政府此时正处于财政极度困难的关头，松方正义急着扭转这一危局，对乃木希典的这一建议产生了浓厚的兴趣。但又遭到内阁中强硬派的极力反对，他们纷纷通过政客对松方正义进行游说：不能卖掉台湾。松方亦权衡利弊，由于内阁不能达成共识，对于出售台湾一事遭到阻碍，只有搁置下来。

但乃木希典仍死心塌地坚持到底，决不改变卖掉台湾的决心。为了坚持卖掉台湾这一意志，他干脆私下与英法外交官员进行秘密接触，私下“拉客”。当时英国占领的殖民地甚多，称为“日不落帝国”，对殖民地的管理当局深感为难不已，对于购买台湾，自然没有兴趣。因此，乃木希典与英国的这笔交易尚未进行正式谈判就夭折了。

法国则与英国迥异，1884 年法国曾两次侵犯台湾，但终未得手。获悉乃木希典此时出卖台湾，认为这是个千载难逢的机会，于是兴趣浓厚。双方外交官经过多次商交于密室，讨价还价之后，初步敲价，法国出价 1500 万法郎买下台湾。

1898 年，伊藤博文第三度成为首相。一次，在他主持的军政要员会议上，乃木再次提出将台湾卖给法国的主张，且措辞严谨，斩钉截铁、毫不犹豫。日本外务省的官员也将与法方会商的具体事宜在会议上汇报。乃木希典态度更为坚决，他说：“台湾并入日本以来，日本分文未获，暂且不说，反而牺牲掉许多人的生命。日本无力改变台湾人化解不开的中国情结。也难以在台湾取得经济上的效益，更无力治理好台湾。这个赔本的事情不能再做了，不如干脆将台湾卖给法国。”多位军政要员听了均认同，一个接一个地发言，赞同乃木希典的主张。

大家发言表态之后，儿玉源太郎站起来，舌战群臣力排众议地说：“我认为，台湾是日本南部的屏障，军事价值巨大，不能卖给法国。当初为了取得台湾，我们费了那么大的力，死了那么多的人。如果将台湾卖给法国，从长远看是划不来的。至于乃木总督提到台湾不好治理的问题，我不能苟同。我以为台湾不是不好治理，而是我们管理的官员软弱无能，治理无方，所以一筹莫展。要是首相手中无人，我愿挺身而出。”为了阻止乃木将台湾卖掉，坚定群臣的决心，儿玉源太郎再向伊藤博文立下军令状，信誓旦旦表示要治理好台湾。

伊藤博文即席表态："那好，台湾不卖给法国了。我任命你为台湾第四任总督，台湾的事全权委托给你处理。"伊藤博文一锤定音，其余群臣也不敢再坚持。日本将台湾卖给法国的阴谋计划也以流产告终。台湾人民一连逼走了三任日本总督。

1898 年 2 月 26 日，儿玉源太郎走马上任到台湾。

儿玉源太郎是日本明治时代的陆军大将和政治家，武士出身。早年参加过几次作战。后入大阪兵学寮。1881 年任尉官。在参谋本部任局长时，曾使陆军现代化。后任陆军大学校长。1891 年访问欧洲。1892 年任陆军次官。1898 年任台湾总督。他在伊藤内阁中任陆军大臣，在桂太郎内阁中任内务大臣和文部（教育部）大臣。日俄战争期间任满洲军总参谋长。翌年升任军参谋总长。

他疯狂地在台湾推行一系列新的殖民措施。他双管齐下，在军事方面采取铁血政策，崇尚武力。手段凶狠地镇压台湾同胞，实行保甲制度，推行连坐法。

保甲制度始于宋代王安石。他主张"变募兵而行保甲"，"什伍其民"，以维护封建统治。明清两代有类似制度。民国时期采用保甲制度作为基层政治制度。

保甲其法为：十家为一保，有保长。五十家为一大保，有大保长。十大保为一都保，有正副都保长。家有两人以上者，选一人作保丁。保丁自备弓箭，演习武艺战阵。同保范围内如发生犯法事件，保丁须检举、揭发或追捕。南渡后，又改五保为一大保，通选保正。这是封建社会地主阶级专政用的统治人民的户籍编制。

连坐即一人犯法，其他人连带一同受罚。《史记·商鞅传》："（秦孝公）卒定变法之令，令民为什伍，而相收司连坐。"《索稳》："一家有罪而九家连举发，若不纠举，则十家连坐。"

儿玉源太郎上任的头四年，就对台湾人民进行血腥的镇压，血洗了一万二千多人。腐败无能的清政府对台湾人民的抗日义举又不敢支援，见死不救，助长了敌人的志气，灭掉了自己的威风。这更加助长了日本殖民者的狼子野心，使日本扭转了在台湾的被动局面。

在经济上，儿玉源太郎采取了垄断市场的政策，推行烟酒、食盐、鸦片、蔗糖、樟脑等专卖政策，肆行劫夺台湾人民的财富。他又颁行《土地调查规则》、《台湾地籍规则》，又派大批人马全面丈量全台土地，由此台湾耕地的数据竟比原先的多出一倍，日本对台湾人民更加重利盘剥，土地税收亦因此翻番。由于日本肆无忌惮地渔猎台湾人民，也使日本大获渔利。

北回归线横贯台湾岛中部，台湾属高温多雨的亚热带、热带季风气候，平原地区夏季长达 8 个月，年降水量丰富。经济价值较高的树有 300 多种，油杉、肖楠、台湾杉、红桧等均为世界名树。多樟树，有“世界最大樟树带”之誉。由于自然条件的优越，水稻、甘蔗产量较高。当时，食糖是国际市场供不应求的紧俏货，有时价格一日数涨。儿玉源太郎瞄准蔗糖这一“猎物”，便驱使台湾农民转为蔗农以大量种植甘蔗。日本殖民者又驱使蔗农将丰收的甘蔗在粮寮里制成粗糖，以低价全数收购，再运往日本进行精细加工，再以高价出售，从中牟取暴利。自此，日本政府赚了大钱，财源滚滚，不但尝到了甜头，又给日本失业员工提供了劳动就业的机会，也封住了主张出卖台湾的一批群臣的嘴巴。儿玉源太郎这招得计了。

由于儿玉源太郎在台湾的政绩卓著，暂时稳定了日本国内的政局，他也从中捞到了政治资本，1906 年奉命调回日本。他接着被任命为中国东北“南满铁道株式会社创立委员长”，对中国东北的丰富资源进行新的劫夺。

清及民国时代称今吉林长春市以南及辽宁全境为南满洲，简称南满；吉林长春市以北及黑龙江全境为北满洲，简称北满。

株式即股，股份，股票；会社即公司；株式会社即股份公司。

南满洲铁道株式会社，简称“满铁”。为旧时日本对中国进行侵略的机构。清光绪三十一年（1905 年），日本取得俄国控制的东清铁路南段（旧时山东淄博市西南，即今长春到大连）权益和财产后设立。1907 年开业。大连设总社，日本东京设分社，经营长春到大连、安东（今丹东）到沈阳等各线铁路及抚顺煤矿，兼营航运、码头、炼铁、仓库、电力、煤气、农场等，所辖单位约 80 个。在东京设东亚经济调查局，大连设调查部，沈阳、吉林、哈尔滨、北京、上海设事务所，搜集军事、政治、经济情报。1938 年“九一八事变”后一再注资，侵占东北全部中国铁路。1934 年又强占中苏合办的中东铁路。

中东铁路亦称“东清铁路”、“东省铁路”，为中国东北地区自哈尔滨西至满洲里、东至绥芬河、南至大连的铁路线旧称。原为俄国于 1898 年至

1903年间强行修筑的铁路。日俄战争后，长春以南段为日本占据，称南满铁路。“十月革命”后，长春以北段由中俄合办，仍称中东铁路，“九一八事变”后为日本所占。抗日战争胜利后，南满铁路和中东铁路合并改称中国长春铁路。

1937年以后，满铁将所营重工业移交满洲重工业开发株式会社。抗日战争胜利后停业。1950年，中苏合营中国长春铁路公司成立，接管该社一切权益和财产。1952年，苏联政府根据1950年《中苏关于中国长春铁路的协定》和1952年的《中苏关于中国长春铁路移交给中华人民共和国政府的公告》，将中国长春铁路的一切权利以及属于铁路的全部财产移交给中国人民政府。1957年3月，该社东京分社结束。

此外，儿玉源太郎还制定有向中国东北移民50万人的策略，阴谋进行民族同化，但未能得逞。

儿玉源太郎多行不义必自毙。1907年，在他往中国东北赴任途中，突发暴疾，顷刻丧命在船中。这是任何人都始料不及的，一时大快人心，除了一大害。

第三章 蛇图腾

先古初民的蛇图腾

在古代典籍中，“大虫”指老虎，“长虫”指蛇。晋干宝《搜神记·扶南王》：“扶南王范寻养虎于山，有犯罪者，投与虎，不噬，乃宥之；故虎名大虫，亦名大灵。”唐李肇《国史补》上：“大虫，老鼠，俱为十二相属。”《说文解字》云：“它，从虫而长。”也就是说，长的虫就叫蛇。

在十二属生肖中，指的是以十二种动物配十二支：子鼠、丑牛、寅虎、卯兔、辰龙，巳蛇、午马、未羊、申猴、酉鸡、戌犬、亥猪。龙是虚构的，其余十一种动物是自然客观存在的实物。最初蛇与龙是同一个概念的不同说法，二位一体，龙即指蛇，蛇即指龙，正如大虫即指虎，虎即指大虫一样。《说文解字》云：“龙，鳞虫之长，能幽能明，能细能巨，能短能长。春分而登天，秋分而潜渊。从肉，形童省声。”鳞虫指鱼和爬行类的动物，《大戴礼·曾子天圆》：“毛虫之精者曰鳞，羽虫之精者曰凤，介虫之精者曰龟，鳞虫之精者曰龙，倮虫之精者曰圣人。”鳞是有鳞动物的总称。

倮（luǒ）指赤体。同裸、羸。倮虫指身无羽毛鳞甲的动物。《大戴礼·易本命》：“倮之虫三百六十，而圣人为之长。”

螣蛇也作螣蛇。传说是一种能飞之蛇。《韩非子·难势》：“飞龙乘云，腾蛇游雾，云罢雾霁，则龙蛇与螾螘同矣，则失其所乘也。”螣蛇是神话中的神蛇。《荀子·劝学》："螣蛇无足而飞，梧鼠五技而穷。"又注："《尔雅》云'螣，螣蛇。'郭朴注云：'龙类，能与云雾游其中了也。'"

对于龙是一种虚构编造的动物，闻一多先生说，"（龙）接受了兽类的脚、马的毛、鬣的尾、鹿的角、狗的爪、鱼的鳞和须"而构成的。至今人们仍管属蛇的称为"属小龙"，这是因为蛇被视为初民时代最强有力的图腾之一，并被认为是龙的前身。

图腾是指原始社会的人认为跟本氏族有血缘关系而加以崇拜并用作本氏族标志的某种动物或自然物，又用作图腾崇拜。这也可以说是原始社会的一种宗教信仰，约发生在氏族公社时期。原始人相信每个氏族都与某种动物、植物或其他自然物有着亲属或其他特殊关系，一般以动物居多。作为氏族图腾的动物如蛇、熊、罴、狼、鹿、鹰等，既是该氏族的神圣标志，又是全氏族的忌物，禁捕禁杀禁食禁用；且举行崇拜仪式，以促进其繁衍。图腾（totem）系印第安语，意为"属彼亲族"，曾遍及世界各地，在近代某些部落和民族中仍在流行。

图腾崇拜在不同形式下的表现亦不同，主要见于兼营农猎的混合经济或狩猎社会。畜牧部落中也有图腾崇拜者。它对人的（或民族的）心理和社会发展以及人的气质有一定的影响。图腾崇拜的特点是：

（1）认为图腾是伴侣、亲人、保护神、护身符、祖先或帮手，具有超人的能力。

（2）用特殊的名称或徽号代表图腾。

（3）崇拜者在一定程度上与图腾融为一体，合而为一，或者用象征的方法表示与图腾同化，即使不相同的事物也会逐渐变成相近或相同。

（4）规定不得宰杀、食用或接触图腾，甚至规定回避图腾。

（5）举行崇拜图腾的特殊仪式。图腾标志着族群的威严，神圣而不可侵犯。

图腾崇拜不是宗教，但有时又含有一些宗教因素。人们将自己的命运与图腾捆绑在一起，共享亨逆，一方受杀、患病或死亡，另一方也有同样的遭遇。

蛇也是图腾的一种。《周易》中言及的"潜龙"、"飞龙"，实际上都指蛇。

人们只知蛇凶猛，富于进攻性而扑杀人，但未知蛇亦有其善良的特性。蛇知是非，知恩必报，知仇亦必报。蛇也是一种吉祥物。

《搜神记》卷二十记有："隋县（今湖北随州市）溠水侧，有断蛇丘。隋侯出行，见大蛇被伤，中断，疑其灵异，使人以药封之，蛇乃能走，因号其处断蛇丘。岁余，蛇衔明珠以报之。珠盈径寸，纯白，而夜有光，明如月之照，可以烛室。故谓之隋侯珠，亦曰灵蛇珠，又曰明月珠。"此所谓"行善有善报"。

明月珠即夜光珠。因珠光晶莹似月光，故名。《史记·李斯传》："谏逐客书：垂明月之珠，服太阿之剑。"

明冯梦龙的《警世通言·白蛇传》，写有店堂主管许宣一日祭祖回来，在渡船上遇到一条白蛇所化白娘子及青鱼怪所化丫头（婢女），又作丫环小青。经过借伞与还伞之后，白娘子要与许宣结为夫妇，又叫小青赠银十两。殊不知此为官府库银，后被发现，许宣被遣解到苏州拘管服役。《西湖佳话·雷峰怪迹》："许宣不合私相授受，发配宰城营。"在苏州与白娘子偶然相会而结婚。后又因白娘子窃物殃及许宣，再次发配镇江服役。许、白又在镇江邂逅而复合。许宣得知白娘子为蛇妖后，万分惶恐，便再三央求金山寺长老法海禅师，法海收蛇妖与青鱼怪，镇于雷锋塔底。许宣便削发为僧，遁入空门而得超度。化缘修塔镇住白娘子，留警世之言后坐化。

化缘是佛教语。诸佛、菩萨教化众生，因缘而来人世，缘尽而去叫化缘。

坐化，佛教称和尚安生而死。

宋李昉等编辑的《太平广记》搜罗甚富。所引野史传奇小说，自汉代以迄宋初，共约500种，中多失传，赖此得考见其佚文。该书有"见蛇吉祥"一则故事：说的是张承之母孙氏怀承之时，乘轻舟游于江浦之间，忽见白蛇长三丈，腾入舟中。母祝曰：君为祥物，勿毒噬我（咬、吞我）。乃箧（qiè，箱。大曰箱，小曰箧。此为动词）而将还，置诸房内。一宿视之，邻人相谓曰："昨见张家有一白鹤，耸翮凌云。"以告承母，使筮（用蓍草占卜）之。卜人曰："此吉祥也。蛇鹤延年之物，从室入云，自卑升高之象也。昔吴王阖闾葬其妹，殉以美女，名剑宝物，穷江南之富。未及十七年，雕云覆于溪谷，美女游于街上，白鹤翔于林中，白虎啸于山侧，皆是昔之精灵。今出世，当使子孙位超臣极，擅名江表（大有名望在长江以南地区)。若生子,可以为名。”及承生,名白鹤,承生昭,位于垂相(将及宰相)。为辅吴将军。年逾九十,蛇鹤之祥也。

中华民族本来是蛇的传人,是蛇种,为什么摇身一变成了龙的传人呢?

在中华传统文化中,龙的踪迹随处可见,早在《左氏春秋》中就有十多处提及龙。在商朝的甲胄文中,龙是象形字。若根据《说文解字》中象形字的造字法,当然有物存于客观,才得以指物象形。若此,更让人费解,龙这种神物,到底存在于何方?

象形是六书之一,指描摹实物形状的一种造字方法。《汉书·艺文志》:“古者八岁入小学,故《周官》保氏掌养国子,教之六书之谓象形、象事、象意、象声、转注、假借,造字之本也。”又注:“象形,谓画成其物,随体诘屈,日月是也。”诘屈也作诘曲,即曲折。

后来,随着人们对龙的日益敬畏,对龙亦随之而神化,龙就慢慢地从蛇中独立出来,构组了“龙族”。古人对龙的形状又不断加以设计包装,对其形象有着细密精致的描述。宋代徽州翕县人罗愿曾知鄂州等地,有治绩。生平博学好古,长于考证。文章法秦汉,高雅精炼,醇实谨严,为朱熹、杨万里、楼钥、马廷鸾等推重,有《尔雅翼》、《新安志》、《鄂州小集》。在《尔雅翼》中释“龙”说:“俗画龙之状,有三停九似之说,谓自首至膊,膊至腰,腰至尾皆相停也。九似者,角似鹿,头似蛇,眼似鬼,项似蛇,腹似蜃,鳞似鲤,爪似鹰,掌似虎,耳似牛。”

同时,在民间雕刻的龙中,常见的有五爪四爪之分,龙其实是集诸多动物肢体之大成于一身,是在历史的演变中而形成的。商、周之际多为夔龙的形象,在青铜器上就有夔龙形花纹装饰,像一种猛禽鸷的一足而四爪。西周时期的夔龙多为弯月形的二爪。此外,商、西周又有一种应龙,有翼。相传禹治洪水时,有应龙以尾画地,于是成了江河,使水流入大海。这种应龙多为三趾。今人熟见的黄龙源于唐宋。也有府名黄龙,治所在今吉林农安县。本渤海扶余府,辽天显元年(926 年),太祖平渤海,还至此,相传有黄龙显现,因更名黄龙府。保宁七年(975 年)废,开泰九年(1020 年)复置。金天春三年(1140 年)改为济州利涉军。元初属开元路。南宋大将岳飞谓“直捣黄龙府,与诸君痛饮尔”即指此。一说在辽宁开原县境。

这种黄龙，盛于明、清。而自元代始仅限于皇家才使用五爪龙的形象，民间不得染指，只能使用三爪至四爪龙的图案。

清朝以降，绘制五爪龙的忌讳已经没有了。但由于五爪龙曾经是皇室独有的象征，民间绘制五爪龙也就比较普遍。

由于人们对龙的加工神化，所以对龙的分类亦臻于细密。早在三国时魏张揖撰的《广雅》，周、秦、两汉文的古义，可据以参证，为研究古汉语词汇和训诂的重要著作。后经隋曹宪、清王念孙之补正讹脱错乱，繁征博引、颇多创见而使该书臻于美善。该书《释螭》曰：“有鳞曰蛟龙，有翼曰应龙，有角曰虯龙，五角曰螭龙。”

蛟龙即蛟，以其形似传说中的龙，故称蛟龙。

应龙，千年为应龙。五百年为角龙。

虯（虬，qiú）是传说中的无角龙。有角曰龙，无角曰虯。

螭（chi）是传说中无角的龙。古代常雕刻其形，作为器物的装饰。

此外尚有一种“山龙”，是古人衮服和旌旗上的山形与龙形图纹。《书·益稷》：“予欲观古人之象，日月星辰，山龙华虫，作会宗彝。”

衮（衮，gǔn）服是古代帝王及公侯的礼服。

华虫是古冕服上的画饰。《传》：“华，象草华；虫，雉也。”《疏》：“草木虽皆有华，而草华为美。……雉五色，象草华也。《月令》五时皆云‘其虫’，虫是鸟兽之总名也。”

由于人们精心地对龙的形象予以设计，因此蛇的凶猛、勇敢、攻击的本性都被巧妙地移花接木在龙的身上，甚至插上双翅使之腾飞，成为飞龙，这就是“创始者奇”。

进入封建社会以后，古以君权为神授，谓君主秉承天意治理人民，故皇帝大言不惭地自称为“真龙天子”、“龙种”。借指帝王为飞龙。喻其居高位而临下，如飞龙在天。《易·乾》：“九五，飞龙在天，利见大人。”

九五，乾卦九五，术数家说是人君的象征，后因称帝位为九五之尊。

利见是指见君主；大人是指大官、贵族，指在官位者。在当时官场中，成为下属对上司的习用称呼。

又因为对龙的神化，故帝王的兴起或即位为“龙飞”，帝王的后代为“龙子”或“龙种”，帝王（龙王）的女儿为“龙女”，山之气脉处所结为“龙穴”，皇帝的气脉为“龙虎”，喻帝王仪态威武为“龙行虎步”，帝王所卧的床为“龙床”。唐冯贽《云仙杂记·龙床》：“韩志和有道术，宪宗时，献一龙床，坐则鳞鬣爪、角皆动。”神话中龙王的宫殿为“龙宫”，帝王的后裔为“龙孙”，供帝王游幸水嬉之用为“龙船”、“龙舟”，皇帝车驾为“龙驭”、“龙舆”，帝王的颜貌为“龙颜”，新皇帝即位为“龙飞榜”，出类拔萃的人喻为“人中龙”。“名可闻，而身不可见；德可仰，而形不可覩；吾而今而后知先生人中之龙也”（《晋书》）。

龙在中国的历史长河中是吉祥物，即吉善事之物，古器物上多用为铭。龙又是神圣不可侵犯的，在传统文化中，龙代表的是一种法力无边的神力，这是神奇超人的力量，同时又是一种皇权的象征。相反，在西方的文化中，龙只代表一种邪灵，是一种妖异怪诞之物，而象征人性、正义的英雄豪杰均有屠龙降魔的英勇事迹。龙文化即妖文化。即使在中国的文化中，也有屠龙的事迹。如《庄子·列御寇》：“朱泙漫学屠龙于支离益、单千金之家，三年技成，而无所用其巧。”后因称高超的技艺为屠龙之技；佛家、道家都有降龙伏虎的故事。如，如来僧涉能使龙入钵中；僧稠、昙询能以锡杖解虎斗；汉道士赵炳能使虎伏地；十八罗汉中有降龙、伏虎二尊者，均能使龙虎降伏。

朱泙漫是西周人。据说其耗尽家资三千学屠龙，三年技术成，然无所用其技。

支离益又称支离，古代善屠者。《文选》晋张协（景阳）《七命》：“尔乃命支离，飞霜锷，红肌绮散，素肤雪落。”

僧稠是北齐僧。钜鹿人，俗姓孙。通经史，征为太学博士。年二十八出家，从道房、跋陀等习禅，多有神异。魏孝明帝三召不赴。北齐文宣帝天保二年（551 年）诏请下山弘法，居云门寺，并令周内诸州别置禅肆，禅法以是大行于北地。

昙询是隋僧。河东人，俗姓杨。年二十二，于白鹿山北霖落泉寺出家。受戒后，专修心学，习禅定。后住怀州柏尖山寺，独处静院，十年不出，颇有异迹。

赵炳是东汉东阳人，字公防。能为禁术，以术疗疡。章安令认为其迷惑大众，将其杀害。

如来是佛的别名。梵语多陀阿伽陀。意为如实道来而成正觉。又为释迦牟尼十种法号的第一种。《金刚经》：“如来者，无所从来，亦无所去，故名如来。”

以蛇为图腾的少数民族

以“蛇的传人”、“蛇种”自称的少数民族有：

一、高山族

高山族分布在台湾山区东南沿海岛屿。人口42万。先世为古代闽粤人的一部分。明以前多冠以“夷洲”、“夷山”、“流求”等地理名称。明末郑成功驱逐荷兰殖民者后，称为“东番夷”、“土番”。清沿袭称居住地为社番，社内成员在劳动生产时有协作关系，有共同的祭祀活动。过去在保存母系氏族残余的阿美人中，社的首领由年长的妇女担任。喜爱蛇身人首的形象，反映对蛇图腾的崇拜。保存着原始宗教，崇拜精灵。自隋、唐以降，高山族就以蛇为图腾，喜欢纹蛇。《隋书·琉球传》载：“（高山族）妇女墨黥手，为虫蛇之纹。”

二、黎族

《史记·五帝纪》云，黄帝先在阪泉战胜炎帝之后，蚩尤不服作乱，才兴兵战胜蚩尤，将其擒杀。蚩尤就是黎族部落的酋长。

黎族在今海南省黎族苗族自治州。人口124.8万（2000年统计数据）。语言属汉藏语系壮侗语族。1957年创制了拉丁字母的文字。先世为古代骆粤的一支，殷、周之际从两广迁居海南。海南出土的铜鼓及黎族文身、鸡卜等习俗反映了与古代越人的渊源关系。自称为“美孚”等，称汉族为“美”（客）。东汉以迄隋、唐以“里”、“俚”等泛称少数民族，黎的名称始见于唐。元代设置土官。居住在偏僻山区者仍保持着原始公社色彩。五指山腹地有称为“合亩”（黎语称“纹茂”，意为家族）的共同劳动、按户分配的原始协作制度。女精纺织，木棉织布有悠久的历史。女子黥面文身，著长仅及膝的短桶裙。男子前额结发，上衣无领，有的戴耳环。用食以火炙、生腌或渍酸，部分地区住“船形屋”，竹木紮架，茅草盖顶，离地尺许，有防震作用。信仰鬼神，崇拜祖先，信巫术。人死以独木棺土葬。

《说文解字》云："蚩，蚩虫也。"既是虫，又复原为蛇，"长虫"就是蛇。蚩尤及其部落与炎帝部落一样，都是蛇的传人，黎族就是蛇的传人。

黎族奉行祖先崇拜与自然崇拜。

"黎民"指九黎之民；"黎民"又指百姓、民众。黎是黑，民首皆黑，故曰黎民。

三、土著派宛族

土著派宛族起源于蛇，他们对蛇极其虔诚，顶礼膜拜。文蛇纹，对蛇不加伤害更不敢杀害。一般人认为这是高山族的一支。

南方蛇氏族中，一直视自己为蛇种，是蛇的传人。对蛇崇拜有加，禁捕禁食，甚至连蛇皮都不使用。

四、疍民

疍族（民）亦称蜑、疍、疍户、疍家等。古族民。最早见于晋代陶璜疏文（《天下郡国利病书》卷一〇四转引）和常璩《华阳国志》。南北朝至隋、唐时散居在中国西南各郡县。后分布在福建、广东、广西沿海港湾和内河，以珠江三角洲为多，又称"艇家"。据 20 世纪 50 年代统计，约有 90 万人。先世因罹罪贬黜，谪居水上，居无定所。从事捕鱼、运输、小商贩等行业。宋代亦有疍民水居的记载。传说其泊居的篷船呈椭圆形，状似卧蛋，故称疍民。1927 年清雍正旨令，疍族可在近水村庄居住，部分疍民才开始迁居陆上，转营农业。但有的疍民仍以船为家。居陆上的后裔已融合为汉族。

疍民的远祖以蛇为图腾，加以崇拜，他们只供奉蛇神。但其后裔不再说自己是蛇种，都称为"龙种"。

五、闽粤族

福建省的简称是"闽"。《说文解字》："闽，东南越蛇穜。从虫门声。"又《说文解字》："蛮，南蛮蛇穜。从虫䜌声。"闽和蛮都是一种大蛇。穜是种的本字。闽粤族习断发文身。其首领无诸，相传是越王勾践之后裔，秦时被废为君长，其地划入闽中郡。公元前111年，东粤王余善反汉失败后，武帝鉴于“东粤狭多阻，闽粤悍”，将其部分族人徙江淮间，后与汉族融合。

六、怒族蛇氏族

怒族蛇氏族多分布于云南省西北部怒江、澜沧江。怒族的人口约2.87万（2000年）。语言属汉藏语系藏缅语族类。始见于唐代的“怒江”即因居民为怒人而得名。江岸崖洞保存着若干处用红色颜料做的原始壁画。长期保留原始公社制残余，百多年前仍使用磨光的石斧和竹木锄，有以物易物的集市。依旧崇信万物有灵。土葬不用棺，生前用具置于墓上。传说怒族蛇氏族在原始时有母女四人上山打柴，偶然碰到一条大蛇，强迫与其中一女结为夫妻。小女为了保全母亲的性命，便自愿嫁给蛇。后来繁衍成无数的后代，成为蛇氏族。

七、傈僳族

傈僳族分布在云南西北部怒江沿岸和邁南、邁北诸县。人口约63.5万（2000年）。语言属汉藏语系缅语族。先世为唐代“乌蛮”的一部分，16世纪后从金沙江两岸南迁至现居住地区。长期保留原始公社制残余。由血缘家庭关系组成村寨，由有威望的老人主持村寨事务。家庭多为一夫一妻的小家庭，只有独子或幼子才与父母同住。穿自织的麻布；行土葬，并以悬挂弩弓、织麻布工具为随葬品。傈僳族蛇氏族相传古时有姐妹两人与巨蛇婚配，繁衍后代，遂成蛇氏族。他们一直视自己为“蛇种”，是蛇的传人，至今仍对蛇顶礼膜拜。一般信仰多神。

八、侗族

侗族分布在贵州东南和湖南、广西毗邻地区。人口约296.2万（2000年）。语言属汉藏语系壮侗语族。通用汉文。族源可追溯到秦、汉时的“骆越”。魏、晋后骆越各部原称为“僚”。唐、宋时在湘、桂、黔接壤的少数民族地区设羁縻制称为“峒”，居民称“峒氏”、“侗人”，后沿袭为民族名称。侗族地区在清雍正初年“改土归流”时，农业生产已有较高水准。所居木构建筑，全以榫眼衔接，历数百年，防雨、防风、防晒、防震而不朽。村寨傍山依水。住屋多倚斜坡筑“吊脚楼”。族俗男尊女卑。妇女禁触铜鼓，婚后才能分到少量陪嫁的“姑娘田”，未婚男女社交称为“行歌坐夜”，以对唱山歌表达情意。有“不落夫家”的习俗，女子生育后才从夫共居。相传侗族始祖有母与一条大花蛇婚配，生下男女各一，成为侗家祖先。所以侗族人自认为蛇种，以蛇为图腾。信仰多神。

远古的东方龙形象

东方人视龙为神物，为至尊的皇权，为神龙，以为神瑞；西方人视龙为妖邪，为丑恶，为怪物。东西方龙文化迥然不同。

一、三星堆遗址

三星堆遗址文化是发生在中国新石器时代至商周时期的早期，即始于约八九千年前至约3600年前，为蜀文化的遗存，位于四川广汉南兴镇的三星村。1980—1989年发掘，发现有城址、房屋与祭祀坑。城址南宽北窄呈梯形，东墙长1800余米，西墙残存800余米，南墙长210余米。城墙系夯土筑成，城外有壕沟。祭祀坑两座，坑内出土金、铜、陶、骨及象牙等质料的文物700多件。陶器中的小平底锅、尖底杯、高柄豆与鸟头形器等具有明显的特点。青铜立人像、人头像、龙形器、虎形器、跪坐人像和金杖、金虎形饰等为国内所罕见，亦所未闻。其中“C”型玉雕的龙是距今5000多年前的遗物，该龙头上的部位形象仍然明显。据唐段成式《物异》载：“梁大同八年，戍主杨光欣获玉龙一枚，长一尺二寸，高五寸，雕镂精妙。”“C”型玉龙出现的年代料比此龙早得多。

二、西水坡遗址

西水坡遗址位于河南濮阳西水坡，是黄河中游新石器时代与东周时代的遗址。属仰韶文化后冈类型。年代为公元前4665—前3987年。1987—1988年发掘。揭露面积5000多平方米。发现有房屋、窖穴、陶窑、墓葬等遗迹与陶器、石器等遗物，包括仰韶、龙山、东周等不同时期的文化遗存。在仰韶文化地层中发现三组前所未见的用蚌壳摆塑的人物与动物图案。第一组保存较好，为墓主与龙虎共组成图，墓主男性仰卧直肢平躺在中间，两侧分别为龙、虎图案；第二组位于前者的南边，由龙、虎、鹿、蜘蛛等图像组成；第三组位于第二组的南面，由人骑龙和虎的图像组成。三组蚌图大体作南北向直线排列。陶器有彩陶钵、陶灶、小口圆底瓶与深腹罐等。以考古断代和碳－14 测定，墓葬的年代距今约有6500 年左右，比三星堆遗址还要早约 1500 年左右。蚌一般指无齿蚌类。蚌塑龙虎与中国传统天文学的四象有关。而四象所指很多。此指的是《礼·曲礼》上所说的："行前朱鸟（雀）后玄武，左青龙而右白虎。"《疏》："前南后北，左东右西，朱鸟、玄武、青龙、白虎，四方宿名也。"因为这类是精妙绝伦以蚌壳摆塑的妙品（龙），因其年代源远流长，故被人们称为"中华第一龙"。至今无人异议。

《人物龙凤帛画》部分

《人物御龙帛画》与《人物龙凤帛画》是战国时期的两幅珍品。帛画是中国古代画在丝织物上的图画。现存年代最早的有湖南长沙战国楚墓中发现的三幅帛画：一幅四周画奇异的动植物图像，中写文字，多不可识，亦称"缯书"。缯是丝织品的总称，亦是帛的总称。一幅就是《人物龙凤帛画》，绘着长袖细腰的女子，侧身合掌而立，头上顶有搏斗的凤、夔。凤欲振翼奋飞，凤鸟的左方正对着一条蜿蜒曲折爬行的夔龙。还有一幅就是《人物御龙帛画》，绘的是高冠长袖的男子，侧身驾驭着一条巨龙，龙身呈舟状，男子佩带长剑。后两幅都属于人物画或人物肖像画，以人物为主体，对人物的容貌、姿态、风度、表情、动作、服饰等方面的特征作了具体的描写。在这两幅帛画中，对龙的神态和形状均有细密入微的描绘。此外，在长沙西汉墓中相继出土帛画五件，绘有墓主人形象，以及宴饮、车马、仪仗等场面，间绘传统神话中的神灵怪异。其中有一幅关于导引强身的图解，提供了古代医学上的资料。这些帛画是现今存世最古的中国画，线描规整劲利，色彩绚烂端丽，具有相当高的艺术水平，是极其罕有之作。

第四章 日本唐文化

日本名胜与《诗经》

《诗经》是我国最古老的一部诗歌总集，亦是反映上古社会生活的一部百科全书。它原是当时政府作为礼乐、教育的材料及档案而保存下来的，所以成为我国上古最可靠的史料之一，也是最宝贵的第一批文学遗产之一。

秦始皇采纳李斯之计焚书坑儒，造成《礼》崩《乐》坏的惨局，《书》阙有间，但《诗经》则躲过一劫而独全，其因是以其讽诵，即口头背诵，而不独在竹制（书本）的缘故。

《诗经》的内容丰富多样，艺术形式独特，表现手法多样。不但在我国拥有广大的读者，而且被翻译成多种外国文字，是全世界最古老的诗集之一，成为世界人民的共同财富，尤其是对一衣带水的日本曾产生过更特殊的影响。

日本村山吉光曾著《诗经鉴赏》。这位汉学家在该书中提到日本有众多的著名古迹都从《诗经》的诗语中取名。

一、地名

日本本州的富山县，位于庄川下游的古老城堡集镇高冈市，名胜有高冈公园、樱花公园、佛教庙宇瑞龙寺（内藏许多国宝）。

1609 年建为城堡集镇时命名的高冈，此名出于《诗经·大雅·卷阿》，后又于此地成立诗社，取名“凤鸣社”，亦取其义。《诗经·大雅·卷阿》：“凤凰鸣矣，于彼高冈。”意即凤凰鸣了呀，在那个高高的山脊上。

高冈市名寓有神态高亢、情怀高洁、风神高迈之意。

二、楼观名

位于东京大都市区北缘的日本本州的埼玉县，县西南秩父多摩国立公园内的秩父町，每年 12 月 2—3 日举行地方节庆。埼玉市的乔迁馆建于1799 年，取意于《小雅·伐木》：“伐木丁丁，鸟鸣嘤嘤。出自幽谷，迁于乔木。”意为伐木的斧声丁丁地响，鸟叫得惊呼嘤嘤，它从深谷中出来，迁徙在高树之上。

丁丁（zhēng zhēng），伐木声。嘤嘤，鸟鸣声。姚际恒云：“伐木”是兴，“鸟鸣”是比，盖以“鸟鸣”比朋友，以“伐木”兴鸟鸣也。

迁：上升。乔：高。过去贺人迁居或者升官，叫做“乔迁”。嘤嘤即叫声，寻找朋友的应声。嘤，一作鹦，鸟名。

三、历史建筑物名

1883 年是日本历史上实行政治革命的明治维新时代。仿照欧洲建筑接待外国贵宾的设施被命名为鹿鸣馆。语出自《小雅·鹿鸣》：

呦呦鹿鸣，食野之苹，我有嘉宾，鼓瑟吹笙。吹笙鼓簧，承筐是将。人之好我，示我周行。

呦呦鹿鸣，食野之蒿。我有嘉宾，德音孔昭，视民不恌，君子是则是傚。我有旨酒，嘉宾式燕以敖。

呦呦鹿鸣，食野之芩。我有嘉宾，鼓瑟鼓琴，和乐且湛。我有旨酒，以燕乐嘉宾之心。

（译文）

鹿儿呦呦叫，野外吃苹草。我有好嘉宾，鼓瑟吹笙来招待。吹起笙，动簧片，还把盛着礼物的竹篮来分赠。人们喜欢我，就是把道理向我讲。

鹿儿呦呦叫，野外吃青蒿。我有好宾客，美名处处扬。为民众所作出忠厚正直的榜样，君子也要来效法。我有美酒，客人们可以喝个痛快玩个饱。

鹿儿呦呦叫，野外吃芩草。我有好宾客，鼓瑟弹琴来招待。鼓瑟又弹琴，融融洽洽真欢快。我有美酒，让宾客尽情地欢乐。

这是欢宴宾客的著名乐歌。是《小雅》的首篇，所谓“四始”之一。《诗·序》谓《诗》有四始。①据郑玄说，以《风》、《小雅》、《大雅》、《颂》四者为王道兴衰之所由始，故称“四始”。②《史记·孔子世家》：“关雎之乱，以为《风》始；《鹿鸣》为《小雅》始；《文王》为《大雅》始；《清庙》为《颂》始。”

《小雅》为宫廷乐歌，主要在宴会、典礼时演唱。《鹿鸣》就成为古代宴客时常常演奏的名曲。春秋战国时代部分礼制的汇编《仪礼》中曾有两处“工歌《鹿鸣》”的记载。以后从汉代到晋代，它都成为宴会中的“传统节目”，传唱不衰。到了唐朝，宴饮州、乡贡士之时，更进一步规定为“歌《鹿鸣》之诗”。直到以后的清朝，乡试放榜的次日要举行盛宴，款待考官、学政及新中举者，这种宴会仍称为“鹿鸣宴”。唐人宴时用少牢，歌《鹿鸣》之章。又宋殿试文武两榜状元设宴，同年团拜，亦称“鹿鸣宴”。可见《鹿鸣》一诗为传唱千古之珍品。

日本其时常举办舞会、游园、化装舞会，成为日本文化欧化的象征，均在鹿鸣馆这一殿堂，鹿鸣馆也成为旧瓶装新酒。

四、殿堂名

日本本州北部濒临日本海的山形县，境内沿海地区的鹤岗市致道博物馆收藏明治维新年间、汉学专家副岛种臣所书横匾“关雎堂”，其左侧书云：“馀于庄内侯邸讲《关雎》，故为书兹语。”这是在 1891 年 8 月所书的墨迹。

关雎语出《诗经·国风·关雎》。

关雎（周南）

关关雎鸠，在河之洲。窈窕淑女，君子好逑。

参差荇菜，左右流之。窈窕淑女，寤寐求之，求之不得，寤寐思服，优哉悠哉，辗转反侧！

参差荇菜，左右采之。窈窕淑女，琴瑟友之。参差荇菜，左右芼之。窈窕淑女，钟鼓乐之。

（译文）

关关叫着的雎鸠，在那河中的沙洲。标致贤良的姑娘，是君子的好匹配。

参差（cēn cī）不齐的荇菜，左一把又一把去捞取它。标致贤良的姑娘，醒里梦里都追求她。追求不到手，醒里梦里都想个不休。相思无尽呀情意绵长，翻来覆去都睡不着。

参差不齐的荇菜，左一把右一把去采摘它。标致贤良的姑娘，弹琴鼓瑟去亲近她。参差不齐的荇菜，左一把右一把去采摘它，标致贤良的姑娘，敲击鼓去使她感到欢乐。

这是《诗经》开宗明义第一篇作品，所谓“四始”之一《国风》第一首。描写青年男子对一位标致姑娘的恋慕与追求，是一首优美的倾情诗。它的题目，是从诗句中择取来的，并无别的深意。《诗经》每一篇都是如此。

周南：周成王时代，周公旦与召公奭分陕而治，周公统治东方诸侯。周南是周公治下的南方诗歌，约在今河南洛阳至湖北一带。《周南》共十一篇。

闻一多先生言：“女子采荇于河滨，男子见而悦之。”此正为诗之本义。

五、碑石名

日本本州山形县城米泽市。早年是以一城堡为中心的城镇。该市内有上杉神社境内的松岬公园，内有甘棠之碑。此碑为当地甘棠会于1897年所立。甘棠语出《诗经·召南·甘棠》。

甘　棠

蔽芾甘棠，勿翦勿伐，召伯所茇！
蔽芾甘棠，勿翦勿败，召伯所憩！
蔽芾甘棠，勿翦勿拜，召伯所说！

（译文）

小枝叶遮盖的甘棠，不要剪去、不要斫（zhuó，斧砍）伤。召伯曾在这里住过的茅房！

小枝叶遮盖的甘棠，不要剪去、不要撞击。召伯曾经在这里休息！

小枝叶遮盖的甘棠，不要剪去、不要攀扒（bā，抓着可依附之物）。召伯曾经在这里歇过车马！

六、商铺名

日本东京和京都均有老字号商铺鸠居堂，专门经营香烛供人在斋戒占卜前烧香燃烛，沐浴时表示对神的虔诚。

京都是日本本州的一首府，北濒日本海。京都府首府也称京都，也是日本故都（794—1868年），是日本重要的文化中心和佛教中心。

鸠居堂语出《诗经·召南·鹊巢》。

鹊　巢

维鹊有巢，维鸠居之。之子于归，百两御之。
维鹊有巢，维鸠方之。之子于归，百两将之。
维鹊有巢，维鸠盈之。之子于归，百两成之。

（译文）

啊！喜鹊有窠巢，啊！鸤鸠（shī jiū，布谷鸟）要迁占它。这个女子出嫁，百辆车子亲迎她。

啊！喜鹊有窠巢，啊！鸤鸠正进住它。这个女子出嫁，百辆车子送走她。

啊！喜鹊有窠巢，啊！鸤鸠来占够它。这个女子出嫁，百辆车子来成就她。

姚际恒云：“《鹊巢》妙语，误尽后世解诗人。”按，鸠占鹊巢。《笺》云：“犹国君夫人来嫁居君子之室。”后人将鹊巢鸠占为比喻强占别人的房屋、土地、产业等。湖南谚语云：“阿鹊盖大屋，八哥住现窝。”

《鹊巢》作文有序，一章，始迎之；二章，次送之；三章，终成之。

日本学者赖山阳曾撰《鸠居堂记》，载于《山阳遗稿》卷五。

有斐阁是具有一百多年历史的老字号，社址设在东京，以出版有关法律书以及有关经济体制、经济核算、经济制度、经济效益等有关国民经济各方面学科的书籍而遐迩闻名。社名有斐阁出自《诗经 · 卫风 · 淇奥》。此处“斐”通“匪”。

淇　奥

瞻彼淇奥，绿竹猗猗。有匪君子，如切如磋，如琢如磨。瑟兮僩兮，赫兮咺兮！有匪君子，终不可谖兮！

瞻彼淇奥，绿竹青青，有匪君子，充耳琇莹，会弁如星。瑟兮僩兮！赫兮咺兮！有匪君子，终不可谖兮！

瞻彼淇奥，绿竹如箦。有匪君子，如金如锡，如圭如璧。宽兮绰兮！猗重较兮！善戏谑兮，不为虐兮！

（译文）

瞧那淇水角落，绿竹美盛猗猗。这个彬彬君子，好像牛骨象牙经过了切磋，好像美玉宝石经过了琢磨。仪容严正啊，英勇威武啊！心地光明啊，心胸宽广啊！这个彬彬君子，毕竟不可忘怀啊！

瞧那淇水角落，绿竹青青地长着。这个彬彬君子悬在两鬓旁的耳坠子宝石琇莹，点缀在朝冠上的宝玉光耀如星。仪容严正啊，英勇威武啊！心地光明啊，心胸宽广啊！这个彬彬的君子，毕竟不可忘怀啊！

瞧那淇水角落，绿竹茂盛繁密。这个彬彬君子，冶炼精良好，像制器装饰用的金箔锡箔，光辉耀目好像朝会祭祀用的玉器白璧，宽宏啊，丰姿啊！把双车耳依靠啊！善于开玩笑啊，不是暴虐啊！

由上观之，《诗经》一书早已对日本文化产生长足的影响，且涉及各个领域，已辐射出一种《诗经》效应。其精神所引起的反应和效果，亦在异国他乡产生一种《诗经》文化，且经久而不衰。

日本“中国化”
——中华文化对日本的深远影响

中国是世界的文明古国，中华文化博大精深，源远流长。中国的文明经天纬地，照临四方，文采光明，文德辉耀，使近悦远来。日本与中国是一衣带水的国家，日本人善于模仿，亦勤于学习，深受中国这个东方文明古国的影响。日本人学习中国文化最早主要依靠中国移民作为文化载体传布，直至公元7世纪初，日本的推古天皇在位与圣德太子摄政时期，才正式开始由国家派出“遣隋使”、“遣唐使”，派大批留学生、留学僧到中国留学，以学习中国的文明和文化。高丽亦公费遣子弟来中国留学。自此，他们系统地学习中国文化，也是最早公派子弟赴中国留学的国家。

近悦远来，《论语·子路》：“叶公问政，子曰：‘近者说，远者来。’”说，同“悦”。言近居之民，因为政治清明而欢悦；远者之民闻风而附。后以“近悦远来”为清明之政，使近悦远来，归流如水。

一衣带水，《南史·陈后主纪·祯明》：“隋文帝谓僕射高颎曰：‘我为百姓父母，岂可限一衣带水不拯之乎？’”一衣带水，意为像一条衣带那么宽的河流，形容其狭窄。因隋将伐陈，陈在长江之南，故云。后也泛指江河湖海不足为阻。

推古天皇是日本有文字记载以来的第一位女天皇（554—628年），原为敏达天皇的皇后。公元585年敏达天皇逝世，用明天皇继位。两年后，用明天皇驾崩时，苏我氏、物部氏和中臣氏为争夺继承权而互相仇杀。结果苏我氏战胜，推崇峻天皇即位。但崇峻天皇企图摆脱苏我氏的控制，592 年又为苏我马子所杀，马子拥立推古皇后为天皇，她是崇峻天皇的妹妹，苏我马子的外甥女。推古天皇在位其间，佛教在日本确立了自己的地位，中国文化开始大量传入日本。这些都得到苏我马子的大力支持。

圣德太子（574—622 年）是日本古代政治家，曾对日本文化的发展作出重大贡献。他提倡佛教和儒教，建立新的政府以及宗教和文化机构。他竭力仿效中国，不断扩大皇室的权力。血统属苏我氏，为用明天皇次子。592 年推古天皇即位，他于次年任摄政，直至去世。他派出遣隋使节，从中国聘来许多艺术家和手工艺者，为两国文化交流开辟了道路。他采用中国历法，建设道路网，兴修佛寺，其中的法隆寺坐落在奈良附近，是世界上最古老的木结构建筑物。他仿照中国方式编修史书，定官职为十二阶，以不同颜色的冠标志不同的官位高低。604 年制定十七条宪法，推行中国的官僚制度。另外还兴修水利，创办社会福利设施。因英年早逝，始终未能袭皇位。

隋炀帝大业三年（607 年），日本圣德太子派小野妹子携带日本天皇的国书率“遣隋使”到洛阳，设法寻求与中国建交的办法，其目的是借以提高日本的国际声望和地位。

小野妹子，日本推古朝遣隋使，日本推古天皇十五年，隋大业三年携国书入隋。608 年隋使裴世清等陪送他返日。同年隋使归国，又偕高玄理等留学生和留学僧再度使隋。次年东归。在隋称苏因高。

从隋文帝杨坚开皇二十年（600 年）起，日本就把与中国的关系放在极其重要的位置上，加紧学习中国的文化，效法中国的文明，引进中国的各项制度，延聘中国的人才，积极进行改革。至大业十年（614 年）前后，日本派“遣隋使”就多达 5 次。至大业四年（608 年）仅 8 年的时间，就公派隋团留学生留居中国学习。近代中国公派出国留学生才始于清同治末，日本比中国公派留学生尚早 1266 年。这是日本外交史上的一项伟业，一大创举。这是圣德太子的卓越政绩，也是他的远见卓识。

到了唐太宗贞观年间（627— 649 年），日本派遣唐使更为频繁，共有 13 次之多，尚有迎送唐使 6 次，每次所派使团人数浩浩荡荡，最多的一次人数达 600 人，实是规模空前。使团返国时，随团的留学生、留学僧仍留居中国学习文化知识和儒、佛、道教。

日本留学生一律被安置在国子监学习。国子监设有必修课六学：国子学、太学、四门学、律学、书学和算学。各学招收不同的对象。

国子监是封建王朝的教育管理机构和最高学府。汉有太学，晋立国子学，北齐称为国子寺，隋炀帝始改为国子监。唐、宋以国子监统辖国子、太学、四门等学。元代设国子学、蒙古国子学、回国子学，亦称国子监。明、清仅称国子监。明自景泰以后，因国用不足，允许生员纳粟入监。清光绪三十一年（1905 年）设学部，国子监遂废。

四门学是中国古代的中央官学。北魏太和二十年（496 年）创立四门小学，初设于京师四门，后与太学同一处。隋唐四门学为大学程度，隶国子寺（监），传授儒家经典，性质与国子学、太学同，唯学生家庭官品较低。北宋亦设，但不久后即被废。

唐玄宗时命国子监的四门助教赵玄默在鸿胪寺教授这些留学生的功课。

赵玄默，玄宗时值国子监，承诏校文籍缪缺，又任四门助教，为当时名儒。留居中国的学生有的学习几年，有的甚至达几十年，才回日本将中国的先进思想、先进文化广泛传，促进日本的政治、经济、文化与科学技术全面发展，使整个国家呈现出一派新气象。

阿倍仲麻吕（？—770 年），唐时日本国人。玄宗开元五年（717 年）随遣唐使来华，慕中国之风，留恋不去。后改名朝衡，亦作晁衡。肄业太学，因为成绩优异，任左春坊司经局校书，历左补阙、卫尉少卿、秘书监。与诗人储光羲、李白、王维等相结识，酬唱不绝。天宝十二年（753 年）回国，在中国 31 年。途中遇险，误传其死。李白以诗哭之。据《全唐诗》卷一百八十四《哭晁衡》："日本晁卿辞帝都，征帆一片绕蓬壶。明月不归沉碧海，白云愁色满苍梧。"这是一首诗，也是一篇祭文，更是一篇悼词，感人肺腑，使人神伤，亦使江河生愁，让草木兴悲，情意之深以至于此程度。这首诗已经题有 1250 年了，中日两国人民传诵不绝，已成为中日友谊史上传诵千秋的名作。

谁都料想不到，原来世事在捉弄人，奇迹又出现了，晁衡所乘坐的一叶扁舟没有翻入海底。晁衡并没有死，经过与旋风恶浪进行搏斗一番，又辗转四处漂流之后，最终又回到了长安。吉星高照，有惊无险，有祸不成灾。

晁衡再次申请返日本，唐玄宗许之，并且命他以回访使者的身份前往，他和遣唐大使藤原清河等同舟，因途中遭遇风暴而使东渡失败。此所谓“屋漏更遭连夜雨，行船又遇打头风”。

晁衡曾经送给李白一件裘皮服装，李白随即笑纳，非常感动而不能自已。这是彼此思想感情的由衷交流，早已成为传颂千秋的佳话。

储光羲与晁衡的过从甚密，亦对晁衡赞赏有加，曾题一首：《洛中贻朝校书衡》。

万国朝天中，东隅道最长。吾生美无度，高驾仕春坊。出入蓬山里，逍遥伊水傍。伯鸾游太学，中夜一相望。落日悬高殿，秋风入洞房。屡言相长远，不觉生朝光。

晁衡东渡失败之后，并没有产生失落感，精神也没有空虚或失去寄托。他的感情充沛，生活内容更充实，仍在朝廷继续任职。肃宗上元中，擢左散骑常侍、镇南都护，直至大历五年（770 年）卒于长安，享年 73 岁，在长安学习、生活、工作长达 54 个春秋，呕心沥血为中日友谊的伟业鞠躬尽瘁，死而后已。

日本人民亦被晁衡的精神深为激动，深感自豪。在东京的护国寺为他开设纪念堂，建雕像，让人们永识不忘，颂其精神永垂不朽。

吉备真备是日本古代学者。717 年到中国留学，师从赵玄默，学四门，深通五经三史、刑律、刻漏、历算、韵学、阵法、军制、书道等诸艺。回国后把大量中国文化传入日本，曾备受孝谦女天皇赏识。再次派他遣唐并任副使，又来中国。第二次于开元二十二年（734 年）十一月回国，共留学 17 年，这次带了中国典籍 1700 多部回日本。回国后成为孝谦女天皇的顾问，协助她制定新的律法和改革措施，766 年任右大臣，名重一时。

孝谦天皇（718—770 年），日本早期女天皇。圣武天皇之女。749 年 8 月即位。9 年后让位给淳仁天皇。761 年僧道镜在宫中讲经，得到她的信任。764 年废黜淳仁天皇，再次登上皇位，改为称德天皇。在她统治时期，实际上由道镜把持朝政。

道镜（？—772 年），日本佛僧。761 年得到孝谦天皇的宠信，开始对政治产生影响。764 年清除淳仁天皇的宠臣惠美押胜。他随即发动政变，废黜淳仁，拥孝谦再次登基，为称德天皇。他任太政大臣禅师，766 年又成为法王。他由于谋求继承皇位而引起许多重臣的不满，特别是触怒了极有权势的藤原一家。770 年称德天皇死后，藤原氏把他逐出京城。

留学生玄昉也与吉备真备同时返日，均得到日本圣武天皇的器重。圣武天皇是日本第四十五代天皇。715 年即位。笃信佛教，滥用民财兴修寺庙。741 年下诏各地建造国分寺。752 年在奈良建成东大寺，为世界上最大木结构建筑之一。他在东大寺落成典礼上发表了著名的演说。凡在举行典礼时用的物品都收存于正仓院，现为了解 8 世纪日本情况的宝贵资料。

吉备真备留居中国期间，精力充沛地钻研经史，博古通今，多闻博记，成为饱学之士，也饱尝艰辛。学成返国后，被天皇拜为大学助教。当时的学生有四五百人，但学校没有开设文章、音韵、明经、明法、书法、算学等科。吉备真备回国就填补了这一空白，为这六科的学生讲授中国的各科新思想、新知识，教授《史记》、《汉书》、《后汉书》等。高野天皇对汉学也很神往，跟他学习《汉书》、《礼记》等。

吉备真备不遗余力地传布中华文化，他不仅仅限制在对学生的传承上，而且著书立说。他根据部分汉字偏旁部首，创制出日语片假名，称为日语汉字。

日语汉字，为日语书写的符号，将中国汉字略加改变而成。常用于书写名词、动词词根、形容词和其他重要的单词。凡动词时态、助词及其他语法标记的日语词缀均用平假名表示，与汉字夹用，亦可用平假名表示汉字读音。

公元 3 世纪，中国史书《三国志·魏志》就有关于倭人的记载。日本人使用汉字可追溯至 5 世纪，现存最早书面文献是《古事记》（写于 712 年）及《万叶集》（771 年以后）。日语大部分基本词汇是本族语词，但整个词汇的大部分却由借入的汉语成分构成。汉字在日语书面语的构词中起着非常特殊而重要的作用。日语中每个汉字通常都有两种读法：训读，即日本原有读法；音读，即古汉语借音。这两种读法紧密相关，在构词过程中自由地交替使用。在书写系统方面，起初日本人采用古汉语书面语作为他们的正式书面语。但由于用汉字书写日语很不方便，日本人就开始用一种草体和简化的方式书写，结果在 9 世纪出现一种音节文字，这就是平假名。公元 10 世纪又出现了另一种书写系统，即片假名。片假名是奈良时代僧人所创。到了15世纪，平假名深受民众欢迎。现在的日文书写系统是汉字和平假名并用。片假名只书写欧洲语言借词和拟声词。电报以及公司和办公室打字的文字也采用片假名。明治时代以来，有些人主张日文罗马化，但实现这一计划谈何容易。

日本从未产生过本民族的书面文字，《万叶集》就是利用汉字作音符这种方法写日本语言的最主要著作，所以又称为“万叶假名”。《万叶集》是最古老、数量最多的钦定日本诗选集，共4500首。有些是7世纪或许是更早的作品，多少世纪以来，以其万叶精神著称。大多为奈良时代的作品。编辑是大伴家持（717—785年），作者既有天皇、贵族、僧侣和文人，也有农民、士兵和民间歌人等。内容主要吟咏爱情、劳动和自然景物。风格朴素，有的反映统治阶级的思想与生活情趣，有的描写劳动人民的征戍离别和生活疾苦，也有神话传说等。它标志着和歌的极盛时期，也是研究日本古代史的重要资料。万叶假名的这一独特记法，既按照日文记法，又按照中文记法，把汉字的语音和语意结合使用，也造成许多问题。

吉备真备利用汉字偏旁创造了日本表音文字。后来留学僧空海又利用汉字行书体创造日本行书假名，称为平假名。

空海，又称弘法大师。日本佛教高僧，真言宗创始人。出身贵族。青年时期攻读儒家经典。十八岁写出《三教指归》，谓佛教优于儒、道二教。804年到中国，在长安成为主僧惠果的得意高徒。返日本后弘传新教义，816年在高野山建寺庙。空海也是诗人、艺术家和书法家，主要作品《十住心论》，采用汉诗体，把儒道两家以及佛教各宗经籍分为十级，最高一级是真言宗著作。他也倡办公学。

日本留学生学成返国后，都被委以重任，他们都勇挑重担。膳大丘留居长安国子监精研经史子集，回日本后被任命为大学助教。他向日本天皇上奏章，按照中国之例，恳请以孔子为文宣王，终获准。这是日本政府开始尊孔之始。孔子也就成了日本政府最尊崇的第一位中国人。直到日本侵华期间，凡是遇见孔庙，日本兵都首先向孔子像行致敬礼，孔庙的文物都不予破坏。

由于日本尊孔，大大推动了奈良时代儒学的发展。

奈良时代，因当时日本中央政府设在奈良而得名，中国文化和佛教在此时也得到最高度的发展。奈良是日本第一个固定的首都，按中国唐朝的首都长安的模式建成。手工艺者能刻出精美的佛雕，筑起宏伟的佛寺，人们还很热心研究中国的语言和文字。在日文中采用汉字，抄录了大量的中国手稿，特别是佛经。编纂了两部正史《古事纪》和《日本书记》。《怀风藻》（日本诗人汉诗集）和《万叶集》（和歌选集），也在这一时期出现。又仿照中国法典模式制定法典，取代本国固有的较为缺乏结构性的传统法律；又采用“天皇”的称号。中央政府又仿照唐制，设太政官和治部、式部、民部、兵部、刑部和大藏各省。另外，设神祇官司道仪式。天皇国家在8世纪将疆域扩展至九州南部，经过8世纪末至9世纪初的一系列战争，又征服了本州北部的虾夷人。

日本奈良时代大力引进中国文化，屡派遣唐使、留学生到中国。著名者有栗田真人、吉备真备、阿倍仲麻吕等。此时文化繁荣，尤以佛教建筑、美术和文学最有成就。其全盛时期在天平年间（729—748年），故又称“天平文化”。

大和长冈留居长安，专心致志地研习唐代法律，简称唐律。唐律内容丰富，主要有高祖武德七年（624年）颁行的《武德律》，太宗贞观十一年（637年）颁行的《贞观律》，高宗永徽二年（651年）颁行的《永徽律》，玄宗开元二十五年（737年）年颁行的《开元律》。均有律、令、格、式四种基本形式。其中以《永徽律》最为重要。永徽四年（653年）撰成的《唐律疏义》，为长孙无忌等奉敕撰，三十卷。贞观中房玄龄奉诏撰，对隋开皇所订新律进行删订，分名例、卫禁、职制、户婚、厩库、擅兴、盗贼、斗讼、诈伪、杂律、捕亡、断狱十二篇，共500条，是为唐律。高宗时，又诏长孙无忌等为之考证，疏义而成是书。至元，王元亮撰释文，附于各卷之后。古代律书传于今者，以此最为详备。所有官修的法律解释，都具有法律效力，成为唐律的组成部分。玄宗时还编有关于唐代官制的《唐六典》。

唐律是中国古代法制成熟的标志，在中国法制史上占有十分重要的地位。它对外国的影响很大。当时的日本已经成完成“中国化”。

大和长冈与吉备真备回日本后，共同研制并删定律令二十四条，使律令渐趋完整。

留居中国的菅原娓成，医术造诣极高，治病功效神速，神通广大，他回日本后被任命为针博士，也重任在身。

留居中国的学生都是日本的精英，他们目击隋、唐的嬗变，盖大势所趋，天“受嬗于唐”。又目击唐蒸蒸日上，气象万千，及先进制度对邻国的影响，使近悦远来，于是归国后更争于革故鼎新。

日本孝德天皇于645年，任命遣唐返回的留学生高向玄理做博士，依照中国唐朝的政治制度在日本革故鼎新，进行大化革新。

孝德天皇，645—654年在位。本名轻。即位后建元大化（日本最早的年号）。支持中臣镰足、中大兄皇子（626—671年）等所倡导的大化革新。

大化革新是645—710年日本进行的大规模改革。通过改革，日本从落后的氏族社会变成了以中国唐朝为典范的，有良好政治制度的国家。天皇开始采用年号。645年孝德天皇即位，称大化元年。在大化以前，日本是由许多氏族组成的。苏我一家曾以阴谋和暗杀等手段控制皇室达50年。苏我氏自称府邸为“皇宫”，称子为“皇子”。645年中大兄皇子在宫中杀死苏我入鹿。他与亲信忠臣镰足是大化革新的主持者。由于他的精密安排和镰足的认真贯彻，日本有史以来第一次产生中央集权的天皇政府。646年元旦，天皇颁布诏书，正式掀起改革的序幕。诏书包括四点：①土地和人民归公；②废除贵族制度，设国、郡、里制，国司由天皇任命；③制定户籍，按户籍分配土地；④建立租调佣征税制度。同年3月，中大兄皇子把庄园和奴隶献给国家。其他贵族也照样行动。8月，天皇再次下诏，进一步促进革新运动。在调查户籍时，不仅登记人口数目在册，而且也记载土地使用情况，这就为后来按照在家人口征税和重新分配土地打下了基础。又在近江建起了皇都，制定了法律，按唐朝制度设立了政府各部，并开始修筑了新的道路网。后来中大兄皇子即位，为天智皇帝（662—671年在位）。

日本僧人道昭，在奈良大寺之一无兴寺为僧。约于公元653年西渡中国，拜唯识宗创始人玄奘为师，研习8年。回日本后，弘传唯识教义，在奈良右京建起了禅院，也成了日本法相宗创始人。死后遗体遵遗嘱火化，为日本火化的第一人。

唯识宗是中国佛教重要宗派之一，由唐玄奘及其弟子窥基创立，以主张“万法唯识”而得名。又以研明“万法性相”为主旨，因名法相宗。也称法相唯识宗。窥基常住长安慈恩寺，也称慈恩大师，故本宗亦称慈恩宗。唯识宗以《解深密经》、《瑜伽师地论》、《成唯识论》为基本经典。其教义是唯识说与三性说。主张"唯识无境"，即内识非元，外境非有，一切现象都由心识，尤其是其中的阿赖耶识种子所产生，并非实有。唯识宗用三性说概括全部学说法，即以心识因缘而派生现象界是"依他起性"，排除客观实有的观念，体认一切唯有识性，即达到"圆成实性"。唯识宗还介绍佛教逻辑因明学。窥基之后的慧沼、智周阐弘宗说，又曾盛极一时，但不久即转趋消沉，故唯识宗流传时间尚短。近代中国学者熊十力融合儒、佛思想，提出新唯识论，著有《新唯识论》。公元7世纪日僧道昭、智达入唐从玄奘学唯识论。8世纪日僧玄昉、智凤入唐从智周受学，回国后分南寺、北寺两系传唯识学，而后在日本成立专宗。

智威在唐精研三论宗。回国后大力传布，形成流派。

三论宗是中国隋代佛教宗派。以弘扬"三论"——《中论》、《有论》、《十二门论》得名。又因著作阐发"诸法性空"说，亦称"性宗"。三论宗在法朗时已初具规模，实际创始人是吉藏（549—623年）。吉藏承鸠摩罗什、僧肇旧学和僧朗、僧诠、法朗的统绪，撰写"三论"注疏和《三论玄义》，传布印度龙树、提婆的中观思想。该宗的基本思想是：①"有得是邪，无得是正"，"言以不住为端，心以无得为主"。主张破一切有所得见，以无所得为宗旨。②认为世俗关于万物是真实存在的看法（俗谛），和佛教对万物是空无实体的看法（真谛）是"二而不二"，不可偏废，是为"中道"。③万物归根到底是"不生不灭，不常不断，不一不异，不来不去"，即所谓"八不中道"。625年，朝鲜僧人慧灌把三论宗学说传到日本。慧灌弟子日本僧人智威、道慈又来唐学三论学说，回国广为传布，形成元兴寺、大安寺两大流派。在中国国内，唐以后三论宗日渐式微。

自743年起，佛教各流派如华严宗、法相宗、禅宗与天台宗都传入日本。凡与佛教有关的雕刻、建筑、绘画工艺在日本均方兴未艾。

华严宗，中国佛教宗派名。又名法界宗贤首宗。此宗以《华严经》为法典，出现于南朝陈、隋之际，与三论、天台、净土、法相等宗对峙。以唐杜顺为始祖，云华智俨法师为二祖，法藏贤首法师为三祖，清凉澄观法师为四祖，圭峰宗密禅师为五祖。贤首著《华严经略疏》确立教旨，故又称贤首宗。至唐武宗会昌禁佛以后，渐次式微。

天台宗是中国佛教重要宗派之一。以其实际创始人智觊常住浙江天台山而得名。又因宗经为《法华经》，又称法华宗。主张五时八教，奉《法华经》为佛的最后说法。基本教义：①是方便法门，即折中佛教各派乃至调和佛教外的儒、道思想，来构筑本宗体系；②是“一心三观”，天台宗一祖北齐禅僧慧文提出修般若最终结果是一心中得“三智”（道种智、一切智、一切种智）和一心中得“三相”（空、假、中）。而“三相”又称“三谛”，所以也是一心中得“三谛”。三祖智觊又把“一心三观”结合实相论发挥为“三谛圆融”说，即空、假、中三谛不是先后依次关系，而是在境界上同时存在，互不妨碍。天台宗传承系统是，一祖慧文，二祖南岳慧思，三祖天台智觊（智觊的《法华玄义》、《摩诃止观》和《法华文句》称为“天台三大部”），智觊授四祖灌顶。七祖湛然崛起中唐，号称中兴。11 世纪初因争论智觊《金光明玄义》广本真伪分为山家、山外两派。山外因受其他宗派影响被山家斥为不纯，不久湮灭。山家成为天台宗正传，对于后世影响较大。9 世纪初，日本僧人最澄入唐求法，在天台山从湛然门下道邃等习天台宗教义，回国后开创天台宗。13 世纪日本僧人日莲根据天台宗《法华经》创立日莲宗。11 世纪末朝鲜僧人义天入宋习天台宗教义，将天台宗传入朝鲜。

法相宗是日本在奈良时代（8 世纪）从中国传入的佛教六派中最重要的一派。此宗的根源在于印度的瑜伽行派，由玄奘于 7 世纪传入中国。玄奘的弟子窥基创法相宗，因主张调心识，故又称唯实宗，传入日本后，分成南北两宗。8 世纪该宗在政治上甚为得势，玄昉、道镜等僧迭出。法相宗现在仍拥有奈良的法隆寺、药师寺和兴福寺等名寺。据 1977 年资料，法相宗在日本有寺院 85 所，信徒 595000 人。

禅宗在日本是重要的宗教。强调通过直觉感悟到自身固有的佛性。此宗属大乘佛教，兴起于中国。“禅”是梵文 dhyāna（静坐沉思）一词的音译。该宗认为，人人有佛性，但因为冥顽而使佛性处于休止状态。唤醒佛性的最佳方法不是学习经教、为好行善、举行仪式或礼拜佛像，而是通过师徒直接传授而达到开悟。据传佛陀每次说法时均觉默不语、拈花微笑。众弟子中只有迦叶一个领悟佛陀的意者。迦叶的传承体系后来称为佛心宗。据说号称印度禅宗第 28 代祖师的菩提达摩于 540 年将此宗传入中国。他的教法依次传与慧可、僧璨、道信和弘忍。在唐代，禅宗产生一些支派，其中两派至今犹存，即临济宗和曹洞宗。到了明代禅宗走向式微。1191 年日本僧人荣西将临济宗传入日本。1227 年道元将曹洞宗传入日本。这两个支派在日本极为流行。禅宗的第三个支派为黄檗宗。16 世纪日本政局动荡，彼时许多禅师担任外交家和行政官员，并且保存文化生活。艺术、文学、茶道和能药，都是在他们的赞助下发展的。日本德川幕府时期（1603—1867 年）所推崇的中国新儒学，也是由日本禅师传入并传布的。据 1977 年资料，日本禅宗各派共有信徒 960 万人。20 世纪后半叶，北美和欧洲也出现一批禅宗团体。

实际上，日本早在隋、唐之前就开始重视中国文化。那时日本大和古国（在今奈良县）在公元 3 世纪形成。4 世纪前半期，其势力已达关东地区。中央政府通称“大和朝廷”。据中国《宋书》载，自永初二年（421 年）至升明二年（478 年），倭王瓒、珍（一作弥）、济、兴、武相继遣使至中国；武（雄略天皇）受封“安东大将军”。后豪族专擅，王权衰落。645 年大和改新，大和时代结束。

综观整个日本历史，日本早被中国的文明与博大深邃的文化的无穷魅力所吸引，遣使、留学生、留学僧接踵摩肩而来，潜心精研中国文化以及儒家、道家与佛教经典，并将其迅速引进日本、广布宣传，掀起一股巨大的“中国热”，以中国的儒、佛、道为师，大力革故鼎新。这一批批的遣使、留学生、留学僧作为中日文化交流的载体，对日本的政治、文化、经济、法制等方面均起过巨大的作用，其功不可没。

第五章
世界袖珍小国

在世界各地，有些人自划领土，自封为王为帝，自我为政。一些袖珍小国的面积甚至只有一间房子那样大小。有的国家只有国王一个人，是名副其实的“光杆”司令。这些微型小国在历史上均经历过战争、成功、失败、独立、幸免于难等世事沧桑。世局动荡，有的国家被兵燹所毁，幸免于难的则是不幸中的万幸。

幸存者如密克罗尼西亚（Micronesia，西太平洋）则创造了他们自己的货币，印有自己的图腾。也有自己制造的护照，发给出境执行任务、旅行或在国外居住的本国公民，作为证件和凭证。这些护照也获得各国的公认而畅通无阻，被各国认可，被宣布为合法的。

袖珍小国大都是人口特别少，面积极其小，令人难以置信的微型国家。

Redonde
——岩石上的王国

哥伦布是意大利航海家，是新大陆的发现者。他富有理想的心志和大胆无畏的精神，使他成为世界史上最伟大的航海家之一，并带给他荣誉和财富。他四次远航，发现人们从未发现的地方。Redonde 是哥伦布第二次远航时主张建立的。自此，这个无人居住的岩石上就产生了王国。这里除了悬崖峭壁之外，仅有1平方英里的陆地。除了野生山羊外，就是飞鸟，而且种类众多。鸟粪就是大自然的资源，自20世纪开始，每年开采量竟达7000吨。后来英国一家酒店试图派出使者抵达该国，废除他们的禁烟令，但是终究达不到目的。

皮特凯恩岛

人口：61（1983年）；面积：5平方公里；首都：亚当斯顿。

皮特凯恩岛是太平洋中南部孤立的火山岛，与无人居住的奥埃诺、亨德森和迪西岛一起组成英属皮特凯恩殖民地。主岛面积5平方公里，是一崎岖的半个火山口，四周陡立为沿海峭壁。属亚热带气候，雨量充沛，土地肥沃。1790年英国船“邦蒂”号从塔希提岛驶往西印度群岛，到达皮特凯恩岛时途中发生叛乱，后叛乱者登陆此岛并留下来。1808年，其岛民被美国捕鲸队发现。岛民为叛乱分子和随行的塔希提岛波利尼西亚人的后裔。1856年，因人口过多，部分岛民迁往诺福克岛。主要居民点亚当斯顿在北岸邦蒂湾附近。居民从事渔业和种植咖啡，并向过渡船只出售邮票和雕刻以赚取现金。1898年起，受英国太平洋高级官员管辖。1952年，行政权转归英属斐济殖民地总督。1970年斐济独立后，英国驻新西兰高级专员兼任该岛总督。通过选举产生的委员会管理，人口61（1983年）人。首都亚当斯顿。官方语言是英语和塔希提语。近几年岛上的教堂也关闭了，因为每周只有8人来做礼拜。岛上只有一个餐厅和酒吧。

库克群岛

人口：19569　面积：241平方公里；首都：阿瓦鲁阿。

库克群岛是南太平洋新西兰的自由结合区，陆地总面积为241平方公里。1888—1892年被宣布为英国保护国。1901年并入新西兰版图。1965

年实行内部自治。设总理、内阁、立法议会。首府阿瓦鲁阿在拉罗汤加岛。实行从小学到初中的免费教育。该岛设有师范学院。主要贸易国是新西兰，居民讲英语。每年约有游客 9 万人，旅游业为主要经济来源。

图瓦卢

人口：9000；面积：陆地面积 26 平方公里；首都：富纳提岛。

图瓦卢（Tuvalu）是太平洋中西部岛国。旧称埃利斯群岛。在澳大利亚北 4000 公里处。1892 年为英国保护地，1914 年划为英属吉尔伯特和埃利斯群岛殖民地。1978 年 10 月 1 日独立，为英联邦特别成员国。实行君主立宪制。居民讲英语、吐瓦鲁语和吉尔特语，大多信仰基督教。

图瓦卢没有正规的军队，也没在国防上投资。这里的第一批居住人口是玻利尼西亚人。

瑙鲁

人口：8000（1984 年）；面积：21 平方公里；行政中心：亚伦。

瑙鲁（Nauru）是太平洋西南部岛国。在夏威夷西南 3900 公里处。岛呈椭圆形。1888 年并入德国马绍尔群岛保护地。第一次世界大战后由国际联盟委任英国、新西兰、澳大利亚共管。1942—1945 年被日军占领。1947 年成为澳大利亚管辖的联合国托管地。1968 年独立。1969 年成为英联邦成员国。其议会制政府由总统、内阁、立法机构和司法机构组成。国内民族成分混杂，以玻利尼西亚人为主，讲瑙鲁语，信奉基督教。实行免费教育。1969 年与澳大利亚和斐济通航空线。现已开辟通中国香港、台湾的航空线。

摩洛希亚共和国

人口：6 人；面积：0.025 平方公里；首都：无。

美国西部的内华达州（Nevada），南部属莫哈维沙漠。最低点在科罗拉多河峡谷一带。内华达是全美最干旱的州，耸立在西部的山岭阻拦了来自太平洋的雨水，形成州内的半干旱气候。而最干旱又在东南部，年降水量不到 100 毫米。南部长夏酷热，就在这样环境恶劣的沙漠地带，有一个声称主权独立自主的国家，名叫“摩洛希亚共和国”。

这个国中之国成立于 1977 年，至今已有 30 多年的历史。目前全国人口只有 6 人，面积仅有 0.025 平方公里，四周皆被美国国土包围得严严实实，是一个名副其实的“世界第一袖珍国”。这样少人口、小地域的国家，当然名不见经传，也上不了地图，世人更不知晓。这个小国的前身是“伏尔德斯坦大共和国”，亦是名不见经传，为无名之辈。由前国王詹姆斯·斯皮尔曼以及前首相凯文·巴夫（现总理）所创建，是为开山祖。自 1977 年建国至今，“摩洛希亚”历经数迁其址，犹如浮萍漂荡，居无定所，漂泊度日。直到 1990 年，便从欧洲再迁往北美，自此便落户在美国内华达州里诺市东部平沙无垠的沙漠中。为了招来离婚旅客，内华达州政府规定凡在该州短暂居住者即可办理离婚手续，故里诺又被称为“离婚之都”。

摩洛希亚自诩为一个主权独立自主的国家，虽然是一个袖珍国，但麻雀虽小，五脏俱全，它拥有自己的宪法作基本国法，具有最高的法律效力，作为其他立法工作的根据。该国宪法规定了它的社会制度、国家制度、国家机构和公民的基本权利与义务，也制定具有宪法作用的典章制度的宪章、宪政。处理事情亦有章可循，有法可依，可谓依法治国的国家。

摩洛希亚这个弹丸之地的小国，尽管土地面积狭小且人口稀少，“曾不容刀”，但从来没有引入任何移民充实其国。

为了发展旅游业，创造外汇，摩洛希亚的国门仍然是敞开的，对游客无比欢迎。只要游客持有护照要求入境，都能得到该国认可获得签证。仅仅要求通过电子邮件或是邮件提前预约便可。

由于人口稀少，故一身兼数职，每个人既当官，又当办事员，同时发挥电脑的作用，以省人力、物力、财力，可谓人尽其才，物尽其用，地尽其利。第一夫人阿德利安妮·玛莉·麦克费北汉利·波巴卡·迪比它卡，除却在政府部门一身兼数职、公务缠身之外，还肩负着为这个小国添丁进口的任务，可谓任重而道远矣！目前这个小国的人口已从建国时的4人增长至今共6人。

摩洛希亚自诩为“第三世界国家”，即发展中国家。至今仍然未与任何国家建立正式的外交关系。没有进行国际方面的活动，没有参加国际组织和会议，没有与别国互派使节、进行谈判、签订条约和协定等，亦可谓“世外桃源”之国。

摩洛希亚曾经发生过一场政治动荡，引起了国王的惊恐，为此颁布过戒严法。

根据规定，在摩洛希亚境内，白炽灯、猫鱼与烟草都是非法的禁物。

第二编

文化·生活

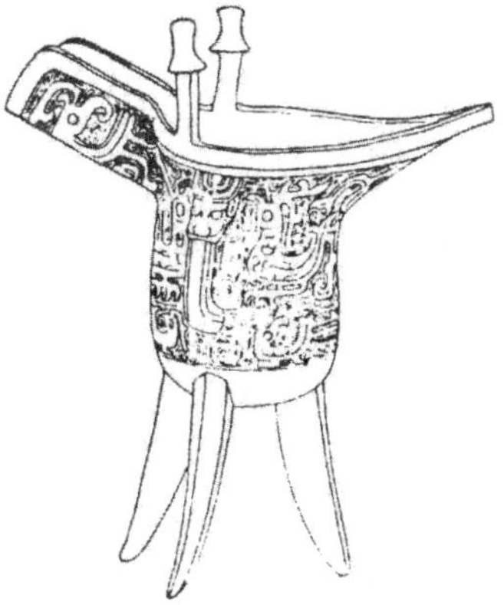

第六章 服 饰

汉服

汉族是中国众多民族中最大的族群。汉服即中国汉族的传统民族服饰，历史源远流长。

中国自古即有中华、中夏、华夏等称谓。自19世纪中叶以降，“中国”始专指国家的全部领土，不作他用。所以，汉服又称为华服、汉装。其由来可追溯至三皇五帝到明朝时期，绵延几千年，华夏族一直保留汉服的基本特征。汉族人民所穿戴的汉族传统服饰基本不变。

三皇是传说中远古部落的酋长。三皇之称，说法不一。

（1）伏羲、神农、黄帝。

（2）天皇、地皇、泰皇。

（3）伏羲、神农、祝融。

（4）伏羲、地皇、人皇。

（5）天皇、地皇、人皇。

（6）伏羲、神农、燧人。

相传古代有五帝，其说不一。

（1）伏羲（太皞）、神农（炎帝）、黄帝、尧、舜。

（2）黄帝、颛顼（高阳）、帝喾、尧、舜。

（3）少昊、颛顼、高辛、尧、舜。

纬书所说天上五方之帝。东方苍帝，名灵威仰；南方赤帝，名赤熛怒；中央黄帝，名含枢纽；西方白帝，名招柜；北方黑帝，名汁光纪。

《周礼·春官·小宗伯》：“兆五帝于四郊。”又注以太昊、炎帝、黄帝、少昊、颛顼为五天帝。

总之，三皇五帝是古代传说中的帝王。现代史学家多认为是我国原始社会末期部落或部落联盟的首领。《周礼·春官·外史》：“掌三皇五帝之书。”三皇五帝一名见秦汉古籍者仅此，其说起于战国时。三皇五帝究为何人，说法不一，但多是附会之谈。

为什么说汉服是从三皇五帝到明朝时期的汉人服饰呢？因为后来的清朝与明前的元朝的服饰属于外族，即少数民族的服装，旗袍就是女真族、满族的祖先的服装。万历四年（1576 年），女真族人努尔哈赤合并各部，建号为（后）金，崇贞九年（1636 年），皇太极改号为清。1644 年入关，不久统一全国，因清朝改称其族为满洲，遂简称满族。现在所谓的旗袍是满族的服饰，是女真族统治中国 270 多年间女性服饰的一种，并不属于正统的中原汉服。

汉服作为中国汉民族的正统民族服饰，是世界上最古老的民族服饰之一，它的显著特色是展现“仁、义、礼、智、信”的道德内涵，也是中国传统服饰文化渊源深厚的内涵和蕴藉。

五德，秦汉方士以金、木、水、火、土五行相生相克的道理来附会王朝的命运，称五德。有以相克为说的，汉初人据邹衍说认为秦以周为火德，汉以水德王；有以相生为说的，刘向《三统历》以秦为水德，称汉以火德王，但虚妄则一；五德又指人或事物的五种品质或特征。如儒家以温、良、恭、俭、让为修身五德；《孙子·计篇》又注以智、信、仁、勇、严为将之五德。《韩诗外传》赞美鸡有文、武、勇、智、信五德。

早在三皇五帝之时，就开始“重衣裳而天下治”，这充分说明汉服的精神与物质层面的统一性和一致性。

《易·系辞》下：“黄帝、尧、舜垂衣裳而天下治，盖取诸乾坤。”《商君书·君臣》：“瞋目扼腕而语勇者得宠，垂衣裳而谈说者得进，迟日旷久积劳私门者得尊向（尚）。”穿着长大的衣服，形容无所事事或文绉绉的样子，后来成为称颂帝王无为而治的套语。也省作“垂衣”、“垂裳”。

汉服自古及今年深日久，不论经历过任何变化，归根结底都为两大类，其一为上衣下裳制，其二为深衣制。

深衣是古代诸侯、大夫、士家居所穿的衣服，又是庶人的长礼服。衣裳相连，前后深长，故称深衣。《礼·深衣》："古者深衣，盖有制度，以应规矩，绳权衡。"又注："名曰深花者，谓连衣裳而纯之以采也。"《疏》："凡深衣皆用诸侯、大夫、士夕（晚）时所著之服，故《玉藻》云：朝玄端，夕深衣。庶人吉服，赤深衣。"

玄端，缁（黑色）布衣，古诸侯、大夫、士之祭服，其他冠、婚等礼亦用之。《仪礼·士冠礼》："玄端、玄裳、黄裳、杂裳可也。"

早在中国的夏商时期，就是上衣下裳制。最早的是皇帝的礼服，上衣代表上天，颜色皆深蓝，代表着宇宙；下裳皆为黄褐色，代表着大地。尔后之春秋、秦汉，流行为深衣制，深衣整体皆为一件长袍，上下一贯，有含蓄深藏不露之意，体现出人之含蕴而不露、耐人寻味之内涵。领子左右交叉则象征着地道的圆融。

地道即关于地的道理、法则。《易·说卦》："天之道曰阴与阳，立地之道曰柔与刚。"《管子·霸言》："立政出令用人道，施爵禄用地道，举大事用天道。"又注："地道平而无私。"

深衣的背后，自上而下的一条直缝，贯穿衣服的背后象征人道中和。

人道是人类社会的道德规范。《易·系辞》下："有天道焉，有人道焉。"

中和，儒家中庸之道，认为能"致中和"，则无事不达于和谐的境界。《礼·中庸》："喜怒哀乐之未达谓之中，发而皆中节谓之和，……至中和，天地位焉，万物育焉。"《文选》马季长（融）《长笛赋》："皆反（返）中和，以美风俗。"

汉服的袖子是圆口，象征天道的圆融。

天道，自然的规律。《荀子·天论》："天有常道矣，地有常数矣。"汉王充《论衡·乱龙》："鲸鱼死，慧（彗）星出，天道自然，非人事也。"古人认为天道是支配人类命运的天神意志。《书·汤诰》："天道福善祸淫，降灾于夏。"

圆融，佛教语，意除破偏执、完满融通。《楞严经》曰："地、水、火、风，本性圆融，周遍法界，湛然常住。"唐符载句："灵以静生，境因圆融。"

汉服的腰间束带，象征做人要平衡中正。

平衡，泛指两种以上事物所处位置相当或事物得以均等。

中正即正直。《管子·五辅》：“其君子上中正而下谄谀，其士民贵武勇而贱得利。”

除汉服之外，皇上头顶的冕版“前圆后方”则表示天圆地方；若“前低后高”则象征为人谦虚恭顺。

冕版，头顶上的木版，又叫延，或称冕旒，古代礼冠中最尊贵的一种。外面黑色，里面朱红色，冠顶有版，称为延，后高前低，略向前倾。前端垂有组缨，穿挂玉珠叫做旒。天子的冕十二旒，诸侯九，上大夫七，下大夫五。历代制大略相同。南北朝后只有皇帝用冕，故登王位叫加冕。相传黄帝始作冕。

冕服指古代统治者的礼服。举行吉礼时都用礼服。冕同而服异，有大裘冕、衮冕、鷩冕、毳冕、希冕、玄冕之别，通称冕服。

冕笏，冕，冠；笏，手版。都是古代贵族官僚的服制，后来均以冕笏泛指做官的人。

汉服的每个配件均有它的名称，也深具内涵。例如明朝的“四方平定巾”这种帽子，即寓意有经过蒙古族统治的元朝，受尽了灾殃的汉族人民如饥似渴地盼望着大汉服饰礼仪的回归。

四方，东南西北，泛指全国各地；平定，平暴定乱。《史记·秦始皇本纪》：“今陛下兴义兵，诛残贼，平定天下。”

汉服是属于天人合一、富理性的服饰文化，它的功能不仅仅限于遮体保暖及蔽羞，还包含做人的行为准则的规范，都明喻在衣服冠帽和配件上。

天人合一，天道和人道、自然和人为的相通、相类和统一，力求天人协调、和谐与一致，为中国古代哲学的特色之一。

汉服是天人文化的融合和统一；亦与佛道观念以及礼治理念相统一。它体现出天人合一的理念，与现实生活的着装和谐及优美高雅的姿态融于一体。所以，汉服在诗词歌赋、音乐舞蹈、琴棋书画、品茗茶道、武术剑道等文化艺术的层面上，均与中华传统文化相结合，在中国历史的传承与发展过程中，都充分显示出天人合一的道德内涵。

服饰制度初步形成于黄帝时代，此为雏形阶段。冠服制度遂建立于夏商两朝。周礼制度基本形成于西周。当时对衣冠礼制有明确的规定，冠服制度逐步渐被归入礼制范围，形成了礼制的文化，而汉服至此基本定型，且日臻完善，亦渐臻佳境。

汉服的主要特点是交领、束腰、右衽、系结与带钩等，显示出人的潇洒风姿、自然大方而有韵致，神采飘逸而与众不同的形象。

交领，古代衣领，下连到襟，故称交领；衽即衣襟，指上衣、袍子前面的部分；束腰，整饰衣冠，束紧腰间的衣带；用绳带系结。带钩，束腰革带上的金属钩，春秋战国时由北方游牧民族传入中原。古书上带钩有钩觻、师比、胥纰、鲜卑等多种名称。其制一端曲首，皆有圆钮。有作物形的，也有铸花纹的。

中国传统文化深受儒、道、佛家的影响，人们的生活规则与行为规范都离不开仁、义、礼、智、信五德的规制，体现在人们的日常生活中，如饮食起居、穿衣鞋、戴帽子、行礼、发型、走路、坐姿等，都应依据不同的场所、活动场地、身份地位等按规范行事，否则就会有失身份。

文学作品也直接反映生活现实，且高于生活现实，使之更典型，更具代表意义。如武戏中的赳赳武夫头戴什么样的鹖帽，身穿什么样的皮袄，套什么样的黄金罩甲，莫不如此。

鹖帽，鹖（hé）是鸟名，即鹖鸡。《山海经·中山经》：“（辉诸山）其鸟多鹖。”又注：“似雉而大，青色有毛，勇健斗，死乃止。”汉曹操《鹖鸡赋序》：“鹖鸡猛气，其斗终无负，期于必死。今人以鹖为冠，像此也。”

再如春秋时宋国国君宋襄公，名兹父，为桓公子。公元前638年伐郑，楚救郑，宋楚战于泓水。相目夷主张乘楚兵渡河中袭击，襄公不从，以讲仁义，等楚师渡河列阵后再战，丧失战机，大败伤腹归，次年死，在位十四年。文学作品为了突出他讲仁义、讲文明的本质形象，一举一行洒脱、风度翩翩，一登场亮相就着力介绍戴进贤之冠冕，乃圣乃神（意为像圣人、神灵的样子），他的装束就显示其身份及特征。

魏晋时期女性的装束服饰均承袭秦汉的遗俗，但在传统服饰的基础上稍有改进，一般上身穿衫、袄、襦，下身穿裙子，款式多为上俭下丰，衣身部分紧身合体，袖口肥大。裙为百褶裙，裙长曳地，下摆宽松式裙，从而达到精神、举止、风貌的潇洒。

衫，古指短袖的单衣；袄（ǎo），有衬里为上衣，如夹袄、棉袄；襦（rú），短衣，短袄，用于单衫之外。

古代对汉服的设计都重在考虑如何规范仪容，宽袍大袖。步行的方式是两手平端，抱在胸前或腹前，称为端拱（端身拱手）或垂拱（垂衣拱手），垂拱后多用以歌颂帝王无为而治。端拱体现出一种对人严肃有礼和谦虚恭谨的神态。

汉服

下裳如若过长，快步行走就易于踩到衣襟，因为古人的履夹头是朝上翘的。这种步行方法称为“高视缓步”。如果快走时脚后跟就要踮起来（即抬起脚后跟），所以快走称为趋，也叫疾走。《论语·微子》：“孔子下，欲与之言，趋而避之，不得与之言。”

快走时，两臂摆动幅度大自然张开，衣袖便随风飘拂起来，这谓之“翔”。《礼·曲礼》上：“室中不翔。”又注：“行而张拱曰翔。”这又喻翔风。王充《论衡》：“翔风起，甘露降。”翔风即瑞风，一名景风，一名惠风。

高视缓步，形容气度不凡，慢步以进。与“高视阔步”相反。《隋书·卢思道传》：“俄而抵掌扬眉，高视阔步。”形容气概不凡。亦用以形容态度傲慢。沈括《答崔肇书》：“既已出身为吏，不得复若平时之高视阔步。”

穿何种服饰就有相应的容貌、姿态、风度，汉服有仪表堂堂、仪容俊秀、仪态万千之外表美。服饰起着规范仪容的作用。周礼中就有服饰与仪容的内容。穿汉服就能体现出一种端丽、举止端详、神情端庄的神态。

《易经》一名《周易》，指《周易》中同《传》相对的经文部分。其中提出的阴阳概念和“无平不陂，无往不复”的观点更为令人珍惜，在中国思想史上有深远的影响。黄帝、尧、舜所缝制的衣服是根据《易经》中的乾坤两卦，乾为天，坤为地，一上一下，制成上衣下裳的。

汉服宽大，洒脱自然而随和。腰身尽管肥大，但有带子束于腰间，并不让身子显得过度肥大或转动不灵而臃肿呆板，而是显得线条流畅，飘逸出尘，更为展现出身躯的曲线美。

汉服之美不在于它色彩的华丽，而在于它典雅的风格。汉服的本色应该是朴素淡雅，而不是浓艳华丽。浓艳华丽是经过艺术夸大的舞台服饰，那是源于生活又高于生活的艺术品。从发掘出土的器物来看，凡以红褐色、暗红色、黑色、青紫色等深黑色为主调的，才是汉服真正的本色。唐京兆人张萱，以善画名冠盛唐。工画贵公子、宫苑、鞍马。善于点缀景物，构思布局巧妙，人称妙品。有作品《长门怨》、《少女图》等。唐人周昉，京兆长安人。官宣州长史。初效张萱画，以仕女写真与画道佛像知名。曾创制"水月观音"，为雕塑者仿效，称为"周家样"。时称韩干得形似，昉得精神姿致，名播中外，为当时第一。又好属文，善书。张萱和周昉的《簪花仕女图》、《虢国夫人春游图》所画的盛唐美女们尽管思想、性格开朗，袒胸露肩，但胸怀坦荡，具有时代特色，极其朴素淡雅。

总之，汉服的内涵有敬天重德、仁义礼智信、修心向善等优美的高尚的品德。以这些行为规范体现出纯善的内容与纯美的形式的价值取向，从这两个层面来展现中华文化的渊源内涵和丰富的底蕴。

神妙的龙袍

龙袍是皇帝所穿的袍，上面绣有龙形图纹。《水浒传》第二回："高俅看时，见端王头戴软纱唐巾，身穿紫绣龙袍。"

龙套是传统戏装之服饰，也为帝王大臣侍者之服。对襟大袖，颜色不一，满绣彩花或龙纹，前后开衩，四周镶边。演此角色者除前后拥侍外，一无所能，故业此者亦称跑龙套。

古代皇帝的服饰，大致分为三种：礼服、吉服与便服（常服）。此外尚有行服、雨服等。

龙袍是吉服的一种，其特点有盘领、右衽、黄色。龙袍比礼服等而次之，是皇帝在普通吉庆筵宴上抑或朝向文武大臣所穿的服饰，即人们常见的皇帝服饰。西汉皇帝刘恒，即"文景之治"的汉文帝，他第一次采用黄色。到了隋朝始为隋制。唐高祖武德初，禁士庶不得服，黄袍遂专为皇帝之服。这种黄色一直沿用到明清。明万历二十九年（1601 年），任徽州知府的孙隆，工画梅，到苏州充任税监，督造龙袍。

《易·乾》："九五，飞龙在天，利见大人。"乾卦九五，术数家说是人君的象征，后因称帝位为九五之尊。因此，九五两数就象征着至高无上，极其崇高而庄严，不可亵渎，不可侵犯，后在皇宫中的建筑物与日常生活器具等均有所反映。

物以稀为贵，真正的龙袍世所罕见，1957 年发掘北京定陵明神宗朱翊钧墓（十三陵之一，今已整理开发为地下宫殿，在今北京市昌平太峪山东），出土文物中有缂（kè）丝制成的龙袍。

缂丝又名克丝、刻丝，是中国传统丝织工艺品，有花纹图案，当空照视，有如刻镂而成。始于宋，明代称缂丝、克丝、刻丝。织造时，以细蚕丝为经，色彩丰富的蚕丝为纬，各色纬丝仅于图案花纹需要处与经丝交织，故纬丝不贯穿全幅，而经丝则纵贯织品。旧时缂丝著录所说的"通经断纬"，即此。其成品的花纹，正反两面如一。中国缂丝历史悠久，清故宫中藏有五代遗物。明清以降的缂丝题材，多系仿制古代的人物、山水、花鸟等绘画作品，技艺极其高超。主要产地为苏州。

传世的龙袍，四条龙均绣在龙袍醒目的部位，即胸前、后背与两肩，在前后衣襟部位各绣两条行龙，这样前后望去均为五条龙，隐含有九五之尊的深意。

正龙是正视前方的龙，是只有皇帝才能使用的龙纹，龙身盘旋，头居其中，眼睛正视前方，姿态优美，威仪凛然，气节刚正，光明正大，不存私心。这样，前后共有八龙。但九五之尊，尚少一龙。一说皇帝本身是一条龙，加起来是九条龙。其实还有一龙，只是被绣于衣襟里面，从外面就看不见，只有将外面的衣襟掀开才能看到。这样，每件龙袍实际上绣有九龙，这就是史料所记的九五。

"龙"有时也指马。汉文帝有骏马九匹，叫九逸，也叫九龙。古人也多以九龙为装饰，如汉魏有九龙殿，五代时闽主王延钧作九龙帐；此外，还有九龙冠、九龙舆等。北京故宫博物院和北海公园皆有九龙壁，琉璃雕镶。

龙袍除了绣有九龙之外，云领、袖口、腰部均绣有精致而体态较小的龙纹。此外，龙袍下摆斜向排列着很多弯曲的线条，称为水脚，水脚之上还有很多上下滚动的波浪，有如白浪滔滔。白浪之上又立有山石宝物谓之“海水江涯”。隐含有“山河大一统，万世致升平”的深刻含意，亦隐含吉祥久远之深意。

龙又称云龙。《易·乾》：“云从龙，风从虎，圣人作而万物者睹。”李太白诗《胡无人》：“云龙风虎尽交回，太白入月敌可摧。”入月指女子月经来临或孕期足月。

龙袍除却龙纹以外，尚有凤纹、吉祥、八宝纹、富贵牡丹纹等。龙纹的间距之间，绣蝙蝠纹、五彩云纹、十二章纹的色彩为多，龙凤纹是帝、后的象征。龙凤本喻贤才。《南齐书·王僧虔传》诫子书：“于时王家门中，优者则龙凤，劣者犹虎豹。”明高启诗《庞公》：“南阳有龙凤，乘时各飞翻。”龙凤又指帝王之相。《旧唐书·太宗纪上》：“有书生自言善相，谒高祖曰：‘公贵人也，且有贵子。’见太宗曰：‘龙凤之姿，天日之表，年将二十，必能治世安民矣。’”

龙凤纹的龙袍，除了帝、后使用之外，任何人不得染指。

十二章纹是传统服饰纹样的一种。《书经·益稷篇》载：“予欲观古人之象，日、月、星辰、山、龙、华虫、作会、宗彝、藻、火、粉米、黼、黻，絺绣以五采，彰施于五色，作服。”多用于古代帝王服饰，为最尊贵的纹样。这种图案是中国图纹中最高统治者的专有纹饰，只能用在皇帝、皇后和少数亲王、将相的服饰上，从未在民间出现过。

五彩云纹是五彩龙纹，青、黄、赤、白、黑五色，是龙袍上不可或缺的龙袍装饰图案。这表示好兆头，吉祥平和。红色蝙蝠纹就是“红蝠”，谐音“洪福”，意即大福。龙袍以明黄色为主调，金黄、杏黄等次之。

明黄是一种颜色名。元费著《蜀笺谱》：“谢公有十色笺，曰深红、粉红、杏黄、明黄、深青、浅地、深绿、浅绿、铜绿、浅云。”

文臣武将的服饰称蟒衣，蟒是蛇最大者，故称王蛇。古代官服，袍上绣蟒，故称蟒衣。明万历阁臣多赐蟒衣，蟒与龙相似而龙五爪，蟒四爪。清代称蟒袍，为清制，皇子、亲王等亲贵以及一品至七品官皆穿蟒袍。唯皇子、亲王之袍绣五爪金花色蟒九；一品至七品官之蟒，则按品级绣四爪蟒八至五，并不得用金黄色。

蟒袍可简称蟒，如紫蟒，蟒玉。谢肇淛《五杂俎·物部四》：“内官衣蟒腰玉者，禁中殆万人。”

蟒也是传统戏曲服装。剧中帝王将相的官服，圆领大蟒，满绣龙纹、水纹，有水袖，根据人物的地位、性格、脸谱穿用。大抵皇帝黄色，老臣穿古铜色或白色，一般人物穿红色或绿色。穿着时腰围玉带。后妃、贵妇、女将所穿“女蟒”，式样大致相同，绣彩凤，长仅及膝。

蟒也有绣三爪或干脆无爪的，另外，龙头上有角，而蟒却无角。这些细微的差别用以区分身份地位的不同。龙袍上的纹样及其所在的部位绝对不能有丝毫的差错，不少纹样专用于帝龙袍之上，这显示出皇帝至尊无上的象征，所以称皇帝为“至尊”。

大放异彩的唐装

唐装是唐人的装束。宋陆游《老学庵笔记》：“翟耆年，字伯寿。……巾服一如唐人，自名唐装。”

翟耆年是元润州丹阳人，号黄鹤山人。以父任入官，好古文，性孤介，不苟合。自谓为吏必以戆罢。弃官归，著书自娱。有《籀史》。

唐朝是中国历史上的鼎盛时期，政通人和，社会稳定，经济发展，人民富足，文化繁荣，百花争艳，国门开放，友好往来的国家曾有三百多个。唐朝的贞观之治，乾坤定矣，钟鼓乐之。开元盛世，励精图治，天下大治。

唐朝以海纳百川的襟怀广纳各国服饰文化之精华，使唐装大放异彩。既有宽袍肥袖的华贵之家的气派，又有胡服骑射精悍利索而没有过分做作之嫌。唐服极富个性及审美情趣，着装与化妆（脂粉、唇膏、香水等）都有别具一格的特色。唐装尽管艳丽，但并非设色浓重。女性亦非浓妆艳抹，庸脂俗气。

大唐服饰雍容大方，华丽典雅，丰姿洒脱，在历史悠久的中国服饰史上盛极一时。

大唐的男子身着圆领袍衫，头戴纱帽、帕头，这是以丝绢剪裁成的方巾，四角下垂，用以裹护头发，在盛唐流行甚广。唐代女性爱美成风，重视化妆，让容貌美丽以突出形象。服饰为低领肥袖，高束裙腰。上著短襦或短衫，下穿长裙，再加以半臂，肩披帛巾，让长裙下摆拖地而行，显得神采飘逸，舒心自在。

唐代服装海纳百川，可归为三种款式。第一款式为襦裙搭配服。襦是短衣、短袄。上身穿短袄，下身穿裙子，不管出身贵贱，每个阶层的人都穿着这款套装。人们对有金银彩绣的短袄上衣都情有独钟。下身穿的裙子多为月青、深红、青绿、绛紫、杏黄等色。杨贵妃喜欢穿石榴裙，影响所及，当时的妇女也尽情效法，在当时大街小巷，胡同里弄所呈现的都是红裙。当时李白有诗：“眉欺杨柳叶，裙妒石榴花。”

唐代女性服饰

本来石榴是汉武帝时张骞自西域城国安国传入内地的，故名安石榴，又名丹或、涂林等。熟时色红。其花常呈橙红色，亦有黄色或白色。

石榴裙又名大红裙，泛指女人的裙子。并非到唐朝才有这款色泽的裙子。早在南朝徐陵辑的《玉台新咏》中有何思澂《南苑逢美人》诗云：“风卷葡萄带，日照石榴裙。”又梁元帝《乌栖曲》：“蛟龙成锦斗凤纹，芙蓉为带石榴裙。”后来有武则天《如意娘》诗：“不信此来长下泪，开箱验取石榴裙。”后人亦用石榴裙比喻女人，这是借代修辞手法。

第二款式为很低的袒露领口，外披纱罗，上身的雪肌隐约显现。但切忌显露肩膀与后背。

纱罗又称纱罗组织或绞纱组织。以地经纱与绞经纱同纬纱交织的织物组织。其中绞经纱时而在地经纱左则，时而在地经纱右侧。每织入一根纬纱后绞经纱即变换一次位置的称“纱组织”；每织入奇数根纬纱（如三根、五根等）后绞经纱交换一次位置的，称“罗组织”，统称纱罗组织。织物表面具有有规则的空隙。用于滤布、蚊帐、窗纱、衣料等，也用以加固无梭织机织制织物的布边。

第三为北方胡服。由于唐朝国门开放，与国外交往频繁，自从开通丝绸之路，骆驼成为“沙漠之舟”以后，因骆驼体高大，背有二肉峰，耐饥渴，能负重致远，利于在沙漠中行走，便使当时骆驼商队来往不绝，大唐的服饰亦具有异邦色彩，北方胡服亦应运而生，人们也追风仿照，盛极一时。

白居易作长篇叙事诗《长恨歌》，描述唐明皇和杨贵妃的爱情故事，把宫闱艳史作为真挚的爱情故事表现出来。杨贵妃“天生丽质难自弃，一朝选在君王侧。回眸一笑百媚生，六宫粉黛无颜色。后宫佳丽三千人，三千宠爱在一身”，“风吹仙袂飘摇举，犹似霓裳羽衣舞”。但好景不长，结果是干儿子安禄山的“渔阳鼙鼓动地来”，便“惊破霓裳羽衣舞”。

《霓裳羽衣舞》又名《霓裳羽衣曲》、《霓裳》。唐代宫廷乐舞，著名法曲。

法曲即法乐，因用于佛教法会而得名。原为含有外来音乐成分的西域各族音乐，传入中原地区后，与汉族的清商乐相结合。至迟从梁代起，以清商乐为主的“法乐”即已出现，后发展为隋代法曲。乐器有铙、钹、钟、磬、幢箫、琵琶等；演奏时以金石丝竹先后参加，然后合奏。唐代法曲又掺杂道曲而发展至极盛。著名法曲有《赤白桃李花》、《霓裳羽衣》、《破阵乐》、《一戎大定乐》、《长生乐》、《献仙音》、《献天花》之类。唐玄宗酷爱法曲，命梨园弟子学习，称为“法部”。中唐以后，法曲渐衰。

白居易《长恨歌》中的“霓裳羽衣服”说的就是穿着羽衣跳胡舞。胡服上褶下袴，窄袖长袍，下身着长裤，足上穿长筒鞋。盛唐以后，胡服日趋式微，唐装也有所改变，款式更宽，袖口肥大。到了中晚唐已达四尺以上。

中晚唐的达官贵人穿礼服出席公共场合时，礼帽上还要插上金翠银钿，故名“钿钗礼服”。

总之，唐装气势恢宏，海纳百川，款式众多，影响广远。李白曾经击节赞赏道：“素手芙蓉，虚步蹑太空。霓裳曳广带，飘浮升天行。”

素手即洁白的手，空手。

李白将霓裳的飘逸、彩带的飘舞，使其霓裳的绚烂多彩、华丽炫目描写得如此令人啧啧称奇，连声称叹。

唐装充分显示出大唐帝国的强盛国力，以及山河的壮丽和美好的人文景观。唐装又是唐代人们优美高雅、优游自得姿态的体现，它充分体现出多姿多彩的大唐风范。宫女们上有珠围翠绕的华丽，下有霓裳缠身的华贵。不特宫廷侍女装扮得花枝招展，连升斗小民间的妇女亦争相效仿，这就是宫妆效应，使色彩争奇斗艳，一应俱全，各有春秋。

除却服饰之外，大唐妇女又在头饰上大放异彩，在发式上巧做文章，有双髻、宝冠、高髻、垂髻、花环、环带、斜髻等鬼斧神工般的精巧，极具“喷气式”、“爆炸式”的艺术造型，令人叹为观止。

大唐妇女在面部装饰上的构思更是巧妙无比，除了“开窗理云鬓”而外，又是“对镜贴花黄”，如额上贴花，嘴唇涂脂，面庞抹粉，目上画眉，眉又分蛾眉、长眉、阔眉、柳眉等，画龙点睛，生动传神，这就是面颜、画眉、点唇的绝技。

综观汉服与大唐服饰，都显示出华夏民族重德守道、修身重义、崇佛敬神、敬天敬地精神的古典艺术，亦表现出华夏民族传统文化的博大精深，也显示华夏民族博大的胸襟、博爱的精神和博古多识，更表达华夏民族的道德规范与普世价值。有道“此衣只应天上有，缘牵万古落人间”，这就是神传文化的理念，这就是天人合一的玄机。它与华夏民族现实生活的服饰和谐优雅地有机结合，融为一体。

清朝尽善尽美的皇袍

皇袍的种类繁多，款式多样，以便皇帝出席不同的场合。

皇袍的穿着不但具有御寒蔽体的功能，同时又具有“严内外，明等级，辨尊卑”的社交属性。《诗・大雅・假乐》：“穆穆皇皇，宜君宜王。”寓意光明美盛。

清朝帝、后盛装珍藏于故宫中的多达两万件，“服色品章，昭一代之典则”，为汉代以降服饰传统体制趋于高度美善的产物。其中一针一线均精心创作，含有神妙的玄机，其一钩一勒的龙纹及其数量的繁约均深具篇章。

清朝皇帝的服饰及其品色分为常服、雨服、吉服、礼服、便服、行服等。其中礼服又包括朝服（袍）、端罩、衮服。

端罩是大清的章服。清搏沙拙老《闲处光阴》：“国朝章服之极珍贵者，为元狐褡褸，汉文曰端罩，虽亲王亦非赐赉不能服。若既薨没，即当呈缴，奉旨赏还，方敢藏于家。……其式似表衣而较宽，长毛外向，左右衩微高，各悬飘带一。”古代的朝服称端冕。端，玄端；冕，大冠。

衮服又称衮衣，古代帝王及公侯的礼服。衣上绣有龙。天子大裘冕，十二章，日、月、星辰、山、龙、华虫，绘于衣；宗彝工、藻、火、粉米、黼、黻，绣于裳。衮冕九章，自山龙以下。鷩冕七章，华虫以下。毳冕五章，藻火以下。希冕三章，粉米以下。玄冕一章，惟裳刺黻而已。

吉服包括龙袍、衮服。

常服是平日穿的军装。《诗·小雅·六月》：“四牡骙骙，载是常服。”《笺》：“戎车之常服，韦弁服也。”后通称日常所穿的便服为常服，与“礼服”相对。

行服是外出或狩猎时穿用；“行服”一词原指服丧，守孝。《后汉书·桓荣传》：“肃宗即位，郁以母忧乞身，诏听以侍中行服。”后常服指介于礼服与便服之间的一种服装。行服多指打猎所穿之服。

雨服又称雨衣。下雨降雪时所著之衣，初以蓑草制成。后亦有以绢或油布制成者，更有以胶布、塑料制成的防雨雪外衣。

龙袍是皇帝吉服中的一种款式，只是在隆重的庆典节日，及其先农坛皇帝亲耕、亲养等场合中穿着。

先农坛，祭祀古代传说始教民耕种的农神，或谓神农，或指后稷。汉王充《论衡·谢短》：“社稷、先农、灵星何祠?”相传周制有籍田，并祀先农，以示劝农的意思。历代封建王朝沿袭此制。

朝服（袍）是君臣朝会时所着的礼服，为诸侯或臣属朝见君主时的穿着。春见曰朝，时见曰会。朝袍是皇帝在隆重大典场合之时所穿着的，如即位、大昏（同婚，指帝王婚娶）、元旦（元正，一年的第一天）、万寿节。宋吴自牧《梦粱录·正月》：“正月朔日，谓之元旦，俗呼为新年。”万寿节，即皇帝生日，取《诗·小雅·南山有台》“万寿无疆”之义，唐开元后，始以皇帝生日为令节，如天长节、庆成节之类。如不定专名则通称圣节，或万寿节，简称万寿。

在以上的隆重大典与祭祀活动时，皇帝必穿礼服。

古人重祀季节的周而复始地变化，四季的穿着也相应的适应这个客观规律，如以棉、夹、纱、单、皮等制作的款式多种、质地上乘、颜色各异的礼服，其中有明黄、蓝、红、月白四种颜色。

月白即浅蓝色。《史记·封禅书》：“太一宰则衣紫及绣。五帝各宜其色，日赤，月白。”

清朝皇帝的朝服均用明黄色，也用于御殿朝贺及祭先农坛、祭太庙（天子的祖庙）、地坛祭地等祭祀场合。日坛朝日用红色，月坛夕月时用月白色，只有在祭天和天坛祈谷时用蓝色。

日坛是旧时祭日之处，在今北京市朝阳门外。明嘉靖九年（1503 年）建。明、清二代均于每年春分日遣官致祭，清制遇甲、丙、戊、庚、壬年由皇帝亲祭。月坛是帝王祭月的坛，今月坛为明嘉靖九年所建，方广四丈，高四尺六寸，每年秋酉时祭月，在今北京市阜成门外月坛公园。古代帝王祭月称夕月。《国语·周》上：“古者先王既有天下，又崇立于上帝明神而敬事之，于是乎有朝日、夕月，以教民事君。”《周礼·春官·典瑞》：“以朝日。”汉郑玄注：“天子常春分朝日，秋分夕月。”历代封建王朝都相沿行祭月礼。

大清朝服的基本款式是上衣、下裳相连的长袍相配而成，通身上下绣金龙三十四条，披领袖金龙二条，两袖各绣金龙一条。另配箭袖和披领。

乾隆皇帝朝服像

《大清会典》有明确的规定，穿不同的服饰要佩戴不同的冠帽，分为朝服冠、行服冠、常服冠、吉服冠。腰间还要系相应的“腰带”。古以韦为带，反插垂头，至秦时始名腰带。唐初改下插垂头。上元元年（674 年）命文武官皆得服带。后称衣带。《世说新语·容止》：“庾子嵩（敳）长不满七尺，腰带十围，颓然自放。”总之，穿吉服系吉服带，穿朝服系朝服带，不得混用。

汉民族的服饰等级制度也体现在清朝的龙袍图案中，这是汉族服饰文化对满族同化的缘故。如清乾隆明黄缎绣五彩云蝠金龙十二章吉服就是。

该龙袍总共绣龙九条，正龙绣得正襟危坐，显得严肃而拘谨。行龙绣得活灵活现，栩栩如生。四条正龙绣在龙袍最醒目的位置，即前胸、后背与两肩上。四条行龙绣于衣襟前后的下摆部位。前后都一目了然是五条龙，正隐含有九五之尊之意。还有第九条龙绣在里面的衣襟中，俗称藏龙或卧龙。日、月、星辰等十二章纹均绣以五彩，彰施于五色的龙袍，为最尊贵的花纹。隐含着至善至美之至德，意为皇帝是大地的主宰，掌握有生杀予夺之权柄。《孟子万章》上引《诗》："普天之下，莫非王土，率土之滨，莫非王臣。"普天，犹言遍天下；率土，四海之内。皇帝的权力至高无上。"如天地之大，万物涵复载之中，如日月之明，八方照临之内。"照临指君主统治，同"君临"。《左传》昭二八年："照临四方曰明，勤施无私曰类。"

清朝的龙袍曾经进行过多次修改，尽管在不同程度上被汉族服饰同化，但仍保留着满族服饰的本色。如帝后朝服上的马蹄袖，又称箭袖；还有披肩领以及皇后双肩所饰被称为"缘"的半月形装饰，分别象征着马蹄、马鞍与弓的图案形象，将满族骑射征战"在马背上夺天下"的光辉业绩充分表现出来。

满族传统服饰的箭袖（箭衣），尽管入关后逐渐失去实用的意义，但作为满族的行礼动作而保留着。平时挽起成马蹄形，凡遇到行礼之时，可迅捷地将袖头翻下，然后或行半礼或行全礼。由于袖端去其下半，仅可覆手，故便于射箭，舒卷自如。它遮手可御寒，捋袖放下可行礼，因此它有实用功能又具装饰效果，人们称之为"反映大清历史的象形文字"，具有描摹实物形状的功用。

再说龙袍的一针一线、一钩一勒均有文章，饱含深意。十二章纹中的日、月、星辰均显示三光，象征皇恩浩浩，普照四方。五星为金、木、水、火、土五大行星，五星即岁星（木星）、荧惑（火星）、镇星（土星）、太白（金星）、辰星（水星），又称五纬、五曜。

山，隐含山斗之意，象征帝王的大恩大德大行及其言，人们仰之如泰山、北斗云·皇德如山重，亦象征帝王能治理四方水土。

龙，喻皇帝。《易·乾》："飞龙在天，大人造也。"《疏》："飞龙在天，犹圣人之在王位。"龙象征帝王善于审时度势，依法审理国事，不存私心。

华虫，古冕服上的画饰。《书·益稷》："山龙华虫作会。"象征帝王文采彰明，昭著新德，光之罔极。

宗彝，宗庙祭祀所用的酒器。《书·益稷》："作会，宗彝。"《疏》引汉郑玄："宗彝，谓宗庙之郁郁鬯樽也。"《礼·王制》"制三公一命卷。"唐孔颖达《疏》："宗彝者，谓宗庙彝樽之饰，有虎蜼（wěi）二兽。虎有猛蜼能避害，故象之。不言虎蜼而谓之宗彝者，取其美名。"象征帝王忠孝的美德。

藻，贯玉的五色丝绳。《礼·玉藻》："天子玉藻。"又注："杂采曰藻，天子以五采藻为旒。"象征帝王的品行高尚纯洁。

火，五行（xíng）金、木、水、火、土五种物质之一。人们以五行仁、义、礼、智、信为五常，又喻五种行为。《礼·乡饮酒》："贵贱明，隆杀辨，和乐而不流，弟长而无遗，安燕而不乱，此五行者，足以正身安国矣。"五行象征帝王秉公办事，光明磊落，以火热的心率士群黎向归上天。

粉米，郑玄注：以粉米为白米，指白色米形花纹。伪孔《传》："粉，若粟冰；米，若聚米。"分粉米为二物。象征帝王给养着苍生，重视农桑，器重民以粮为主，民以食为天。

黻（fú），古代礼服上绣黑白相间如斧形的花纹，有如弫形，象征帝王明辨是非曲直，公平公正。

黼（fǔ），古代礼服上绣黑白相间如斧形的花纹，象征帝王办事果断、果敢、果决，毫不犹豫，精明干练。

古代穿衣戴冠是一个严肃的问题，因为这直接涉及人的社会身份，张冠李戴有时甚至会招来杀身之祸。早在清太宗皇太极时期（1636—1643年）就有服制的规定："上下冠服诸制"和"不得忘先"。到了清高宗乾隆时期又规定："祖宗成宪具在，所宜永守勿愆也。""愆"即过失，违背。尽管采用一些汉服的新工艺和龙袍的着色、章法、纹饰，也要保持大清服饰的基本特色而"不轻变祖训"。仍恪守清世祖顺治九年（1652 年）的成法："凡违禁衣服，如三爪、五爪满水段圆补子，黄色、秋香色、黑狐皮，俱不许存留在家。余越品衣服，如御赐许穿用。若非御赐，听其变卖不许穿用。"

补子又称补卦、补服，旧时官服上标志品服的徽饰，即官服的前胸及后背缀有用金线或彩丝缀成的图像徽识。补子成官品的标志，明时已有，清代规定文官绣鸟，武官绣兽。一品文鹤，武麒麟；二品文锦鸡，武狮；

三品文孔雀，武豹；四品文雁，武虎；五品文白鹇，武熊；六品文鹭鸶，七品文鸂鶒（xīchì，像鸳鸯的一种水鸟）；六七品武为彪；八品文鹌鹑，武犀牛；九品文练雀，武海马。命妇受封，亦得用补子，各从其父之品以分等级。

“练”本为古丧服，小祥主人练冠，故称小祥之祭曰练。练即古代祭名。父母去世第十一个月祭于家庙，可穿练过的布帛，故以为名。《礼记·杂记下》：“期之丧，十一月而练，十三月而祥，十五月而禫。”练即把生丝煮熟使柔软洁白。

小祥是古时父母死去一周年的祭礼。《礼·间传》：“父母之丧，……期（一周年）而小祥，……又期（两周年）而大祥。”旧时亲丧以两周年除灵。

康熙九年（1670年）对服饰的使用又作出详细的规定：“公民以下，有顶戴官员以上，禁止穿五爪、三爪蟒缎满翠缎圆满服，黑狐皮、黄色、秋香色衣。”

顶戴是用以区别官员等级的服饰。宋陈亮《龙川词·卜算子》：“顶戴御袍黄，叠绣金稜吐。”清制，官品以帽上顶珠色质为别，谓之丁戴，又名顶子。有红宝石、珊瑚、蓝宝石、青金石、水晶、砗磲、金之别，其制始于雍正四年（1726年）。

清朝皇帝每年对执行服饰制度都进行严格的秋审，因违制而被斩头的罪犯，其人数之多是惊人的。秋审是清制，各省死罪人犯，每岁审拟，分为情实、缓决、可矜、可疑四项，报刑部。八月间刑部会同九卿各官详核分拟，请旨裁定。其情实人独裁定时，有予勾、免勾之别，予勾者立即执行，免勾者暂缓执行。因其时为秋季，故称秋审。

清朝的服饰制度日臻完善，极具系统性、全面性和严肃性。但到了乾隆朝，冠服制度比较松弛，执行得不严格。清高宗乾隆是一位较开明并大有作为的皇帝。他不胜慨叹道：“每岁秋审，谋故杀人犯已不胜诛，岂能将侈肆越礼之人，复一一绳以三尺乎？此时朕非不能办，实不忍办，亦不必办也。”人的生命只有一次，死后就不能复生，乾隆帝不忍办，刀下留人，使一干服制斩犯捡回一条命。乾隆可谓爱护人的生命、关怀人的幸福、尊重人的人格和权利。这是康乾盛世的回光返照，亦是其怀柔政策之体现。

制作一件朝袍耗资巨大，劳民伤财，又旷日持久，耗神费力。计有关资料统计，凡清朝皇帝的衣料，质地要上乘，制作要精巧，一针一线、一钩一勒都要根据严格的要求，不能越雷池半步。制成一件朝服要耗时两年。凡皇帝的衣料先由内务府（掌宫廷内的政务）广储司（内务府内设七司之一）拟定款式颜色及其应用数目奏准，对缎匹长阔幅度的规格尺寸、质地、色泽、花样均有严格的规定。

清朝皇帝的诏令布告中，就要求官局所织缎匹“务要经纬均匀，阔长合适，花样精巧，色泽鲜明”。如质量欠合格者，要补赔损失，被判罚金，又以鞭子和板子抽打，受尽皮肉之苦。

要依典礼院规定的朝袍定式，抑或由皇帝命题再由内务府画师绘制重彩工笔小样，交由总管太监呈皇帝御览，或经内务部大臣直接加以审阅后，连同审批件送发江宁（今南京市）、杭州、苏州三地织造司分织。其中各有所司，江宁专司御用彩织锦缎，杭州局专司织造御用袍服、杭绸、丝绫。苏州局专司织造纱、绫、罗、绸、刺绣、缂丝、锦缎等。

据有关史料记载，江宁、苏州、杭州三局织成匹料之后，按其工序再送交裁作、绣作、衣作。至于刺绣由如意馆的画工专司，设计彩色小样，经审核后，再按成品尺寸放大着色（涂上颜色）。“小样”即模型、样品的校样，以区别于“大样”。

刺绣即以针引彩线，在织物上绣出字画，是技术极高超的一道工艺。《书·益稷》：“予欲观古人之象，日月星辰，山龙华虫，……黼黻絺绣，以五彩彰施于五色，作服。”自汉以后，刺绣工艺达到极高的水平。晋王嘉《拾遗记》记赵逵之妹能列万国于方帛上；唐鹗《杜阳杂编》说江南卢眉娘能于一尺绢上绣《法华经》七卷，字大小不逾粟粒，点画分明细于毛发。

以上工序完成之后，交内务府和江宁织造衙门所属的绣作投入生产。

全部工序操作完成之后，由水陆两路运进京城，其中后宫所用衣料均从水运进京。总之，在织造布料的整个流水作业中绣工约有500人，绣金工40多人，画样过粉约10多人，总共近千人。如若由一人全程刺绣，则将耗两年半左右的时间才能完成，耗时费力之长之大，可见一斑。

在这段时间内，由于穿着的人之体质、体态的不同，身段的比例亦不同，体型亦有变化。但裁缝师们早在织造阶段在面料边沿处已留有余地。

皇帝根据每天参加各种场合的情况，也会更衣数次。宫中有尚衣监，掌管帝王衣服。又设有衣冠库，专门存放帝王的衣冠。

更衣即换衣，也指换衣休息之处。《史记·外戚世家·卫皇后》："是日，武帝起更衣，子夫侍尚衣轩中得幸。"《汉书·东方朔传》："后乃私置更衣。"又注："为休息易衣之处。后来指大便也叫更衣。"《论衡·四讳》："夫更衣之室，可谓臭矣；鲍鱼之肉，可谓腐矣。然有甘之更衣之室，不以为忌；肴食腐鱼之肉，不以为讳。"

尚衣是官名。周官有司服，战国有尚衣、尚冠之职，专司帝王之服。秦置六尚，汉置五尚，都有尚衣。北齐设主衣局，属门下省。隋改尚衣局，属殿内省。唐、宋沿置。元尚衣属侍正府。明设尚衣监，由宦官担任。清不设，唯苏州、杭州、江宁三织造，因掌管督造皇帝衣服，俗也通称尚衣。

此外，尚有一大群宦官，专司皇帝随时更衣的差事。

早在远古时期，中国已是世界上种桑、养蚕、缫丝（即将蚕茧浸在热水里，抽出蚕丝）的唯一国家，也是织造丝织品的唯一国家。华夏民族是具有悠久历史的衣冠泱泱古国。自商、周至战国时，中国的丝绸织物早已辗转贩运到中亚细亚及印度等地，往后因丝绸之路的开通，大批的丝绸便源源不绝地西运。

回眸世界历史，公元前5世纪古希腊的城邦，其政治、经济的发展在奴隶制的基础上产生了丰富多彩的文化，尤以雅典城邦为著。在艺术领域内，建筑、雕刻最为出色。许多雄伟壮丽的建筑物，以多利安式、爱奥尼亚式、科林斯式的列柱回廊为特点，并刻有精美的浮雕，其中一些女神所穿的服饰，质地上乘，均为精美绝伦的丝织面料，再加以能工巧匠的精心雕镂，件件都成为精进的艺术品。置身于这些千姿百态、美不胜收的女神服饰文化中，让人叹为观止的同时，更加惊叹中华泱泱大国当时的上乘丝绸，早已转运至地中海沿岸国家了。更加体会到中国古代丝绸文化博大精深的底蕴和内涵，不禁感叹"此衣只从天上来"！可见中国早期的丝绸文化早已为世界服饰文化的发展作出了重要的贡献。

古代罗马本为古意大利的一个城邦，后发展成为地中海地区的大帝国。据传罗马皇帝穿着中国丝绸服装步入剧场时，竟使在座的观众大开眼界且一饱眼福，人人惊叹，个个称奇，惊羡不已。

中国旗袍

旗袍是满族服饰。满语称“衣介”，原为满洲旗人妇女所穿的一种服装。

旗人，清代被编入旗籍的人的称呼。清代“以旗统人”，故名，包括满洲、蒙古、汉军八旗所有的人，后作为对满族人的泛称。与之对称的为“民人”，主要是指未入旗的汉人。

旗袍的主要特征是无领、箭袖（马蹄袖）、左衽、束腰。下摆不开叉，衣袖八寸至一尺，衣边绣有彩缘。辛亥革命后，汉族妇女也普遍采用。后经不断演进，一般式样为：直领、右开大襟，紧腰身，衣长至膝下，两侧开叉，有长、短袖之分。

旗袍是中国妇女的传统服装，它的线条明朗清晰，贴身合体，充分展现了女性的曲线美。现代旗袍为中国女性更为赏心的礼服，更具空间曲线美。难怪不少外国女性也争相穿着，体现出东方女性的形体美。

旗袍

旗袍上端紧扣的高衣领，使人显得文静，言谈举止庄重而不轻浮；轻微束紧的腰身与体型切合，凸显出臀部的曲线；旗袍下部两边的开衩让人行走时两角自然轻轻的飘动，显示出步履轻健、身材轻巧之神态，使女性更具魅力。因为旗袍是量体裁衣，顺应人体之曲线，所以使人行动敏捷，且显出身上充满着青春的活力。

旗袍的质地不同，穿着的目的亦有别。大凡迎亲、迎宾、宴会等隆重和盛大的场面，应穿着丝绒或锦缎等面料制成的旗袍。此种旗袍以杭州等地的特产为上乘。这是最华贵的服饰，最华丽的民族服色，最新潮的服式，集庄重与典雅风格于一身；凡是日常穿用，最好选用小花、素格、细条丝绸的素雅旗袍，能体现出素静雅致、淡雅温存、稳重沉着的神态；也可选用花素全棉府绸或绦棉细布制成的旗袍，它不浓艳，不华丽，更能体现出纯真朴实的感情。

府绸，一种平纹棉织品，质地细密平滑，有光泽，多用作衬衣。涤（dí）棉布，涤纶与棉的混合纺织物的统称。俗称棉的确良。

目前，扎染、蜡染、手绘等新工艺均用于旗袍服饰，使旗袍步入质量好、价格高的商品高档行列。

扎染又名“绞缬”，是一种古老的在织物上形成花纹的加工方法。先用线将织物按所需花型扎结，然后浸入染液中，形成特定的花纹。可染成单色或多色，用于生产工艺杂色品。中国民间很早就发明了，唐代宫廷广泛使用，花纹精美。

蜡染是一种染花布的工艺。用熔化的黄蜡在白布上绘制图案，染色后，煮去蜡质，现出白色图案。

挑选旗袍要注意量体裁衣，结合体型实际，要从年龄、体型、季节等多方面考虑多加选择。中年妇女，宜选色彩富丽，格调高雅，甚至绣有图画或者图案，或在边缘上特别缝制的一种圆棱绲边的旗袍，能显得文雅大方，神态雍容，服饰更显得华丽珍贵。年龄较大的妇女，应选用较深色的面料颜色且款式较新颖的旗袍，这样更显得神情庄重、举止文雅、落落大方的风度。至于年轻女性，宜选择文采绚丽、色泽鲜明、活泼俊俏的款式，凸显出青春的健美体魄，极富朝气的风采。

选用旗袍还要考虑季节。春秋两个季节暖和，清凉爽快，最宜选用薄毛料或厚实的中长纤维的旗袍，既能保暖，又显得平整挺括且舒展。农历四月的初夏，天气渐热，宜选用化学纤维，包括人造纤维与合成纤维制成的无领旗袍，轻而柔和，凉丝丝的沁人心脾。盛夏炎炎难耐，宜选用薄花布或以蚕丝、人造丝织成的无领无袖旗袍，穿着如凉风习习，舒心适意。数九寒冬，宜选用絮上丝棉或骆驼绒制成的旗袍，如镶上皮毛的皮袍。

选用旗袍的高领亦应根据体型的不同而各异。脖子瘦削细长的人，如用紧而高的领子，更显得脖子长上加长，更易突出脖子的弱点，宜选用领子稍矮的宽的，才能弥补不足；相反，如脖子短小，应选用较高的衣领，衬托出脖子的修长感。

再说旗袍下摆的开衩，要与身材的高低形成正比，身材修（细）长，开衩大些，身材矮小，开衩小些。开衩大，走起路来，举止洒脱，风度翩翩；如果开衩小了，便缠住两腿，裹腿难行，像旧时士兵行军时打的裹腿似的。如果身材较矮，摆衩要开小一些，使身段匀调优美，身材适当。

旗袍尽管是满族妇女的服饰，但经过不断的改良和演进，它已具有中华民族的特征，最能体现中华民族女性风致翩翩、优美风韵、举止风雅、风姿秀逸的动人风采。旗袍已成为汉文化的组成部分，在其发展过程中，传统与改良相结合，传统与开放并存。

旗袍在中国妇女的日常生活，以及各种隆重的场合和各种国际性的礼仪场面上，均频频出现。如中国妇女出国旅游或旅居异国他乡时，穿的是旗袍，中国一些女运动员出席世界运动会的入场式，穿的也是旗袍。

上至一些高官大员家的夫人小姐，下至一些普通升斗小民家的妇女，人人都争相以穿着旗袍为乐；中国一些上层社会的妇女，在向外国女性赠送礼品时，首选的也是旗袍，它已成为赠礼的佳品。

由上可见，旗袍早已深入中国社会的各个层面，已飞入寻常百姓家，在涉外的公共场合也如影随形。旗袍同中国女性的衣食住行融为一体，占有重要的社会地位。它的发展历史渊源，与中国社会和人民的生活早已融为一体，感情融和，并扎根于中国女性的思想深处，而且对世界有着深远的影响。旗袍所显示出的中国妇女的庄重形象，已被全球各国人民所接受。越南的女性也对旗袍情有独钟，不少人也穿着旗袍，旗袍不仅代表中国女性的动人风采，也代表东方女性的动人风采，不但流行于中国社会，亦流行于东方社会。

中国历代服饰的演变传承

中国即中央之国。古指华夏、汉族为中国，因其居四夷之中央，故称中国。一般指黄河中下游一带地区。

在中国各大族群中，汉族向来是最大的族群，又称华夏族、汉族。所以汉服又称为汉装、华服，并非指汉朝的服饰，而是指中国汉族的传统民族服饰。

汉服在历代的演变传承与发展中，均充分体现了古人仁、义、礼、智、信的道德内涵，也是世界上最悠久的民族服饰之一，更是纯善（内容）纯美（形式）的中国传统服饰艺术的重要象征。

一、三皇五帝、夏商周时期

有道“一朝天子一朝臣，一朝天人一朝民，一朝文化一朝服”。因此，汉服也随着改朝换代而不断演进更新。即使在朝代之间，其服饰亦有所区别，它反映出不同朝代文化内涵的本质特征，也体现出不同时期人类智慧的结晶。

早在远古的三皇五帝时期，先民穴居而野处，以鸟兽皮毛为衣，进而以麻作布。黄帝的正妃嫘祖（雷祖、傫祖、累祖）是我国最早养蚕的人，也是治丝方法的创造者，她教导人民养蚕缫丝，织布作衣。自南朝宋元嘉以来，历代王朝设先农坛，皆祀嫘祖为先蚕。所以在黄帝时代服饰制度逐步形成。夏商之后衣冠制度开始逐步建立；西周时期，周礼制度形成，对衣冠礼制有明确的规定，各官阶必须遵守，不得超越。冠服制度逐渐纳入制度范围之内，形成礼仪文化的方式之一，而汉服至此亦渐臻完善。

公元前1600年商汤灭夏后建立商朝，后盘庚迁都殷，又称殷朝，传至纣共十七代大约460年。这段时间，手工业已能铸造精美的青铜器和烧制白陶。纺织与刺绣技术亦非常纯熟，质地纯洁，最早把衣服分为上衣和下裳两截式，这是中国衣裳的基本形式，不分男女，大都腰系宽腰带，领襟、袖口均有精致的刺绣绲边，制作精良，构思精巧。

公元前1046年，周武王灭商后建立周朝。周公东征后，确立宗法制，创立典章制度，手工业有所发展。至前256年为秦所灭。共历三十四王计791年。

在周朝的漫长岁月中，分封制度确立，冠服制度逐步完善，各种制度完备。因贵贱有别，冠服等级在服饰中亦有严格的区分，帝王与权贵必须按照身份井然有序地穿戴，不准乱套。

二、春秋战国时期

到了春秋战国时期，人们认为汉服虽美，但过于宽松，袍袖肥大而长，衣身过长，覆盖脚背，曳地而行，行动极不方便，所以战国时期的赵武灵王才有“胡服骑射”的改良。他采用西北方游牧和半游牧人民的服饰，学习其骑马和射箭之术。其服上褶（zhě）下袴，有貂、蝉为饰的武冠和金钩为饰的具带，足上穿靴，便于骑射。

当时又出现了一种家居礼服，衣裳相连，前后深长，名为深衣。不分尊卑男女，都可穿着，成为深受人民喜爱和欢迎的流行服。

三、秦汉、魏晋南北朝时期

公元前206年，刘邦灭秦，后又战胜项羽，于公元前202年称帝，国号汉。到了汉武帝时，汉朝成为亚洲最大最强盛的多民族国家，并和亚洲各国建立经济、文化上的联系。到延康元年（220年），曹丕称帝，东汉才灭亡。汉代共历二十七帝，计406年。

汉武帝是位大有作为的皇帝，他加强了与西域的经济、文化交流之后，又进一步增加了衣服的流行色彩。当时以连身袍为主的流行服，样式以大袖收口居多，自肩部直筒垂至脚踝的长袍，是人们争相穿着的服饰。当时的政治稳定，经济繁荣，人民柴米充足，生活富裕，穿戴也日趋华丽，尤其是华贵之家，概莫能废，他们的礼服，在裙摆和袖口都有精美的镶边，成为精妙的工艺品。

220年曹丕代汉称帝，国号魏。265年，司马炎代魏称晋，魏亡，共历46年。太康元年（280年）晋灭吴，统一全国。元熙二年（420年），刘裕代晋，东晋亡。东、西晋共历十五帝，计165年。

综观魏晋时期，战火纷飞，战乱频繁，南北方人民多在兵荒马乱之中被迫离乡背井，远走他乡。同时又出现了多个民族混居和混血状态，胡、汉文化也随之交融，相互影响，当时的新潮服饰是“褒衣博带”，追求自然随和而宽松的衣着。

褒衣博带即宽袍大带，是古代儒生的装束。《汉书·隽不疑传》：“褒衣博带，盛服至门上谒。”刘师古注：“褒，大裾也。言着褒大之衣，广博之带也。”

四、隋唐时期

581年，杨坚代北周称帝，国号隋。589年灭陈，统一全国。炀帝大业七年（611 年）起，各地农民相继起义。大业十四年（618 年），炀帝被杀于江都，隋亡。共历四帝，计 38 年。

隋朝在农民大起义中瓦解。617 年，太原留守李渊乘机起兵，攻克长安，次年隋亡，渊在关中称帝，国号唐。唐代前期国势强盛。唐末土地高度集中，政治腐败，赋税繁重，加上藩镇割据，战乱不息。874 年爆发农民大起义。907 年为后梁朱温所灭。共历二十二帝，计 290 年。

隋唐时期以华丽珍贵的服饰为新潮，反映了当时政治、经济、文化艺术空前繁荣昌盛的鼎盛时期。对纺织品进行漂白、染色，以及丝绸织造技术革新和技法的纯熟有了极大的进步，再加上丝绸之路的开通以及对外开放，使隋唐时期的服饰文化兼收并蓄，广收博采，并大放异彩。丝绸之路包括天山南麓的龟兹（丘兹、屈兹、屈支），云南巍山南境的南诏，位于青藏高原的吐蕃，亚洲西南部的阿拉伯及波斯。丝绸之路主要通过亚欧大陆上的定居人地区，始于华北，西经河西地区、塔里木盆地，再赴西亚及小亚细亚等地，并南下今阿富汗、巴基斯坦、印度等地。

由于唐朝是中国史上的鼎盛时期，乾坤定矣，钟鼓乐之，人民鼓腹讴歌，成为当时世界上的最富最大的强国。万国来朝，各国派使节、留学生、商人、僧侣来中国学习，当时长安人口有一千万，外国人就有三百万，长安车水马龙，往来不绝，热闹非凡。各国使节亦带来他们的文化，唐亦表现出包容的大度，广收博采，大海纳川，因此唐的服装能融合众多民族的服饰特色，与本国服装融会贯通，因此精益求精，大放异彩。唐的丝织产品产地遍布全国，真可谓星罗棋布，质地上乘，产量空前，在雄厚物质的条件下裁制出的服装争奇斗艳，新奇美妙，使人艳羡。

唐朝男性身着圆领袍衫，头上戴帕头、纱帽，这是当时最时髦的穿着。

帕头，一作帞头，即裹头，是古代男子束发的头巾。唐代的帕头多以丝绢裁成方巾，方巾四角垂下四长带，用作裹发的头巾，这是最入时的头饰。唐朝的女性酷爱装饰打扮，涂脂抹粉，美化眉毛，点染朱唇，或贴花黄在额上。穿着服饰以低领、高束裙腰、肥袖为入时。上着短襦短衫，下套长裙，加半臂，肩披帛巾，长裙曳地而行，显得体魄健美，体态轻盈，仪态飘洒。

唐朝的服饰争奇斗艳，相互争宠，再加以冠上点缀着晶莹剔透的金银珠宝，还有服饰上的花红柳绿、瑞鸟成双、祥和之气，趣味盎然。唐大历十年（775 年）进士，侠州司马、秘书丞、侍御史王建，工乐府，曾作宫词击节赞赏曰：“罗衫叶叶绣重重，金凤银鹅各一丛。每翩舞时分两向，太平万岁字当中。”

重重即层层。金凤，车辖之饰。太平，时势安乐，治之至也。万岁即万年。

好一派唐朝盛世及盛景怡情尽洋溢于笔端，气势洋洋洒洒，尽留纸上。

五、宋元时期

960 年，赵匡胤代后周称帝，国号宋。钦宗靖康元年（1126 年）金兵攻入开封，史称此前为“北宋”。次年赵构（宋高宗）在南京（今河南商丘市南）称帝，建都临安（今浙江杭州），史称南宋。恭帝德祐二年（1276 年）为元所灭。两宋共历十六帝，统治 370 年。宋亡后，端宗、帝昺在闽广建立流亡政权，至 1279 年，亦为元所灭。

宋朝服饰多沿唐朝服饰之成规，但也独出心裁，自成一家。因当时社会崇尚理学（即道学），即自周敦颐、程颢、程颐至朱熹最后完成的以儒为主、兼容佛道思想某些内容的一种思想体系。理学提倡“存天理而去人欲”，与《礼·乐记》的“夫物之惑人无穷，……灭天理而穷人欲者也”道理是一致的；认为传统就是国家的宝贝，鼓励大家要保留和使用，这是近乎保守的复古道德观。当时的服饰已去华丽化，而以衣着简朴、自然舒适而代之。

宋朝男性，地位不分尊贵与卑贱、高官与卑职，在各种不同的公众场合都戴帕头。当时的帕头为直角冠帽，酷似帽子。服饰仍以圆领袍为主，只以袍衫的不同颜色区分身份的等级。由于宋仿周制，贵妇人的礼服为大袖衫，主要是用于出席祭祀祖宗与祭奠英灵等重要场合。至于一般普通妇女所穿的礼服稍有区分，上衣有襦、袄、衫、褙子、半臂、大袖等，款式新颖，格式多样，下身均穿裙子。只有褙子才是当时不分地位贵贱都流行穿着的服饰。

半臂，短袖衣。唐张泌《家法》：“房太尉家法，不着半臂。”

褙，把布或纸一层一层地粘在一起。褙子属于外衣的一种，以对襟、直领、长度过膝为其特点。

1206年，蒙古族领袖成吉思汗建立蒙古汗国后，开始扩张其势力至黄河流域。元世祖至元八年（1271年）定国号为元。其后攻灭南宋，统一全国，建都大都（今北京）。顺帝至正十一年（1351年）红巾军蜂起。元至正二十八年（1368年），朱元璋军攻入大都，推翻了元朝的统治。自成吉思汗起至此时，共历十五帝，计163年；自世祖忽必烈定国号起，共历十一帝，计98年。自成吉思汗建国起，历史上都泛称元朝。顺帝北走塞外，仍称元朝，史称“北元”。明建文四年（1402年），鬼力赤杀坤帖木儿汗，始去国号。

元人多是骑在马背上夺天下的，服饰多以便于骑射为主，没有显著的特色。历史上有元服，是帽子，并非元朝的服饰。《礼仪·仕冠礼》：“今月吉日，始加元服。”《汉书·昭帝纪》：“元凤四年春正月丁亥，帝加元服。”又注：“元者，首也。冠者，首之所著，故曰元服。”

六、明清时期

1368年朱元璋称帝，推翻元朝的统治，建都南京，国号明。永乐十九年（1421年）成祖迁都北京。1644年李自成农民军攻破北京，明朝被推翻。共历十六帝，计277年。此后清兵入关，建立清王朝。明亡后，其残余力量曾先后在南方建立弘光等政权，史称“南明”。

明朝的冠服主要参考并仿照周、汉、唐、宋的汉服款式，恢复传统的汉族服饰制度。当时的服饰结构精美，种类繁多，刺绣技术高超，质料上乘，成品美观且经久耐用。男性服饰以袍衫唱主调。官员服饰仍袭古制，圆领形，袖宽三尺，戴乌纱帽。至于官品等级均以袍衫颜色和图案加以区分。绯（红）色袍衫为一至四品官阶，青色袍衫为五至七品官阶，绿色袍衫为八至九品官阶。文官为飞禽图案，武官为走兽图案。与唐服饰制有所不同。

唐服饰颜色官阶为：文武官员三品以上服紫，金玉带。四品服深绯，五品服浅绯，并金带。六七品服绿，文官八九品服以青。唐白居易《琵琶行》：“座中泣下谁最多？江州司马青衫湿。”即指官职卑微。至于青衣与青衫则有所区别。青衣是古代帝王、后妃的一种礼服。《礼·月令》孟春之月：“（天子）衣青衣，服苍玉。”《晋书·礼志》：“蚕将生，择吉日，皇后着十二笄步摇，依汉、魏故事，衣青衣。”但自汉以后以青衣为卑贱者之服，故卑称为青衣，晋刘聪使怀帝着青衣行酒以示辱。

明代妇女的服饰主要是衫、袄、褙子、裙子、比甲，款式格调均沿袭唐宋旧制。

比甲即马甲，类似现在的背心。

明朝女性服饰的颜色为桃红、绿色、紫色，切忌黄色、大红、青色。

桃红绿柳本指春景；紫衣古代为君服。《韩非子·外储说》：“今王（齐桓公）民无衣紫者，王请自解紫衣而朝。”南北朝以来，紫衣为贵官公服，故有朱紫、金紫等称。

明朝妇女的礼服为凤冠霞帔，是后妃参拜祭祀、祭奠等隆重大典场合时所穿的礼服，凤冠上镶缀着龙凤，与霞帔搭配使用。

明洪武五年（1372 年），更定品官命妇冠服，一品至九品霞帔之制各异。其后凤冠、霞帔遂成为嫡妻的例服，相沿至清末。

乌纱帽是帽名。东晋时宫官着乌纱帽。南朝宋明帝初，建安王休仁置乌纱帽，以乌纱抽扎帽边，民间谓之司徒状。隋代帝王贵臣多服黄纹绫袍、乌纱帽、九环带、乌皮靴，其后逐渐行于民间，贵贱皆服。自折上巾流行之后，乌纱帽渐废。

印度纱丽

外国服饰

一、印度纱丽

印度是南亚国家，东北部与中国等国为邻，人口 11.12 亿（2006 年），居世界第二，是世界农业大国之一，又是世界四大文明古国之一。

印度纱丽服饰是传统民族女性服装，其特色为色彩艳丽，随风摇曳，尽显神采飘逸，姿态自然。

亮丽浓烈的纱丽是印度妇女朝拜时的盛装，也是节日的华丽装束，亦是赴宴时的盛服。纱丽让印度女性那种半遮半掩、令人迷醉的气度表现得淋漓尽致，也使人感到痛快淋漓。

二、蒙古长外褂

蒙古长外褂

蒙古国原为中国的一部分，称“外蒙古”，有天然的牧场，是传统的畜牧业国家。一方水土养育一方人，辽阔无垠的大草原培育出无拘无束、热情奔放的蒙古女性，而这种热情奔放的特点也通过蒙古族的服饰体现了出来。这就是蒙古长外褂。它具有豁达大度、动态各异之美，体现出蒙古女性骑在马背上豪迈矫健的飒爽英姿。当她们心情平静，心神安定地立坐之时，又体现出一种心怀恬淡之美，具恬静而舒适的优雅姿态。

三、泰国女筒裙

泰王国简称“泰国”。公元14世纪，境内中部暹国和罗斛国合并，称暹罗国。泰国为东南亚国家，85%以上居民信佛教，马来族多信伊斯兰教。

泰国的服饰以性感著称。下装是女筒裙，是呈筒状的裙子，上部和下部肥瘦略同，一般下摆长不过膝盖，没有褶子。经曼国王朝国王拉玛五世朱拉隆功大帝进行重要的政治、经济改革后，到拉玛时期（1910—1925年），泰国女筒裙方兴未艾。女筒裙同纱笼（纱笼是东南亚一带人民穿的用长布裹住身体的服装）一样，布的两端宽边缝合成圆筒状，穿着时先将身子套入布筒内，接着伸出右手将布向右侧拉，左手配合按住腰右侧的布，右手再将布拉回，褶回左边，在左腰处相交相叠，随手塞进左腰里面。

泰国女筒裙

四、日本和服

日本和服

日本国又称大和。大和国家是日本大和（今奈良县）地方古国，公元3世纪形成。4世纪前半期，其势力已达关东地方。中央政权通称“大和朝廷”。据中国《宋书》载，自永初二年至昇明二年（421—478年），倭王赞、珍（一作弥）、济、兴、武相继遣使至中国，武（雄略天皇）受封“安东大将军”。后豪族专擅，王权衰落。645年大化革新，大和时代结束。后将日本一种诗歌体称为和歌，而将日本的传统民族服装称为和服。

日本和服的样式是从中国古代的服饰传过去的。传承至今亦具有别样风情，为平面裁剪制成的宽松袍服，其款式、花色、颜色均多种多样。直身、交领、直袖、腰部系带。衣料多采用丝、棉等天然纤维织物的传统品种。男服多为黑色，女服则通过提花、印花、手绘及刺绣等而呈现绚丽的色彩和花纹。

和服在日本也称作“着物”、“吴服”，是日本人从奈良时期（645—724）迄今均穿着的衣服，源自中国晚唐的长袍。基础和服是一种齐踝长的有宽大长袖和V型领的袍服，既无衣扣又无绊带，而是在胸前将左襟覆盖在右襟上，然后在腰部用腰带或和服带束牢。妇女穿的短袖和服（科索地）是一种外衣，在室町时期（足利将军幕府时期）便被采用。到17—18世纪，日本设计师对和服大加美化，使装饰考究的和服成为世界上最优美的服装之一。

和服的宽腰带是用挺括的绸缎制成的，古代日本人用来束紧和服的料子。长约270厘米，缠绕于腰部，再在背后打一个考究的结子。现在的和服腰带是18世纪早期演变而来的，且多为织花或绣花的。

日本女性在和服的衬托之下，更显出性格含蓄、温和柔顺、仪容温润、温情脉脉的特色。

日本男性和服多为黑色，胸前两边还挂着家族的标志，称为“家纹”。

日本女性在一生中，其和服的袖子要经历由长到短的三次演变。袖子拖垂至地，标志着未婚处女。袖子剪短一大截，说明是已婚妇女。活到

30～60岁时，袖子再次剪短。因此，通过观察妇女和服袖子的长短便可对其婚嫁与否及年龄的大小一目了然。

再说日本妇女背后的小背包。早在6世纪之时，日本由于受到唐朝文化的影响，在服装上也有映衬。日本大宝元年（701年）编成的法典《大宝律令》于次年颁行，此法典由藤元不比等（659—720年）人继承以往律令，并参考中国唐朝的《贞观律令》和《永徽律令》编制而成。唐朝对各级文武官员及其眷属身着的礼服、朝服系何种衣带均作出详细的规定。衣带不局限于装饰，也是不同身份与官阶的显著象征，当时，平头百姓不许系衣带，到了14世纪平民才能使用。

随着衣带的不断演变，便产生了结法的问题。日本妇女原先也仿照唐式女衣带，在身前结成两个圈。后来就以6厘米宽的带子在身前打个蝴蝶式样的纽带垂坠下来。到了19世纪，江户的一些艺妓又模仿一座古式的拱桥，把腰带系成一个形似鼓一样的带结，取名为“御太古结”，因为美观显眼，这种装饰便迅速流行。

当然，日本妇女也受到基督教传教士腰带形式的影响而创造出结带这种形式，开始结带装饰在前面，后来才移至后面成为“背包”。但毕竟最早受到汉服的影响，奈良时期的遣使团获得中国赠送的大量汉服，次年（720年），日本天皇下令，日本举国上下全穿模仿中国隋唐款式的服装。

日本的和服与中国的汉服也同中有异，并非一模一样，其区别为：和服下裙多为直筒形状，不便迈腿前行；而汉服的下摆较为宽松，呈喇叭状。和服的衣袖是方形，腋下袖根纵向多出的袖宽常留开口不缝合，与开口横向同宽的衣片也照留开口不缝合。汉服后背没有系着一个“小背包”（这是按照日本传统习惯和审美观点及其情趣与情致所制，可掩盖日本人的身形缺陷）。

韩服

五、韩服

亚洲东部的大韩民国，原称朝鲜。1897年朝鲜李朝国王高宗李熙改国名为“大韩帝国”（简称“韩国”），称皇帝，建元光武。1910年曾被日本吞并。

韩国的韩装突出的特点就是上身窄小下身宽大，大蓬蓬裙摆的样式更加美观，也显现其独具特色，更加衬托出韩国女性文静之美。

韩装亦效仿华夏礼仪的风尚，均来源于汉服，也根据其民族的身材特点和审美情趣进行改良，它不像日本的和服那样带上一条带子，其上衣很短，只是在衣领下垂着两条飘带。

越南长衫

六、越南长衫

越南的国服长衫大褂其实也是越南的“旗袍”，这是越南妇女所钟情的一种长袍。其突出特点是衣服自腰以下开高衩（衣服旁边开口的地方），再配以同花式或白色布料的宽松长筒裤，蹲、坐、行、骑车均随心所欲，运转自如。长衫腰部以上裁剪得非常合身，长衫腰部以下较宽松，左右各开衩至腰部，内着宽筒喇叭筒状裤。合身的上衣配合神采飘逸的裙摆及长裤，把娇小的身材衬托得更为柔美，性情更显柔顺。正是由于古朴雅典的长衫装扮出了越南女性身材袅娜，体态轻盈，才叫人如此的销魂。

第七章

酒

酒是大自然的恩赐

追溯中国的酒文化，源远流长。春秋时代编成的《诗经》就有很多关于饮酒的记载。人们常在祭祀、开张、接风洗尘、饯别、乔迁、贺喜与节庆日在宴会上摆酒席，举行庆祝活动；传统农历节日的大年夜，人们请僧道看经，备酒果送神，欢饮年酒；三月清明节，以美酒佳肴祭神祭祖，祭天祭地；农历五月初五的端午节，或称“重五”，为了辟瘟气，人们喝菖蒲叶浸制的药酒；农历九月九日，古以九为阳数，九月而又九日，故称“重阳”，人们登高临远，喝菊花杯（酒），佩茱萸，食饵，吃重阳糕；古时人们常将长寿的人喻为寿星，每逢寿星华诞日均办华筵庆贺，《明史·寿述夫次韵》诗：“螺杯献酒逢华诞，鹤发同筵叙旧情。”婴儿出生或结婚满月喝弥月酒。总之，酒早与中国人民结下未解之缘，从而形成了饮酒文化。

中国酿酒的历史可追溯到新石器时代，开始于约8000年以前。这是考古学分期中石器时代的最后一个阶段。当时已出现农业和畜牧业，人们的生活资料有较可靠的来源，并开始定居生活。广泛使用磨制石器，能制陶和纺织。中国各地不断发现不同类型的新石器时代文化，重要的有仰韶文化、马家窑文化、大汶口文化、龙山文化等。新石器时代人们已开始驯化动物，当时只是自然的变化而并非急遽的社会变革。

一、仪狄始作酒变五味

相传在禹（又称“大禹”、“夏禹”、“戎禹”，夏代的建立者）年代，公元前2070年时仪狄就发明了酿酒。《战国策·魏》二：“昔者帝女令仪狄作酒而美，进之禹，禹饮而甘之，遂疏仪狄，绝旨酒，曰：‘后世必有以酒亡其国者。’”《名义考》谓“帝女”之“帝”即禹。《初学记》二六引《世本》：“仪狄始作酒醪，变五味。”

以上引文的意思是：夏禹的女儿曾无意中喝过仪狄所酿的酒，觉得口感极好，便邀请他入王宫酿美酒献给夏禹。仪狄经过一番精细的研究，酿出极其美味的酒，献给夏禹。夏禹命人品尝之后乃尝，且仔细地辨明滋味，感觉很美，且多喝了几碗，大悦，飘飘有凌云之气，接着神志不清昏睡过去。结果因此耽误了几日的朝政。夏禹待头脑清醒之后，后悔沉迷于美酒而误了大事。且说：“后世必定有因为饮酒无度而误国的君王。”自此不再亲近仪狄，并且禁绝在宫中饮酒。

由上可见，夏禹能从酒中自我反省，自爱自重，反躬自问，遵循独慎自律的道德行为，而不是从美酒中自得其乐。这就是“世人皆醉我独醒”。

二、杜康发明酿酒，无心之作

有的人常借酒消愁，故有“一醉解千愁”之句。曹操《短歌行》：“何以解忧？唯有杜康。”杜康是人名，代酒，这是修辞学上的借代修辞法。杜康即少康，传说中酿酒的发明者。《说文·巾部》：“古者少康初作箕箒、秫酒。少康，杜康也。”后即以杜康为酒的代称。同样，浙江的绍兴县是地名，但因绍兴产名酒，人们更以绍兴地名借代酒。

箕箒指家内洒扫之事，后因以箕箒为妾的代称。箕箒妾为嫁女的谦辞。

秫（shú）酒，稷（高粱）之黏者谓秫，可以酿酒。陶渊明《贺郭主簿》诗：“春秫作美酒，酒熟吾自斟。”

杜康相传为黄帝时宰人，善作酒，一说字仲宁，号“酒泉太守”。

相传杜康生于白水县的一个小乡村。乡村康家卫有杜康泉。据《白水县志》记载：“俗传杜康取此水造酒”，“乡民谓此水至今尚有酒味”，云云。水清澄而通明见底，人们常“酌清溪之崐流”，这是极其上乘的酿酒水质。又据《白水县志》记载，杜康之墓就在杜康泉旁的小土坡上，墓四周堆砌着垒墙。墓之左侧建有一座杜康庙供人祭祀，可惜“文化大革命”时惨遭毁坏，今荡然无存。历来乡民都在农历正月二十一日携带着丰盛的肉食、瓜果、青菜、饭团、糕点与美酒等供祭礼品前来拜祭和赛享，又搭台演戏及进行体育表演、杂耍等各种游戏伎（技）艺表演，热闹非凡，直到夕阳傍照而结束。

据《酒诰》一书云：“酒之所兴，肇自上皇，或云仪狄，一曰杜康。”“有饭不尽，委之空桑，郁结成味，久蓄气芳，本出于代，不由奇方。”杜康无意中将未吃完的剩饭或羹物放在桑树的洞中，原意是为了处理掉庖厨余物，结果残羹剩饭在洞中发酵后，成了香气浓厚的酒浆，自此之后便发明了酒。这就是“无心插柳柳成荫”。

三、猿猴酿酒，天成之作

人们但知猿猴取月的故事，而猿猴造酒的奇事却鲜为人知。

猿猴看见倒映水中的月亮，便下水捞月。《僧祇律》：“佛告诸比丘（和尚），过去世时，波罗奈城有五百猕猴，树下有井，井中见月，共执树枝，首尾相接，入井取月，枝折，一齐死。”比喻人处事方法愚笨，以致徒劳无功。

历稽载籍，均言及仪狄与杜康为造酒始祖，但人们普遍认为杜康才是造酒鼻祖。这是为什么呢？这与《文选》三国曹操（魏武帝）《短歌行》中的诗句“何以解忧？唯有杜康”有关，因其比罗贯中的《三国演义》中关于仪狄的故事更为家喻户晓，所以仪狄的名字渐渐为人们所淡忘。但莫道君行早，更有早行人。甚至有的版本认为酒为黄帝所始造。众说纷纭，莫衷一是。更有一种稀奇而饶有风趣的版本，说是猿猴先酿酒。

四川罗江人李调元，清乾隆二十八年（1763 年）进士，历官广东提学使及直隶通水兵备道，卒于嘉庆七年（1802 年）十二月间。有《童山诗文集》、《雨村诗话》（调元号雨村）、《蠢翁词》，又辑有《函海》、《蜀雅》、《粤风》等。在《粤风》中记载：琼州多猿，樵人曾经于石岩深处得猿酒，是猿以稻米杂百花制造而成，味最辣，但是非常难得。

琼州，府名，指今海南岛。古代海南孤悬海外，为不毛之地。

辣，浓烈的辛味，指酒味浓。

清末民初徐珂编撰的笔记集《清稗类钞》，采录数百种清人笔记，并参考报章记载而编成，范围广泛。有 1917 年商务印书馆排印本（分为四十八册）、1984 年中华书局重排本（分为十三册）。在《粤西偶记》中记载：“粤西平乐等府，山中多猿，善采百花酿酒。樵子入山，得其巢穴者，其酒多至斝石。饭之，香美异常，名曰猿酒。”

粤东指当时的广东省；粤西指当时的广西壮族自治区。

平乐在广西东部、西江中流桂江中游，属桂林市。

樵子，上山打柴的人。

斝石，斝即屡（lǚ），石（shí，又读 dàn），全称“市石”。市制中计量液体和干散颗粒容量的单位。1 石 = 10 斗 = 100 升。也是旧重量单位，一百二十市斤为一石。“斝石”形容酒多。

明人李日华在《蓬栊夜话》里写道：“黄山多猿猴，春夏采杂花果于石窪中，酝酿成酒，香气溢发，闻娄百步。野樵深入者或得偷饮之，不可多，多亦减酒痕，（猿猱）觉之，众猱伺得人，必嬲死之。”

窪（wā），凹下积水处。

猱（náo），猿类，身便捷，善攀缘。

伺（sì），探察。

嬲（niǎo），戏弄，烦扰。

若上山打柴的人偷吃了猿猱的酒而被其发觉，众多的猿猱必群起而攻之，最后偷酒之人必被烦扰致死。民间即有“猴子酒只能喝一次”之说，要是第二次再来，猴子必下毒药，致人中毒而死。

猕猴群居山中，好喧哗玩闹，灵敏，冬季常结队盗食农作物，性灵异，弹跳自若，不易抓捕。

《礼记·曲礼》上云：“鹦鹉能言，不离飞鸟；猩猩能言，不离禽兽。”猴能酿酒，不离妖物。又有道：“魔高一尺，道高一丈。”人毕竟为万物之灵，禽兽再狡猾也躲不过猎人的眼睛。猿猴天性嗜酒，因此猎人常针对这一弱性，在其出没活动与群栖之地摆上几个陶制的酒缸作为诱饵，引其上钩。猿猴必闻香而趋之，且开怀畅饮，即酩酊。酩酊无所知，猎人即不费吹灰之力将其抓获，装入笼子里，大奏凯歌。

仪狄、杜康造酒皆为无心之作，猿猴造酒亦为无心之作。即无成心，事出自然，初本无意，可谓“无心炙”。

无心炙即食品名。宋陶穀《馔羞》：“（唐）段成式弛猎，饥甚，叩村家，主人老姥出彘臛（zhì hù，猪肉羹或燻猪肉），五味不具。成式食之，有逾五鼎，曰：‘老姥初不加意，而珍美如此。’常令庖人具此品，因呼‘无心炙’。”

五鼎，古祭礼。大夫用五鼎盛羊、豕、肤、鱼、腊。《孟子·梁惠王》下：“前以三鼎，而后以五鼎与?”后来用五鼎形容贵族官僚生活的奢侈。《史记·主父偃传》：“且丈夫生不五鼎食，死即五鼎烹耳。吾日暮途远，故倒行暴施之。”这句话的意思是：男子汉活着的时候如不能做大夫备五鼎烹羊、猪、鱼等食物，死的时候就用五鼎来烹煮好了。我的路途还很遥远，可是太阳已下山了，我等不及了，所以我要倒行逆施，横暴地做下去，及时行乐。

酒文化

一、酒之功过

酒能驱寒活血，助兴，提神，怡情。酒能助人成就伟业，自古及今，许多名人志士均借酒力助威，推动事业走向鼎盛。关羽名酒名将，人人赞赏。李白斗酒千诗，成就酒仙诗仙。有诗无酒不精神，有酒无诗俗了人。陶渊明、孔融、徐邈、刘伶等，皆以豪饮著名，亦皆以文辞名重天下。

酒会乱性，乱性则有失，失则误事。故饮酒过量，必为酒困而烂醉如泥。清清之水，为土所防，济济之士，为酒所伤。若要断酒法，醒眼看醉人。

二、酒德

鉴于酒能乱性、误事、惑人，古代的明君及有识之士均力主设酒正的官员掌管饮酒的有关政令，而后又制有酒德、酒诰。

酒德即强调饮酒要有德行。《书·无逸》：“无若殷王受之迷乱，酗于酒德哉！”孔传：“以酗酒为德。”意即以酗酒为事，本属贬义。后多借指酒的属性和作用。晋刘伶有《酒德颂》，他常嗜酒，作《颂》嘲弄礼法。唐孟郊有《酒德诗》。黄庭坚有《谢答闻善二兄》诗：“四座欢欣观酒德，一灯明暗又诗成。”谓饮酒足以助人成诗。

但是饮酒要有德行德操，不能荒淫无度，迷于佚乐，甚至荒废政务。不能像商夏纣王那样“颠覆厥德，荒湛于酒”，酿成身败名裂、国破家亡的惨剧。

《尚书·周书》云：“康叔封于殷之故都，以殷民化纣嗜酒，周公以成王之命或之，是为《酒诰》。”《酒诰》明确规定四条：

（1）“饮惟祀”，只有在祭祀天地与先祖时才能饮酒。

（2）“无彝酒”，不要经常饮酒。“文王诰教小子，有正有事，无彝酒。”《韩非子·说林》上：“彝酒者，常酒也。常酒者，天子失天下，匹夫失其身。”彝酒是经常饮酒，经常饮酒就浪费粮食（五谷），只有在患病时才可适当饮酒。

（3）“执群饮”，杜绝（严禁）聚众饮酒。

（4）“禁沉湎”，禁止饮酒过度，沉溺于酒。《书·泰誓》上：“沉湎冒色，敢行暴虐。”《注》：“沉湎，嗜酒。”《史记·宋世家》：“纣沉湎于酒。”《书·微子》作“沉酗于酒”。

由上可见，《酒诰》并非一股脑儿反对饮酒，以酒敬天敬地，祭神敬祖，奉老礼宾，均为德操德行。

三、酒礼

早在远古时代，人们饮酒还尊崇酒礼，讲究礼节，修礼节时注意分寸，也注意礼仪。《诗·小雅·楚茨》：“献酶交错，礼仪卒度。”即敬酒还敬交错得巧，礼仪既尽合乎制度。要是在重要的场合下不遵守酒礼，必然冒犯上辈或触犯科律，有犯上作乱的嫌疑。

《诗经·小雅》：“由醉之言，俾出童羖，三爵不识，矧敢多又！”大意是：依着他醉了拒劝的一派胡言，会强使你拿出没角的山羊羖。饮过三爵（一升）的人就不清醒，况敢多多地劝他再饮！

对于烂醉的人，要“匪言勿言，匪由勿语”。即不该说的不要向他说，不该做的不要向他戏语。因为其神志又不清醒，思维早已错乱。由是观之，制定饮酒的礼仪礼节势在必行。

四、酒令

明朝进士袁宏道，官至史部郎。有《瓶花斋杂录》、《破研斋集》、《袁中郎集》。鉴于酒徒们贪杯烂饮，不守礼仪礼节，饮酒缺德，便着手从古籍中搜精加搜括、查索繁富的资料，最终写成《觞政》，也就是酒令。觞（shāng）是古代盛酒器。政即政令，用以作饮酒的道德规范，规避缺酒德的行为。

古代各民族大多饮酒，但均有不同的礼仪礼节。这里所说的是汉族的礼仪礼节。

古代饮酒礼仪礼节的次序分为四个动作：拜、祭、啐、卒爵。

（1）拜，表示恭敬的一种礼节。古之拜，唯拱手弯腰而已，即如今之揖。后来指屈膝顿首，而手着地或叩头及地为拜。拜是行礼的通称。饮酒前先作出拜的虔诚动作，表示敬意。

（2）祭，祀祖祀神，无牲而祭曰荐，荐而加牲曰祭。通言皆曰祭。饮酒前的第二个动作是，先从酒杯中倒出一点酒在地上，祭谢地神，感谢大地养育之恩、之德，表示对养育自己的一方水土一往情深。

（3）啐（cuì），尝，饮。啐酒是祭毕饮福酒。谓饮主人之酒入口，成主人之礼。即饮酒前的第三个动作是，轻轻品尝酒味，并加以赞扬酒味醇厚，赞主人高情远致，让主人愉快兴奋。

（4）卒，终，尽；爵，酒器，盛行于商及西周，器物铭文称尊彝、方彝、宗彝等。一升曰爵。饮酒的第四个动作是仰杯而尽，即干杯。

应该补充一句，由于有的人滴酒不沾，有的人海量（大酒量），敬酒时应谦虚地说：“我干杯你随意。”尤其是晚辈对长辈更应如是说，更不能认真地检查长辈的杯底有无滞酒。这样很失礼，为强人所难。

中国古代饮酒器皿——爵

在筵席上，主人向宾客敬酒叫“酬”，即主答客，劝酒。宾客以酒回敬主人曰“酢”。主人进酒于客曰“献”，客答之曰“酢”，主复答敬曰“酬”。互相敬酒为“酬酢（chóu zuò）”。敬酒时还要说一些敬酒辞，互相祝福。宾客之间相互敬酒叫“旅酬”。旅不是旅行，而是按次序。以次序劝卿大夫饮酒曰旅。古祭祀毕而宴，举杯酬宾，宾交错互答，谓之旅酬。巡行酌酒劝饮叫“行酒”。一般场合敬酒以三杯为度，适可而止，又谓斟三巡酒，即斟三次酒。

主宾相互饮酒时先彼此互拜（跪拜）。晚辈在长辈面前饮酒，谓之“侍酒”。侍是陪从尊长身边，须先行跪拜礼，接着坐在次席，长辈命晚辈饮酒，晚辈才可举杯。长辈先动筷进菜，晚辈才动筷，切忌鲁莽先下手。长辈杯中酒尚未饮完，晚辈也不能先饮完。要循规蹈矩，遵守常规，顾及体统。敬酒时，敬酒者与被敬酒者都要避席，起立。古时席地而坐，避席即离开座位，面色愉悦，切忌愀（qiǎo）怆忧伤，超若自失。

五、酒令大如军令

酒令是饮酒时助兴的一种游戏。推一人为令官，饮者听其号令，违则罚喝酒或输者亦受罚饮酒。有的轮流题诗作对或做类似的游戏，使筵席场面热烈，气氛活跃。

军令是军队的法令。军令如山，军人的天职就是严守军令，执令如山，不能有丝毫的犹豫，不能讨价还价。凡军令一下，务必拼命向前。酒令如山，令行禁止，与军令同。

《红楼梦》写酒令的场合不少，如第四十回：“（鸳鸯）吃了一种酒，笑道：‘酒令大如军令，不论尊卑，唯我是主，违了我的话，则要受罚的。’”

酒令最先脱胎于酒官制度，自唐以后盛行于士大夫间。《梁书·王规传》：“湘东王时为京尹，与朝士宴集，属规为酒令。规从容对曰：‘自江左以来，未有此举。’”行令饮酒，亦曰酒令。有令即行，有禁即止，雷厉风行，所以说酒令大如军令。后汉贾逵撰《酒令》，已不传。清俞敦培有《酒令丛钞》四卷。

酒令从王侯公卿、达官贵人、骚人墨客、贵族王子、王后王妃、王室后宫逐渐流传到升斗小民，年深日久便形成了一种酒令文化。故有介绍酒令的书陆续出现，如《醉乡律令》。醉乡指酒中境界。《新唐书·王绩传》：“著《醉乡记》以次刘伶《酒德颂》。”律令即法令，有《小酒令》，小酒即薄酒，宋时称春秋两季随酿随售的酒。还有《酒令丛钞》等书。

《诗经·小雅》："凡此饮酒，或醉或否。既立之监，或佐之史。"意即：凡是这些饮酒的人，有的是醉，有的不是，既要设立掌令的酒监，或者帮设记事的酒史。酒监即酒官监视。史是殷、商时的官名，也是记载历史的书籍。史设有左史和右史。《礼·王藻》："动则左史书之，言则右史书之。"监、史所司是监督饮酒上的秩序，规范饮酒人的言行，防止贪杯滥饮而违反酒法。唐诗中酒令屡见不鲜，白居易《同李十一醉忆元九》："花时同醉破春愁，醉折花枝当酒筹。"酒筹是饮酒记数之具。

历稽载籍，酒令的种类繁多，计有四书令、拆字令、牙牌令、诗令、雅令、花枝令、谜语令、典故令、急口令、手势令、无言令、骰子令等。

（1）四书令：《论语》、《大学》、《中庸》、《孟子》。南宋理学家朱熹的《四书章句集注》，是学习的入门书。元皇庆二年（1313 年）定考试课目，必须在四书内出题，发挥题意规定以朱熹的《集注》为根据。一直到明、清相沿不改。

（2）拆字令：拆字本是旧时一种占卜之法。术士令求占者任举一字，加以分合增减，随机附会，解释凶吉。也称测字、相字、破字。《春秋》以人十四心为"德"，《后汉书》以货泉为"白水真人"，《宋书》以黄头小人为"恭"，皆为拆字性质。自宋代以来盛行，用之附会人事。

宋刘一止的《苕溪集》中有《山中作拆字语寄江子我郎中》诗："日月明朝昏，山风岚自起，石皮破仍坚，古木枯不死，可人何当来。意若重千里，永言咏黄鹤，志士心未已。"诗中拆字为句，后人称为拆字诗。诗中日月是明字，山风是岚字，石皮是破字，古木是枯字，可人是何字，千里是重字，永言是咏字，士心是志字。

（3）牙牌令：牙牌即骨牌，一种赌具。以象牙及骨角竹木做成长方形，一面刻点数，自一至六，上下重之，共三十二张。《正字通》"牌"："牙牌。今戏具，俗传宋宣二年，臣某疏请设牙牌三十二扇，诗点一百二十有七，以按星宿布列之。……高宗时诏如式颁行天下，今谓之骨牌，然皆博塞格五之类，非必自宣和始也。"骨牌又称宣和牌。因用骨制，故名。也有用象牙制成的，称为"牙牌"。每张两数，三张合成一牌，正如骰子六面，故或源于骰子。博法变化多端，也有用于游戏和占卜的。

（4）谜语令：谜语古称廋辞、隐语，一种游戏。以某一事物或某一诗句、成语、俗语或文字为谜底，用隐喻、形似、暗示或描写其特征的方法作出谜面，供人猜射。《文心雕龙·谐讔》：“自魏代以来，颇非俳优，而君子嘲隐，化为谜语。”谜语源于民间口头文学，后也成为文人游戏。今多称猜射事物者为事物谜，以文义作谜底者为文义谜。前者多为民间谜语，后者专指灯谜。

（5）典故令：诗文中引用的古代故事和有来历出处的词语。

（6）急口令：又称绕口令、拗口令、吃口令。将双声（声母、韵母）或声调极易混同的字，组成反复、重叠、绕口、拗口的句子，要求一口气急速念出，如“十四四十四十四，十四是十四不是四十，四十是四十不是十四”。

（7）手势令：以手做各种姿势来表达意思，即打手势，以手作各种姿势为酒令。《资治通鉴》：“王章置酒会诸朝贵，酒酣，为手势令。”《注》：“会饮而行酒令以佐欢，唐末之俗也。《类说》曰：‘亚其虎膺’，谓手掌。‘曲其松根’，谓指节。‘以蹲鸱间虎膺之下’，蹲鸱，大指也。‘以钩戟差玉柱之旁’，钩戟，头指；玉柱，中指也。‘潜虬阔玉柱三分’，潜虬，无名指也。‘奇兵阔潜虬一寸’，奇兵，小指也。‘死其三洛’，谓翶其腕也。‘生其五峰’，五峰通呼五指也。谓之抬手令。盖亦手势令之类也乎哉！”

（8）骰（tóu）子令：骰子亦称“色子”，博具，用骨、木、塑料等制成正方立体，六面分刻一至六点，由参与者所掷得的点数决定胜负，由五木演变而成。宋程大昌《演繁露》：“骰子之制，固知祖袭五木然。”本作“投子”，唐时改用骨制作，故作“骰子”。亦可用于一般游戏。骰子令谓以掷骰劝欢。唐皇甫松《醉乡日月·骰子令》：“大凡先筵皆先用骰子，盖欲微酣然后迤逦（yǐ lǐ，曲折连绵）入令。”

酒令的内容涉及的范围极广，上至日、月、星、辰，及风、云、雨、露、霜、雪等，下至山、川、土、地，凡马、牛、羊、鸡、犬、豕、鸟、兽、虫、鱼等动物，花、草、树、木等植物，还有对大自然的各种景物及社会现象的描述，诗、词、曲、赋等无所不包，内容丰富，知识广泛，是极其多姿多彩的饮酒艺术。饮酒行令者必须反应敏捷，务必具有一定的知识功底。能举一反三，触类旁通，才能对答得体，对答如流。

再说酒的代称，除了“杜康”之外，尚有“绿蚁”、“酋”等。

绿蚁是酒上浮起的绿色泡沫。也作酒的代称。唐白居易《雪夜对酒招客》诗：“帐小青毡暖，杯香绿蚁新。”

酋（qiú）是陈酒。《周礼·天官·酒正》“昔酒”汉郑玄《注》：“昔酒，今之酋，久白酒。”亦以称掌酒之官；酋又指豪帅，部族之长。

酒诗赏析

有诗无酒不精神，有酒无诗俗了人。这里赏析二首酒诗。

短歌行[①]

曹操

对酒当歌[②]，人生几何[③]？
譬如朝露，去日苦多。
慨当以慷[④]，忧思难忘。
何以解忧，唯有杜康[⑤]。
青青子衿，悠悠我心[⑥]。
但为[⑦]君故[⑧]，沉吟至今。
呦呦鹿鸣，食野之苹[⑨]。
我有嘉宾，鼓瑟吹笙[⑩]。
明明如月，何时可掇[⑪]。
忧从中来，不可断绝[⑫]。
越陌度阡，枉用相存[⑬]。
契阔谈宴，心念旧恩[⑭]。
月明星稀，乌（乌）鹊南飞。
绕树三匝，何枝可依[⑮]？
山不厌高，海不厌深[⑯]。
周公吐哺[⑰]，天下归心[⑱]。

【注释】

①短歌行：乐府相和歌辞《平调曲》名。晋崔豹《古今注》中《音乐》："长歌、短歌，言人生寿命长短分定，不可妄求也。"《乐府》又有《长歌行》。长歌、短歌，言其歌之长短。

②"对酒当歌"句："当"，应当，即边喝酒边唱歌。

③"人生几何"句："几何"，此为少；即人生有限杯，几个登高节？

④慨当以慷：即当慨而慷。这是倒装手法。

⑤杜康：借代酒。

⑥"青青子衿"句："青衿"是周朝读书人的服装，前句"青青子衿"借代人才；后句"悠悠我心"表示对人才的殷切期待。

⑦但为：即只为。

⑧君故：作者所仰慕的贤才。

⑨"呦呦"句：模拟鹿儿在叫，吃着野地里的艾蒿。

⑩"我有嘉宾"句：言我之敬宾而后宾之善我。《鹿鸣》本是迎宴宾客诗，此为礼遇贤才之意。

⑪"明明如月"句：比喻人才得之不易。

⑫"忧从中来"句：说明未见贤才，忧思难安。

⑬"越陌度阡"句：表宾客远道来访。

⑭"契阔"句：即聚散。"契"是相聚。"阔"是离别。叙述挚友久别重逢，谈心宴饮叙旧。

⑮"绕树三匝"句：借鸟鹊择枝而栖，比喻人才择主而从。

⑯"山不厌高"句：比喻人才多多益善。亦比喻心胸宽大，能容纳万物。这两句语出《管子》："管子曰：'海不辞水，故能成其大；山不辞土，故能成其高；主不厌人，故能成其众。'"

⑰"周公吐哺"句：即周公吐出口中的食物。相传周公热心招待来客，甚至一沐三握发，一饭三吐哺，停下来招呼客人（见《史记·鲁世家》）。后指殷勤待士之心情。

⑱"归心"：从心里归附。表示要像周公那样求贤若渴，才能获得贤人的拥戴。

【赏析】

这是一首公讌（官家的宴会）的歌词。开头写出借酒浇愁的悲慨，但并不悲怆。此句历来最为人们击节赞赏。接着表示必须奋激，慨然有澄清天下之志。那么这种危堕之忧思到底是什么呢？全文就根据“忧思”展开，深入地表达了作者求贤若渴的心志，期待贤人帮助自己建功立业、一匡天下的心愿。抱负奇伟，感情深沉百丈而见海底，这是曹操的名山之作。清代读书精博，熟于政典掌故的魏源击节赞赏道：“曹公苍莽，对酒当歌，有风云之气。”（《诗比兴笺·序》）

将进酒[1]

李白

君不见黄河[2]之水天上来，奔流到海不复回！
君不见高堂[3]明镜[4]悲白发，朝如青丝[5]暮成雪！
人生得意须尽欢，莫使金樽[6]空对月[7]。
天生我材必有用，千金散尽还复来[8]。
烹羊宰牛且为乐，会须一饮三百杯。
岑夫子，丹丘生[9]，将进酒，杯莫停。
与君歌一曲，请君为我倾耳听。
钟鼓馔玉[10]不足贵，但愿长醉不复醒。
古来圣贤皆寂寞，唯有饮者留其名。
陈王[11]昔时宴平乐[12]，斗酒十千[13]恣欢谑[14]。
主人何为言少钱，径须沽取[15]对君酌。
五花马[16]，千金裘[17]，呼儿将出换美酒[18]，
与尔[19]同销万古愁[20]。

（译文）
你可知道，黄河之水从天上流下来，
奔流到大海，一去不复回。
你可知道，高堂的明镜里看着自己的头发，
早上还黑如青丝，晚上就变成白雪，
怎能不令人悲从中来。
人生得意的时候就应当纵情欢乐，
不要让酒杯空空枉然地对着明月。

天生成我这栋梁之材总会有用，
千金散尽了还会再来。
让我们烹羊宰牛，共享欢宴。
应当痛痛快快地喝上它三百杯，
岑夫子，丹丘生，
喝酒吧，莫停杯，
我且为你们高歌一曲，
请你们细心倾听。
钟鸣鼎食的富贵并没有什么稀奇，
但愿长久狂醉了不必清醒。
从来的圣人和贤人都已寂然无闻，
只有善饮的人留下了美名。
以前陈王设宴在安乐观，
一斗美酒值万钱，
开怀畅饮多么尽兴。
主人为什么说钱少，
尽管去买来美酒我们对饮。
名贵的五花马、狐皮袍，
叫我的侍儿拿去换美酒，
与你共饮，消解万世的忧愁。

【注释】

①将进酒：将进酒是汉乐府铙（náo）歌名，内容大多写游乐饮宴之事，李白此诗最为有名。铙歌是军乐，又名骑吹，行军时马上奏之，通谓之鼓吹。汉制，大驾出行，所列鼓吹为《短箫铙歌》之乐，亦即此歌。内容多写饮酒放歌。本篇当是天宝三年（744 年）李白在长安不得志，在随意遨游中与友人岑徵君、元丹丘相会时之作。

②黄河：黄河是我国第二大河，古称“河”。后世以河水多泥沙而色黄，故称黄河。源出青海巴颜喀拉山北麓，因其地势极高，故说“水从天上来”。

③高堂：即高大的厅堂。此谓父母或老人家。

④明镜：即明亮的铜镜。

⑤青：黑色。青丝喻黑发。

⑥金樽：珍贵的酒器。

⑦空对月：在月光下任金樽空着而不思酒，空辜负了锦堂风月。

⑧“千金”句：意为豪放有风概，慷慨好义，不以钱财置怀。李白《上安州裴长史书》：“曩昔东游维扬，不逾一年，散金三十余万，有落魄公子，悉皆济之，此则是白之轻财好施也。”

⑨岑夫子：指岑勋，南阳人；元丹丘，自号丹丘子。慕神仙术，李白与之交友，为作诗歌称颂之。他们曾召李白相会。李白亦有诗纪实。

⑩钟鼓馔玉：指富贵生活。意即钟鸣鼎食。古代富贵之家，列鼎而食，食时击钟奏乐。馔（zhuàn）玉：即珍奇如玉的美食。

⑪陈王：即曹植，曹操之子，曾封陈王，谥思，世称“陈思王”，文才富艳，善诗工文。其《名都赋》云：“归来宴平乐，美酒斗十千。”

⑫平乐：即平乐观，汉代宫观名。汉高祖时始建，武帝增修。在上林苑中未央宫北，周围十五里。东汉都洛阳，明帝永平五年（62年）于长安迎取飞廉铜马，置于西门外，筑平乐观，也作为阅兵之地。在今河南洛阳市故洛阳城西。

⑬斗酒十千：即一斗酒值十千钱（概数），极言美酒。

⑭恣（zì）欢谑（xuè）：尽情地欢乐开玩笑。

⑮径须沽取：应该毫不犹豫地买酒来。

⑯五花马：唐人把马鬃剪成三簇的叫三花，五簇的叫五花。另一说五花指马的毛色斑驳。

⑰千金裘：珍贵的皮裘。《史记·孟尝君列传》：“此时孟尝君有一狐白裘，值千金，天下无双。”

⑱换美酒，李白《金陵江上遇蓬池隐者》自注：“时于落星石上，以紫绮裘换酒为饮。”紫绮裘可能是在长安任翰林供奉时所穿的宫廷旧衣，由是可见其豪气勃发之个性与生活的窘迫困厄。

⑲尔：你。也作“尒”。人称代词。指岑、丹等席上者。

⑳万古愁：万古指千年万代，极言长久。此指无穷无尽的忧愁。有道“人生不满百，常怀千岁忧”，又有道“人无远虑，必有近忧”。正是“问君能有几多愁？恰似一江春水向东流。”

【赏析】

李白任长安三载，失意之后便以纵酒狂欢借以释放内心的郁郁寡欢。诗中尽管体现了浮生若梦必须及时寻欢作乐的颓废情绪，但并不停留于这一思想境界上。李白从叔李阳冰为当涂令时，白往依上，曾为李白序诗集，官终将作少监，工篆书。在《草堂集序》中云，李白在长安因“丑正同列，害能成谤，格言不入，帝用疏之。公（李白）乃浪迹纵酒，以自昏聩。”李白沉湎于酒，卧入醉乡，并非一味地灰心丧志失望而一蹶不振，而是以此作为对黑暗现实的反抗，亦从中作为获取宽解安慰和借酒解闷的手段。粪土圣贤、天子、诸侯、王臣，傲岩自负不随和于世俗、不向恶势力低头的气节，与狂饮放达的情绪互相交织，汇成如“黄河之水天上来之气势，一泻万里”之诗篇，充分体现出李白“浊酒杯豪气发，挥毫落纸如云烟”的抛洒风格。同时高唱“天生我材必有用”，体现他豪情壮气，强烈自信自尊的可贵精神。

第八章
茶与咖啡

茶史·茶德

许慎的《说文解字》没有茶字，只有荼（tú）字："荼，苦荼也。从艸余声。同都切，臣铉等曰此即今之茶字。"可见"荼"字除了它的本义之外，又是"茶"的古体字。

唐朝刘贞亮对茶的功利概括总结出十种恩惠，称为茶的"十德"：以茶散郁气，以茶驱睡气，以茶养生气，以茶驱病气，以茶树礼仁，以茶表敬意，以茶尝滋味，以茶养身体，以茶可行道，以茶可雅志。

郁就是忧郁，积郁而疾；睡，坐寐，即打瞌睡，意为喝茶可提神；生是天赋，资质，生命力，活力，生生不息，浩然之气；病，疾病，生病，轻者为疾，重者为病，病兆，病为征兆，病的气色；礼，道之以德，齐之以礼，仁是仁爱，"仁、义、礼、智"四种德行；道是正道，正途；雅志是正确、高尚的志向。

以上是概括茶的美德。

除此之外，日本名僧明惠上人也曾总结出茶有"十德"：诸天加护；父母孝养；恶魔降伏；睡眠自除；五脏调和；无病息灾；朋友合和；正心修养；烦恼消灭；临终不乱。

中国人饮茶的历史年深日久，源远流长。

唐竟陵人陆羽，隐苕溪，阖门著书，嗜茶，精于茶道，旧时称为茶神、茶圣、茶仙，著《茶经》。他在《茶经》中道：“茶之为饮，发乎神农氏，闻于鲁周公。”早在神农氏时期，茶的医药功效就被人们所发现。

传说神农氏是农业和医药的发明者，相传远古人民过着采集渔猎生活，他用木制作耒耜（lěi sì），这是上古时的翻土农具。耜以启土地，耒为其柄。他用以教民农业生产，反映了中国原始时代由采集渔猎进步到农业的情况。又传他曾尝百草，发现药材，教人治病，《神农本草经》是依托他的著作。一说神农氏即炎帝。到了鲁周公时，茶的名声已经著闻了。到了周武王都镐京（今陕西西安），至幽王，史称西周，在此期间茶已当做祭品（当时称为“祭祀”）使用，用于祀祖祀神。天子祭天，诸侯祭土。

新鲜茶叶主要被人们当做菜食。战国时代，茶叶作为治病的药物。秦汉时代，茶叶普遍成了社会饮食的一环，而且身份极其高贵，成为待客以礼的珍贵食物。秦汉时人托名神农所作的《神农食经》已载有：“茶茗人服，令人有力，悦志。”悦志是愉快心志，使心志喜悦。西汉时期，茶已经具有使用价值与交换价值，是主要的商品。

东汉末，安世高、支谶首译汉文本佛经行世，佛教教义开始与中国传统伦理和宗教观念相结合，经三国、两晋到南北朝四五百年间，佛教寺院广为建造，佛经的翻译与研究日渐发达，到隋、唐达到鼎盛。佛家为了消除坐禅时打瞌睡这一通病，便以饮茶作为提神良方，因此普遍在寺院庙旁见缝插针，或在山谷间种茶，时人称“茶禅一味”。禅是佛教名词，梵语音译“禅那”的略称，意译“思维修”、“弃恶”，常译作“静虑”，谓心志一境、正审思虑。

由上可见，茶正在被佛教徒派上用场。

到了南北朝时期，南天竺人菩提达磨（摩），从南朝梁大通元年(527 年)抵南海，入魏上嵩山少林寺。终日壁观，并誓言面壁九年，即九年停止睡眠连续禅定，坐禅时住心于一境，冥想妙理。禅定与布施、智慧、持戒、忍辱、精进合称六度，为成佛的基本功夫。据说，头三年达摩如愿成功，但后来身体渐渐不支，最终倒下，熟睡一场，醒后羞愧不已，且不能言，于是动手撕下眼皮（他认为打瞌睡是眼皮有罪），掷之于地。不久，掷眼皮处长出小树，枝叶茂盛纷披，生机勃勃。

时间过得真快，当达摩禅定到最后一年时，又遭睡魔缠身。他顺手采食身旁的树叶。不食不知道，食后吓一跳，他顿时脑清耳聪目明，心生万法，心旷神怡，荣辱皆忘，顺利地实现面壁九年不思其反的诺言。达摩所采食的树叶即后人所说的茶。因此，后人以此为茶起源的另一版本。

再谈谈三个“六朝”：①吴、东晋、宋、齐、梁、陈，相继建都于建康（今南京）。《宋史·张守传》：“建康自六朝为帝王都。”②魏、晋、后魏、北齐、北周、隋也称为六朝，因建都于北方，称北朝六朝。③后来三国至隋南北两方，也泛称为六朝，如六朝建筑、六朝书法、六朝文学，都兼指南北六朝而言。

菩提是梵语，意译正觉，即明辨善恶、觉悟真理之意。

历史的车轮进入了唐代，饮茶的习俗便普遍传播并推广到民间，由药用逐渐成为日常生活饮料。雅俗共赏而又多姿多彩的饮茶习俗与品茗技艺亦蔚然成风。

茶味熏香，气味侵袭，满屋飘香，岂逊于焚香！

茶从单纯的药用茶、祭茶、菜茶到推广进入百姓家的饮料，演进成为承载知识和物质的载体，与文化载体、语言文字载体一样，形成了一种独具特色的茶文化。

茶是人们日常生活中的必需品。宋吴自牧《梦粱录》十六《鲞铺》：“盖人家每日不可缺者，柴、米、油、盐、酱、醋、茶。”鲞（xiǎng），干鱼。《元曲选》武汉臣《玉壶春》：“早晨起来七件事，柴、米、油、盐、酱、醋、茶。”现在，茶已成为我国和东方乃至全世界的一个独具特色的灿烂文化。在整个历史的发展中，人们一旦在衣、食、住、行方面得到了满足，就更加注重保健生活与提高文化生活质量的需求。茶这一天然的保健饮料备受人们的青睐。

清朝之后，饮茶之风迅速波及欧洲。茶叶初传入欧洲时，价格昂贵，再加上商贾多加考虑，恐怕倾家荡产，裹足不前，茶叶更是天价。英国人和法国人都将茶视为追求享乐的奢侈品或向宫廷奉献的贡品。后来，随着进口量的逐渐增加，茶叶的价格亦随之下降，购买的人亦随之增多，此时茶叶才逐渐成为“王谢堂前燕”，飞入寻常百姓家。

茶之于中国人，无异于咖啡之于法国人，它不仅仅是一杯饮料，更是一种悠久深厚的文化。今天，法国人已经成为世界上最大的茶客群之一。随着茶叶在世界需要量的增加，茶叶的生产量也迅速增加，产地亦遍及全国乃至世界五大洲各个国家和地区。今茶叶、咖啡、可可已成为世界三大饮料。

可可是梧桐科植物。常绿乔木，叶长椭圆形，顶端骤尖；花萼红色，花瓣黄色，簇生于树干和主枝上；果长卵圆形，红、黄或褐色，果壳厚而硬；种子扁而平。种子繁殖。种子焙炒、粉碎后即成可可粉，为巧克力原料，并可作饮料，或供药用，有强心、利尿功效。原产美洲热带，中国广东、海南、台湾等地也有栽培。

巧克力又名“朱古力”，英语 chocolate 的音译，是以可可豆为主要原料制成的一种高热值、高脂肪糖果制品，有馥郁的可可香味。根据配料及加工方法的不同，有奶油巧克力、果仁巧克力等品种。由纯可可脂（白色）所制得者为白巧克力，由可可豆经压榨除去部分脂肪后的棕褐色酱料制成者为黑巧克力。

一杯茶约含 4 卡路里热量，这是温度差所引起传递的能量，含 B 族维生素，包括 B2 和烟酸；还含有咖啡因，又称咖啡碱，它也是中枢兴奋剂，常用制剂为安钠咖，能兴奋大脑，提高其功能，它也是茶和咖啡等兴奋性的饮料成分。较大剂量对循环和呼吸中枢亦有兴奋作用，可用作苏醒药。

茶味由挥发油产生，其收敛性和颜色是由于含单宁所致，单宁是五倍子的主要成分，也是油鞣剂、收敛药及墨水的原料。茶叶的收敛性和味道随浸泡时间的加长而增加，虽然有的品种呈现颜色快，但最好浸泡 3 ～ 5 分钟，以使茶叶充分溶解，并含适量单宁。茶含有大量对人体起着保健与防病作用的成分。因此，饮茶能洗胃、净心、凝神，有助于陶冶性情，祛除杂虑，修身养性，悟道，与佛、道、儒各家的“内省修行”相吻合。

内省（xǐng），自内省察。《论语·颜渊》：“内省不疚，夫何忧何惧!”

修行即修身实践。《庄子·大宗师》：“修行无有，而外其形骸。”

一个善于饮茶的人，必然善于悟道。陆羽《茶经》云：必是“精行俭德之人”。饮茶之人能使自身廉洁，不受腐蚀，洁身自爱，操守清白，廉而不受，洁而不污。古代曾有齐世祖、陆纳等人提倡以茶代酒。陆纳为东晋吴郡吴人，官至尚书令，廉洁有操守，朝士皆服其忠亮。

卢仝（tóng）是唐济源人，曾经作《月蚀诗》以刺时政，为韩愈所称。好饮茶，为《茶歌》，句多奇警。“一碗喉吻润，二碗破孤闷。三碗搜枯肠，唯有文字五千卷。四碗发轻汗，平生不平事，尽向毛孔散。五碗肌骨清。六碗通心灵。七碗吃不得也，唯觉两腋习习清风生。”

茶话·茶道

有道“半夜客来茶当酒”，可见茶的身价并不亚于酒。客来奉茶与客来奉觞（举杯）均为最佳礼仪。早在三千多年前的周王朝，茶已经被奉为祭品、礼品与贡品。茶本是轻于鸿毛微不足道的东西，但却具有重于泰山的深厚情感与恩义，首登大雅之堂而笑傲同侪，这是什么原因呢？

玉有十德，即仁、知、义、礼、乐、忠、信、天、地、德，儒家将其比喻为君子之美德；茶亦有十德，唐代刘贞亮赞赏，认为饮茶除却健体强身之外，尚能“以茶表敬意”，“以茶可雅心”，“以茶可行道”等。的确，茶可清心，心清似玉；茶可洗胃，可涤心。座中有鸿儒，谈笑有茗香，贫因茶而富，富因茶而贵。富而缺福者常醉于美酒，贫而有福者常品茗香。

茗（míng）是茶芽，一说指晚采的茶。《尔雅·释木》：“槚，苦荼。”晋郭璞《注》：“今呼早采者为荼（茶），晚取者为茗。”唐陆羽《茶经·一之源》：“一曰茶，二曰槚，三曰蔎，四曰茗，五曰荈。”因采收的早晚而不同名。今茶茗互用，故品茶又称品茗。

蔎（shè）是茶的别名；荈（chuǎn）是晚采的茶。《三国志·吴韦曜传》：“或密赐茶荈以当酒。”唐陆羽《茶经》：“茶者南方之嘉禾也。”

水甜，壶古，茶香，地吉，人灵，物雅，景谧，洁净，饮茶才心旷神怡，其乐也融融，其乐也泄泄，才喝得神清气爽，才品出茶的滋味、香味与韵味，身与茶溶，心与道合，飘飘欲仙，才身通心畅。

一方水土养一方人，千里不同俗，百里不同风，各方人的口味亦各不相同。喝茶也要因人而异，才能各从其志，各得其所。闽、粤、滇人喜爱乌龙茶、普洱茶、铁观音。乌龙茶兼有红茶的醇厚和绿茶的清香，为清茶类的代表，故亦有将铁观音等青茶统称为乌龙茶的，主要产地在福建、广东和台湾。普洱是云南的特种名茶，原产普洱府，故名。以云南大叶种晒青毛茶的原料，经自然发酵陈化，或人工渥堆后发酵制成，有各种规格的散茶和形状各异的紧压茶（如心形的紧茶、碗形的沱茶、方形的砖茶、圆形的饼茶等），味苦而清香，醇厚回甜，可清胃生津、消食化痰、通泄醒酒等，有一定药效。北方人喜欢饮香味茶，江浙人喜爱饮清芬的绿茶、龙井茶。清芬，本谓茶的清香芬芳，也比喻高洁的德行。陆机《文赋》："咏世德之骏烈，诵先人之清芬。"绿茶是成品茶之一，叶色和汤色清绿，清香而稍带苦涩味，回味甜；为不发酵茶，由鲜茶叶经杀青、揉捻、干燥等工序制成。中国绿茶按产地分为屯绿、婺绿、杭绿、湘绿等；又按加工后茶叶的形态，分为眉茶、针茶、片茶、珠茶等。

铁观音茶是成品青茶之一。色泽褐绿，叶肉肥厚，紧结呈条索状，叶面有白霜（咖啡碱在慢火烘焙中移至表面）。泡饮时香醇味浓，有天然馥郁兰花香，是福建安溪特产。

龙井茶，因龙井而得名。龙井在浙江西湖西南山地中。历史悠久的龙井寺内有井，泉水出自山岩，甘洌清凉，四时不绝，以产"龙井茶"著名。寺内建有秀萃堂、江湖一勺亭。龙井茶是成品绿茶之一，叶片呈扁平形，色泽翠绿、光泽，茶汤清澈鲜绿，味甘具清香，以"狮峰龙井"和"梅家坞龙井"最为名贵。

广东潮州人喜爱工夫茶，又名功夫茶。分小功夫与大功夫，小功夫指用具，大功夫指泡茶的技巧。先是以沸水洗杯，再引龙入宫（装进茶叶），接着高山流水（沿壶边沿缓缓冲入沸水），然后是财源滚滚（以三只手指不停地转动茶杯洗涤）。最后，用细炭煎至初沸，投闽茶入壶内冲之，盖上壶盖，再遍浇其上，然后斟而细呷，气味芬芳清洌。

功夫茶是品茶的一种风尚，其烹制方法源于唐陆羽《茶经》。器具精致，细白泥炉，形如截筒，高尺二三。壶用宜兴瓷，大者可容半升许。杯盘用花瓷，即有花纹图案装饰的瓷，杯小而盘如满月。烹时行将泉水贮铛（chēng），铛是釜属，温器。鬴（fú）是古量器，同"釜"。《周礼·考工记》："量之以为鬴。深尺，内方尺而圆其外，其实一鬴。"《注》："四升曰豆，四豆曰区，四区曰鬴，鬴六十四升也。鬴十则钟。"

不少人喜欢喝花茶、红茶。花茶是在茶坯中放入有香气的鲜花拼和后窨（yìn）制而成的再加工茶，属中国特有茶类。大多用绿茶（亦可用红茶或其他茶类）做茶坯，常用的香花有茉莉、玉兰、玳玳、玫瑰等。汤色同坯茶，既有茶香，又有花香。

红茶是成品茶之一，叶色深红，汤色黄红或深红，香气宜人，滋味甜醇，为全发酵茶，由鲜茶叶经萎凋、揉捻、发酵、干燥等工序制成。中国红茶有功夫红茶、红碎茶、小种红茶等。工夫红茶又可按产地分为滇红、祁红、川红、闽红等。

不仅中国各地饮茶的习俗各异，世界各国亦不尽相同，各有其妙。

（1）印度斯坦人喝奶茶。印度斯坦人是印度人数最多的民族，主要分布在印度北部和各大城市，有种姓制度。他们喝茶时必在茶叶中添加牛奶、小豆蔻及姜。沏出的茶味别具一格，将茶斟在盘子中轻轻吸而饮，细细品味。

（2）澳大利亚人喝白茶。澳大利亚人叫奶茶为白茶，以白色代牛奶，再加入白糖。

（3）泰国人喝冰茶。泰国是东南亚国家。公元 14 世纪，境内中部暹国和罗斛国合并，称暹罗国。19 世纪末成为英、法殖民地间的缓冲国（即被两个或两个以上势均力敌的大国擅自划作它们之间缓冲地区的弱小国家，其领土一般由有关大国用条约保证，不予兼并）。1939 年改称“泰王国”。1941 年日军侵入，1945 年日本投降后恢复国名为“暹罗”。1949 年再改称“泰王国”，简称“泰国”。冰茶即在一杯热茶中添加一些小冰块，茶就立即冰凉，饮用时冰凉沁肺，倍感精神舒适，是很适合于居住在气候炎热的泰国人的饮料。

（4）英国人喜爱饮红茶。英国人饮茶时常添加橘子、玫瑰。橘与柑大同小异，均为芸香料，性耐寒，具玫瑰芬香。由花提制的芳香油，为高级香料。花入药，能理气活血、疏肝解郁，主治肝胃气痛、食少呕恶、月经不调、跌打损伤等症。茶里添加柑、玫瑰，具有治疗与保健功能，亦能减少茶碱对胃的伤害。

（5）美洲人喝马黛茶。美洲全称“亚美利加洲”，惯称新大陆。由北美和南美两个大陆及邻近许多岛屿组成。南美洲不少国家的人们常将茶叶与当地的马黛树叶掺和在一起泡来饮用。泡茶时先将茶叶装入圆筒中，冲上开水，以细长的吸管再插进大茶杯中吸而饮。

（6）埃及人喝甜茶。埃及人是埃及的主体民族，亦称“埃及阿拉伯人”。埃及是文明古国，约公元前 3100 年已建立统一的奴隶制国家，创造了高度的古代文化。“埃及圣书字”亦称埃及象形文字，是人类最古老的文字之一，是一种表意兼表音的文字，其形旁和声旁都来源于象形的图形。埃及自古与中国友好往来，交流文化，15 世纪前曾两次遣使于明。埃及人酷爱甜茶，这是一种极富糖或蜜的味道。每当他们款待宾客时，都会奉上一杯热乎乎的茶，再放入足够的白糖，同时奉上一杯生冷水给宾客作稀释之用，以示对客人敬重有加。

（7）俄罗斯人喜欢饮红茶。俄罗斯人分布极广泛，共有 1.44 亿人（2001 年），占全国人口的 83%，另有 2500 多万人分布在独联体其他国家，130 万人住在欧美等地。语言属印欧语系斯拉夫语族，有文字。多信东正教，主要从事农业和工业。俄罗斯人饮茶时先在茶壶里泡上天香浓郁的一壶红茶，喝时斟少许入杯中，接着冲入开水，随个人的喜好掌握茶叶的浓淡程度。

（8）非洲人饮薄荷茶。非洲全称“阿非利加洲”，位于东半球西南部，为世界可可、咖啡等的重要产地。非洲共有 59 个国家和地区。非洲人饮茶时，喜欢在绿茶里添加几片新鲜的薄荷叶和一些冰糖。薄荷属唇形科，茎叶可提取薄荷油、薄荷脑，供医药、食品、日化工业用。茎叶入药，性凉、味辛，有祛风散热、止痛、健胃和祛痰等作用，主治外感发热、头痛、咽喉肿痛、皮肤瘾疹等症。薄荷茶清香芬芳，气味、味道清淡可口，茶性醇和，加之又甜且凉，是良好的天然甜味剂。如有宾客登门拜访，主人连敬三杯为宜，且宾客须全部领情，喝尽三杯才不失礼。

奉茶礼仪

客来敬茶是人们平日往来的普遍礼仪。宾主敬茶，谊重情深；茶入家宴，情比茶浓；茶为国饮，天下太平。

酒满茶半，此为奉客之礼仪。茶杯不要斟得太满，以八分为适度。水温不宜太高，以免宾客不小心而被烫伤。如有多位宾客在座，用茶盘奉出的茶应色味均匀适度，并要以左手捧住茶盘底部，右手扶住茶盘的边缘。上茶时要以右手端杯，从宾客的右方奉上，且以双目注视宾客，面带笑容。酒有酒杯，茶有茶杯，饮料有饮料杯，不要混乱使用。如有糕饼之类的点心相请，点心应置于宾客的右前方，茶杯要置于点心右边。以咖啡或红茶款待宾客时，杯耳或茶匙的握柄应朝向宾客的右边。一般还应为宾客准备砂糖与奶精，盛在小碟上或置于杯子旁，不必动手全盘包办，应让宾客各取所需，自由取舍。如有蛋糕配红茶，其味必异常香甜。

饮茶前应敬神农，又称“炎帝神农”或“烈山氏”。神农相传为司农业、医药之神。传说他牛首人身，善凿井，作耒、耜、锄、耨等农具，教民耕稼。又将禾种入田间，获得丰收，成为农神。又曾尝百草，辨明寒、毒、平、温种种赋性。日遇七十二毒，得茶而解，并以茶为药治病。民间又称“药王菩萨”。

国不可一日无君　君不可一日无茶

茶圣陆羽有诗云：“不羡黄金罍，不羡白玉杯，不羡朝入省，不羡暮登台。千羡万羡西江水，曾向竟陵城下来。”这首诗载于《全唐诗》。

罍（léi）是古代器名，青铜制，也有陶制的，用以盛酒和水，盛行于商、周时期。

白玉盘原指明月。唐李白《古郎月行》：“小时不识月，呼作白玉盘。”又指白瓷盘。

西江，西来的大江，泛指大江。竟陵故城在今湖北天门县西北。

从陆羽这首诗中可见茶是如何的清芬、高洁与高雅。这首诗写茶，但全诗没有写出一个“茶”字。可见其关键不在于茶叶的本身，而在于茶文化丰厚的内涵，这是茶的特有属性。茶生于山野峰谷之间，泉出露于深壑岩罅里面，均孕育于青山秀谷，自然形成一种远离尘世、亲近自然的特性。陆羽道，“山水上、江水中、井水下”，是对泡茶用水的主张，今天的自来水更排不上号，属于下下水了。茶重纯洁，泉贵澄澈。水是茶的载体，水之于茶，犹如水之于鱼。饮茶时的愉悦快感与无穷意念的回味，均通过水来实现。所以茶丰厚的内涵和底蕴是高雅、纯洁、澹泊、悠然与智慧。饮茶便可洞见底蕴。

乾隆和武则天均重视养生之道。乾隆高寿 89 岁，是历朝历代所有皇帝中长寿之佼佼者，在位60年，年近90还头脑清醒，声音响亮，协理朝政。这位大寿星很不简单，他的养生秘诀有：“吐纳肺腑，活动筋骨，十常四勿，适时进补。”除此之外，还对茶情有独钟。他曾言：“国不可一日无君，君不可一日无茶。”这是发自肺腑、掷地有声之名句。由此可见，茶在日常生活中起着举足轻重的作用。

茶的祖国

中国是茶的发源地，是茶的祖国。

茶（tú）是古“茶”字，唐以后省作“茶”。茶陵古写“茶陵”。

茶树叶加工可作饮料。茶为我国特产，作祭品、贡品、珍品，旧俗聘礼多用茶，女家受聘叫受茶。

茶亦称“茗”。山茶科，常绿灌木。叶革质，长椭圆状披针形或倒卵状披针形，边沿有锯齿，秋末开花。中国中部至东南部和西南部广泛栽种，印度等国亦产。茶含咖啡碱、茶碱、油酸、挥发油等，除作饮料外，还可作为制茶碱、咖啡碱的原料。根可供药用。水沏茶叶而成茶水或茶汤。《新唐书·陆羽传》：“羽嗜茶，著经三编，言茶之原、之法尤备。”

茶是茶树的嫩叶和芽制成的饮料。可热饮亦可冷饮。世界上约有一半人喝茶，但其商业价值次于咖啡，主要原因是所产茶叶的很大部分在原产区就被消耗。茶何时始作饮料已不可考。日本神话说，达摩面壁沉思了九年，有一次在沉思中睡着了，醒来恼恨万分，便撕下自己的眼皮扔到地上，眼皮生根长成茶树，其叶浸泡于热水，饮后提神，可消除睡意。中国也有大同小异的传说。

据传，茶始作饮料约在公元前2737年的神农氏时代。公元前350年的中国古代辞书《尔雅》已经提到茶，记述茶的栽培。

《尔雅》是中国最早解释词义的传著。由汉初学者缀辑周、汉诸书旧文递相增益而成，为考证词义和古代名物的重要资料。

茶最早是在四川栽培，以后沿长江流域传到沿海各省。茶的栽培约于6世纪末随中国文化传入日本。但直到13世纪才成为流行的饮料。日本古代的茶道在今天仍是受人重视的一项仪式。茶的日本品种由德国博物学家医师安德烈亚斯·克莱伊尔于1684年引入爪哇。1827年，年轻的荷兰品茶员雅科布松冒险进入禁止外人进入的茶园，从中国把茶种和工人带到荷属东印度群岛。欧洲文献中最早提到茶的是1559年威尼斯人拉穆西奥的《航海旅行》一书。东印度公司的威克姆是最早提到茶的英国人（1615年）。当时东印度公司是最大的茶叶垄断公司，鼎盛于1600—1858年，对普及饮茶方面起了重要的作用。英国议会为了维护茶叶专利，于1773年通过了茶叶条例，此条例促进了美国独立战争和波士顿茶党案的发生。

美国独立前，英国诺思内阁采取了向美洲推销英国茶叶条例作为英国茶叶的立法手段。1770年，英国政府废除汤森条例。这个条例并未废除茶叶商税，鼓励向殖民地出口茶叶。其目的是为了帮助英国东印度公司推销库存的1700万磅茶叶，故制定新的茶叶条例，使公司在缴纳汤森茶税之后还有倾销的能力。但美洲殖民地人民奋起抵制，1773年年底酿成波士顿茶党案，波士顿人民将英国船上的茶叶倾入海内。1774年4月，在纽约也出现了类似的行动。

17世纪中叶，荷兰人饮茶成风，午后喝茶的习惯也传到了新阿姆斯特丹（今纽约）。英国人从1840年才开始午后喝茶，且蔚然成风，人们都以饮茶为赶时髦、新颖趋时之事。冰茶由英国人布森钦顿开始试制，在1904年圣路易斯国际博览会上，因天气炎热，不能卖热饮料，所以他把茶浇在冰上出售，果然生意兴隆，货如轮转，让他笑颜常开。1834年，印度总督本廷克任命一个委员会制定种茶方案，由此开始了印度的种茶业。但早在1823年，少鲁斯少校和印度人英内拉姆代万已在印度北部上阿萨姆发现了本地茶叶。纽约的批发商沙利文不用罐头而用丝袋盛茶叶样品，分送主顾，因此创用茶袋。速溶茶始于20世纪40年代。

茶亦醉人何必酒

古人以茶为修身、陶冶性情、冶炼品格、坚正操守的珍品，所以，以茶为范，以茶配具，以茶配境，以茶配水，以茶配艺，故能超凡脱俗，甚至从修养、造诣上达到登峰造极的境界，进入超凡入圣之顶峰。这是中国茶人所崇尚的一种妙合自然、脱离尘世的生活方式。所以把道寓于品茶之中，使茶性与人性相通，茶德与人德相合，茶品与人品相容，借茶韵、茶香、茶味构筑成淡泊无欲、清静自守的高尚品德。故文人品茶是一种悟道，和尚饮茶是一种禅，道士饮茶是一种道，各有自我的倚重，各有自我的精神寄托。

人们常言茶道，何以为茶，何以为道？

茶就是茶，茶就是朴素，像真理那样的朴素。茶就是博爱平等，一视同仁，不分贫穷富有、君子小人，人人均能享受。茶就是包容，就是海涵，就是博大精深。茶就是驱忧愁，解百毒。喝茶才能净化身心，完善自我，让人融入自然，回归自然，提升自我。

道就是道，一阴一阳之谓道。《黄帝内经》云："阴阳者，万物之纲纪，生杀之父母。"故阴阳亦寓于道中。喝茶是一种物质与精神相互结合的身心合一的享受，善于喝茶者，善于修身养性。冲沏一次茶，茶叶的沉沉浮浮就释出春雨的清幽、夏日的炽烈、秋风的醇和、冬霜的凛冽。有道是"茶若浮生，迹任浮沉"。以茶载道，茶性与人性相通，人才活得实在，活得淡泊，活得纯粹，活得坦荡，活得刚直，活得浩然，活得风韵。

风雨人生路。若无闲事挂心头，便是人间好季节。

有道是"茶亦醉人何必酒"。爱茶的人易醉茶，爱酒之人易醉酒。自古圣贤皆寂寞，只有饮者留其名。但茶之醉有别于酒之醉，酒之醉令人神志不清，乾坤颠倒，茶之醉令人淡泊，使人致远。非淡泊无以明志，非宁静无以致远，醉茶的人才能真正领略大自然恩赐的蓝天白云、清风明月、海水沙滩。

有道"酒不醉人人自醉"，亦有道"茶不醉人人自醉"，正悟出人生的真谛。故曰，不善饮者如牛饮水，以茶解渴；善饮者，以茶悟道，品味人生。

咖啡的美丽传说

关于咖啡这种植物的传说由来已久，可追溯至百万年以前，再往上推算它被发现的年代已不可稽考，仅传说“非洲屋脊”之称的埃塞俄比亚的高原，是非洲古国之一，正是在这块古老的土地上，有一个名叫科迪的牧羊人，他发现他的羊群在无意中吃了一种植物的果实之后敏捷灵活，充满活力，有如灵兽一般。从此咖啡便被人们关注，也就发现了咖啡。埃塞俄比亚的咖发（法）也被人们称为咖啡的故乡。

最早以人工栽培咖啡的民族是阿拉伯人，故另一版本说咖啡出自阿拉伯语“quhwah”，意即“植物饮料”。阿拉伯人栽种的是小果咖啡，现主要栽培于拉丁美洲。粗壮咖啡原产于非洲东部和刚果盆地，现广泛种植在非洲及马达加斯加。这两个品种也种植于亚洲，中国的海南省就有大量种植。野生咖啡树是常绿乔木，高 8～10 米，分支上长有成束白色小花，具茉莉花香味，大多野生于东半球热带地区。

阿拉伯人最早食用咖啡的方式是将整棵果实咬嚼玩味，以饮其汁液。同时又将磨出细碎的咖啡豆与动物的脂肪拌和在一起，以作远足旅行体力补充的药物。后来，约在 1000 年左右，人们才将绿色的咖啡豆浸在水里，以高温煮沸成香气扑鼻的饮料。

调制咖啡的饮料和器具很多，有时需过滤，将咖啡粉泡在水中，加水煮沸，或用蒸汽蒸过咖啡粉。后再经过大约 300 年的岁月，阿拉伯人开始烘烤咖啡豆。随着第一粒咖啡豆被人们采摘，第一次用微火焙烤，第一次细磨使之粉碎，第一次冲水调和，第一杯醇正芳香扑鼻的咖啡问世以来，咖啡的奇闻趣事便迅速地在这个偌大的地球上传开，且成为历史上最富有诗意且充满幻想的故事，亦形成一种浪漫的咖啡文化。

《古兰经》又名《可兰经》，阿拉伯语意为诵读或读物，是伊斯兰教最高和最根本的经典。其内容包括伊斯兰教的神学思想、宗教功修、道德规范和社会主张，其中规定严格禁酒，这就使阿拉伯人消费大量的咖啡，这是在客观上促使了阿拉伯世界广泛流行消费咖啡的原因。后再经过 400 年左右（约 16 世纪），咖啡以“阿拉伯酒”的名义经过意大利东北部港市、地中海区贸易鼎盛的城邦国威尼斯和法国第一大港、后亦成为世界级大港、世界最大客运港之一的马赛，迅速传入欧洲。到 17 世纪，意大利的威尼斯商人在各地经商中又广泛传开，波的葛是欧洲第一家咖啡店，也是全球咖啡店的发祥地。尤其是在巴黎，不论大街小巷，咖啡店、室、厅、馆林立，构成了巴黎独具一色的咖啡文化景观。法国人喝咖啡最讲究的不在于味道，而首重于环境的幽雅寂静；不在于四溢的幽香，更在于内心悠然自得与浪漫的情调。所以，一般百姓人家均不愿闭门独酌，娇贵无偶。“独乐乐”不如“众乐乐”，人们宁愿在最大众化的大排档中的露天咖啡座里与人同斟共饮，为之一乐。这就是法国人现实生活最浪漫、最传神的写照。法国民俗中有一个传统的说法，在塞纳—马恩河边叫人换一个咖啡馆也许比换一种宗教还难。

塞纳河在法国北部，流经巴黎盆地；马恩河在法国北部，流至巴黎东南形成大河湾，最后在巴黎东郊夏郎通汇入纳塞河。

400 多年以来，饮用咖啡蔚然成风，不仅从西方传至东方，而且风靡全球。

第三编

人物

第九章 圣人

有德有才是圣人，有德无才是贤人；无德有才是小人，无德无才是蠢人。

“复圣”颜回

颜回子贡 尊师楷模

颜无绵，字路，鲁国人。颜路是颜回的父亲，他们父子俩曾经先后在孔子门下求过学。颜回，字子渊，小孔子三十岁。在孔门中以德行著称。他可谓是孔子门下最穷的学生了，但也是最尊师的楷模。

孔子赞叹道：“颜回真是难得啊！吃的是一小筐子饭，喝的是一瓢子水，住在僻陋的环境里，要是别人，必将忧烦难耐了，颜回却安贫乐道，安然自若，这并没有改变他向道好学的乐趣啊！”又说：“颜回平日侍学，总是默默地听受，看起来就像一个笨伯；可是我考察他退习时的言谈举止，对于所学，都能阐扬要义，发挥大体，颜回实在不笨啊！”孔子曾对颜回说：“有人赏识，就出来行道救世；不被赏识重视，就藏道在身，乐天任命，大概只有我和你能有这种生活态度吧！”

颜回入孔门较晚，但他刻苦钻研，很快领会了孔子学说的博古多识，博大而精深。他说：“仰之弥高，钻之弥坚。瞻之在前，忽焉在后！夫子循循然善诱人；博我以文，约我以礼。欲罢不能，既竭吾才，如有所立卓

尔，号欲从之，未由也已！”（见《论语·子罕》篇）

其大意是：“老师所讲的道理，越学越感到它高深，越钻越深感其奥妙。但老师却善于依照适当的顺序，好好加以诱导，用各种文献知识来丰富我们，使我们得到提高。又以礼约束我们，使我们稍微放松学习都不可能。我通过学习似乎能够理解。然而要想再继续向前迈进一步，仍需要不断地学习和实践。”

当时少正卯为鲁国大夫，传说与孔子在鲁聚徒讲学，以致孔子之门“三盈三虚”，不少学生动摇，见异物而思迁，没有主见而改变意愿且投入少正卯门下。唯有颜回意志坚定，从未离开孔子身边。有人曾问过他：“你为何不去向少正卯学呢?”颜回斩钉截铁地作答：“一日为师，终身为父。且夫子之学，遵天命，倡仁德，示人以正道，是吾之为学也，何去之有哉?!”

少正卯，少正氏，名卯，鲁国人。一说少正非复姓，为官名，亦称“小正”，西周始置。《书·酒诰》：“少正御事。”少正为主管事务的“正”之副职。春秋时郑国子产曾任此官。少正卯曾多次要弄手腕将孔子门徒吸至自己门下，使孔子之门“三盈三虚”。传说鲁定公十四年（公元前496年），孔子为鲁司寇时，以五恶（心达而险，行辟而坚，言伪而辨，记丑而博，顺非而泽）乱政的罪名，“三月而诛少正卯”。其事难以确信。

颜回向孔子请教为仁的道理。孔子说：“为仁就是控制自己，一切循礼而行。能够做到这个地步，天下的人就必然敬服你的仁德了。”

颜回深刻地领会孔子提倡“仁”的真正含义，且躬行不辍。他为人谦逊且恭谨。孔子问他待人之道，他答道：“人善我，我亦善人；人不善我，我亦善之。”孔子称赞道：“回也，其心三月不违仁，其余则日月至焉而已矣。”

孔子终其一生致力于倡导仁政和道德，颜回亦终生奉行为圭臬。他跟随孔子周游列国，所到之处均竭尽全力弘扬仁政主张。他向往“德政风行，君臣同心，上下协调，国泰民安，人人讲仁义，个个守规矩，没有沟防城郭，更无战火之灾”的和谐社会。他认为，要达到仁政德治的目标，务必对民众的道德礼乐进行教化，而且要矢志不渝，坚持到底。

和谐，协调。《左传·襄》十一年：“八年之中，九合诸侯，如乐之和，无所不谐。”《晋书·挚虞传》：“施之金石，则音韵和谐。”《后汉书》

四九《仲长统传·昌言·法诫》："夫任一人则政专，任数人则相倚，政专则和谐，相倚则违戾。"此指行动连贯一致。和谐是和睦、融洽。拆字：有禾（稻、饭）入口是为"和"，人皆能言谓之"谐"，前者是民主和社会保障，后者为民主和言论自由，二者具则和谐达。

鲁定公时，孔子官至司寇。因不满鲁国执政者季桓子所为，去鲁而周游卫、宋、陈、蔡、齐、楚等国，皆不为所用。晚年返鲁，聚徒讲学。

孔子游历时，曾被困于陈、蔡，粮食几乎断绝，处境非常窘迫。因窘况难于摆脱，有的弟子已经失去信心，开始动摇。唯独颜回思想不变，意志坚强，情绪安定，并恭谨地"释菜于户外"，以示对恩师的敬重与跟随之志，与恩师同舟共济，共渡难关。

释菜一作"舍采"。古代读书人入学时以蘋蘩之属祭祀先圣先师的一种典礼。《礼记·月令》："命乐正习舞释菜。"《周礼·春官·大胥》："春，入学，舍采合舞。"

颜回坦诚地说："夫子之道已达到了非常高的境界，所以不被有的人容纳。尽管这样，夫子亦尽心尽力尽责去推广实行，以仁义善良之心救生民于水火。今虽受阻遭忌妒，不为一些人所容，这毫无损害恩师之道，这也可算是道之价值大、意义深刻与宝贵了！在任何窘境中能坚守正道而不动摇，这只有君子才能做得到。如若不修养正道，这是我们的耻辱和悲哀；我们传布正道，却不被一些人所接受，那是他们的耻辱和悲哀。"孔子听了，不胜欣慰地说："且芝兰生于深林，不以无人而不芳；君子修道立德，不谓穷困而改节。"

芝兰一作"芷兰"（见《荀子·宥坐》），香草名。《荀子·王制》："其民之亲我也，欢若父母，好我芳若芝兰；君子修道立德，不谓穷困而改节。"这是孔子对颜回最好的评价。因为颜回临难而不失其德，他追随孔子行义于天下坚忍不拔的精神，令人钦佩和尊敬，千载之后，人们仍对他投以钦佩的目光。

据《史记》记载，颜回才二十九岁，头发就已全白了，死得太早了（《索隐》引《家语》云三十二而死），这是英才早逝。颜回死的时候孔子哭得极其悲痛，因为这是白发人送黑发人。黄泉路上无老少，这是人生最悲惨的事。他说道："自从我得到颜回之后，弟子们就更加亲和向学了。"鲁哀公问孔子道："你的学生中谁最好学？"孔子回答："有个叫颜回的最好学；他发了怒，很快就会消解，从不将愤怒转移到别人身上；有了过错，马上就改正，绝不重犯。可惜他短命死了，现在嘛，再没有发现这样的学生了。”

颜回死了，他的父亲颜路因家里穷，就请求孔子卖了车子来帮颜回安葬。这实际上是给孔子出难题。孔子说：“回和鲤（孔子的儿子）虽有才与不才之分别，但对我们来说，也都是自己的儿子呀！鲤死的时候，也只有一层棺而没有外椁。我总不能徒步走路而把车子出卖替他（回）买椁，因为我曾经位居大夫的行列，照礼是不可以步行的。”

孔子对颜回爱莫能助，力不从心，他这样的回答也入情入理。有道“人老脚先老，养生先养足”，对一位老态龙钟的人，更应如此。

孔子的学说以仁为核心，认为“仁”即“爱人”。提出“己所不欲，勿施于人”、“己欲立而立人，己欲达而达人”等论点，即所谓“忠恕”之道，又提出以“礼”为规范的“克己复礼为仁”。对于恩师的教诲，颜回都恪守不渝，且修身立德养性，使言行符合礼的要求而上升到仁的境界，以天下为己任。颜回敬业尊师的风范，均为后人的楷模，后世尊其为“复圣”。

孔子平生对颜回没有过什么微词。子贡尽管是孔门“十哲”之一，但孔子仍对他有过多的微词。

《论语·公长冶》：“子贡问曰：‘赐（子贡）也何如?’子曰：‘女（汝），器也。’曰：‘瑚琏也。’”

器是工具，用具。《易·系辞》上：“备物致用，立成器以为天下利。”又下：“弓矢者，器也。”

在这里，孔子当着子贡的面说他是一个器，实际上是降低他，贬黜他。但孔子马上醒悟过来，认为这样贬黜子贡太过苛刻，太过分，所以马上改口补上一句，你是瑚琏一类的器。

瑚、琏，皆为古代祭祀时盛粟稷的器皿，因其贵重，常用以比喻人有才能，堪当大任。一曰瑚琏即胡辇，谓大车。

孔子这样解释就把子贡从一般用具提高到如祭祀时瑚琏般的贵重用品，这样子贡也从心灵上感到欣慰。祭祀是当时国家最庄严的大事。

其实，说子贡好比瑚琏般的贵重，堪当大任也是不为过的。齐将伐鲁，孔子说：“国危如此，二三子何为莫出?”说是二三子，实际上他心目中所盼望的就是子贡这个人。“故子贡一出，存鲁，乱齐，破吴，强晋而霸越。子贡一使，使势相破，十年之中，五国各有变。”这是司马迁对子贡高度的评价与恰如其分的概括。这种成就与功勋是子路、子张、子石难于达到的，所以他们尽管自告奋勇请出请行，孔子均止之与弗许。只有子贡请行，孔子才“许之”。

子贡尽管在外交上旗开得胜，马到成功，功勋显赫，但吃力不讨好，孔子却还对他进行严厉的批评。据《孔子家语·屈节解》所记，孔子说：“我只是让你阻止齐国攻打鲁国，别的都是不该干的事！巧舌如簧，伤害信义，以后要管住自己的这张嘴巴！”

孔子批评得的确对，他没有叫子贡去疲于奔命地进行外交穿梭，制造矛盾，挑起仇恨，挑起斗争，让各国相互反目为仇，干戈相向，且持续十年之久。烽火连天的结果，饱受战祸的只有各国的平民百姓，这就有悖于仁者爱人，有悖德治和教化，有悖孔子反对苛政和任意刑杀的主张。所以孔子毫不客气地要子贡管好自己那张巧舌如簧的嘴巴。

巧舌如簧，形容能说会道，含贬义。语出《诗·小雅·巧言》：“巧言如簧，颜之厚矣。”刘兼《诫是非》诗：“巧舌如簧总莫听，是非多自爱憎生。”

子贡好废举（善于贱买贵卖做生意）与时转货资，货如轮转，生财有道，成为当时的富商。他周身长有经商聚富的细胞，成了孔门中最富有的人。他的经商奇才与生财之道更使孔子惊奇不已，百思不得其解，疑窦丛生。孔子曾说：“赐（子贡）不受命令，而货殖焉，亿则屡中。”（见《语言·先进》）

其意是说，子贡不够听话，竟去买进卖出，不知道为什么。他预测（评估）市场的商品价格，熟悉行情，摸透了行情的看涨与看落，都准确无误，弄到富可敌国这种程度。

司马迁在《货殖列传》中写范蠡帮越王勾践洗刷了被围会稽的耻辱之后而知进退，于是坐小船飘游于大江大湖之中，改名换姓，到齐国，自己就叫“有罪被流放的盛酒皮囊”，到陶，改叫朱公。陶地居天下的中央，与各诸侯国四通八达，是货物的交易要地。于是陶公经营产业，囤积货物，乘时投机，追逐利润。他把握时机，在十九年之间，三次赚得千金的财富。陶公认为经营产业和经营天下一样，不必苛求责任于他所任用的贤人。所以，善于经营产业，要能择用贤人，即如《索隐》所言，要择用贤人而不必由贤人负责任。一说“择”作“释”，是不要贤人之意。

子贡也利用抛售方法经商于曹国、鲁国之间，终成为腰缠万贯的富商，且成为中国史上首位富商。但是司马迁不知为何把陶朱公列为第一个富商，子贡反写成第二个富商。

司马迁在《货殖列传》中还写有第三个富商，是巴蜀的寡妇，名清，她的祖先得到朱砂矿而垄断利益好几代人，家产也多得不能计算。

在历史上，比子贡富有的人多的是，但他们所花的钱，并没有多少是值得的。例如，陶朱公把他的千金财富分一些给他贫困的朋友和远房同姓的兄弟们，这就是所说的富有了就施行恩德呀！到他年老力衰后，听任子孙持家。子孙继承他的事业，不断地生财，以至有上亿金的家产，因此，后世只要说到富豪，都推崇陶朱公了。俗话说：“钱大人小，钱小人大。”

巴寡妇清，能守住祖先的产业，用钱财来保护自己不受侵犯。秦始皇认为她是一个贞节的寡妇而以客礼招待她，死后又为她筑一座“女怀清台”。清是偏僻乡野的寡妇，却受到天子的礼遇，名声远播于天下，这不都是依赖他们的财富吗？

历史上唯独子贡，生财有道，用财有方。他的钱大都献给了恩师孔子，用有所值，“夫使孔子的名布扬于天下者，子贡先后是也”。

子贡的财富花在孔子的身上，就是赞襄弘扬本民族特有文化，使之代代传承，无穷于后世；也是赞襄代表自然规律的天道，呵护斯文。

赞襄，佐助。语出《书·皋陶谟》：“赞赞襄哉。”柳宗元《礼部贺皇太子册礼毕德音表》：“严赞襄之礼，赐予有加。”

斯文，指礼乐制度，后引以指儒者或文人。《论语·子罕》：“天之将丧斯文也，后死者不得与于斯文也！”

由上可见，子贡的钱花在恩师孔子身上，就是花在宏扬民族文化上。就是花在人间大道上，就是花在保护礼乐制度上，就是花在呵护斯文上，这是他的远见卓识，亦是他的自豪和骄傲，故超其所值，最得其所。

孔子曾问子贡：“你和颜回谁强些？”子贡回答说：“我怎么跟颜回比呢？颜回听知一个道理，就能推知十个。我啊，听知一个只能知两个。”这是他的自谦，也是对颜回的敬重。

子贡问贫问成“病”

原宪，字子思，春秋时鲁国人，一说宋人，一称原思、仲宪，孔子弟子，贫而乐道。孔子为鲁司寇，以为家邑宰。后隐居卫草泽中。子贡往访，问以病乎，答曰：“无财谓之贫，学道而不能行者谓之病。若宪贫也，非病也。”

子思曾问孔子什么样的人是可耻的，孔子说：“国家政治清明的时候，只在朝廷吃俸禄而没有建树；国家昏乱的时候，也只知道吃俸禄而不能修道藏身，这都是可耻的。”

子思又问道：“一个人能将自己的好胜心、骄傲自夸、满腔怨愤、贪得无厌等弊端都革除掉，这可以算是仁了吗？”孔子说：“这可以说是难能可贵的了；至于说是不是仁，那我就不知道了。”

原宪也是孔子最穷的学生之一。孔子死了以后，原宪跑到荒山水边居住。这时，子贡在卫国做了大官。有一天，他驾着四匹高头大马拉的大车，带了一队骑士，辟开丛生的杂草，进到荒僻的小村子里来看望原宪。原宪穿戴着破旧的衣帽接见子贡。子贡见了觉得很不光彩，就问原宪说：“怎么，你是不是病了？”原宪说道：“我听说，一个人没有钱叫做贫，学了一身道术而不能去实行的叫做病。像我现在这个寒酸相，那只是贫，并不是病啊！”

子贡听了觉得很不光彩，羞惭满面，闷闷不乐地走了。他一辈子为这次说错话而感到十分难过，并奉劝启口动辄问病诸君子要慎之又慎，切莫蹈子贡之覆辙，酿成终身遗恨。

疾病即生病。轻者为疾，重者为病。“上医”是高明的医生。《国语·晋》八：“上毉毉国，其次疾人。”毉同“医”。《新唐书·甄权传》：“古之上医，要在视脉病乃可识。”上医医国，下医疗人。

贫穷，贫苦穷困。缺乏财物为贫，生活无着落、前途无出路为穷。《荀子·修身》：“士君子不为贫穷怠乎道。”《战国策·秦》：“苏秦曰：‘嗟乎！贫穷则父母不子，富贵则亲戚畏惧。’”有道“贫穷自在，富贵多忧”。财物丰饶为富，地位高为贵。

又有道“笑贫不笑娼”。再有道“礼义出于富贵，盗贼出于贫穷”。

贫穷竟是一条“罪”。

大贤士颜回是孔子门下最穷的一位学生。一天，一个同学的铜方圈丢失了，踏破铁鞋无觅处，怎么也找不回来。大家都把怀疑的目光投向颜回，都在他的眼前旁敲侧击地曲折试探，在暗地里诽谤中伤他。颜回含垢忍辱。但面对这些含血喷人的同学，他不以牙还牙，以眼还眼，针锋相对，仍然竭力镇定自己，毫不怨恨，坚信清者自清，始终静悄悄地学习。

但众口铄金，一天放学之后，一群好事的学生便蜂拥到孔子面前，对颜回加以诽谤，众口一词地咬定是颜回偷了铜方圈。孔子听了，认为这是大家对颜回的误解所致，因为他最了解颜回的品德与为人，根本就不相信颜回会做出这种有损人格的缺德之事，于是开始思索解开这群弟子的疑团，证明颜回的清白无辜，且能让弟子们信而有证，而为之信服的方法。

孔子眉头一皱，计上心来，便对弟子们道："我并不是不相信你们的话。但你们说颜回偷了铜方圈，这只是一种猜测而已。捉奸捉双，捉盗捉赃。你们没有人亲眼看见，又没有人抓住他的手，更没有抓住赃物，万一不是他偷铜方圈，这岂不是使他蒙受不白之冤，你们反倒冤枉了好人。不如用这个方法去试试他，看他是否见财心动吧。”孔子只有这样对症下药了。他边说边找出了一块黄金，又用一块布写上几个字，接着以这块布把黄金包扎好。最后指派两个弟子带着黄金布包，并且如此这般地面授机宜。

第二天早上，颜回照例上学。在路上走着走着。突然踢着一个硬邦邦的东西，他穿的是草鞋，脚尖正疼痛得要命，便弯下腰按摩脚指头，忽然发现脚下有个白布包，便拾起来，打开一看，原来里面包裹着一锭金子。包布上还写有一行字：“天赐颜回一锭金。”颜回并不是一个见钱眼亮、为财所动的人，他为之一笑，便取出笔在那行字的下面又写上一行字，然后把金子包裹好，放回原处，就匆匆上学去了。

颜回走远之后，两个学生便从暗哨中急急匆匆地出来，拾起了布包，三步并做两步走向学堂，交给了孔子。孔子将布包打开一看，布包上又添上一行字：“天赐颜回一锭金，外财不发命穷人。”看完，默不作声，并与颜回默然相对，同时投出了钦佩、赞赏的目光。那些一口咬定、横加诬赖颜回的弟子们都无言以对，个个低下头来，如钩搭鱼鳃、箭穿雁嘴般满面羞惭。

过了几天，丢失的铜方圈终于找到了，那位同学找颜回赔礼道歉。颜回只是一笑置之。

颜回个性内向，不合群，不苟言笑，家景贫寒，这自然使一群纨绔子弟瞧不起他。

自此，孔子更加器重颜回，颜回亦不负恩师厚望，学习大进，人品等修养更在众弟子中鹤立鸡群，终成七十二贤中之出乎其类、拔乎其萃者，成为孔子的“杰作”。

子贡的“三寸不烂之舌”与马夫的“马到成功”

孔子在一次出游中，因马儿偷吃了农夫的庄稼，农夫十分恼怒，立即捉住了马并将它关进马棚里。孔子的得意门生子贡得悉此事，立即挺身而出要去与农夫商量解决。但交涉失败了，只得空手而归。

子贡的确是一个顶尖的外交家。

“子贡”是字，名端沐（一作木）赐，卫国人。小孔子三十一岁。

子贡口才好，娴于辞令，能言善辩，孔子常驳斥他的说辞，列于语科。子贡经商曹、鲁之间，家累千金。历仕鲁、卫，出使各诸侯国，分庭抗礼。曾为鲁游说齐、吴、晋、越等国，促使吴发齐救鲁。卒于齐。

陈恒又名陈成子、田成子、田常、田乞子。春秋时齐国人。齐简公时，与阚止任齐左右相。承其祖先之法，大斗出贷粮食，小斗收进，以结民心。齐简公四年（公元前 582 年），攻杀阚止及简公，立简公弟骜为平公。自为相，专齐国政，尽杀公族之强者，扩大封邑，自此齐国由陈（田）氏专权。

当时陈恒即将举兵攻伐鲁国。他正想在齐国作乱，却怕高昭子、国惠子、鲍牧、晏圉等从中作梗，所以暂时把作乱的兵移用，要来攻打鲁国。孔子得悉之后，就对学生们说：“那鲁国是我们祖先坟墓所在的地方，是父母亲人居住的国度。现在岌岌可危，诸位怎不挺身而出拯救鲁国的危亡呢?”

子路一马当先，请求前往救鲁国。孔子止之。

子张、子石请行，孔子弗许。

子贡请行，孔子许之。子贡心里非常明白，老师正在期盼着他。

仲由，字子路，是卞地人，小孔子九岁。子路这个人，本来很粗野，喜欢逞勇斗力，气性刚猛爽直，头上插着公鸡羽毛，身上披挂着公猪的牙齿，还欺虐过孔子。

子张是颛孙师，字子张，陈国人。小孔子四十八岁。为人有容量，宽厚从容。

公孙龙（龙，一作砻），字子石。小孔子五十三岁。从子石以上三十五人，都有准确的年龄、姓名，求学的经过和事迹记录在古籍上。

孔子为什么同意子贡去齐国做说客救鲁国呢？司马迁在《仲尼弟子列传》中就说得非常清楚：

子贡出发到了齐国。对陈恒说：“你要攻打鲁国，那就犯大错了。因为要攻下鲁国是极不容易的，它的城墙既薄又低，土地既小又瘦瘠。它的国君愚昧又不仁。朝中大臣只会弄虚作假又不中用，士兵百姓又怕打仗，所以你千万别跟它打。我认为你不如去攻打吴国。因为吴国的城墙又高又厚，土地既广阔又肥沃，兵甲既坚锐又精良，士卒既经训练又吃得苦，城中尽是精兵和宝物，又派有英勇的将军来守城，这是最容易攻打的。”陈恒不听则罢，一听就火冒三丈，说道：“你说难的，人家倒说易。你说容易的，人们倒说是难的，你说这番话到底居心何在?”子贡说：“一个忧患在朝廷的人，必去攻打强国；如若忧患在草民百姓之中，才去攻打弱国。现在你的忧患在朝廷之中。我听说你三次要受封都封不成，就说明朝廷中有朝臣反对你。现在你欲攻打鲁国来扩充齐国的领土，要是打胜了，会使你的国君更骄傲，使大臣们更受尊崇。而你的功劳不在里面，你与君主的关系反而一天比一天疏远。这样，你对上使国君骄傲，对下使群臣放肆，想就此来成就大事，那是太难了。再说凡是主上骄傲势必放肆，群臣骄傲势必争闹打斗。最后酿成你上被国君的嫌怨，下又与群臣争闹打斗。到了这种地步，你在齐国要立稳脚跟就非常危险了。所以，我认为你不如去攻打吴国为好，如果打不赢，只有人民在外效死，大臣们率兵出战，朝廷必然空虚，这样你在朝中没有群臣的对抗，在下没有升斗小民的怪罪，孤立主人，对齐国的专制非你莫属。”陈恒听罢立即转嗔为喜，忙说：“好极了！但是我的军队已经开到鲁国了，现在又掉头去攻打吴国，大臣们必定对我猜忌，该怎么办呢?”子贡说：“你只有按兵不动，让我为你出使去见吴王，教他发兵救鲁并来讨伐齐国，那时你就发兵迎头痛击就是了。”陈恒说：“好，好!”就叫子贡向南去见吴王。

子贡见吴王，说道：“我听说，一个国君是不会让诸侯属国被人灭绝的。一个霸主也不容许天下有别的强敌出现。这好比千钧之重加上了些小的东西就移动，是会破坏均势平衡的。目前万乘的强齐私下要攻打千乘的弱鲁，其目的是要与吴国争强斗胜，我私下为你感到危险。如果你能发兵救鲁，是可以显扬名声的。讨伐齐国是大有好处的。这样一方面能够镇抚泗水一带的诸侯国；一方面诛伐蛮横的齐国去归附强大的晋国，好处没有比这再大的了。名义上是去营救了鲁国的危亡，实际上是阻扼了齐国扩张的野心。这个道理，聪明的人是不会怀疑的。”

泗水，古水名。在今山东西南部，四源并发，故名。也是地名，在今江苏沛县。“泗上”是泗水之滨，当时共有十二个诸侯国。

吴王听了子贡的这番话，说：“很好的计策啊！但是我曾经和越国打过仗，越王退守在会稽这地方，他卧薪尝胆，教养士卒，有决心要报复我。你且等我打下越国之后，再照你的话去行事吧。”子贡说：“越国的势力不如鲁国，你吴国也比不上齐国强大。现在你放了齐国而去攻打越国，恐怕你打下越国时，齐早已平定鲁国了。那时，你必将以保持自身危亡和延续将灭亡的名义以作号召。那么，去攻打弹丸之越国，反而害怕起强大的齐国来，这不是勇者所做的事。真正的勇者，是不避开艰难险阻的；仁者是不甘困坐愁城的；智者是不肯失掉契机的；王者是不会让一个国家灭绝的，因为他们是借这一机会来建立道义。目前当务之急是应该借着保存越国来向各国宣誓你的仁慈。解救鲁国，攻伐齐国，向晋国显示你的威势，届时，诸侯各国必然相约而来归附和朝见你，这样你称霸诸侯的大业就告成了。再说，你真的厌恶越国，那我可以替你到东面去见越王，叫他出兵追随你，这实际上是使他的国内空虚，只名义上跟随诸侯去讨伐就是了。”吴王听了喜出望外，就派子贡前往越国。

子贡一到越国，越王已清理好迎宾道路又亲自到城外迎接，并亲自将子贡引导到榻下，对子贡说：“我们越国是个落后蛮夷的地方，你这位贵人怎么肯屈身而又郑重其事地光临呢?”子贡说:“目前我已经劝吴王去救鲁攻齐,吴王心里愿意,主要的是顾虑你越国,所以他说:‘等我打下越国之后才能这样做。’真是这样的话,他攻下越国是必然的事了。再说你真是没有复仇的心意却使人怀疑,这是很拙劣的;有报仇的心意却被对方察觉,这是不安全的;事情还未发生就被对方刺探到风声,那是危险的。这三点是成大事的最大忌讳。”越王勾践听了磕头撞地一拜再拜后说:“我是曾不量力想与吴国决一死战的,故弄得如今困守会稽,这是痛心疾首的事了。我日夜不息地吸取教训,弄得唇焦舌干而又疲惫不堪,只想与吴王拼个生死,这是我唯一的愿望啊!”接着又问子贡有没有什么好办法。子贡说:“吴王这个人凶狠残暴如豺狼,臣属们都忍无可忍;国家又屡屡征战,人力物力疲敝不堪,将士疲困不振,百姓怨声载道,朝中内臣又想内变。伍子胥又因进谏被杀,太宰嚭主政弄权,他只顺着吴王的错误行事,企图保存个人私利,这是残害国家的做法。如果你能派兵协助吴王,来坚定他扩张的意志,又以重金宝物收买他的欢心,更以谦恭有礼的言辞和礼仪来尊崇他,那他一定去攻打齐国。他打输了,那就是你的福气了;要是打赢了,他必然乘胜称霸中原,带着军人直逼晋国。那时我将北上去见晋王,要他一同来攻打吴国,那时吴国的兵力必然大损。待他的精锐尽在齐国消耗了,重兵又被晋国牵制着,你就在他交困疲惫的时候去攻打他,那是绝对能够消灭吴国的。”越王一听,茅塞顿开,答应照计而行。并送子贡金子两千两、利剑一柄、上等的矛两把,子贡不肯受,迳自拂袖而去了。

子贡又回到吴国,对吴王说:“我已经将大王的话郑重地转告了越王,越王听了很害怕。他说:‘我很不幸,从小就失去双亲,又不自量力竟然得罪了吴王,结果兵被打败了,身受了屈辱,困处于会稽,国中空虚。幸赖吴王的恩典,使我能保全祖先的宗庙,四时奉享祭祀。这一大恩大德,我终生难以忘怀,哪还敢怀有什么坏主意呢?’”

过了五天,越王派了大夫文种来到吴国,他向吴王磕头,对吴王说:“罪臣勾践谨派使者文种,前来修好大王,敬托他们代向大王请安。现在听说大王将要发动正义之师,讨伐强国,救弱扶小,制裁强暴的齐国,抚慰周朝王室。我越国自愿动员国中所有的三千士兵前来效命疆场。勾践愿意披上盔甲持上兵器,为大王一马当先,今派越国的贱臣文种,献上先人收藏下的器物：战甲二十套，屈卢的矛，步光的剑，并向你的将士们致敬。”

屈卢是古代造矛的良将名，后用以良矛的代称。《史记·仲尼弟子传·端沐赐》：“因越贱臣文种奉先人藏器，甲二十领，铁屈卢之矛，步光之剑，以贺军吏。”《索隐》：“铁音肤，斧也。……屈卢，矛也。”参阅《商君传》：“持矛而操闟戟者旁车而趋。”（《集解》、《索隐》）。闟戟车是皇帝猎车名，又名蹋猪车。

步光是古剑名。《乐府诗集》魏文帝（曹丕）《大墙上蒿行》：“顺之辟闾，越之步光。……知名前代，咸自谓丽且美。”

吴王听了文种这番话之后，万分高兴，把经过告诉了子贡，说道：“越王想亲自来跟随我去打齐国，可以答应了吗?”子贡说：“不可以。把人家国库弄空，带走了所有士兵，又要人家的国君跟着征战，这是不义的。你最好收下他的献礼，接受他派来的军队，而辞却他的国君随行出征。”吴王同意了，就辞谢了越王。于是吴王就调集了九郡的兵士北上伐齐。

子贡接着就离开了吴国，急步不停地赶到晋国。他对晋王说：“我听说，计策如不先定好，是无法应付非常之事的；兵士不首先训练好，是不能打胜仗的。现在齐国正要与吴国开战，要是吴国打不赢，越国必先去干扰他。要是打胜了齐国，吴王必然趁势挥戈直指晋国。”听了子贡这样的分析，晋王紧张起来了。问子贡道：“那怎么办呢?”子贡说：“你先修好兵器，养好士卒，坐等他来进攻就是了。”晋王一一依着照办。

子贡这才离开晋国回到了鲁国。吴王果然与齐军在艾陵（今山东莱芜市东北或泰安市东南）开战，大败齐军，掳获了齐国七个将军带的兵，仍未班师回朝。接着就挥师直逼晋国，与晋军在黄池（又名黄亭，在今河南封县西南）交战，吴军惨败。越王得悉，便立即挥师渡过钱塘江，进袭吴国，先在吴国都城外七里的地方扎营。吴王得悉后，立即从晋国班师，与越军在五湖一带交火，一连打了三仗，吴军都无法取胜，连都城的大门也守不住了，越军迅速包围住吴国的王宫，杀了吴王夫差，同时将他的宰相斩了陈尸示众。有道“多行不义必自毙，放屁偏打脚后跟”，吴王自吞苦果了。

五湖，先秦史籍记载吴越地区有五湖，说法不一。最初当指太湖，以后又泛指太湖流域一带所有湖泊。近代多指洞庭湖、鄱阳湖、太湖、巢湖、洪泽湖为五湖。

灭吴之后第三年，越王就东向称霸。司马迁说，子贡这一出来，保全了鲁国，扰乱了齐国，破灭了吴国，强大了晋国，越国也称霸了。子贡一当使者，使各国的势力互相攻破，在十年之间，齐、鲁、吴、晋、越五国的情势都各自发生巨大的变化。

子贡后来到卫国做官，又利用抛售和囤存（聚集）货物的方法，在曹国和鲁国之间经商。孔子的七十个杰出学生中，以子贡最富有，他是当时最有名的富商。他的脑子都充满着经商的细胞，是一位赚钱的高手。他富有到什么程度，可说是天文数字，他所到访的国家，“国君无不分庭与之抗礼”。

分庭抗礼，以平等的礼节相见。古代礼节，主人的位置在东，客在西，客人与主人相见时，站在院的西边与主人相对施礼，故谓为分庭抗礼。《庄子·渔父》：“万乘之主，千乘之君见夫子来尝不分庭伉礼。”伉，也作“抗”。后来用以比喻地位平等。南朝陈姚最《续画品·序》：“至如长康（顾恺之）之美，擅高往册，……分庭抗礼，未见其人。”

子贡是孔子的“杰作”。子贡坐着四马并辔齐头牵引的车子，带着束帛作礼品，到各国去访问，接受诸侯的宴请。而且他所访问国家的君主，对他均行宾主之礼。孔子的名望所以能够布满天下，都是子贡在人前人后吹嘘而鹊起的。这就是所说的得到形势之助，水涨船高，才使孔子的名望更加显著。孔子终其一生，也从未享受过这种礼遇。

子贡以如此显赫的身份开展外交，穿梭驰骋在各国之间，三寸不烂之舌，强于百万之师，纵横捭阖，折冲樽俎，把各国的国君熨帖得顺顺服服，对他言听计从。但他以如此高贵的身份低声下气地去乞求农夫放马儿，如此低三下四反而使农夫不买他的账，不肯将马放回，这是他始料不及的。他到各国都马到成功，如愿以偿，但到农夫之家反碰一鼻子灰，彻底无奈地失败了。有道是“智者千虑，必有一失”，的确是至理。

这件事立即引发朝廷内外议论的哗然，令人惊叹不已。可见孔子有时看人也走眼，以致用错了人。但他很快就悔悟地对学生们说：“用别人听不懂的道理去说服他，就好像请野兽享用太牢，请飞鸟聆听九韶一样，这是我的不对，并非农人的过错。”

有道是“大道理管小道理，但大道理要服从小道理”。道理是圆的，你滚去他又滚来，结果大道理只有成为无道理。

太牢，盛牲的食器叫牢，大的叫太牢。太牢盛三牲，因之也把宴会或祭祀时并用牛、羊、豕（shǐ，家猪）三牲，叫太牢。《吕氏春秋·仲春纪》：“以太牢祀于高禖。”《注》：“三牲具曰太牢。”后专指牛为太牢，羊为少牢。《大戴礼·曾子天圆》：“诸侯之祭，牛，曰太牢。大夫之祭，牲羊，曰少牢。士之祭特牲。豕，曰馈食。”

九韶，古乐名。《庄子·至乐》：“奏九韶以为乐。”也作“九招”。《史记·武帝纪》：“咸戴帝舜之功，于是禹乃兴九招之乐。”《索隐》：“招，音韶，即舜乐箫韶。九成，故曰九招。”孔子听了尽善尽美的九韶之后，“三月不知肉味”。

孔子经过再三考虑，决定派马夫亲自前往，把马儿要回来。

马夫找到了农人家，跟农夫三言两语这样说：“你从未离家到过东海之滨耕种，我也未曾到过西方来，但两地的庄家都长得一模一样，马儿怎么能知道那是你的庄稼不该偷吃呢?”

农夫一听，茅塞顿开，觉得很有道理，便将马还给了马夫。

人服道理马服鞭。马儿头向黄土，背朝天，庄稼又是一模一样的，马儿又不识字，又不懂话，怎么知道哪些庄稼该吃，哪些又不该偷吃呢？马儿本身是没有过错，是无罪的，因此不应把它关起来。有罪的就应该是眼皮下的这个马夫了，应该教训和责备他一顿。但农夫也想到，他已登门造访，而且又从千里迢迢的东海之滨来，又先说彼此相见一次好不容易，同时又聚散如此的匆匆，一别之后，再见面一次又在何年何月何日呢？那是遥遥无期的事了。不是马儿的事在牵引，大家能在渺无际涯的天边有这次的风云际会吗？想到这里，农夫的心扉敞开了，顿时心明眼亮了，怒气亦全然消释，怎么又能撕破情面再去教训马夫一顿呢！由此想来，马儿也立有一份功劳了。

马夫的话言简意赅，鞭辟入里，更有情有理，叩人心扉。首先创造一个天涯海角聚合匆匆的情境营造化解不开的情结，勾引起对方万缕的情丝，所以旗开得胜，马到成功。孔子的马夫的确也有两下子，可谓一言九鼎了。孔子的确慧眼识英雄，拔擢人才又是如此的精准，让自己的马夫出马。马夫亦不辱使命，对农夫先动之以情，再晓之以理，轻而易举地将马儿领回，这又是一曲“完璧归赵”的凯歌。

有道是“愚者千虑，必有一得”，信夫！

七岁项橐对孔子

一日，孔子率诸弟子御车出游，路逢数儿嬉戏，中有一儿不戏。孔子乃驻车问曰：“独汝不戏何也？”小儿答曰：“凡戏无益，衣破难缝，上辱父母，下及门中，必有斗争，劳而无功，岂为好事，故乃不戏。”遂低头以瓦片作城。孔子责之曰：“何不避车乎？”小儿答曰：“自古及今，为当车避于城，不当城避于车。”孔子乃勒车论道，下车而问焉：“你年尚幼，何多诈乎？”小儿答曰：“人生三岁，分别父母；兔生三日，走地甽（quǎn 田间小沟）亩；鱼生三日，游于江湖。天生自然，岂谓诈乎？”孔子曰：“汝居何处，何姓，何名，何字？”小儿答曰：“吾居敝乡，贱地。姓项，名橐（tuó），未有字也。”孔子曰：“吾欲共你同游，汝意下如何？”小儿答曰：“家有严父，须当事之。家有慈母，须当养之。家有贤兄，须当顺之。家有弱弟，须当教之。家有名师，须当学之。何暇同游也？”孔子曰：“吾车中有三十二棋子，与汝弈博，汝意下如何？”小儿答曰：“天子好博，四海不理。诸侯好博，有妨政纪。士儒好博，学问废弛。小人好博，输却家计。奴婢好博，必受鞭扑。农夫好博，耕种失时。是故不博也。”孔子曰：“吾欲与汝平却天下，汝意下如何？”小儿答曰：“天下不可平也。或有高山，或有江湖，或有王侯，或有奴婢。平却高山，鸟兽无依。填却江湖，鱼鳖无归。除却王侯，民多是非。绝却奴婢，君子使谁？天下荡荡，岂可平乎？”孔子曰：“汝知天下，何火无烟？何水无鱼？何山无石？何树无枝？何人无妇？何女无夫？何牛无犊？何马无驹？何雄无雌？何雌无雄？何为君子？何为小人？何为不足？何为有余？何城无市？何人无字？”小儿答曰：“萤火无烟，井水无鱼，土山无石，枯树无枝，仙人无妇，玉女无夫，土牛无犊，木马无驹，孤雄无雌，孤雌无雄，贤为君子，愚为小人。冬日不足，夏日有余。皇城无市，小人无字。”孔子问曰：“汝知天地之纲纪？阴阳之终始？何为右？何为左？何为表？何为里？何为父？何为母？何为夫？何为妇？风从何来？雨从何至？云从何出？雾从何起？天地相去几千万里？”小儿答曰：“九九还归八十一，是天地之纲纪。八九七十二，是阴阳之终始。天为父，地为母。日为夫，月为妇。东为左，西为右。外为表，内为里。风从苍梧（九疑山，在今湖南宁远县南），雨从郊市。云从山出，雾从地起。天地相去，有千千万万余里。东西南北，皆有寄耳。”孔子问曰：“汝言父母是亲？夫妇是亲？”小儿答曰：“父母是亲，夫妇不亲。”孔子曰：“夫妇生则同衾，死则同穴，何得不亲？”小儿答曰：“人生无妇，如车无轮。无轮再造，必得其新。妇死更索，又得其新。贤家之女，必配贵夫。十间之室，必得栋梁。三窗六牖，不如一户之炎。众星朗朗，不如孤月独明。父母之恩，奚可失也。”孔子叹曰：“贤哉贤哉！”小儿问孔子，曰：“适来问橐，橐一一答之。橐今欲求教夫子一言，明以诲橐，幸请勿弃。”小儿曰：“鹅鸭何以能浮？鸿雁何以能鸣？松柏何以冬青？”孔子答曰：“鹅鸭能浮，皆因足方。鸿雁能鸣，皆因颈长。松柏冬青，皆因心坚。”小儿答曰：“不然，鱼鳖能浮，岂皆足方。蛤蟆能鸣，岂因颈长？绿竹冬青，岂因心坚？”小儿又问曰：“天上零零有几星？”孔子答曰：“适来问地，何必谈天？”小儿曰：“地下碌碌，有几屋？”孔子曰：“且论眼前之事，何必谈天说地？”小儿曰：“若论眼前之事，眉毛中有几枝？”孔子笑而不答，顾谓诸弟子曰：“后生可畏！焉知求者之不如今也。”于是登车而去。

诗曰：“休欺年少聪明子，广有英才智过人。”

谈论世间无限事，分明古圣现其身。

一说“孔子并非儒家思想始创人”

在古代，韩国也是深为重视中华文化影响的国家之一。直到清代，奉祀天后（妈祖）的习俗也传到韩国，均被供奉为海神、神明。历代以来，韩国都有一些汉学家，注重汉学训诂文字，考订名物制度，重实证而轻议论，考究儒学，对整理古籍，自群经至于子史，辨别真伪，往往突过前人。瑞典语言学家高本汉也是汉学家，研治中国文史，尤致力于汉语音韵训诂的探究，曾著有《中国音韵学研究》、《汉语中古音与上古音概要》、《汉文典（修订本）》、《中日汉字形声论》、《论汉语》、《诗经研究》、《汉语音韵史纲要》、《原始汉语是屈折语》等，并将《诗经》译成英文，可谓著作等身，是精通汉学的著名学者。

日本自唐初，便对汉学高度重视，曾多次派遣唐使到长安。留学生、僧侣、商人接踵而至。僧人称鉴真为律宗初祖，亦称“大唐和尚”、“过海大师”。唐天宝元年（742 年），鉴真应留学僧荣睿和普照之请赴日本弘布戒律，五次东渡未成，其间双目失明，荣睿亦身亡。天宝十二年（753 年），日遣唐使藤原清河等人到扬州再次邀请，鉴真“白头不变，远涉沧波，以惊人毅力六次东渡，终在次年抵秋妻屋浦（今日本九州南），第二年入首都奈良东大寺。天皇下诏：‘自今以后，授戒传律，一任和尚’”，并授予“传灯大法师”位，建成戒坛院，又仿唐建筑造唐招提寺为传戒基地。鉴真还把中国建筑、雕塑、美术和医药传到日本。1980 年，日本佛教界奉鉴真塑像到扬州大明寺“探亲”，说明两国文化源远流长。日本汉学人才亦辈出，今汉学家小稻义男、岩崎民平等均是。

韩国祥明大学中国文学系教授全经一对汉学的研究造诣极深，对儒家思想的探究颇有建树。他认为儒家思想并非由孔子或某个人创造或整理而成，所以孔子不是儒家思想的创始人。儒家思想是在中国当时的政治和社会环境下逐渐形成的。他指出，儒家学说的核心是“仁”，这一个汉字于孔子的年代尚未出现。

全经一的论点明确，论据确凿而有力，能够做到言简意赅，字字珠玑，掷地有声。这的确是独到之见，也有待学者们进一步研究与探讨。

第十章 帝王

古代称帝王为“后”

在古代，“后”代表男性，专指帝王，是帝王的突出象征，是天子的专称，是掌握生杀予夺权力至尊无上的化身。

许慎《说文解字》曰：“后，继君体也。像人之形。施令以告四方”，“发号者，君后也。凡后之属皆从后”。

《诗经·商颂·玄鸟》：“商之先后，受命不殆，在武丁孙子。武丁孙子，武王靡不胜。”翻译成现代文为：商朝的先王，受了天命不至危殆，有武丁这孙子在。武丁这孙子，武王汤的事业没有不能胜任。

显然，这里的“先后”指的是“先王”，而不是先和后，也不是前后相继。郑玄笺曰：“后，君也。”现代汉语“先后”是方位词，“后”与“前”相对。

古代的天子及列国诸侯皆称后。《书·仲虺之诰》：“徯予后，后来其蘇。”后，在此指君。《书·舜典》：“五载一巡守，群后四朝。”后，在此指诸侯，“后王”即天子。《书·说命》：“树后王君公，承以大夫师长。”

唐柳宗元《天对》：“寒谗妇谋，后夷卒戕。”寒，寒浞。后夷即后羿。后羿是上古夷族的首领，善射。相传夏太康沉湎于游乐，羿推翻其统治，自立为君，号有穷氏。后来为其臣寒浞所杀。寒浞是夏代人，相传居于寒，猗姓，善谗，为其君伯明所逐，投有穷氏后羿，得重用。羿夺得夏君位，任寒浞为相。浞利用家众，杀羿代立，又占羿之妻妾，生二子浇及豷。浇又攻杀夏后相。浞后为夏后相之子少康联合部族攻灭，恢复夏王朝。

后辛即殷纣王。屈原《离骚》："后辛之菹醢兮，殷宗用之不长。"

后帝即天，即昊天上帝。《诗·鲁颂·閟宫》："皇皇后帝。"

"后"是一个会意字，亦称"象意"，六书之一。《说文·叙》："会意者，比类合谊，以见指㧑。"指利用的字，依据事理加以组合，表示出一个新的意义的造字法。如人言为"信"，"信"字由"人"字和"言"字组成，表示人说的话有信用。同样，"后"字在甲骨文里是依据"司"字创造的，把"司"字反过来书写，再赋予新的读音，就成为"后"字。在钟鼎文中"后"字出现的频率很高。夏朝王室出身于司空的家族，子孙后裔不敢与皇祖大禹比肩等列，就知趣地自贬一级，将"司"字反过来写，自甘以"后"自称。

周朝以前，"后"是帝王的专称，其他人不得染指。帝王的妾只称为"妃"。

妃，配偶。《左传》桓二年："嘉偶曰妃，怨偶曰仇。"后来"妃"用于专指皇帝的妾，以及太子、王侯的妻。《左传》隐元年："惠公元妃孟子。"

"后"作为帝王的专称经历过360多年之久，自周朝始才将"妃"改称为"后"。到了秦始皇统一中国后，天子称皇帝，皇帝的正妻为皇后。

皇帝是封建时代君主的称号。秦以后天子始称皇帝，《史记·秦始皇纪》二六年："王曰：去泰，著皇，采上古帝位号，号曰皇帝。"

皇后本指君主。皇，意为大；后，意为君。《书·顾命》："皇后凭玉几，道扬末命。"秦以后天子称皇帝，后遂称皇后。《史记·文帝纪》元年："三月，有司请立皇后。薄太后曰：'诸侯皆同姓，立太子母皇后。'"皇帝之母为皇太后，祖母称太皇太后。

话分两头讲，再说"後"。

《说文解字》："後，迟也。"

後是指位置在后，与"前"相对。《论语·子罕》："瞻之在前，忽焉在後。"又指时间较晚，与"先"相对。也指后代，子孙。还指落后。可见"后"与"後"在古代是风马牛不相及的两个字。"後"是方位词，词语有先来后到、后来居上、后发制人等。

元朝皇帝陵墓缘何无觅处

陵墓即古代帝王或诸侯的坟墓。张衡《西京赋》："若历世而长存，何遽（jù，惊慌）营乎陵墓。"亦泛指坟墓。郎英《七修类稿·葬》："胡人之葬，务平实其地，望之则曰陵墓在焉。"今多指领袖及革命烈士的坟墓。

陵墓与陵园大同小异。陵园本指帝王或诸侯的墓地。《晋书·琅琊悼王焕传》："营起陵园，功役甚众。"现泛指以陵墓为主的园林。

历朝历代的皇帝拥有至尊无上和生杀予夺的特权，身后也荣耀无比，故一般都有壮观的陵墓与陵园。只有元朝的十多个皇帝都没有留下一个陵墓。其实并不是没有，而是没有发现，这就构成了一个千年未解的历史谜团，让世人捉摸不定。

明浙江龙泉人叶子奇，元末，朱元璋军入处州，上书请以"龙凤"继宋正统，以荐授巴陵主簿。洪武十一年（1378 年）以事牵连下狱，旋得释。著有《草木子》、《太玄本旨》、《静斋集》。

叶子奇自谓与草木同腐，故名。其书涉及天文、律历、医卜、农圃、昆虫、卉木、诗文、掌故等，文笔通透清峻。所记元末红巾军起事史迹，多为他书不载。《草木子》中记载：元朝皇帝驾崩，用楞木（常绿乔木）两片，凿空其中，类人形大小合为棺，置遗体其中……加髹漆（涂上漆），毕，则以黄金为圈，三圈定（箍紧两头和中间），然后，掘深沟一道埋葬，"以万马蹂之使平，杀骆驼于其上，以千骑守之。来岁草既生，则移帐散去，弥望平衍（满眼平坦广阔），人莫知也。"

当年的"一代天骄"成吉思汗在征战西夏途中病逝于甘肃清水县，后灵柩被秘密护送，为了做到秘不发丧，沿途遇人便杀，后埋葬在不儿罕山的起辇谷，就是采用这种方式下葬的。成吉思汗临终时吩咐："我死后要秘不发丧，以免被敌人知悉；待西夏国王和居民在指定时刻出城时，立即全部把他们消灭。"遵照他的遗嘱，他的遗体被送回蒙古故土，葬于不儿罕山。陵墓向北深埋，以万马踏平。后人在鄂尔多斯（伊克昭盟）修建了

"八间白室"，人称"成吉思汗陵"。

元至元三年（1266年），元世祖忽必烈追谥成吉思汗为"圣武皇帝"；元至大二年（1309年），加谥为"法天启运圣武皇帝"，庙号"太祖"。

成吉思汗陵园主体是三座相连的蒙古包式大殿，雍容大方，嵯峨耸立，分外壮观。殿内有历代相传成吉思汗使用过的马鞍等珍贵遗物，殿外有大汗作战时用过的大战车及各种兵器。

南宋文人墨客短篇记录体裁的文章也有随笔记录：成吉思汗是蒙古汗国的缔造者，连年鞍马劳顿，病势加重，1277年8月18日在甘肃东部山区渭河北面的清水县病逝，终年66岁，其遗体被运往漠北肯特山麓，在地表挖掘深坑密葬。其遗体存放在一个将大树中间掏空做成的圆形棺内。下葬独木棺后，堆上土，然后万马踏平，又以帐篷将周围地区围圈起来，等墓葬地面上长出青草，与周遭的青草无异，不露蛛丝马迹之后，才把帐篷撤走，这样墓葬的准确地点就不易泄露。全体工程完成之后，蒙军才在墓葬地表宰一头幼小的骆驼，此时，陪伴这小骆驼而来的母骆驼就会大叫哀鸣，哭声凄切哀伤，哀痛欲绝，同时记住这个地点。蒙军次年来祭祀的时候，也把这头母骆驼牵来，母骆驼找到小骆驼被杀死的地点，便立即涕泪俱下，痛楚不堪。蒙军也就不费吹灰之力准确无误地找到墓葬的地点。

骆驼是沙漠之舟，其寿命只有30岁左右，不会比人的寿命更长。被动地依赖它寻找墓地，此说令人质疑。蒙古人生活在"天苍苍，野茫茫，风吹草低见（xiàn）牛羊"一望无垠的大草原上，他们逐草而居，居无定所，过着游牧生活，自古以来的风俗都是丧葬从简。他们坐在马背上进行军事扩张，迫降畏吾儿，灭亡西辽，臣服西夏，击败金朝，使他们的牧场扩展及大半个世界。成吉思汗对内征讨，伐夏灭金，对外兴兵，远征欧亚，他的臣民遍布欧亚各国，在这战争扩张的戎马倥偬岁月，丧葬仪式尤为从简。每当下葬之时，他们让死者坐在生前用过的帐篷中央，让送葬的人祈祷，向神默告自己的愿望，恳切地希望神保佑平安和指点迷津。随葬物有马匹、弓箭以及摆放有肉乳的桌子，均葬入土中。希冀死者到另一个世界去生活时，有马骑，有帐篷住，有肉乳吃，同样过着人间的生活。这就是他们"送终的形式"。

成吉思汗病逝之后，众子遵照父亲的圣训，由三子窝阔台继承大汗位。他联宋灭金，南伐西征，重用"治天下匠"治国，虽无更大作为，但忠诚地继承乃父大业，堪称“守成令主”。按照蒙古族习俗，皇帝驾崩免用棺椁，只用棕木两片，凿空其中，将遗体装在里面，经髹漆后，送至起辇谷下葬，进入深坑，地面填土后，又用万马将土堆蹴平，并派兵封锁。直至青草长成，看不出丝毫破绽之后为止，因此后世很难发现其坟地所在。

忽必烈是元朝第一代皇帝，又称“薛禅皇帝”，是成吉思汗的孙子。终年 80 岁，谥号“世祖”。

忽必烈从小就接受刘秉忠、郝经两位老师的教育：“古人云：‘以马上取天下，不可以马上治。’成吉思汗骑马挥鞭，叱咤风云，灭 40 国，没几年就取了天下。但是治理国家还要靠典章制度，三纲五常。”“今天谁能重用士大夫，又能推行中国原有的治国之道，谁就能当中国的皇帝。”这一席话说得非常到位，忽必烈从小就将其铭刻于心。

刘秉忠是元邢州人，初名侃，字仲晦，曾为僧，法名子聪，号藏春散人。博学多艺，尤邃于《易》及邵雍《皇极经世》。初为邢台节度使令史，寻弃去，隐武安山中为僧。乃马真后元年（1242 年），忽必烈在潜邸，召留备顾问。上书数千百言，引汉初陆贾“以马上取天下，不可以马上治”之言，陈说天下大计。宪宗时，从灭大理，每以天地之好生，力赞于上，所至全活不可胜计。及即位，秉忠采祖宗旧典宜于今者，条列以闻。中统五年（1264 年），还俗改名，拜太保，参领中书省事。建议以燕京为首都，改国号为大元，以中统五年为至元元年。一代成宪，皆自秉忠发之。卒谥“文正”。

乃马真后是元太宗皇后，名脱列哥那。本蔑里乞部长带儿兀孙妻。成吉思汗灭蔑里乞部，以乃马真为子窝阔台妻。太宗卒，后称制，用奥都剌合蛮执政。乃马真后五年（1246 年），召开“忽里勒台”，推长子贵由为大汗。旋卒，谥“昭慈皇后”。

忽里勒台亦称“忽邻勒台”、“库里尔台”，蒙古语“聚会”之意，原为蒙古部落议事会。蒙古兴起后，“忽里勒台”成为选举大汗和决定军国大事的皇族式代表会议。成吉思汗即通过会议受拥戴即位。

郝经是元泽州陵川人，字伯常。金亡，徙顺天，馆于守帅张柔、贾辅家，博览群书。应世祖忽必烈召入王府，条上经国安民之道数十事。及世祖即位，为翰林侍读学士。中统元年（1260 年），使宋议和，被贾似道扣留，居真州十六年方归。旋卒，谥“文忠”。为学务有用，及被留，撰《续后汉书》、《易春秋外传》、《太极演》等书，另有《陵川文集》。

刘秉忠是足智多谋、满腹经纶的还俗和尚，郝经是位博览群书、才气超群的大儒，忽必烈受他们宣教汉学之后，获益匪浅，即位之后实行汉法，他们便成为忽必烈幕府决策中心的核心人物。忽必烈“思大有为于天下”，为了成就大业而求贤若渴，招聘了一批名士学者、宰辅之器、将相之才，使金莲川幕府成了人才荟萃之地、将才云集之都，英才济济一堂。忽必烈即大汗位前，曾主管整个黄河以北地方的军事、行政事务，设府于漠南金莲川。

蒙古人能用武力征服汉人，但在埋葬死者等丧事方面也受到汉族习俗的影响，也以棺材装殓死者。但同中有异，死者入殓后，两块棺木相合，又形成圆木一棵，再“以铁条钉合之”。汉人的棺材是用六块木板造成的，包括一盖、两帮、一底和两堵，这两堵美称彩头和彩尾。“彩”是指好运气，即死者自此仙逝享清福去了。棺盖板称为“天”在上，棺底板称为“地”在下。天即乾，地即坤。左右两帮称为日、月。这天、地、日、月四块板是长材，而头脚两堵板是四方形短料，总共六块板。今天的一些棺材店亦避讳为“别有天”或“寿屋”、“寿木”。生前预制的棺材叫做“寿材”。宋王巩《随手杂录》：“先是十年前，有富人治寿材。”汉人生前所造的墓穴叫“寿冢”，又称“寿穴”。《后汉书·侯览传》：“又预作寿冢，石椁双阙，高庑百尺。”《注》：“生而自为冢为寿冢。”

蒙古人所用的寿衣均为日常所穿的衣服，陪葬的器物也俭朴而少，多是死者生前所喜爱的武器弓箭、刀剑等。

寿衣是装殓死人的衣服，老年人往往生前做好以备身后用。

元朝的皇帝死后都要举行一个下葬的仪式，只是比贵族的较为隆重一些，殉葬物也多一些，仅仅规定在下葬时拒绝汉族官员参加。

忽必烈生前极其关心自己身后事，对元朝的皇陵都作过周到而细密的计划与安排，主要是防止盗墓贼盗取随葬的器物。为此，他精心选择了一个人口稀少而又僻静的风水宝地以作陵寝。同时将当地全部人口迁徙，让这个地方变成人们无从知晓的神圣空白地带，这不能不说是他的神机妙算。

风水亦称“堪舆”，是人们的一种迷信，认为住宅基地或坟地周围的风向水流等形势，能招致住者或葬者一家的祸福，也指住宅、相墓之法。《葬书》（旧本题晋郭璞撰）载："葬者乘生气也。经曰，气乘则散，界水则止，古人聚之使不散，行之使有止，故谓之风水。" "堪"为高地，"舆"为下处。《史记·日者列传》："孝武帝时聚会占家问之，某日可取妇乎?"五行家曰可，堪舆家曰不可。

宝地指地势优越或物资丰富的地方，即宝贵的膏腴之地。

选择风水宝地一般都是风水先生所司。风水先生又称"阴阳家"、"阴阳"、"阴阳先生"，旧时指以"择日"、"星相"、"占卜"、"风水"等为职业的人，并特指以办理丧葬中"风水"、"择日"等活动为业的人，俗称"风水先生"。

元朝皇帝和皇族死后，都与汉人用土葬同。汉人今提倡火葬，以免死人与活人争土地，占用良田。火葬也卫生和文明，又称火化，即用火焚化尸体。火化是自古以来就有的，洪迈《容斋续笔民俗火葬》："自释氏火化之说起，于是死而焚尸者所在皆然。"火葬最早盛行于古印度。《立世阿毗昙论》卷六："剡浮提人，若眷属死，送丧山中烧尸弃去，或置水中，或埋土里，或著空地。"《大唐西域记·印度总述》："送终殡葬，其仪有三：一曰火葬，积薪焚燎；二曰水葬，沈流漂散；三曰野葬，弃林饲兽。"后随佛教传入中国。《高僧传·鸠摩罗什》："〈鸠摩罗什〉卒于长安……依外国法，以火焚尸。"顾炎武《日知录·火葬》："火葬之俗，盛行于江南，自宋时已有之。"

元朝皇帝和皇族的坟墓不在地面上建造大规模的纪念碑、寿宫、寿堂、墓表、墓门、墓道、墓碑、墓碣、墓厉、墓庐，也没有墓志铭，也不栽墓木，不设功德碑坊，不留给盗墓者发现的蛛丝马迹。

元朝皇帝去世后，对外放出假新闻，大肆宣称皇帝遗体已运回漠北进行安葬。

漠北，古代泛称蒙古高原大沙漠以北地区。

对于皇帝下葬的地点，史书上往往只有捕风捉影、似是而非的简单记载，或是只记载蒙古贵族和皇族清楚的地名，让人感到与普通的坟墓毫无二致；再加上陪葬物又极少，以达到以假乱真、以真乱假、真真假假、假假真真的目的，既瞒骗盗墓者，又要弄了普通的人，以至于让人感到元朝没有皇帝的陵墓。其实并不是没有，而是无从觅处，没有发现。这也许才是真正的入土为安。

记亡国之君崇祯

明天启七年（1627年）八月二十二日申时，统治天下七年的只知游乐之徒，酷好木工技术，把国家大事抛在脑后，让乳母客氏与宦官阉党狼狈为奸的明帝国第十五位君主朱由校死了。不久，人们又见一队仪仗由涂文辅领着出了宫门，直往信王府。接着便前呼后拥地簇拥着一个十七岁的青年人，在暮色的笼罩下进入紫禁城，登上了金碧辉煌的皇位宝座，他就是朱由检，也就是明思宗，年号崇祯。

涂文辅，明天启时人，谄附魏忠贤，为客氏子侯国兴授读。天启初入宫，为司礼监秉笔太监。历掌御马监，总督太仓、节慎二库，权势出群阉上，夺故宁安大公主第为廨署。崇祯立，后谪死于南京。

朱由检的父亲虽然生了五个儿子，但能长大成人的只有由校和他两个（同父异母），其他均夭折。熹宗的张裕妃身怀六甲，被客氏活活饿死。皇后张氏已怀孕数月，客氏害怕皇后生下麟儿后地位更加稳固，便威逼利诱皇后身边的宫女，让其伺机下手，务必设法使皇后流产。

一日，皇后腰痛，命宫女替她捶腰，宫女见了千载难得的机会，便暗中做了手脚，竟将胎儿捶伤，致胎死腹中，让其图谋得逞。次日，皇后果然流产，从坠落的血块可分辨出是一个皇子。从此，熹宗不再有子嗣，总共三子都夭折。

客氏进行了两宗暗杀大案。

麟儿，麟子凤雏，喻贵族子孙。

由于熹宗绝后，皇位的继承权非由检莫属。这是天命的降临，是由检早就看到的了。

朱由检接手的是一个不易收拾而又难于整顿的烂摊子，千疮百孔。他受命星夜入宫，不敢进食，心惊胆战地戒备，秉烛达旦以防不测。皇宫内院充满了恐怖、紧张而又肃杀的气氛，可见臣僚争权夺势你死我活斗争形势的恶劣与激烈。

朱由检即位之后，看到工作千头万绪，杂乱如麻，不知该从何做起。他要发挥自己的聪明才智和胆识，拨乱反正，整饬阵容，整肃法纪，整顿朝纲，清除魏党，总揽朝政，挽救日渐式微的明朝政权。

但魏党的羽翼已丰，要铲除这股势力谈何容易，而且自己还是一个“光棍司令”，手中并无一人，操切从事会物极必反，魏党势必孤注一掷，进行疯狂的反抗，走投无路时便狗急跳墙。所以务必慎之又慎，耐心地等待时机的到来。因此，目前还不能打草惊蛇，对魏党要暂时麻痹，使之失去警惕。第一要务便是将全部精力投入到治理国政中去。一是削减庞大的军费开支，二是削减宫室和百官俸禄的成倍增加，才能克服由此造成的入不敷出、寅支卯粮的弊端。

天启以降，全国不断闹灾荒，人民遭受深重的灾祸，大批大批的人口流离失所，到处逃亡，颠沛转徙。有的成为流寇，有的转死沟壑，社会动荡不安。

陕西所遭受的灾殃尤甚，灾民更惨，大旱连年，赤地千里，已出现了人食人的惨况，正是十有九户已倒悬，一户正在风中烛。已经构成一个激烈冲突的气氛，犹如一个火药库，随时都可能引发爆破。朝廷加派的捐税赋饷，更逼得人民走投无路，只得举起义旗，铤而走险。故狼烟四起，烽火连年。自万历末年起，东北建州的女真主要部族被努尔哈赤和皇太极统一，建立了后金政权后，不断起兵发难，经常侵扰明边，发动叛乱。明朝以大量的兵力及帑藏（zàng）金帛抛到辽东，仍未能平息乱局。这些杂乱如麻的棘手问题，更使由检心慌意乱，又心急火燎。

自天启七年（1627 年）八月始，由检便下诏谕通告天下，罢除不为皇室急需的劳役，与民休息，保养人口，并停止一切土木兴建，厉行节约，节省了宫廷大量的食用开销。又撤回了天下镇守的太监，严禁宦官干政，严禁官僚太监相互勾结。向边陲驻军发放粮饷，稳定军心。建立完善的监察制度，禁止官僚结党营私以谋取私利。又下诏免除灾区地方赋税，锐意进行革故鼎新。这样又取得了臣民对朝廷已失去的信心，人人都看到光明和希望之所在。

由于后金的不断侵犯，明朝不能坐视不顾，解决辽事便成为当务之急。这一方面具有恢复故土，重振大明帝国之威的重大意义；另一方面，尽快结束战事，又可节省大批军饷军械，即各种枪械、火铳及其配件、附件等军需物资和器材的开支，解决国家财政困难问题。在一批重臣的推荐下，崇祯帝便拔擢了前任辽东巡抚袁崇焕担当“平辽事”这一重大使命。天启年间，袁崇焕久镇辽东，对敌我情势了然在胸，尽管山川险峻，但他胸怀韬略，屡建奇功，威名远播。后金攻无不克、无坚不摧的八旗铁骑遇到了劲敌，遂由攻势转为守势。袁崇焕大灭了敌人的锐气，大长了明军的威风，辽军对袁崇焕不敢再言战。

崇祯元年（1628 年）四月，崇祯帝任命袁崇焕为兵部尚书，督师蓟辽。出师前崇祯帝召见了他，袁陈述平辽方略，誓言“五年全辽可复”的雄心壮志，但吐由衷之语：“以臣之力，制全辽有余，调众口不足。一出国门，便成万里。忌能妒功，夫岂无人。”崇祯起立倾听其倾吐衷肠，立即表示：“卿勿疑虑，朕自有主持。”且曰：“你能五年复辽，朕决不吝惜封侯之赏。”

对国政的初步治理，使崇祯的皇位初步稳固。他立即腾出手来解除客魏集团的威胁。他内心甚急，表面极冷，采取先稳住他们的阵脚，然后再逐个击破的方针以减少阻力，最后铲除这个作恶多端的集团。

朱由检对魏忠贤的态度不冷不热，魏忠贤预感前景不妙。为了试探清楚由检的态度，便对由检进行“摸底”，提出辞去东厂职务的请求。由检仍不动声色，但也没有批准。接着，客氏提出出宫，由检即刻表示同意。次日凌晨，客氏穿上丧服，将她保存的由校胎发、指甲焚化在由校灵前，呼天抢地痛哭一场，才离开紫禁城，住进了由检赐给她的府第。

此时，魏的党羽心慌意乱又心惊肉跳，深感大祸即将临头，便逐渐分化瓦解，有的忙于寻找退路，以便有个回旋的余地。自魏党党内开始分化后，便各敲各的锣，各唱各的戏，分道扬镳，如泥牛过水各顾各。

非属魏党的官员也开始行动起来，揭发其凶残险恶的罪行。海盐贡生钱嘉征，选授福建松溪知县，劾魏忠贤十大罪，要求将魏忠贤明正典刑，以泄天下之愤。崇祯命人读疏折给魏忠贤听。魏忠贤知道自己将面临悲惨的下场，立即托词染病为由，提出辞去东厂的职务。由检命他出宫静心调养身体，随后传令将魏忠贤集结在宫中的军士解除武装，除掉心腹之患。该疏随之为世人传诵。

接着，崇祯帝又下令调查事实真相，点了几个魏党首恶分子的名。

崇祯接着下诏，将魏忠贤的罪行公布于天下，并宣布本应将其寸斫

（zhuó，用刀斧砍成肉酱）以谢天下，念先帝还未出殡安葬，姑且安置于凤阳守祖坟。籍没客魏二犯全部家产，革除晋封的爵位，子孙人等均充军至烟瘴之地。

烟瘴，即瘴气，旧时借指中国西南极边远的地方。《明史·刑法志一》："崇祯十一年，谕兵部编遣事宜，以千里为附近，二千五百里为边卫，三千里外为边远，其极边烟瘴，以四千里外为率。"《清会典·兵部·五刑充军》："军罪凡五等，曰附近，曰近边，曰边远，曰极边，曰烟瘴。"

魏忠贤带着一批人和车辆离京。崇祯帝又以此为由，令兵部派人押他至凤阳。当他到阜城县时，听到崇祯的诏令，知道死期即将到来，连夜畏罪投环自杀于旅舍。死党崔呈秀在蓟州家中听到魏忠贤的死讯，亦自杀身亡。此所谓"多行不义必自毙"。

崔呈秀为魏忠贤养子，两人内外勾结，翻"梃击"、"红丸"、"移宫"三案。又屡兴大狱，打击东林党人。时称"五虎之首"，朝士多附之。官至兵部尚书兼左都御史。

魏忠贤死后次日，客氏被押往浣衣局打死。接着，客魏两家子孙人等皆被斩首，此所谓"祸延子孙"。

此时的崇祯并不以为从此天下太平无事而高枕无忧。内阁、六部、各院寺要员仍是魏党帮凶，他们仍身居要职，暂且稳住阵脚，伺机而动，准备报复。

崇祯便掌握火候，一不做二不休，下令逮捕魏党主要干将"五虎"和"六彪"，交司法议罪。此所谓"罪有应得"。

为了除恶务尽，崇祯又双管齐下，拔擢四批给事中、御史共 132 人。对被魏忠贤害死、蒙受不白之冤者和被削职的官员，该平反的平反昭雪，使之申冤吐气，该起用的重新大胆任用。

就在此时，崇祯犯了一个原则性的大错误。袁崇焕受命出关之后，整备兵力，整饬阵容，操练兵马，修筑工事，修缮城堡，使山海关一线的防务工程固若金汤。皇太极无懈可击，在徒叹奈何之余，决定从别处进犯入关，对关内进行骚扰，使不安宁。更恶毒的是，皇太极想方设法除掉袁崇焕，根除这一危险的敌手。

崇祯二年（1629 年）十月，诡计多端的皇太极派十数万精兵分道从龙井关（今河北迁西县西北龙井关）攻蓟州。大安口（今河北遵化县北）即被攻破，连下遵化等名城。明朝山海关左都督赵率教回师救援遵化，中流矢死，全军覆没。袁崇焕闻报，日夜兼程，水陆俱进回救，驻扎于通州（今北京市通县）。但金兵又绕开袁崇焕，直扑北京。

崇祯任命大同总兵满桂率师入卫京畿，拜武经略，尽统入卫诸军，与袁崇焕分别把守安定门（又名驴坊村，在今北京市大兴县东南）、广渠门，击溃了金兵的多次袭击。崇祯亲自召见袁崇焕表示慰劳，脱下身上穿的貂裘赏赐他，并对其部下将领一一赏赐。

崇祯二年十一月底，袁崇焕大破金兵于东便门，自己的部队也损失大半，再加上补给弹药、粮草不及时，袁兵疲顿不堪，利用空隙要求入城稍为休整。正当此时，横祸已临头，崇祯中了皇太极的反间计，从内部获得一个虚假的情报。

皇太极蓄意在营中广布流言，宣传已与袁督师有密约，袁督师有意让开一条路给他们攻入北京。让两个从北京城下被俘虏的太监听闻，然后释放他们。太监返回宫内便如获至宝，急急匆匆地把这个消息向崇祯报告。崇祯心中本来就对袁有一肚子怨气，袁曾信誓旦旦五年内击败金兵，恢复辽土，至今辽土未复反而把金兵引至家门口。他听到这个突如其来的消息，心中未免满腹狐疑，越想越信以为真，就于崇祯二年十二月一日密诏逮捕袁崇焕归案。袁兵群龙无首，乱成一锅粥，随即大溃，后为孙承宗收抚。次年，承宗收复遵化等四城。十二月中旬，满桂以中使出战，力战死。孙承宗督率各镇援兵努力奋战，后克敌制胜，解除京师之围，力挽狂澜于既倒。后金兵在京畿大肆抢掠，至次年五月间才败退撤出关外。后来，大凌河（今辽宁大凌河）等地失守，群臣归咎承宗筑城之计，引疾归。

后金兵败走之后，崇祯压不住心头的怒火，便下令将袁崇焕斩死，戴谋划判罪。这无异于自毁长城。

想当年袁崇焕贵为座上客，被崇祯任兵部尚书，督师蓟辽，又赐给他尚方宝剑，让他方便行事。

尚方，官名，掌管供应制造帝王所用器物，也作上方。上方剑，皇帝用的剑，故有斩马剑，剑利可以斩马。

但此一时彼一时，崇祯听到流言飞语，说袁拥兵纵敌，与后金已订城下之盟，勾结敌人，逮捕下狱，沦为阶下囚。崇祯的致命伤是狐疑，但他疑人又用，用人又疑，刚愎自用，朝令夕改，反复无常，再好的良将也难免性命悬于旦夕。

千军易得，一将难求，众将易得，主将难求。斩了袁崇焕，崇祯只消了一口怨气。但快心事过恐生殃，无限的苦难与屈辱正在等待着他，只争来早与来迟罢了。这无人逼他，咎由自取耳。他在历史上已犯下一件大蠢大辱之错误，最后酿成国破家亡身死名裂的大悲剧。呜呼哀哉！

再说，崇祯即位之时，赋税已经沉重，人民负重不堪，民不聊生，哀鸿遍野。再加上不断严重的灾殃，许多地方“炊人骨以为薪，煮人肉以为食”的惨状时有发生。仅过了三年的时间，即崇祯三年（1630 年），崇祯又宣布加派田赋以充军饷，每亩在原来已加银 9 厘的基础上，再加 3 厘，大肆横征暴敛人民财产。崇祯十年（1637 年）又在田赋中增加剿饷；崇祯十二年（1639 年），又征银 730 余万两；次年又颁令征收关税银 20 万两。这对人民来说无疑是雪上加霜，苦不堪言，痛不欲生，最后被逼上梁山，斩木为兵，揭竿为旗，铤而走险，纷纷爆发农民起义，甚至驿卒、士兵亦暴动。

崇祯十三年（1640 年），李自成挥师自陕东进，直向河南。次年直捣中原兵家必争之地洛阳。崇祯之叔父、福王朱常洵被处死。

朱常洵为明宗室，神宗第三子，郑贵妃所出。万历二十九年（1601 年）封福王，婚费三十万，营洛阳邸第费二十八万，十倍常制。万历四十二年（1614 年）始令就藩，赐庄田四万顷，以廷臣力争，减半。河南田不足，取山东、湖广田益之。日闭阁饮酒，好妇女倡乐。时河南大旱兼蝗灾，将士过洛阳者，喧言：“王府金钱百万，而令吾辈饿死。”王闻之，不以为意。

李自成处决朱常洵后，开仓赈灾，大得人心。起义军已发展至百万之众，成为明朝的掘墓者，成了明帝国的心腹之患。

与此同时，后金进犯锦州，崇祯急派蓟辽总督洪承畴率八总兵援锦州。洪采取稳扎稳打、步步为营的战术，行动十分谨慎，防备极其严密，以守为战，屡败清军。皇太极非常无奈，急得忧愤交加，最终呕血。但崇祯倔强固执，性情急躁，又急急巴巴地下密诏，命洪承畴速战速决、以解除锦州之围，迅速消灭清军。有道是“将在外，君命有所不受”。但洪承畴迫于压力，也急急如律令，立即遵命改变战术，亲自率军六万先行，被皇太极的清军围困于松山（在今辽宁锦县西南）。次年，城破被俘。此时锦州后援已绝，洪孤军作战，只能举城投降，使清军排除掉入关的一大障碍。明朝内外交困，危机四伏，江河日下，危在旦夕。

李自成攻克洛阳之后，张献忠又拔掉襄阳，活捉了襄王。张献忠端起酒杯，得意洋洋地对襄王说："请亲王痛快地喝下这杯酒，让我借殿下的头杀掉杨嗣昌。"于是斩了襄王。张献忠一月之内连斩两个亲藩福王与襄王。洛阳福王聚敛无数金银，襄阳杨嗣昌积蓄的军马兵杖也被农民军缴获，"洛阳国帑，襄阳军资"全归张献忠与李自成手中。

杨嗣昌剿贼实为赶贼，他的目的是把张献忠赶回四川去。因此也督师跟在张献忠的屁股后面，拼命擂战鼓呐喊，以壮声势，并不乘胜追击。这次杨嗣昌深知崇祯不再给他饶命，免以处死。与其被弃市，倒不如自裁，于是在军营服毒自尽。

崇祯十六年（1643 年）春，李自成在襄阳称新顺王。后建立大顺政权，年号永昌。

同年，张献忠亦建立政权，称大西国王，改元大顺。

崇祯十六年（1643 年）九月，孙传庭奉命被动出战，兵败汝州，退至潼关而死。这是崇祯手中最后一支王牌军，也覆没了。良将被杀的杀、撤的撤，崇祯此时再无良将能派上用场。今只剩下半壁江山，大厦半倾。

崇祯十七年（1644 年）正月初一，京城刮大风，黄雾飞满天，天昏地黑，飞沙漫天。时政治腐败，社会混乱，人们自然联系起崇祯八年（1635 年）前义军攻下朱元璋的老家凤阳（今安徽凤阳县）的事。义军挖掘朱家列祖列宗的坟墓，让崇祯痛心疾首，在群臣前痛哭失声，深知对不起上苍，有愧于列祖列宗，是不肖子孙，无地自容，连日布衣角带避殿办公，以示内心的痛苦煎熬，并亲赴太庙，祭告神佛与祖先，深表崇敬并祈求保佑。同时发布《罪己诏》引咎自责，承担罪过，昭告内外。后又表示赦免起义农民，企图分化瓦解敌人。但这一切都无济于事，农民起义军犹如野草，野火烧不尽，春风吹又生，正以燎原之势，铺天盖地猛扑过来。

崇祯十七年（1644 年）正月初十，李自成义军将兵临城下，崇祯手拿奏疏，心惊肉跳，痛哭失声地道："朕非亡国之君，事事皆亡国之象。祖宗天下一旦失之，以何面目见祖宗于地下，朕愿誓师亲决一战，身死沙场无恨，但死不瞑目耳！"

大学士李建泰挺身而出，报名请替。李家在山西曲沃，为一方巨富，表示愿出私财饷军，在山西招兵买马，建立武装，以抵挡李自成的来势汹汹。崇祯龙颜大悦，命督师御李自成。但文弱书生，与之谋兵，不若与妇人谋兵。李至保定，降自成。

此时，北京的防御兵力已大大减弱，唯一能调动的只有把守在宁远的总兵吴三桂。但这无异于将关外之地拱手让与清王朝，因此朝臣各持己见，迟迟未能下诏，拖延将近三个月。当时大顺军已攻入山西，北京危在旦夕。这时崇祯才急如星火下令封吴三桂为平西伯，率军入关保卫京师。但这也为时已晚了。

崇祯十七年（1644 年）二月，国库已经空空如也。为了解决燃眉之急，崇祯下令有功劳的皇族亲戚和在京的文武大臣解囊捐助，以纳银 3 万两为上等。皇后之父周奎，崇祯三年（1630 年）封嘉定伯，赐第于苏州葑门（今江苏苏州市旧城东西南门），子孙十余人袭锦衣卫，一门贵盛。时崇祯遣内侍徐高密谕奎倡勋戚捐金 12 万，为百官树立榜样。但他只拿出 1 万，来人含泪而归。崇祯再次派人向他拿 2 万。周奎暗中向女儿周后求救，周后给了他 5000 两，他扣下 2000 两，仅上交 3000 两。京师既破，周奎被大顺军拷掠，得银 53 万两，其他财物尚多，以是为人所笑，拔一毛而利天下，不为也。此所谓“为富不仁，没有好心肠”。

崇祯的嫂子熹宗张皇后之父，天启初封太康伯，此时拿出 2 万输饷，晋爵为侯，京师城破后被杀。文武大臣个个哭穷，捐几十两、几百两草草应付了事。崇祯见银两收不上来，便实行按衙门（旧时官员办公的机关）分头分担摊派，后又改为按籍贯收，规定八千、四千、三千不等。太监也奉命捐助，平时殷实的太监王之心等，此时也拼命哭穷。经过一个多月的反复折腾，才凑得银二十余万两。大顺军破城之后，从文武大臣、太监贵族那里拷掠出的金银，就有两千余万两。实际上大臣宦官大都家财万贯，但个个贪婪自私，离心离德。

时不我待，大顺军的声势如急风暴雨般扫来，局势急转直下。崇祯为了抚慰人心，又两次发表《罪己诏》，向天地、臣民表示归罪于己，且下令停征一切加派，企图收买人心，鼓动士气，以作最后挣扎。但这些都无济于事，一切都太晚了，祸成矣，无可奈何花落去。

崇祯十七年（1644 年）三月十五日，李自成派投降的太监杜勋前去与崇祯谈判，要他逊位，提出双方中分天下，要崇祯拿出八百万两白银犒军，双方才罢兵，握手言和。崇祯含糊其辞，模棱两可，根本就不愿投降。但又想抓住这个喘息的时机，于是令亲信太监与杜勋谈判，其目的是推拖到勤王之师赶来解围。群臣束手无策，相对而泣。崇祯叹息：“朕非亡国之君，诸臣尽是亡国之臣。”遂拂袖退朝。此时已谈判破裂。

但李自成这时心急火燎，无心再等下去，三月十八日晚，大顺军大举攻城，太监曹化淳打开彰义门迎敌，拱手投降。大顺军很快占领了外城。

崇祯匆匆召阁臣问道：“你们知道外城被破吗？”阁臣说：“不知道。”崇祯又问：“现在该怎么办呢？”众臣都说：“陛下洪福，自当无患。”崇祯唤臣不应，叫兵不理，深知大势已去。出宫登上煤山，一眼望去，外边烽火连天，烽烟四起，不禁仰天长叹，热泪潸潸。他低着头，默默无语地站着，片刻之后，便行色匆匆地赶去处理后事。

他回到乾清宫，写了一道谕旨：“命成国公朱纯臣提督内外诸军事，保护太子。”接着让人叫来太子和永、定二王，看着16岁的太子和一个11岁、一个9岁的皇子，他深感切肤之痛，便派人将三个皇子送往周、田二位皇亲家中。并随手写了一张诏谕，命百官“俱赴东宫行在”，但都人回报内阁早已空无一人。

崇祯让太监王承恩给他拿酒来，他自斟自饮。醉后，两眼惺忪走出宫门，抬望眼，见到烽烟压顶的紫禁城，感慨万千。夜以继日地为王业呕心沥血十七年，惨淡经营十七年，今将毁于一旦，惨不忍睹，惨怛于心。他要像英雄一样轰轰烈烈地死去，绝不在这个世间遭受羞辱，自己的家小，也绝不让他们遭受屈辱。他命身边的太监急速向各宫传旨，令皇后嫔妃速速自裁。片刻之后，崇祯又来到坤宁宫，见周后哭成了泪人，惺惺惜惺惺，两人泪眼相对，肝肠寸断。他命周皇后立即自缢身亡。他感到一阵晕厥，摇晃得晕头转向，接着“哈哈”一阵狂笑，提剑走出坤宁宫，到西宫催促袁贵妃自杀。袁妃遵命自缢，但从凳子上摔了下来，只有一息尚存。他再咬紧牙关，抽出利剑向袁妃猛力地砍过去。袁妃在血泊中挣扎片刻死去。崇祯又向躲在旁的几个妃嫔砍去，白刀进去，红刀出来，个个一命呜呼。崇祯再奔寿宁宫，见到16岁芳龄的长平公主。这是崇祯的掌上明珠，是一块心头肉，去年刚在贵族子弟中替她物色了个白马王子，定下了周氏的公子。由于形势急转直下，终身大事暂搁置起来。此时此刻将要亡国，一个少女又怎么能落荒逃命？崇祯不敢继续想象爱女的命运，他宁愿让她去死也不忍让她落入贼手而偷生苟活，使她受尽人间痛苦与羞辱。当他闯入宫时，长平公主已准备自缢，见到父皇进来之时，浑身血迹斑斑，手提宝剑。长平公主大叫一声“父皇”，就朝父皇扑过来，她牵住父皇衣襟，痛哭不已。崇祯心如刀绞，生怕爱女扑进怀中后难于拔起宝剑，便痛哭着叹了一口气：“你何故要生在我家!”强忍着切肤之痛，狠下心来挥剑砍去。公主以手臂阻挡，登时倒在血泊中，昏厥过去。崇祯又匆匆赶到昭仁殿砍了三女昭仁公主。

黎明时分，大顺军已攻陷内城。崇祯鸣钟召集文武百官，竟无一人上朝，便由太监王承恩架着出宫，登上万寿山，在慌忙奔跑中，他掉了一只鞋，血迹斑斑的皇袍也被甩掉了，仅穿有一件宽松的内袍。他只见皇城四处烽烟滚滚，遂血书：“朕凉德藐躬，上干天咎，然皆诸臣误朕。朕死无面目见祖宗，自去冠冕，以发覆面。任贼分裂，无伤百姓一人。”他让王承恩将白绫一根搭在寿皇殿的梁上，又叮咛自己死后，王承恩可以逃命，以保全自己。王承恩感激涕零，解除了心中的焦急愁闷。最后他又抬望眼仰视了一下宫城，又极目远处的熊熊烈火。他已摆脱对世间的一切苦恼，得到自在，聊以解嘲，为己开脱。最后才将白绫环套在脖子上，吊死于寿皇亭。接着王承恩也自缢在亭旁槐树之上。历尽沧桑，历经十六帝，历时276年(1368—1644年）风风雨雨的大明帝国，至此画上了句号。此时正是1644年四月二十五日黎明时分。

崇祯投环身亡之后，清军很快入关，清廷以柳木将其入殓，厝于寺庙。

因顺治帝福临年幼，多尔衮以皇叔名义代为摄政，独揽大权，下令以礼安葬崇祯，允许明朝遗老遗少（改朝换代之后仍然效忠于前一朝的老年人及年轻人）哭临祭奠。

哭临，帝后之丧，集众举哀叫哭临。临，即到。

祭奠仪式结束之后，清廷决定将崇祯及周后葬入田妃陵墓，初步预算挖掘墓道、建立碑亭需白银3000两。清廷从十三陵陵租中拨给1500两白银，其余由曹化淳等太监及明朝遗老遗少自筹。

十三陵，在今北京市昌平县北天寿山南，自明成祖以下十三个皇帝陵墓在此，统称十三陵。分别为成祖永乐长陵、仁宗洪熙献陵、宣宗宣德景陵、英宗正统裕陵、宪宗成化茂陵、孝宗弘治泰陵、武宗正德康陵、世宗嘉靖永陵、穆宗隆庆昭陵、神宗万历定陵、光宗泰昌庆陵、熹宗天启德陵及怀宗崇祯思陵。其中以长陵的规模最大，定陵于1956—1958年发掘。十三陵为全国重点文物保护单位与全国重点风景名胜区。

曹化淳为了掘墓道立碑亭一事，曾频频启奏。多尔衮也多次责成专司的官吏迅速竣工。但事实上仍然拖拖拉拉，到当年十一月二十九日才动工开掘墓道，直到年底才将墓道修成。打开田妃陵墓一看，陵床上再安放两具棺木也绰绰有余。这样，田贵妃、崇祯帝和周皇后便入土为安，长眠于此，这也算是大团圆的结局了。

南明建立后，谥由检为思宗，后改毅宗；清谥怀宗，后改庄烈帝，无庙号，陵曰“思陵”。历史上称其为崇祯皇帝。

朱由检即帝位之初，奋发志气，励志图强，大力整顿朝纲，常与朝臣商讨国事，曾下诏说：“自今非盛署祁寒，我当准时到文华殿批阅章奏。”朝廷内外，人们都击节赞赏，故史书上说：“崇祯始政，天下翕然称之。”

翕（xī）然，形容言论行动一致，如翕然从之。崇祯为东林党平反，翦除魏、客逆党，都呈现着一派生气勃勃的新气象。

东林党，晚明以江南士大夫为主的政治集团。神宗后期，政治益趋腐败，社会矛盾激化。万历二十二年（1594年），无锡人顾宪成革职回乡，与高攀龙等在东林书院讲学，讽刺朝政，评论人物，反对矿监、税监的掠夺，主张开放言路，实行改良。熹宗时魏忠贤专权，左光斗等因弹劾魏忠贤被捕杀害。魏使人编《三朝要典》，称他们为东林党，后又造《东林点将录》，恨不得将正直之士一网打尽。思宗即位后，逮治魏忠贤，对阉党分别治罪。

由于明帝国益发腐败，酿成社会上积羽沉舟。明廷已呈彻底崩溃之势，败局难于挽回。群臣多是庸碌无能之辈，坐论则是，起行则非，随波逐流，贪得无厌，贪生怕死，图谋权势，结党营私，已成为狐群狗党。崇祯满腹狐疑，刚愎自用，任人不专，又临阵换将，瓦解军心，自毁长城，致使能臣武将被诛杀殆尽。且将骄兵惰，各怀私心，不肯施力，酿成无人戍边，则起“贼心”，外不能御清兵，内不能敌义军。崇祯尽管消除了宦官专政的隐患，但由于文臣武将的软弱无能，又重新提拔一批宦官，这批宦官重新勾结，陷害文武大臣，互相残杀，贻误军机，甚至开门揖盗，投降变节。

对于群臣的腐败无能，崇祯曾大为恼火地骂道："今国家至此，无一忠臣义士为朝廷分忧。我非亡国之君，而你们尽是亡国之臣。"并俯首写下"文武官个个该杀"。

崇祯在位十七年，连年天灾，民不聊生，怨声载道，怨气冲天。朝廷又加派捐税赋饷，多如牛毛，更逼得民众走投无路，最终揭竿而起，一呼百应。起义之烽火猛燃，酿成燎原之势，旋扑旋起。野火烧不尽，春风吹又生，崇祯即被逼着一步步走向深渊。

《书·大禹谟》："无怠无荒，四夷来王。"明神宗懒惰放荡，玩忽政务，致使国势衰残；熹宗时魏党残害百官，荼毒天下，祸成国势更趋式微。元气丧尽，明廷已经濒临瓦解的边沿地带。关外女真族正在虎视眈眈，怀着虎狼之心；国内农民苦不欲生，起义军正在风起云涌，方兴未艾，其势浩浩荡荡，不可阻挡。若熹宗再活多几年，明朝必亡在他的手下，他早已成为亡国之君。所以《明史》有道："向使熹宗御宇复延数载，则天下之亡不再传矣。"

御宇，指帝王统治国土。白居易《长恨歌》："汉皇重色思倾国，御宇多年求不得。"也作"御寓"。刘勰《文心雕龙》四《诏策》："皇帝御寓，其言也神。"

崇祯继位之初，也竭尽全力，妄想力挽狂澜于既倒。但又宠信宦官，滥杀功臣，横征暴敛，致使内外交困，众叛亲离，回天乏术。镇压起义，损兵折将，最后受到内外夹攻而吊死煤山，苦苦支撑这座将倾的大厦十七年，最终成为亡国之君，使国破家亡身死名败朝灭。他的致命伤就是刚愎自用，满腹狐疑，用人又疑，疑人又用，以致宠信宦官，枉杀群臣，中反间计而自毁长城，使文武百官人人自危，离心离德，文臣不再为之效忠，武将不再为之用命，贤人渐退，小人日出。对百姓横征暴敛，敲骨吸髓，使民心丧失殆尽，最后揭竿而起。崇祯终被浩浩荡荡的历史狂潮所淹没。屈原《离骚》云："怨灵脩之浩荡兮，终不察之民心。"放肆纵恣，心无所主。治政者戒之，戒之！

崇祯勉励心志，励精治国，但没有大作为。然处理政务治世之精神，令人钦羡。他呕心沥血的办事态度，是以傲视同侪，让历代君王为之汗颜。他不近声色，不殖货贿，亦少有望其项背者。若论历代国君心最劳，运最厄，活最俭，命最苦，势最困者，非崇祯朱由检者莫属。

西方作家邓尼经过一番研究之后，曾著《一代佛人》一书，言及朱由检自缢于北京煤山管园人的屋椽上，死时果然以发覆面。身着蓝袍，左靴脱落，显然是挣扎脱落，身上仍带有血书。

人们都说崇祯死得很悲惨。不！应该说死得很悲壮。历代文人对崇祯的褒贬亦不一，有人以“不迩（近）声色（音乐和女色），忧勤惕厉，殚心治理”对他加以赞颂。

忧勤，忧愁而劳苦。《史记·司马相如传》：“且夫王事固未有不始于忧勤，而终于佚乐者也。”

惕厉，心存戒慎。《后汉书·明德马皇后纪》：“今虽已老，而后戒之在得，故日夜惕厉，思自降损，居不求安，食不念饱。”

明德，完美的德性。《书·君陈》：“黍稷非馨，明德惟馨。”殚心，竭尽心力。

有的人表彰崇祯以“殉于宗社事煌煌”。

殉，为追求理想、道义、事业而不惜身。宗社，宗庙和社稷，古时用作国家的代称。煌煌，指炽盛，光辉。

也有人为崇祯辩解说：“非亡国之君，而当亡国亡运。”

众说纷纭，莫衷一是。

第十一章
师　表

鬼谷开馆授徒名满天下

鬼谷子并非姓鬼，名谷，而是其隐居之地名。鬼谷地有三处：①在今陕西韩城市东境；②在今陕西三原县西北，又名清水谷；③在今河南登封县东南，为本文所指鬼谷先生所居。唐李白《送王屋山人魏万还王屋》诗有“鬼谷上窈窕，龙潭下奔潨”句。

鬼谷子实姓王，名诩或禅，战国时齐国人。相传一名利，又一名之利。隐于鬼谷，因称，亦称“鬼谷先生”。庞涓、孙膑、苏秦、张仪师事之（出其门下）。今本《鬼谷子》系后人托名之作，因文颇奇诡，不类汉以前人所作。《汉书·艺文志》不见著录，《隋书·经籍志》有晋皇甫谧注《鬼谷子》三卷，列于纵横家，注称：“鬼谷子，周世隐于鬼谷。”

鬼谷子长于养性持身和纵横捭阖之术。《史记》载苏秦、张仪“具事鬼谷先生学术”（见《苏秦列传》、《张仪列传》）。

鬼谷子因不知其父为谁，故从母姓。

鬼谷子的外祖父王先生是山西曲沃城人，经营珠宝生意，家财万贯，骡马成群，富甲一方。可惜膝下无儿，仅有一女，因此视之为掌上珠，珍爱无比，她就是鬼谷子的亲生母亲。为了让女儿日后能才华出众，才气过人，便延师就教。

花开花落，转眼间掌上明珠已成为二八佳人，不仅辛勤读书，学养有素，而且出尖露众。亭亭玉立的身材，如花似玉的美貌，叫人倾倒。她同时又喜欢与其父漫无边际地谈古论今。

曲沃城中追求这朵含苞欲放名花之豪门大户的公子排成了长队，日夜尾随其后，献殷勤，殷殷期望名花入手。

男大当婚，女大当嫁，王先生此时也开始为爱女的终身大事操心，日夜在心里算计和筹划，要为她寻觅一个称心如意的郎君。

郎君，汉制，二千石以上得任其子为郎，后来门生故史称长官或师门子弟为郎君。

为了圆这个美好的梦，王先生将眼光瞄准了市场的需求，死死盯住齐国这个方兴未艾的国家。这个国家大量需要他的珍珠宝石，那里遍地是金灿灿的黄金，正在等待着他去搬运。于是他心急火燎赴齐国进行“淘金之旅”。

这次“淘金之旅”非常成功，王先生不仅订单不断，客似云来，做成了一大笔交易，而且又通过楚国的达官贵人从中进行有效的疏通工作，为自己的掌上明珠找了一个相当称心如意的郎君。这是一个意外的收获。

这名称心如意的郎君出身楚国的豪门大户，备受楚王的器重，而且楚王无嗣子，急欲让他嗣位。如果促成这门亲事，日后王先生必然水涨船高，从杂色商人得以入流，一跃升为显贵的家族，享尽尊贵的门第名声，这就成了联姻贵族，必有大益了。

王先生想到未来的美好生活，感到幸福、愉快无比，便带着甜丝丝的心日夜兼程，水陆俱进地归心如箭，去完成这门亲事。因为他离家已有两年了。

王先生历经长途跋涉回到家时，亲朋好友都出郭相迎。当他目睹在人群中的掌上明珠挺着一个大肚子时，立即目眩，差点儿从马背上摔下来。

自从王先生离家赴齐国以后，爱女便坠入了深深的爱河，并偷尝了禁果。

禁果，比喻不允许涉及的性行为。

王先生直面这一严重的问题，压不住心头的怒火。他的心极不平衡，他忍受不了女儿败坏家风的恶劣行为，认为这是辱没家门的丑事。更不知道如何回去向楚国那位将成为乘龙快婿的公子交代。他的情绪异常激动，举止已经失常，怒斥道：“这到底是怎么回事，快说！”

王小姐沉着地作答："自从老爹去齐国之后，女儿茶饭不思，饮食失常，心里闷沉沉的。一日，去河边赏鱼，又流连忘返，被宜人的景致吸引住。转瞬间一天的时光已经过去了，眼看夜幕已经降临，饥肠辘辘，饥不择食，忽然间见了水边长有一丛金光四射的麦穗，我便采集吃了。"

王先生是位老于世故的人，哪里能轻易被这些花言巧语瞒得了呢！他勉强地苦笑着说："呀啐！休要胡说，我过的桥比你走的路还要长。快说，这肚子里的孩子到底是谁的？"

王小姐见严父识破了自己的谎言，知道再撒谎也于事无补，最后横下一条心，宁愿自吞苦果，打死也不曝出底细，听凭严父如何打破沙锅问到底，也不泄密。她自始至终独自抽噎，低声啜泣，对父亲不加理睬。

王先生后悔莫及，深感十分惭愧，无地自容。万般无奈之下，一面反思家教的失败，一面又横下一条心将爱女扫地出门，了却此事，自此父女断绝关系。

可怜王小姐孤单无援，身怀尚未出世的婴儿，天高地迥，何处是归宿呢？她只有在漫漫长夜里求索，在路途漫漫中行走。饥饿了，只有以野果果腹，口渴了，只有以山泉解渴。天生人，天养人。号寒啼饥，过着风餐兼露宿的凄风苦雨生活，最终也活了下来。

王小姐被逐出家门的第二年，正值春色宜人，春暖花开的季节。她经过艰苦长途的跋涉，好不容易才来到鬼谷这个人迹罕至的山谷沟底。

刚到山谷，王小姐就感到作呕恶心，昏沉沉的只觉得天旋地转，天昏地暗，见腹内胎儿躁动，心想：已经十月怀胎，该是到了临盆的日子了。她跌跌撞撞地坚持走到一个山洞，这里正好积有干草和败叶，可以取暖，山洞中亦可防风避雨，这可算是一个新家吧！这时胎儿又在腹内躁动，突然间一个婴儿呱呱坠地。这时羸弱的王小姐便强支瘦弱的身躯，使尽最后一身力气挣扎着支撑起来，以自己的鲜血写了遗书："孩子，你是娘食下谷穗后感而有孕生下的，娘怀儿十个月，熬过了一段艰苦的岁月，历尽漫长的艰辛道路。在鬼谷这个地方生你，你的名字也就叫鬼谷。娘的身子羸弱，无法再养育你了，希望你被福星高照，福大命大，能够存活下去，大难不死，必有后福。娘血字。"

写完，王小姐便溘然长逝。

之后，一头正处于哺乳期的母老虎，走入洞里并见了鬼谷子。可能是母畜因为虎崽子夭亡了，思子心切，竟将爱护小崽的本能和无私的母爱转移到嗷嗷待哺急于求食的鬼谷子身上，让鬼谷子吮吸浓浓的母乳。

原来洞里的那堆干草败叶也是母虎用以抚育幼畜的，岂料到目前却为鬼谷子提供了意想不到的取暖设备，让小生命在寒气逼人的深谷中得以幸存，幸免于难，并等待着失去幼畜的母虎回来。

总而言之，幼小的鬼谷子总算闯过了成活的这一关。

《吴越春秋·勾践人臣外传》曰："皇天佑助，前沉后扬，祸为德根，忧为福堂。"鬼谷子总算有了幸福之所，这就是不幸中的万幸。若母虎当时一口将他吞噬掉，那么中国的历史必将重写，司马迁也不可能写出《张仪列传》与《苏秦列传》；秦始皇也难于鲸吞六国，"奋六世之余烈，振长策而御宇内，吞二周而亡诸侯，履至尊而制六合，执敲朴而鞭笞天下，威震四海"，也难于"却匈奴七百余里，胡人不敢南下而牧马，士不敢弯弓而抱怨"。

母虎给鬼谷子吸吮乳汁之后，便外出觅食。

不一会，一位童颜鹤发、仙风道骨、风度神采的老人，发现了可怜的这个遗孤，于是悄然将他抱走，向谷中深处走去。

老者自称是平王姬宜臼东迁时就隐逸于鬼谷，年深日久，屈指一算，约摸也有三百多年了。发现鬼谷子之时，老者正在山中採撷中草药植物。当时发现一头母老虎发出高而长的呼啸声，从山冈而过，迅速地钻进了山洞里。大概经过半个时辰的光景，又沿着曲折山道而出，没精打采地向深山老林中闲走而去。老者觉得新奇，想知道个究竟，于是就冒险到山洞中察看动静。结果发现了一个被褴褛衣衫裹着的婴儿静静地躺在干草败叶上，一动不动的，嘴边尚残留有乳汁的痕迹。不远处尚有一具女尸，肌肉尚未腐烂，这是因为洞中潮湿过冷的缘故。老者又从血书中了解到这个婴儿的凄凉身世，料定日后并非凡夫俗子之辈，于是起了恻隐之心，不忍心将其丢在洞中让其夭折，因而将其抱出山洞，决定亲自教育培养。此所谓"不入虎穴焉得虎子"。

老者精通医术，深通医理，医道高明。在他精心的治疗下，鬼谷子因降生时环境恶劣，在寒湿的山洞中患的风湿性病很快被治痊愈。

秋去春来，年复一年，鬼谷子长大之后，悟性极高，天资聪慧，聪颖过人。老者悉心调教，将自己的学问倾囊而授。鬼谷子往往能从类推中举一反三，触类旁通。老者看在眼里，喜在心上。

光阴似箭，日月如梭，不觉鬼谷子即到总角之年。

总角，古代男女未成年前束发为两结，形状似角，故称总角，后因以指借童年。

老者悉心悉力对鬼谷子传授知识，使之知筋骨又知精神，掌握学识的本质与奥妙。他很快就能上知天文，下知地理，六韬三略，乃至占卜休咎，无一不精，而又博闻强识，甚至对天下了如指掌。他隐居鬼谷，一为修身养性，二为日后造就人才。

此时，为了让鬼谷子理论结合实际，不尚空谈，坐论则是，起行则非，使他知己知彼，老者曾多次带鬼谷子出谷，观人风，察民情，扩大视野，增长才干。邻近的鹤发老人皆知鬼谷中有一对神仙师徒，别具仙风道骨，不同凡俗，仙童见识与仙翁不相上下，所见略同，前程无量，日后必定青出于蓝，留名青史。

光阴荏苒，转瞬之间鬼谷子已在谷中度过了二十个寒暑。一天，老者对鬼谷子言词诚恳、情意深长地说：“鬼谷，为师已将终身所学传授给你，希望你能发愤图强，发扬光大，学有专攻，学有所用，学有所成。当今的世务，兵连祸结，七雄争霸。平民百姓啼饥号寒，生灵涂炭，痛不欲生。你须谨记，你的来历不幸，也是不凡，上苍必将降大任于你。你要有雄心壮志，妥善处置，干出一番轰轰烈烈的事业，把渊博的学识呕心沥血地献给解民倒悬之急上。而解决之道在于求统一。你要谋虑深远，谋划仔细，要找到知己的英主而事之，献上统一天下的计谋策略，使代代恭行而不缀，总有成功的一天。”

鬼谷子庄重而诚恳地道：“弟子谨记于心。”

老者见了鬼谷子作出保证，甚为宽慰，深感对他收养调教的责任已尽，便执意离开，并毅然决定在有生之年，师徒永不相见。

鬼谷子牢记恩师临走时的嘱咐，决定出谷，大肆宣扬自己的治平之策。

治平，本指治国平天下，后指国家太平安定。《大礼 · 大学》：“家齐而后国治，国治而后天下平。”

但治平天下的大事谈何容易！鬼谷子豪情满怀地游说诸侯，说得头头是道。但诸侯们听来感动，想来激动，过后不动。鬼谷子尽管满腹经纶也无用武之地。他到处奔走，又到处碰壁，茫然四顾，想称霸天下的韩、赵、魏、燕、齐、楚、秦的君王都无一位能领情。他的一片苦心孤诣与苦口相劝，得到的是冷言冷语的讥讽，冷冰冰的面孔，更有甚者还恶语相向，态度粗野，如凶神恶煞。

一趟跑下来，鬼谷子累得精疲力竭。但他并不意志消沉，灰心丧气，而是愈挫愈坚。他决定返回鬼谷授徒讲学，宣传主张，传授知识。

鬼谷子隐逸云梦山后，闭门息迹，屏居不与世交接。他著书立说，经手删削三番数次，一部奇书《鬼谷子》终于问世。

《鬼谷子》，旧题周楚鬼谷子著，乃为鬼谷子运用军事谋略、施展政治主张、心理攻防战术、国际关系活动、处世立身集大成之作，充分体现了他的务实精神，也显示出其变化多端的诡谲思想与学术风格。

《鬼谷子》一书一问世，上至王侯公卿、达官贵人，下至升斗小民，无不奉为至宝，手不释卷，竞相争读。一时间洛阳纸贵，竞购一空。鬼谷子亦声名鹊起，远播天下，誉满亲朋。此所谓"十年窗下无人问，一举成名天下知"，不鸣则已，一鸣惊人，再鸣冲天。

连当年鬼谷子到各国苦口婆心地宣传和规劝时曾经讥讽和拒绝过他的一些诸侯们，也深感内疚，纷纷发来信函，表示钦佩之情，倾吐"有眼不识金相玉质"之衷肠。

金相玉质，形容事物质美，有如精雕细琢金玉。有道是"金相玉质，百岁无匹"。

鬼谷子一生经历的磨难太多，身世凄苦。但磨难又是最好的老师。童年的磨难也铸就了他刚强的性格，磨砺了他坚强的意志，磨炼出他的才干。因为他曾经历过劳其筋骨、饿其体肤、苦其心志的磨难，所以，他早把不名一钱的虚名看透。他决定不再出山，继续隐居，广收门徒，让自身的学问代代承传，实现恩师未竟之志。先后投其门下的竟有五百多名弟子，分几期教授。名师出高徒，其中不乏优秀人才，后来指点江山，纵横天下，成为当世风流俊杰。其中，脱颖而出者有首期中的孙膑和庞涓，第二期中的苏秦和张仪。

孙膑在战国时期声誉显扬天下，是行军用兵的军事家。庞涓也是当时名声赫赫的兵家。两人的才能、谋略不相上下，各有千秋。

当孙膑和庞涓学成之际，鬼谷子便以高标准对他们进行了考查，发现庞涓心路狭窄，心术不正，追求功利的思想显著，而且对同窗师兄孙膑心怀叵测。这些都是他的致命伤。

一山不容二虎，容二虎必相斗，相斗必相伤。为了防患于未然，避免同事一主而发生矛盾冲突，鬼谷子先让庞涓下山。过了一段时间之后，才让孙膑下山。临行时又对孙膑谆谆嘱咐，并赠送锦囊，以持其身，在遇到紧急情况时拆开，并依计行事。

不是冤家不聚头，无可回避，这是鬼谷子所料想不及的。他们都同事于一主，效力于魏惠王，且庞涓为将。

庞涓的官员等级高于孙膑，并以小人之心，度君子之腹。他暗忖孙膑的存在对他的社会地位和声誉势必有所危害，因此把孙膑视为眼中钉、肉中刺，用尽一切卑鄙和狠恶的手段，想除之而后快。

孙膑是战国时齐国人，名失传，孙武后裔。因庞涓忌其才出于己，乃阴名膑至魏，假他事处以膑，故称孙膑。可见膑是一种刑法，不是他的真名。孙膑遭此大难之后，已经成了终身无法行走的残废人，而且被关在一个暗无天日的石屋里，加以禁锢。

孙膑对庞涓的绝情忘义深感气愤，并在绝境与绝望中挣扎。突然忆起了下山时恩师赠的锦囊妙计。他忙着将锦囊拆开，仅见三个字“诈疯魔”，即故意装作疯癫痴呆的样子。

孙膑在此绝境之时依计而行，整日不发一言，装疯卖傻，甚至令人作呕的粪便亦大口大口往肚里吞。孙膑终于以恩师的锦囊妙计麻痹了庞涓，使之放松警惕，最终逃出魔窟，躲过一劫。

孙膑因得到齐使之助回国，为齐威王师。魏惠王二十八年（前342年），魏攻韩，齐救韩，用孙膑计，直攻魏都大梁。旋即退兵，诱涓兼程追击。膑在桂陵大破魏军，擒庞涓；一说庞涓在马陵中埋伏计而大败，自刭而死。

当时孙膑协助田忌督师，施展了恩师平生所授的绝妙谋略与战术，充分发挥了行军用兵及兵不厌诈的本领，将庞涓的军队诱入马陵道，并埋伏了重重雄兵，又在一颗大树上削光树皮，刻上“庞涓死于此树下”几个大字。庞涓果然到大树看字，齐军万箭齐发，庞涓中箭身死，这就是“多行不义必自毙”。

孙膑著有《孙膑兵法》，《汉书·艺文志》称为《齐孙子》，已失传。

1972 年山东临沂银雀山汉墓出土竹简中，有其书。

马陵山，在山东临沂县东南，接郯成县界。

这就是两虎相斗必相伤，这就是鬼谷子两个得意门徒斗智斗勇的大结局。

话分两头讲，再说到苏秦和张仪。

苏秦是战国时东周洛阳人，字季子，习纵横家言。他巧言如簧，早年游说诸侯，裘敝金尽，憔悴而归。后为燕昭王谋划策略，从事反间，使齐、赵交恶，并使齐疲于外战。齐湣王末年又为其相，秦昭王约齐湣王并称东西帝，苏秦奉劝齐王取消帝号。与赵相李兑约燕、齐、韩、赵、魏合纵攻秦。赵封其为武安君，迫秦废帝号，归还部分魏、赵土地。他主张合纵抗秦，佩六国相印，为纵约之长，后燕将乐毅联合五国大举攻齐，其反间计被识破，被车裂而死。有《苏子》，今佚，据《汉书·艺文志》纵横家有《苏子》三十一篇。马王堆汉墓出土帛书《战国纵横家书》保存有苏秦的书信辞游说辞十六章，与《史记·苏秦列传》所载不同。

一说苏秦的合纵抗秦策略为张仪所破之后，苏秦遂至齐为客卿，与齐大夫争宠，被刺死。

纵横家，古九流之一，以审察时势、游说劝人为主，战国时著名者，有鬼谷子、苏秦、张仪等人。当时苏秦主张合纵，合山东六国以抗秦，因称为纵横家。纵亦作“从”。《汉书·艺文志》：“从横家者流，盖出于行人之官……言其当权事制宜，受命而不受辞，此其所长也。”

巧言如簧，指巧伪的言辞，美妙动听，有如笙中之簧。《诗·小雅·巧言》：“巧言如簧，颜之厚矣。”《后汉书·陈蕃传》：“夫馋人似实，巧言如簧，使听之着惑，视之者昏。”

现在说到张仪。

张仪，战国时魏国贵族后裔，学纵横术。先游说于楚，后入秦，事秦惠文王，为相。用连横之策，使秦有河西、上郡、河东等地。惠王更元二年（前 333 年），与齐、楚大臣会于啮桑邑（今江苏沛县西南）。次年，魏亦行连横，逐惠施而以仪为相，仪返秦。曾入楚，见怀王，劝楚绝齐亲秦。最终辅助秦王成为霸主，成就霸业。

秦惠文王十年（前 328 年）仪任秦相。由于采用连横策略，游说各国亲秦，瓦解齐、楚联盟。秦因连横之策致使地广国强，仪以功封武信君。

秦武王时去秦入魏为相，一年后去世。《汉书·艺文志》纵横家有《张子》十篇，今佚。

秦惠王死，武王立之后，六国诸侯闻仪不为武王所信任，曾合纵以抗秦。仪离秦去魏。

苏秦、张仪均以三寸不烂之舌，强于百万之师；皆博闻强志，明于治乱，善于辞令，用词精准，入木三分；皆有辩才智慧，均为辩士。《韩诗外传》曰："君子避三端：避文士之笔端，避武士之锋端，避辩士之舌端。"

鬼谷子的目的已经达到，理想已经实现，便停止招收门徒，决定外出云游。遂骑着一头青牛，出函谷关朝西进发，最终隐逸于昆仑山。

云游，喻行踪无定，此指僧道漫游。

函谷关，本文指古函谷关，在今河南灵宝市东北王垛村，战国秦置，因关在谷中，深险如函得名。东自崤山，西至潼津，通名函谷，号称天险。公元前241年，楚、赵、魏、韩、卫合纵攻秦，至此败还。前206年，刘邦西入咸阳，遣兵守此以据诸侯军。汉置关都尉戍守。

昆仑山，在新疆、西藏之间，西接帕米尔高原，东延入青海省境内。层峰垒岭，势极高峻。古代有许多关于昆仑的神话传说。

自此，鬼谷子均过着"遇胜即倘徉，风餐兼露宿"行旅艰辛的生活。他终于与尘世隔绝，高谢人间，啸咏山林，游泛江海，过着悠然自得的生活，所以在道教神仙谱系中，鬼谷子是一个亦神亦人，让人眼花缭乱、扑朔迷离的神秘者。甚至有人认为鬼谷子之名为隐逸者通名，是一个普通名词，不是专有名词，并非实有其人；亦有人说鬼谷先生是古之真仙。真仙就是真人，道家称存养本性的得道的人；有的说鬼谷子是作者假设的人物。众说纷纭，莫衷一是。

命相家相信由人的生辰八字、生肖等，可以推算出一个人命运的好坏。他们"皆以鬼谷先师为祖师"，都认为他是创业者而对他倍加尊崇。

清末胡祖德《沪谚外编·三百六十行营业谣》咏上海起课先生云："起课先生真别致，祖师俱敬鬼谷子。"

起课，方士六壬术，有四课式，用占日之干支为推算之本，因谓求卜为起课。即求卜的人都推崇鬼谷子为祖师。

在浙江鄞县（今浙江宁波）建有专祠"鬼谷先生"的庙宇，称为鬼谷庙，供其神位，让人祭拜香火。鄞县东的太白山（天目山的别称，唐李浑隐居于此）亦建有鬼谷祠。此外，在颍川阳城（今河南开封）、陕西韩城市、湖北当阳荆门市西南、湖南大庸市都有所谓鬼谷，均有不同的鬼谷传说及遗迹。鬼谷子的情节离奇、行为超乎寻常的故事，使其一生充满着传奇色彩。

秦始皇时，古西域三大六城国之一的大宛，北通康居，西南邻大月氏（yuè zhī），盛产名马。当时有许多人不明不白地死在道路上，人们都深为惊奇。这时从天空的远方飞来了一群鸟，每只鸟的嘴里叼着一根草，并轻轻地覆盖在死亡者的脸上，片刻间，奇迹出现了，死了的人都复活了。人们大为惊喜，衙门的官员见了不寒而栗，恐惧万分，认为这不可想象、不可理解，于是就向秦始皇如实报告。秦始皇也深感离奇，觉得不可思议，便派徐福带着草火速去向鬼谷子请教。鬼谷子心中有数地侃侃道来："大海中有十洲，名叫祖洲、瀛洲、玄洲、长洲、炎洲、元洲、流洲、生洲、凤麟洲、聚窟洲。这种草是祖洲的不死草，生长在琼田中，又名养神芝，叶片似菰，不丛生，一根草可以使上千人复活。"

十洲，古代传说神仙所居住的地方，后为道教所承袭。据东方朔《海内十洲记》（一名《十洲三岛记》）记载：巨海中有祖、瀛、玄、炎、长、元、流、生、凤麟、聚窟十洲。又有蓬莱、方丈、昆仑三岛，乃人迹罕绝，神仙所居。合称"十洲三岛"。三岛一作蓬莱、方丈、瀛洲，或称三神仙。《汉书·郊祀上》："此三神山者，其传在渤海中，去人不远，盖尝有至者，诸仙人及不死之药皆在焉。"

祖洲，神仙地名。相传在东海中，地方五百里，有不死草生玉田（一名琼田，肥沃之地）中，可使死者复活。秦始皇便命方士徐福率童男童女五百人往寻，一去不返。

瀛洲，传说中的仙山。《史记·秦始皇本纪》："海中有三神仙，名曰蓬莱、方丈、瀛洲，仙人居之。"其为齐人徐氏上书所云。

玄洲，传说中的地名。据东方朔《海内十洲记》："玄洲在北海之中，戌亥之地，方七千二百里，去南岸三十六万里。上有太玄都，仙伯真公所治，多丘山。"

炎洲，传说为南海中的洲名。上有风生兽、火光兽及火林山，出火浣布。后也泛指岭表之地。

流洲，神话中的海岛名。流洲在西海中，地方三千里，去东岸十九万里；上多山，积石名为昆吾，冶其石成铁，作剑光明洞照，如水晶状，割玉物如割泥（见上书）。

凤麟洲，神话传说西海中央有凤麟洲，洲上多凤、麟，数万各为群。有山川池泽及神药百种。洲上仙人者凤喙及麟角合煎作膏，名之为续弦胶，或名连金泥，能属断弦折金（见东方朔《十洲记》）。

鬼谷子知识博洽多闻，博览古今，为通才。他能言善辩，答辩如流，大凡天文地理，六韬三略，占卜休咎，无一不精，无一不通，又博闻强识，足不出鬼谷而对天下大势了如指掌。众多的子弟，甚至像庞涓、孙膑、苏秦、张仪这样天禀聪颖资质超群的佼佼者，都不能望其项背，更不能青出于蓝而胜于蓝，而是一代不如一代。恩师的气度不凡，气宇轩昂，胸襟恢廓，大度包容，众门徒均不可企及。恩师是通人、通才，众门徒均为专才。说到底，凡人毕竟是凡人，神仙毕竟是神仙，未可同日而语也。

鬼谷子欲将仙家冲拳之术毫不保留地传授给众门徒，使日后能够同升仙境。但张仪、苏秦入世心切，急功近利，急匆匆地出山施展威风和本领。鬼谷子深感寒心，痛切而惋惜不已，感叹其道废绝。他经常在苏秦、张仪跟前垂爱，眼里含着泪花，而张仪、苏秦最终没有领悟过来。恩师洞察他们的心理，去时终须去，再三留不住，只有在临别之际无奈地各赠他们一只鞋。鞋终于化成一只犬，当天就在前引领他们到了秦国。苏秦首先谋划合纵，张仪而后策划连横，都围绕着秦国为主要目标，以秦国的利益为核心，亦以六国的利益为核心，施展战略战术。这确实也使天下人的神经紧绷，热血沸腾。

鬼谷子凝神端详，凝思默虑，心神专注。他朴素雅致而不外露，语言朴质而行事低调。而出其门之生徒都风华正茂，指点江山，纵横捭阖于天下。

由于鬼谷子将天书一部传给了孙膑，才引起庞涓的嫉妒怨恨之心，欲置之死地而后快。当庞涓下山之时，鬼谷子说他“以欺人之事，还被人欺”；“遇羊而荣，遇马而瘁”。他后来诳膑入魏，处以膑刑去膝盖骨。最后却中了孙膑之计而被重兵重重伏围，死于马陵道万弩之下，这是恩师早已预料到的。

德国哲学家斯本（一为宾）格勒（Spengler Oswald）有影响力的一本

研究著作《西方的没落》，对鬼谷子有这样的评价：“鬼谷子的察人之明，对历史可能性的洞察以及对当时外交（合纵连横的艺术）的掌握，必然使他成为最有影响的人物之一。”这一评价，恰如其分。

哈佛大学诚聘戈鲲化任教

容闳（hóng），广东香山（今中山）人。1847 年赴美留学，1854 年毕业于耶鲁大学，是中国最早的留学生。

戈鲲化，1879 年应美国哈佛大学诚聘到该校任教，是中国赴美任教第一人。至今美国哈佛大学燕京图书馆仍悬挂着他的一帧大照片。

鸦片战争失败后，清道光二十二年（1842 年）八月二十九日，清政府与英国全权代表在南京签订了中国近代史上第一个不平等条约《南京条约》，亦称《中英南京条约》、《江宁条约》。《南京条约》共 13 款，其中第二款为割让香港；第三款为开放广州、福建、厦门、宁波、上海五处为通商口岸。自此，西方资本主义侵略者打开了中国的门户，中国由封建社会逐步沦为半殖民地半封建社会。

清道光二十四年（1844 年）七月三日，美国专使与清政府在澳门附近的望厦村签订《望厦条约》，又称《中美望厦条约》、《中美五口贸易章程》，比《南京条约》又更扩大其特权。咸丰八年（1858 年）六月十八日签订《中美和好条约》，即《中美天津条约》，共 30 款，清政府给予其他国家的特权，美国得“一体均沾”。这是第二次鸦片战争期间，美国以调停为名，诱迫清政府订立的不平等条约。

根据条约的规定，美国的商人、传教士等便一拥而入。但美国在华经商的商人深感困难重重，斗大的汉字不识，只是看到大字黑麻麻，小字两个叉，中国话又不懂讲。不识中国汉字，像盲人，不懂听中国话，像聋子，不会说中国话，像哑巴，在中国生活像傻子，讲话比手画脚，耸肩，表示不可理解。为了改变这种窘态，由美国在华商人建议，希望哈佛大学能培养出一些通晓中国话的年轻人，让美国人能在中国政府供职，沟通语言和感情，促进两国间的贸易发展。

尽管哈佛大学当时已经成为美国最著名的大学，商人的建议归建议，但办起来谈何容易，一旦开始操作，必然困难重重。当时就有两种意见：一种认为，要学习中文就必须到中国去学习道地的中文，在特殊的语言环境里耳濡目染，见多听多了，无形之中受到影响，才能达到事半功倍的效果；另一种则认为，可以从中国聘请教师来美国教学。但又到什么地方寻觅合适的教师来担任这个工作呢？

当时埃里奥特任哈佛大学校长，他有大度包容之心，认为在校开设中文课，引进中文人才，具有极大的挑战性，并且可以在学生中刺激双方进行竞争，互相促进。因此他便一锤定音。

埃里奥特（Herb Elliott，1834—1926），美国教育家、公共事务领导人，曾任哈佛大学校长 40 年，是 50 卷《哈佛大学古典作品》（1909—1910 年）的编者。1853 年毕业于哈佛。1867 年赴欧洲研究欧洲教育制度，发表的研究心得引起哈佛校董的注意。1869 年就任哈佛校长至 1909 年退休，将哈佛提升到世界闻名学府的地位。他认为美国的高等教育必须“扩大、加深、朝气蓬勃”，健全的通才教育计划必须给予自然科学与人文科学相同的地位。他提高哈佛的入学要求，其他主要院校群起效法，中学标准亦相应提高。他建议中学在第 7 学年开设外语课及数学课，并制定了美国中等教育的课程。著有《教育改革》、《大学行政管理》等书。

当时埃里奥特记起了自己的朋友鼐德正在美国驻中国牛庄（今河北永年县东南旧永年南牛屯）任领事，便修函请鼐德帮助在中国物色中文教师。鼐德就委托担任清朝总税务司的英国人赫德帮忙。赫德又将此事托付给任职宁波税务司的美国人杜德维。

赫德（Robert Hart 1835—1911），字鹭宾，生于爱尔兰。中国清政府雇用的英籍官员，长期任中国总税务司。1854 年由英国外交部派遣来中国，任英国领事馆官员；1859 年为中国海关广州副总税务司。他曾制定一套由外国人管理的中国海关制度，控制清政府的财政收入，从而干涉中国的内政、外交。中国总税务司历经扩展，至 1895 年雇用西方人 700 名，每年税收达 2700 万两银。总税务司 1896 年起又管理中国的邮政，赫德以顾问身份参与清政府与西方国家间的各种交涉，如 1867 年支持蒲安臣任中国使臣；1876 年为李鸿章的助理，订定《烟台条约》；1885 年策动李鸿章签订《中法新约》；等等。清政府授予其太子少保头衔。1908 年海关总税务司并入清政府的税务处。赫德请假回国，至死卸职，计任中国海关总税务司达48年。

1842年《中英南京条约》签订时宁波对外开放，1844年以后与外国的贸易往来更为频繁。由于对外交往频仍，人们的思想也较为开放，赫德认为在宁波更容易物色到合适的人选。

经过一番周全的考查和细心的思索，杜德维选中了自己的中文老师戈鲲化。他还教过一位英国学生和一位法国学生，当时正在美国驻宁波领事馆供职，对美国有比较全面的了解。

1879年5月26日，美国驻牛庄领事鼐德在上海代表哈佛大学校长埃里奥特和戈鲲化接洽商谈有关事宜之后，便签订了任教合同并签字。合同的主要内容为哈佛大学试聘戈鲲化前去教授中文，自1879年9月1日起至1882年8月31日止，合计3年，每月薪金200美元，凡往来旅费（包括随行人员）概由校方负担。至于在哈佛的课程安排、招生数额、教学程序等，均由校方根据具体情况分先后安排。

当年秋天，戈鲲化举家与一个佣人便走马上任，开始赴任之旅，去陆登舟。经过50天颠簸邮船生活的洗礼，终于抵达美国，开始步入他在哈佛大学为期3年的教学生涯。这时他仅有41岁，可谓风华正茂、激扬文字之时。这是西方名牌大学第一次诚聘中国中文教师教授中华博大精深的文化，从东方文化的古国引进精神文明。这一盛事，亦打开了西方人的眼界，成为西方重磅新闻，美国各大平面媒体争相将此事刊登于醒目版面。当时美国商人也捐赠8750美元，让哈佛大学从中国聘请教师。

戈鲲化1879年10月22日正式在哈佛大学授徒讲学。他所讲授的第一份教材是一篇小说。由于课前作了充分的备课，在教学目的、时间、方法、步骤、检查以及教材的组织等方面均做到游刃有余，同时用词精准，无懈可击，并充分体现出个人的教学特点与风格，为生员们普遍称道。

招收的生员并不局限于本校学生与人士。对任何有兴趣了解中国文明的专家学者，抑或从事传教、海关、外交、商务事业者均敞开馆门，没有设限，没有年龄大小、长幼尊卑、身高体重、相貌美丑、男女老幼、黑白棕黄红等要求，愿意来者，一概不拒，充分尊重人权、人格的尊严，也体现出有教无类的教育思想。只要缴交学费就可进修他所教授的课程。

戈鲲化在教学方法上，注意做到传道、授业、解惑，举一反三，触类旁通，谆谆善诱，结合实际。师范师范，学问高深为师，道德高尚为范。戈鲲化极其重视师德师风，他认为教师应该为人师表，现身说法，让人当做学习的榜样和楷模。同时，也要求学生注意求师、从师之师道，要尊师重道，不仅要重文，更要重德，既要尊师重道，又要敬业乐群。

由于戈鲲化事事起表率作用，他操守清廉、厚德载物、特立独行的高贵品质，且为人厚道，厚重笃实，又体现出深厚的中华文化内涵的背景，从而获得了人们的敬重。

戈鲲化是作为语言老师而被聘用的，他对博大精深的中华文化，对东方的文明古国怀有深深的自豪感。他自律甚严，所以他要谋求做个传播中华文化的使者，而并非仅仅局限于当一个语言教师。他精于选材，精心选用中国诗歌为传播知识的载体和传播精神文明的载体。因为“诗言志，歌咏言”。志，意思在心为志，发言为诗。诗有诗韵，诗韵清锵玉不如。中国是诗的古国，诗歌体现中华民族所具有的文化知识的总和，是民智。它是具有共同语言、共同地域、共同经济生活以及表现于共同文化上的共同心理素质的共同载体，是中华民族所有而其他国家所无的。它具有中华民族在社会生活、文化传统、心理状态和语言习惯等方面的相似性，又形成区别于世界各民族的特有风格，所以，诗是最具中华民族的特有风格载体。它又运用和发展中华民族独特的艺术思维、艺术形式、艺术手法，表现中华民族特有的思想感情，是最具中华民族气派、风格的文学艺术最成熟的标志之一。所以，诗是最具民族化的精品。正因为这样，戈鲲化不管在什么场合、场所，都情不自禁地诗情勃发，均不忘吟咏和讲解几首中国古诗，以此为快，以此为乐，亦以此为荣。

戈鲲化还在哈佛大学特地给教授们设置中国诗文讲座。他登台讲演中国诗文的特点、民族特色与艺术特色、淳厚朴实的特质、让人陶醉的艺术魅力，以及诗人不凡的气度和气质与东方文明古国的气派，从而使听者感叹不已，感慨万分。通过诗情画意及语言行动，深切地感染每一个从未接触过中华文化与文明的美国人。

戈鲲化本身就是诗人，他深刻地意识到诗歌的思想高度、语言凝练、诗句传神的价值，所以，他有意识地在美国致力于文明古国文化的传播，以只可意会不可言传的诗词作为载体，把文明古国诗句的浓浓韵味带给美国人民。

《华质英文》是戈鲲化精心编纂的中文教材，哈佛大学称其为“有史以来最早的一本中国人用中英文对照编写的介绍中国文化尤其是中国诗词的教材”。这本教材收录了戈鲲化自己创作的15首诗作，既有中文原诗，又有英文译文和译音，还对诗中的诗句、典故作了详细和传神的英文译文解释，并详细标出平仄声的发音。

平仄（zè），平声和仄声。诗文声律用字，以四声中平声称平，上去入三声为仄。旧体诗词和对偶文章用字讲求平仄交替，使声调谐协，有一定格式。平声，声调平出而无低昂的称为平声，所谓“平声者，哀而安”。现代汉语北方话又按声母清浊分为阴平和阳平两类。宋人曾言：“近代声律尤严，或乖平仄，则谓之失黏。”仄声字，有平、上、去、入四声。平声归平，上去入三声归仄。

采用这种教学方式，戈鲲化使中文的教育更加传神，更加深入浅出而又生动活泼。通过汉语这一载体，使学员了解中华文化之博大精深和东方文明古国之精神文明特色。毫无疑义，戈鲲化在西方以坚忍不拔的意志传播中华文化，成为登上西方讲坛的第一人，也赢得了西方人的敬重与信赖。他有时被邀请到教授俱乐部去演讲，此所谓“德不孤，必有邻”。而他每次上课和演讲，都穿着清朝的官衣，戴上清朝的官帽。

官衣，又叫官服。古代文官的官衣，圆领大襟，有水袖，式样与蟒袍同，但不绣花。颜色按人物身份而分为紫、红、蓝、黑等色。知府以及状元、进士等用红色，知县、谋士等用蓝色。胸前及背后均缀不同花色的补子（标志不同品级的徽饰）。黑色无补子，称素服，为门官等人穿用。妇女也有穿女官衣的，但不常用。

为了早日融入西方社会，戈鲲化保持积极开放和大度包容的姿态，西方人向他学习中文，他也积极向西方人学习英语。在他的勤奋努力下，功夫不负有心人，他很快就基本能上操一口比较流利的英语口语了，也掌握了一些翻译英语的技能，能够用英语翻译自己的文章和诗词，可算是达到了信达雅的程度。

由于戈鲲化待人诚恳，虚心向人请教，故结交甚广，人缘极佳，与身边的美国朋友相当友善，故美国的一些传媒评价他“擅长交友，待人真诚”，又评他“独特的社交气质使他能够与社会各界人士交往，努力使自己能被大家接受”。因此，他在短短的两年时间里，便与当地美国的社会著名人士与美国的汉学家建立了良好的友谊关系。

汉学家，外国人指研究中国的文化、历史、语言、文学等方面的学问的人。

尽管戈鲲化怀有雄心壮志，想要干一番传播中华文化与精神文明的事业，并想通过汉语教学这一载体而实现，但文章千古事，千古文章未尽才，天有不测风云，人有旦夕祸福，人走不过命，命走不过天，老天总不从人愿。他在哈佛大学的任教期尚未结束，就匆匆走上了不归路，竟于1882 年 2 月不幸染上了恶疾，由细菌、病毒引起肺部发炎，高烧、咳嗽、胸痛、呼吸困难，经名医抢救，未见妙手回春，且病情日益恶化。过了几天，他带着“千古文章事业”未竟的遗憾，抱恨终天，来也匆匆，去也匆匆，最终走上别有天之路。

戈鲲化为一代英才，正当英气勃勃、英姿焕发之时，不幸英年早逝，让人悲切万分。但人们仍从心底里时时怀念他。正如他在美国的朋友在悼词中所言：“通过戈鲲化的言行，我们发现还有很多东西值得我们学习，那就是人与人之间兄弟般的手足关系。”

哈佛大学神学院（19 世纪初开设）院长埃里福特对戈鲲化曾作过中肯的评价，他说：“当他拜访别人时，具有绅耆（qí）般有声望的人的老成持重，机敏过人的态度，尊重我们社会的习俗；当他在款待别人时，又总是以中国的礼仪相待，让人受到隆重的礼遇。他能在新旧两大文明间进行思想沟通、文化沟通和经验交流。”

由上可见，他虽撒手人世，但却给美国人民留下了一笔精神文明的财富，留下了深厚的友谊。

戈鲲化虽名不见经传，为无名之辈，但本书仍留下他一笔。

辜鸿铭奋笔维护中国“国格”

辜鸿铭，名汤生，号汉滨读易者，以字行世，福建同安（今厦门市同安区）人。出生于马来西亚宾榔杩，先后留学于英、法、德等国 14 年，掌握 9 种语言，获得 13 个博士学位，其成就令国人甚至令许多西方人交口称赞。德国著名教授纳尔逊击节赞赏道：“他广泛的集西方文化于一身，并加以消化吸收；这个人熟悉歌德就像一名德国人，熟悉爱默生就像撒克逊人，通晓《圣经》就像一位真正虔诚的基督徒似的。”

歌德，德国诗人，剧作家、思想家，举世公认的世界文学巨匠之一。他也许是像文艺复兴时期伟大的知名人物那样，争取成为多面手（批评家、新闻工作者、画家、剧院经理、政治家、教育家、自然哲学家）的最后一个欧洲人。

歌德出生于美因河畔法兰克福一个中产阶级家庭，曾获斯特拉斯堡大学法学博士学位。深受卢梭、莱辛和斯宾诺莎的影响，和席勒交谊笃厚。青年时期为狂飙运动的主要人物，体现在发表热情的《莎士比亚时代的谈话》上。在政治上反对封建割据，渴望德意志统一，主张自上而下的社会改革。重要作品有剧本《葛兹·冯·伯利辛根》和书信体小说《少年维特之烦恼》。1775 年被邀请担任魏玛公国顾问，并完成名作《伊菲洛涅亚在陶里斯》和剧本《埃格蒙特》。有代表作《浮士德》，还有自传《诗与真》和小说《威廉·迈斯特的学习年代和漫游年代》。所作抒情诗语言优美，优雅动听，内涵深厚，意味深长，被公认为德国诗歌的艺术瑰宝，其作品对德国和世界文学有巨大的影响。歌德有时把自己的科学著作看得高于他的诗歌，对《颜色学》情有独钟。他在生物学和植物学方面亦有较大的贡献。他绝非纯粹的异教徒，他继承了基督教传统。

1832 年 3 月 22 日，歌德在威玛溘然长逝，享年 83 岁。

浮士德，又名浮士德博士，西方民间传说和文学里最持久的传奇之一。《浮士德》讲的是一个关于德国巫师或星相家的故事，他把自己的灵魂出卖给魔鬼，以换取知识和权利，他向魔鬼暗示要做他的密友。他们都死在 1540 年左右，留下了一个关于巫术、炼丹术和占星术的传说。浮士德死后的名望应归功于第一部《浮士德》（1587 年）的无名作者。歌德的《浮士德》（第一部）写于 1808 年；第二部写于 1832 年，由一系列叙事诗、抒情诗、戏剧、歌剧以及舞剧组成，根据神学、神话、哲学、政治经济学、科学、美学、音乐以及文学，以总韵律和文体作出各异的解说。最后，歌德写他得以净化和赎罪，从而拯救了浮士德。柏辽兹对此感动至深，根据歌德诗剧的法译本，创作一部清唱剧《浮士德的沉沦》，该剧首次公演于 1846 年，同时亦以歌剧形式上演。

柏辽兹，法国作曲家、音乐评论家和指挥。对19世纪音乐的多方面贡献生前并未被人所知，身后50年始被人们充分认识，现已成为西方音乐的作曲家之一，也是第一流的戏剧音乐家。1830年获罗马大奖，同年《幻想交响曲》问世，接着《起死回生》于1832年首演成功，1864年合唱剧《浮士德的沉沦》面世。为高产作家，虽在国外享有极高的声誉，但在国内备受敌视。

古诺将歌德作品第一部分改编为歌剧《浮士德》，1859年首演于巴黎。古诺是19世纪维护并发展法国歌剧的主要作曲家之一，曾以大合唱曲《费尔南德》获罗马大奖。《浮士德》于1859年首演标志着法国歌剧发展的新阶段。1870年赴英留居5年，组织古诺合唱团（该团后成为皇家合唱团），同时专心写作清唱剧。

爱默生，美国散文作家、思想家、诗人、演说家和美国19世纪超验主义文学运动领袖，生于波士顿的一个教士家庭。1836年发表《论自然》，这是一本内容广泛的重要著作，是浪漫主义信条的概括，也是爱默生理想主义的最高体现。他提出真正的智慧是通过“自然”领悟神旨，曾轰动一时。1840年协助创办《日规》超验主义杂志。最成功的作品是《人生的行为》，反映出作者全面的人文主义思想。他赞成废除奴隶制。19世纪和20世纪的文化名人如采尼、梅特林克、柏格森等，曾公开承认从他那里受益匪浅。总之，他是美国超验主义运动所产生的具有世界性影响的作家。

撒克逊人，日耳曼民族的一支，古时曾居住在石勒苏益格地区和波罗的海沿岸，曾在北海大肆进行海盗活动。在5世纪早期曾迅速扩展，便同法兰克人发生冲突。772年，查理曼大帝对其进行征服与同化战争。战争马拉松似的持续了32年之久，结果将撒克逊人并入法兰克帝国。

《圣经》，犹太教和基督教的经籍，也是人类历史上发行量最大、最有影响的一部文集。包括《旧约全书》和《新约全书》。《旧约全书》即犹太教的《圣经》，是督教从犹太教承受下来的。全书卷数和次序基督各派略有不同。《新约全书》是基督教本身的经典，包括记载耶稣言行的“福音书”、叙述教会早期的《使徒行传》、使徒们的“书信”和《启示录》，原文为希腊文。4—5世纪，全部《圣经》译成拉丁文。16世纪宗教改革前后，《圣经》在欧洲逐渐被译成各国文字，对各国民族语文的形成和统一起了一定作用。西方文学艺术作品在中世纪很多取材于圣经故事。

辜鸿铭的父亲当时供职于一家英资橡胶园，因为幼小的辜鸿铭对语言表现出神奇理解力与记忆力的天赋，橡胶园主布朗先生特别喜爱他，并领养了他。

布朗夫妇于1867年返回英国，把10岁的养子辜鸿铭带到欧洲。因布朗对中国抱有同情心，便对幼小的辜鸿铭寄以希望，再三叮咛："你的祖国犹如鱼肉，恶贯满盈的侵略者如刀俎，正在挥舞着屠刀准备分而食之，危在旦夕。你要学贯中西，承担起强国富民的责任，教化欧洲和美洲的侵略者。这是我对你寄以的厚望。"

1880年，年轻的辜鸿铭在新加坡认识了清末学者马建忠。马建忠对他提出自己的建议，要他务必认真研究年深日久的中华文化，以报效祖国。这次会面竟然改变了辜鸿铭的人生历程，他下定决心回祖国潜心于中国文物和文献典籍的研究。

马建忠，字眉叔，江苏丹徒（今镇江市丹徒区）人。早年研究西学，1876年留学法国并担任清使馆翻译。博士学位。回国后入李鸿章幕办洋务，官至道员，曾去印度、朝鲜处理外交事务。著《富民说》，用重商主义观点解释经济发展问题。主张废除厘金，实行保护关税，振兴工商业。著有《适可斋纪言纪行》。学贯中西，精通英文、法文、希腊文、拉丁文。所著《马氏文通》，从经、史、子、集中选出例句，参考"西文已有之规矩"，研究古代汉语的结构规律，为中国第一部较全面系统的语法著作。

辜鸿铭在德国当留学生时，有一次乘火车，当时车厢里也有三个德国青年人在座。他们见他一身东方人的朴素装束，脑后又拖着一条长辫子，认为好奇怪，便对他品头论足。辜鸿铭假装满不在乎，便随手掏出一份德文日报，翻倒过来阅读。这时几个德国青年感到诧异，立即对他嘲笑戏谑，说他是土包子，没有见过世面。辜鸿铭仍佯装不懂听，等他们笑饱笑足后，辜鸿铭竟开腔以地道的德语说："德国的文字太简单了，不翻倒过来阅读太没意思。别说如此简单的东西，即使你们的诗圣歌德的《浮士德》，我都能倒背如流。"说着说着他真的凭记忆力背诵出来。几个德国青年自讨没趣，无话可说。

辜鸿铭回国后，入张之洞幕府任英文翻译，清末官至外务部左丞。入民国后，任教于北京大学，推崇儒家学说，反对新文化运动。

那时北京人"咸与维新"，都将辫子剪掉。但辜鸿铭仍恋恋不舍地在脑袋后面拖着一条长辫子，他曾对毛姆说："你看我留着发辫，那是一个标记，我是老大中华的末了的一个代表。"

毛姆，英国作家、文艺评论家，生于巴黎，曾在英、德、法等国受教育，1927 年起定居法国。创作丰富，题材多样。作品受法国自然主义影响，著名的有自传体小说《人类枷锁》，长篇小说《月亮和六便士》、《寻欢作乐》、《刀锋》等，还有《圆圈》等三十多部剧本，短篇小说集《全在一起》和文艺评论。

便士，英国等国的辅助货币。

辜鸿铭还破口大骂那些剪掉辫子的人是"没有辫子的畜生，野兽"！

在民国初年，有人剪掉辫子后没戴帽子，他就嘲骂这种人是"沐猴而冠"！

沐猴而冠，沐猴即称猕猴。猕猴戴帽，徒具人形，以喻人之虚有仪表，实无人性。一说猕猴性躁，不能持久。《史记·项羽纪》："人言楚人沐猴而冠耳，果然。"比喻装扮得像个人物，而实际并不像。

其实，辜鸿铭是大清人中最早剪辫子的人之一，早在他读书于苏格兰之时，他的一位女友很喜爱他那黑油油的发辫，经常拿在手上把玩，且不忍释手。他干脆将发辫剪掉，慷慨赠送给女友，向她大献殷勤。

辜鸿铭后来又将发辫蓄回来。在北京大学任教期间，学生们见到他脑袋后边拖着一条长长的辫子回国，忍俊不禁地哄然大笑。他却态度镇静地登上讲坛，侃侃道来："你们笑我，无非是因为我的辫子。可是诸位同学脑袋中的辫子，就不是那么好剪的啦。"一席话便把同学们镇住了，全场鸦雀无声。之后再也没有人把他的辫子当作笑料了。

1884 年，辜鸿铭担任晚清重臣张之洞的德文翻译，当时张之洞在广东设水陆师学堂，采取西洋新法编练军队，聘请德国军官做军事教练。但德国军官拒绝穿中国军衣，戴中国军帽，也拒绝行跪拜礼。大家对他们奈何不得。辜鸿铭凭着一口流利的德语，以及三寸不烂之舌，最终使德国军官心悦诚服，转变了态度，自觉穿上了中国军装，又同意行中国跪拜礼。张之洞对辜鸿铭器重有加。

跪拜礼，旧时一种礼节，跪在地上，即两膝盖着地，磕头叩地，是旧时最敬重的礼节。

俄国皇太子尼古拉及希腊亲王于 1891 年到中国游历名山大川，当他们来到武昌时，辜鸿铭随张之洞前往迎接。在盛大的宴会上，宾主在一起饮酒吃饭时，尼古拉与亲王窃窃私语，内心窃窃自喜地操法语和希腊语毁谤中国文明与张之洞，以为宴会上的人听不懂，岂料却被辜鸿铭所揭穿，让他们大惊失色。事后尼古拉心悦诚服地说："各国无此异才。"临别时，他特意表明心迹，赠送辜鸿铭一个怀表，表上刻着皇冠，以示崇敬仰慕与歉疚之情。

尼古拉即尼古拉二世，是俄国末代沙皇，也是一个对亚洲感兴趣的俄国君主。1891 年曾访问过印度、中国和日本。十月革命后被处决。

辜鸿铭没有辜负英国养父母的厚望，他在中国以自己的笔锋为武器，捍卫中国文化与精神文明。1883 年发表了英文文章《中国学》，独树一帜地向西方世界大力宣扬学中国文化的道理。

中国学，亦称中国研究，国外关于中国研究的统称。广义指研究中国的哲学、宗教、历史、政治、经济、文学、艺术、语言等各门社会科学与部分自然科学；狭义指研究中国的文献、语言和文学。17 世纪至 19 世纪上半叶为创建期，各国来华传教士中产生了最早的"中国学"家。19 世纪下半叶至 20 世纪 40 年代为发展时期，研究的范围逐渐扩大，发展成为一门综合性学科。

接着，辜鸿铭又在几年的时间里，把《论语》、《中庸》译成英文，相继在海外刊登和印行。之后又翻译完《大学》全书。

从 1901 年至 1905 年，辜鸿铭发表《中国札记》，反复强调东方古国精神文明的积极作用和珍贵价值。

1909 年，辜鸿铭的英文著作《中国的牛津运动》问世，震惊世界，其中德国震动最大。有些大学的哲学系更将此书列为学习和研究中国的必读参考书。这正是所谓"一鸣惊人"。

1915 年，辜鸿铭的新作《春秋大义》（英文版名为《中国人的精神》）问世，立刻使世界振聋发聩，被译成德文、日文等多种文字，尤其是在德国组建起了"辜鸿铭俱乐部"，这是进行社会、文化、艺术、娱乐等活动的团体。他的名字在欧洲几乎家喻户晓。所以在 20 世纪初，西方曾流行一句热门话：到中国宁可不看三大殿，不可不看辜鸿铭。此所谓"再鸣冲天"。

辜鸿铭 1915 年开始登上北大讲坛，步入粉笔生涯。当时他仍保持着清朝时代的装束，从头到脚都是清朝的全副武装。脑袋后面仍挂着一条长辫子，从国外拖回国内。他身穿长袍，样子显得古怪，整个人显得顽固守旧，所有这些过时的装束，成为当时北大一大亮丽的景点，深深吸引着人们的眼球。

辜鸿铭虽留着晚清遗老的形象，但他并不效忠前朝，因为已经改朝换代。他的装束古怪，但思想和脾气并不古怪，他古风犹存，古道热肠，与其古板的外在装束不可同日而语也。

当时北大正在对政治思潮、文艺思潮进行执着的追求，在这种新的环境里，辜鸿铭古板的装束，在人们看来是泥古不化的。这的确不可思议，这与“咸以维新”的思潮太不相称了，但他并未一头浑脑。他天性浑厚，再加上他学贯中西，其学术功底扎实且深厚。他又极具浩然之气魄，胸怀开朗，胸襟开阔，思想开放，所有这些优势更像磁铁似的深深吸引着北大学子。他每在登台授课之时，都开宗明义公开道：“我们为什么要学英文诗呢？那是因为要你们学好英文之后，将我们中国人为人文雅的道理，温柔敦厚的诗教，去晓谕（晓示）那些四夷之邦。”

温柔敦厚，即温和宽厚。《礼·经解》：“温柔敦厚，《诗》教也。”《疏》：“温，谓颜色温润；柔，谓性情和柔。”《诗》依违讽谏，不指确切事情，故云温柔敦厚是《诗》教也。

四夷，东夷、西戎、南蛮、北狄，旧时统称四夷，是古代统治者对华夏族以外各族的蔑称。《书·大禹谟》：“无怠无荒，四夷来王。”本文借指世界各处。

辜鸿铭在一次宴会上，偶尔与素昧平生的严复、林纾等会面。在盛大的宴席间，辜鸿铭竟发出惊奇的怪论：“如果我有权在手，必定要杀严、林二人。”林纾忙问道：“我二人有何得罪了阁下，看在同乡之谊，还请刀下留人。”辜鸿铭声色俱厉道：“严复翻译《天演论》，主张物竞天择，优胜劣汰。于是全中国人只知道应该去竞而不知公理，如此兵连祸结，民不聊生；林纾翻译《茶花女》，如今青年只知道谈恋爱，却忘记了礼教是什么了。如果不杀他们两个，天下将不会有太平。”二人听罢，竟满意地哈哈大笑。可见辜鸿铭的确是个骂人“高手”。

《天演论》，辜鸿铭据英国赫胥黎《进化论与伦理学》译述，分上下卷，共三十五篇，附有按语并作序，表达他自己的见解。清光绪二十一年

（1895 年）译成，1898 年正式出版。为中国近代较早的一部直接介绍西方哲学社会科学的著作，对当时国内鼓吹变法图强和提倡维新运动起过积极作用。

物竞天择，严复用语，是对生存竞争和自然选择的概括。严复在向国人介绍达尔文《物种原始》（今译《物种起源》）时，概括其意为物竞、天择，认为“物竞者，物争自存也；天择者，在其宜种也”（《原强》），用于表达生物进化的基本规律。同时又把这一规律引入人类社会学领域，认为这一规律亦适用于“政教”、“群理”，强调“自强保种”，救亡图存，为维新变法寻找理论根据；但又认为进化“不可期只以骤”，反对突变。此说宣传了斯宾塞的社会达尔文主义，但在当时中国历史条件下却起了相当的进步作用。

优胜劣汰（败），世界万物，互争生存，好的分子，能够对付自然界的事物而得胜；坏的分子，就被天然淘汰而失败。这是一种进化的学说。

兵连祸结，比喻战争接连不止。《汉书·匈奴传》：“兵连祸结三十余年。”

民不聊生，人们不能安定地过日子。

《茶花女》，歌剧。意大利作曲家威尔第作于 1853 年。皮阿维据小仲马同名小说撰写脚本。同年在威尼斯首次演出，共四幕。剧情为：巴黎名妓薇奥莱塔与青年阿尔弗莱德相爱，后为顾全阿尔弗莱德的前程和家庭声誉，忍痛与之断绝关系，不久郁悒而逝。该剧音乐语言丰富生动，人物性格鲜明突出，是威尔第中期代表作之一。虽然该剧的首演并不成功，但后来成了最受人们喜爱的歌剧之一。

礼教：①礼仪教化。指为维护宗法与等级制度而制定的礼法条规和道德标准。《例子·杨朱》：“卫之君子多以礼教自持。”②礼的教育。《礼记·解经》：“恭俭庄敬，礼教也。”

林纾，中国近代翻译家、文学家。字琴南，号畏庐，别暑冷红生。闽县（今福建福州）人。先后翻译英、美、法、俄、德、瑞士、比利时、西班牙、挪威、希腊和日本小说 180 多种，其中不少是世界名著，已出版 160 种。在早期翻译家中影响很大，是大量介绍西方文学的第一人。他精通外文，依仗别人口述进行翻译。长于古文，译笔流畅典雅，时有传神之笔，深受读者喜爱，在传播西方文学方面起了重要作用。晚年反对白话文，抵制新文化运动。著有《畏庐文集》、《畏庐诗存》以及小说、戏曲等。

最吸引辜鸿铭眼球的是东方女性的魅力。他曾以“爱莲”名震寰宇，这与宋周敦颐的爱莲有所不同，他所钟爱的是女性缠足的“三寸金莲”。

金莲，金制的莲花。《南史·齐废帝东昏侯纪》：“凿金为莲华以一帖地，令潘妃行其上，曰：‘此步步生连华也。’”后称女子缠过的小脚为“金莲”。有数字诗曰：

大（一）姐不如二姐姣，三寸金莲四寸腰。

买得五六七钱粉，妆得八九十分漂。

辜鸿铭曾自诩自己的成就主要归功于那双金莲（又短小又恶臭的女人小脚），称其为自己的“兴奋剂”。因为他的原配夫人淑姑，正是凭借那双三寸金莲将他折服的。在他的心目中，淑姑长有一双“特别神气美妙的金莲”，他每每在写作神思不定、神志不清、思路滞塞时，便立刻大喊：“淑姑，快来书房！”一听到呼唤，淑姑便三步并做两步进入书房，任由辜鸿铭将一对小脚在手里攥着把玩起来，不时拿到嘴边嗅来嗅去。片刻后，奇迹出现了，臭脚成了灵丹妙药。辜鸿铭的灵感突然涌现，茅塞顿开，神通大显，神来之笔有如龙蛇般出现在纸上了。他如此醉心于女人的“三寸金莲”，乐此不疲，而且还认为自己发现了“新大陆”似的。他更高谈阔论道：“女人之美，美在小脚。小脚之妙，妙在其臭。食品中有臭豆腐和臭蛋等，这种风味才勉强可与小脚相比拟。前代缠足，乃一大艺术发明，实非虚政，更非虐政。”可见，其认为缠足也是一种“政绩”。

辜鸿铭还有“壶一杯众”高论。他娶第一任夫人淑姑还不到一年，就接着纳日本人吉田贞子为妾，充第二任夫人，晚年又娶第三任夫人碧云霞。三任夫人中有跨国婚姻，总算“一家三制”。

辜鸿铭还有一套为纳妾而自圆其说的“悖论”。他说：“妾者，立女也。”其意是男人在外为家为国不惜劳苦地四处奔波，应有女子立于其旁，以作休息扶手之用。一言以蔽之，纳妾是天意（上天的意旨，又是天理，天然的道理），是天经地义的事。他这一新奇的解说大大超出了《说文解字》的范围，的确是一种标新立异，不能不惹得广大女性特别是西方在华女性的厉声指责与非难。辜鸿铭更据理力争，提出他的“杯壶论”，振振有词地说：“这茶壶和茶杯就好像男人和女人，一个茶壶配上几个茶杯本来就是天经地义的事情。而一个茶杯配上几个茶壶则是万万不可的。”这些悖论不用说是一般女子，即使是武则天有朝一日听到，恐怕也会气炸了肺的。

有道是爷醉酒爷心清，在原则问题上，在大是大非面前，辜鸿铭半点都不糊涂。他坚定不移地坚持和维护己见，认为要爱国，必先爱其文明。他曾再三告诫广大的中国同胞，说：“洋人绝不会因为我们割去发辫，穿上西装，就对我们稍加尊敬的。我完全可以肯定，当我们中国人西化成洋鬼子时，欧美人只会对我们更加蔑视。事实上，只有当欧美人了解到真正的中国人——一种有着与他们真正不同却又毫不逊色于他们的文明的人民时，他们才会对我们有所尊重。”这是字字珠玑、掷地有声的言词，是发自肺腑之言。

19 世纪末，一股“黄祸论”甚嚣尘上。

德国威廉二世画出了《黄祸图》，用铅笔画出草图，并由画家克纳科弗斯完成，然后当作礼品送给沙皇。这幅《黄祸图》对以中国人为代表的黄种人极尽污蔑之能事，说将给欧洲带来威胁与祸害，呼吁欧洲白人联合起来，迅速抵制黄种人的入侵。

直面这股反华逆流，血性的辜鸿铭胸中充满义愤，他义无反顾，执笔奋书，用英文发表了《文明与混乱》一文，这是投枪，又是匕首，义正词严地驳斥了诋毁中华民族荒谬无稽的论调，指出这是无耻之尤，无端生事，并严厉抨击西方强权霸道的政治。他的义旗所向，锐不可当，被人们击节赞赏，誉为驳斥“黄祸论”责无旁贷的第一人。自此尔后的数十年间，辜鸿铭一如既往，数十年如一日，以笔锋为刀枪，奋起捍卫中华民族的尊严，灭了敌人的威风，也赢得了很多西方正义人士的敬重，极大地教化了欧洲和美洲人，再次说明了他没有辜负洋人养父母的厚望。

1928 年，辜鸿铭患肺炎不治去世，享年 71 岁。他的学术范围涉及多方面，成就是巨大的。不宁唯是，他不遗余力地向西方社会大力传播中华文化的杰出贡献，也是举国无双、举世闻名的。

德国著名作家勃兰特夫人，素日对辜鸿铭由衷敬佩。当她得悉他的噩耗之时，深感惋惜道：“辜鸿铭死了，能写中国诗的欧洲人还没有出生!”这只是由衷之言，但也认证了西方人已经高度地认同辜鸿铭在欧洲文化史上的杰出地位。他的贡献让世人惊奇，让世界瞩目。

19 世纪末，正是西方人带着种族偏见对中国进行种族歧视、文明歧视和民族欺辱之时，美国也制定排华法令，使华工备受凌辱。当此之时，辜鸿铭义无反顾地挺身而出，义正词严地口诛笔伐“黄祸论”，捍卫了民族的尊严，维护了中国的“国格”；与此同时，他又大力向西方介绍中国文化典籍和东方古国的精神文明，并向世界大声直呼：中国的文化与文明才真正是拯救世界的“灵物”，具备奇特的效验，是灵丹妙药。这在很大程度上改变了西方人戴有色眼镜蔑视中华民族的眼光，也使中西文明得以沟通，思想得以交流，增进了双方的友谊。西方人这才真正意识到这个东方古国文明的博大深远，中国文化的源远流长，中国人的博洽多闻、胸怀博大以及对人类普遍的博爱。中国有博雅之士，中国岂非无人！

第十二章 奇人

飞毛腿麦铁杖·戴宗

据《隋书》、《北史》记载，麦铁杖，隋广东始兴县人。不识书，骁勇有膂（lǚ，脊骨）力（体力），走及奔马。少时为盗，后投司徒杨素，从素征突厥、击杨谅，以战功除右屯卫大将军。辽东之役，为先锋。尝曰："大丈夫性命自有所在，岂能艾炷灸頞，瓜上蒂歕鼻，治黄不差，而饿死儿女手中乎！"以先登陷阵战死。谥"武烈"。

艾炷，以艾绒搓成的灸炷，用于灸术，俗呼"艾绒"。《北史·李洪之传》："疹病久疗，艾炷围将七寸，首足十余处，一时俱下，言笑自若，接宾不辍。"

灸頞歕鼻，古代治病的方法。以艾炷灸鼻梁，以瓜蒂喷鼻。

麦铁杖，名饶丰，号铁杖，以号行世。生于陈朝和隋朝期间。其父姓何，名曾唯。母梁氏，广东始兴江口人。

古代对武士的挑选是非常严格的。其标准是，穿上胸甲、胫甲、臂甲，手执十二石（dàn，十斗等于一石）强弩，背五十支箭、十杆戈，戴头盔，佩剑，携带三天干粮，半天跑完一百里。隋朝的麦铁杖能日行五百里，可谓当朝的飞毛腿。

据《元和姓纂》十记载，麦姓是春秋时麦丘老人之后。麦丘本是战国时齐国地名。齐桓公至麦丘，有老人祝寿，公封之麦丘，后因以为氏。麦姓分布较广。隋代有麦铁杖，元代有麦文贵，明代有麦而炫。《麦氏族谱》载：“至隋朝有麦铁杖者，东征辽东，屡立战功，仕至右屯大将军，其日行百里，吃麦三斗，贤孙三才皆以仕官。”

麦铁杖本从父姓何，因征辽屡立战功，隋文帝问其愿任何职，麦铁杖作答：“愿能日食斗麦足矣！”隋文帝遂赐姓麦，成为岭南麦氏始祖，即为麦氏来源，其后世子孙皆姓麦。隋文帝亡梁灭陈，结束西晋末年以来三百年的分裂局面，统一全国，麦铁杖功不可没，为隋朝开国元勋，也是功绩卓著的大将军。

麦铁杖幼年时性情怪诞不羁，多所犯忤（wǔ，不顺从），使酒贪杯，由着脾气，任情使性。交游甚广，守信义，酷好打渔狩猎，不屑经营产业、居积财货、经营生利。陈朝宣帝太建年中，麦铁杖聚众成伙，抢掠财物，被广州刺史擒获，扭送陈朝都城治罪。麦铁杖便没入官府为奴，专司给皇上打御伞。退朝后，麦铁杖退而不休，还有别的事等着他去干，往往徒步百余里赶在晚上抵达徐州，翻越城墙进去，手执火把及兵器，公然抢劫。凌晨又赶回来“上班”，到时又为皇上打御伞，交差了事。

麦铁杖如此这般干了十多次之后，成为惯习，每每得心应手，犹如探囊取物，已经成为惯匪。有的物主认得出他就是麦铁杖，徐州官府便将此事上报给朝廷。朝廷大臣见麦铁杖每天早上都按时上朝执班，哪里有人相信，都以为认错了人。但劫案接踵而至，报告一个接着一个而来。给事郎蔡征便想出一个办法，悬赏一百两白银，求人将诏书火速送往徐州给刺史。

蔡征，南朝陈济阳考城人，字希祥，少聪敏，博识强记，继母不慈而事之益谨。征本名览，景历以为有王祥之性，乃更名征，字希祥。初仕梁，陈宣帝太建中累迁至太子中舍人，后主重其才，迁户部尚书。陈亡入长安，隋文帝闻其敏赡，召见顾问，言辄帝意。久之，除太常丞，终于给事郎。

重赏之下，必有勇夫。蔡征的计策应验了。

麦铁杖主动要求承担送诏的责任。果然第二天早上就赶回来交差。这时皇上和文武大臣们才大开眼界，深信麦铁杖的确是能耐不小，有真本领。隋文帝对麦铁杖的坚毅和勇武精神极其钦佩，同时又产生怜悯之心，对他谆谆告诫之后便赦免了他。

陈朝共历五帝，33 年，589 年为隋所灭之后，麦铁杖迁徙清流县（今安徽滁州市）。江东叛乱时，车骑大将杨素招募麦铁杖从军。麦铁杖头戴草束（草帽）隐蔽自己，迷惑敌人，深夜渡江进行侦察活动，侦探到敌情，侦察清火力之后回来。后来又深入敌后，不幸被贼军擒获，贼帅李稜将他捆扎成粽子，使之动弹不得。又派三十四名士兵押解去给高智慧，走到庆亭时，士兵歇息吃饭，也暂松绑手让他吃饭。麦铁杖掌握时机夺刀，犹如斩瓜切菜般，一口气就将全部押解的士兵杀光，火速逃回，还带回割下的三十多个鼻子作为信物，证实自己所言有据，杨素对他投出惊奇的目光。

乱局平定之后，评功授奖时却没有麦铁杖的份。杨素从驿道赶回京师时，麦铁杖就徒步追赶他，船到舢到，每天晚上都和杨素同宿一间驿站。接触多了，杨素也了解麦铁杖的意思，专门上奏皇帝，请求封麦铁杖为仪同三司。

仪同三司，勋官名。隋置，秩从五品。

由于麦铁杖不识字，干不了这个差使，皇帝只有放他还乡里。因云州刺史李彻钦佩麦铁杖骁勇，开皇十六年（596 年），隋文帝又征麦铁杖为车骑将军，仍然在杨素麾下北征突厥，因战功赫赫被封上开府仪同三司（秩正四品）。

仁寿四年（604 年），隋文帝病重，被太子杨广所弑。杨广为文帝次子，开皇二十年（600 年）勾结杨素谗陷兄杨勇，夺得太子位。杨广即帝位后为隋炀帝。汉王杨谅（一名杰），文帝第五子，于文帝卒，遂发兵反，为杨素击败而降，除名为民，终幽囚以死。

因麦铁杖跟随杨素讨伐杨谅作战，捷足先登，攻城略地，屡建战功，遂被晋封为柱国。

柱国，官名，原为保卫国都之官，后以为最高武官或勋官。

后来麦铁杖被任命为莱州（今山东莱州市）刺史。这是个闲职，无用武之地，白吃饭打发时光罢了，后来改任汝南太守。

汝南，泛指今河南鲁山县以东，宝丰县以南，叶县西北一带地区。麦铁杖任命为太守，这实际上已经改行，从孔武行转变为地方文官。他又得从头学起，开始学习命令、指示、法律、法纪等。牛刀小试，擅抓治安，便使盗贼闻风丧胆，销声匿迹。

在一次朝廷集会上，考功郎中窦威对麦铁杖以言词笑话道："麦是什么姓?"麦铁杖应对如流，作答："麦豆半斤八两，何必大惊小怪!"即窦威说这话也不脸红！窦威自讨没趣，故无言以对。自此麦铁杖才改变人们的眼光，大家向来认为麦铁杖头脑简单，四肢发达，是一个冒失、粗鲁的莽汉，这次才真正认识他是一个应变能力强，反应敏捷，天资聪慧过人的人。

半斤八两，旧称以十六两为一斤，半斤八两表示轻重相等，不相上下。宋惟自《法恭禅师》："踏着秤锤硬似铁，八两元来是半斤。"

窦威，隋炀帝大业中迁内史舍人，数谏忤者，转考功郎中，坐事免。

考功郎中，官名，为考功司的主官，唐宋属吏部。

此后，隋炀帝又升麦铁杖为右屯卫大将军，且与之亲密无间。

麦铁杖屡建奇功而受重赏，受恩深重常怀"捐躯赴国难，视死忽如归"的精神。后来隋炀帝讨伐高丽，麦铁杖自告奋勇，当先头部队冲锋陷阵，一往无前。当时他已患黄疸病很厉害，史书载有他曾对医生吴景贤道："大丈夫性命自有所在，岂能艾炷灸额，瓜蒂喷鼻。黄疸没治好，结果死在儿女手中!"他出征前将渡过辽水时，对三个儿子说："你们备好浅色黄衫。我深受国恩，今天就是我的死期。我被杀后，你们不愁富贵，只管忠诚与孝顺，你们一定要努力做到!"这话最终成为诀别。

黄疸，一名黄病。病人的皮肤、黏膜和眼球的巩膜发黄的症状，由血液中胆红素增高而引起。某些肝炎有这种症状。

后来，桥尚未搭好，离东岸还有几丈远，成群的高丽兵便蜂拥而来。麦铁杖便奋力跃上对岸，浴血奋勇杀敌。武贲中郎将钱士雄、孟金叉也接着跃上了岸，奋勇杀敌。其余士兵跃不上去。由于寡不敌众，士兵无可奈何地看着三位猛将为国捐躯。

武贲中郎将，官名。晋代沿置汉魏的虎贲中郎将，但改其名为武贲中郎将。虎贲郎即称武贲郎，掌宿工侍从。

隋炀帝悲痛欲绝，且不禁悲咽起来，不惜重金购回麦铁杖尸首，下诏道："麦铁杖志气昂扬，骁勇善战，功绩卓著，功勋不朽，陪朕兴师问罪，冲锋陷阵，一马当先，节高义烈，身殒功存。其遗言至诚，令人追怀伤悼，应该获得殊荣，借以彰显其美德，可赠先禄大夫、宿国公，谥号'武烈'。"为厚葬麦铁杖而举行隆重的仪式，且厚待其子而赠以厚礼。

麦铁杖死后的七百多年，元末明初时人施耐庵加工、写定的《水浒》一书中有戴宗者，他是梁山一百单八条好汉之一，有“神行太保”这一绰号。

太保，旧时称庙祝、巫者曰太保。宋俞琰《书斋夜话》引朱熹：“今之巫者言神附其体，盖犹古之尸，故南方俚俗称巫为太保，又呼为师人。”《宋史·孙子秀传》记子秀为吴县主簿时，有人称水仙太保，为子秀沉于太湖。

戴宗的甲马不是指铠甲和战马，指的是神符。《水浒》三八：“原来这戴院长……把两个甲马拴在两腿上，作起神法来，一月能行五百里；把四个甲马拴在腿上，便一日能行八百里。”清虞兆隆《天香楼偶得马字寓用》：“俗于纸上画神福像，涂以红黄彩色，而祭赛之。毕即焚化，谓之甲马。”

麦铁杖是隋朝人，戴宗是宋朝人。宋朝的计量单位比隋朝稍短。宋里与华里的换算关系是：1 宋里 =0.96 华里，800 宋里 =768 华里。

戴宗穿的是纸马，即以印有彩色神像红、黄色纸捆束在双腿上，这样就具备有神行术，所以健步如飞。据清代诗人与史学家赵翼《陔余丛考》载：“世俗祭祀，必焚纸钱、甲马。”平民百姓在航海、送葬、祭奠、进香时，都必烧纸钱和甲马。但烧甲马并没有提速之意。有的人也忌讳烧香，以为烧香引寇。

总之，麦铁杖日行五百里主要依靠的是体力、气力和脚力，戴宗主要依靠神力。麦铁杖还稍胜一筹，是过硬功夫，是跑得特别快的人，即为“飞毛腿”。

有史以来世界第一高人詹世钗

詹世钗是有史以来世界上最高的人。

据《鸿溪詹氏宗谱》记载：“世钗乳名五九，字玉轩，1841 年 12 月 20 日申时生，娶大英人氏，子泽纯，1876 年 9 月 17 日卯时生。”

文物普查人员于 2010 年到江西省婺源县浙源乡虹关村，发现了迄今为止世界上身高最高的高人故居。高人故居祖居屋为明代建筑，门廊足有3米多高，冠名“玉映堂”，又称“长人故居”。同时这位高人的照片也被发现。此照片1880年左右摄于香港，以手摸有凹凸感，黑白色，总体无光。

詹世钗与太太及英国友人合影

据地方志《婺源县志》记载：“清道光年间，虹关人詹真重，字衡钧，出生未满月，俨然六岁童，体重30斤。成年后身高有8尺。其子詹世钟，同父一样高大，臂力甚大，游经河南时，军门特招之效用，并保举六品衔。其四子詹世钗，身高亦有丈余。”

宣鼎是清安徽天长人，号瘦梅。同治、光绪间以画花鸟名，题画诗词亦俊俏，有《夜雨秋灯录》。他在这本书上记载：一天，洋人看到了詹世钗，觉得非常奇怪，并以重金把他请去给他穿上官服，到处展览卖票供人观看赚钱。清朝对官服是有严格讲究的，一般百姓不能穿官服，更不能穿着官服照相。据史料记载，詹世钗曾在上海玉映堂墨厂做工，后被美国人重金聘请，周游世界表演。后入英国国籍，娶英国人为妻，晚年客死在英国。

根据虹关村民詹庆德说，小时候听父辈人说过，詹世钗的妻子还教过村里小孩学英语。

王峰军是河南青年，人们都公认他是高个子。但清朝的詹世钗还比他高出0.74米。美国的桑迪·艾伦更不在话下，詹世钗比他还高0.88米呢。

所以，詹世钗是有史以来世界上最高的人。

第十三章 奇女子

古代第一美人毛嫱

毛嫱，古美女名。《庄子·齐物论》：“毛嫱、丽姬，人之所美也。”《释文》：“司马（彪）云：毛嫱，古美人，一云越王美姬也。”《战国策·齐》四作毛嫱。《太平御览》三八一引《庄子》作“西施、毛嫱”。

人们但知西施为中国古代第一大美人，殊不知比西施更美者尚有人在，那就是春秋时期越国绝色美女毛嫱。毛嫱才是货真价实的古代第一美女。

相传毛嫱是越王勾践的宠妃。

毛嫱、西施都是春秋末越国人，出生的年代相当。毛嫱是“沉鱼”的原始形象，是美的化身。

沉鱼落雁，《庄子·齐物论》：“毛嫱、丽姬，人之所美也。鱼见之深入，鸟见之高飞，麋鹿见之决骤，四者孰知天下之正色哉。”庄子原意谓鱼鸟不辨美色，唯知见人惊避，后人变为形容妇女美貌之词，并改鸟飞为落雁，遂有“沉鱼落雁”之语。《朝野新声·太平乐府》三《采莲女》曲：“羞月闭花，沉鱼落雁，不恁也魂消。”明汤显祖《牡丹亭·惊梦》：“沉鱼落雁鸟惊喧，羞花闭月花愁颤。”

原始的“沉鱼”应指毛嫱，“落雁”应指丽姬，并非指西施和王嫱（王昭君），可见中国古代第一大美人非毛嫱莫属。西施之美也难以望其项背。

但是为何西施名满天下呢？

因为越王勾践以西施施展美人计，最终灭掉了吴国，使她的声名鹊起，于是把毛嫱的名字远远地抛到了后面。再说昭君，西汉南郡秭归人，名嫱或墙，字昭君。远嫁匈奴呼韩邪单于，作为和亲。亦声名鹊声，落雁之名亦属昭君。浙江绍兴县南若耶山下的浣纱溪旁的浣沙石，相传西施浣纱于此，故沉鱼之名非西施莫属。而春秋时期的绝色美人的名字也逐渐为人所淡忘了。

再说，其后对美女加以赞颂的巨著中，凡同时出现毛嫱、西施的，大多以毛嫱居前，西施列后。

战国时法家学说集大成之代表作《韩非子·显学》记载："故善毛嫱、西施之美，无益吾面，用脂泽粉黛，则倍其初。"

战国齐管仲《管子》中的《小称》云："毛嫱、西施，天下之美人也，盛怨气于面，不能以为可好。"

汉淮南王刘安《淮南子》云："今夫毛嫱、西施，天下之美人。"

以上巨著都把毛嫱列为首，西施则次之。但《淮南子》偶尔也有把西施列为首者，言"西施、毛嫱，状貌不可同，世称其好美均也。"

女性美的标准"小蛮腰"

古今中外，人们对佳丽的评判都没有一个统一的标准，现代的选美机构也只能从女性的面部、胸部、臀部等身段的比例及风度、举止等方面提出一个原则性的要求。

中国2500多年前的《诗经》在《卫风·硕人》中，就有对卫庄公夫人庄姜的美貌的形容："手如柔荑，肤如凝脂。领如蝤蛴，齿如瓠犀，螓首蛾眉，巧笑倩兮！美目盼兮！"其意为：两手好像又软又白的嫩芽，皮肤好像凝结的膏脂。颈子好像长而白的蝤蛴（蜗牛的幼虫，白色），牙齿好像整齐而洁白的瓠瓜（花白色，果肉白色），蝉子似的方额，蛾子似的长眉。巧笑的酒窝啊！美丽的眼波啊！

这几句诗言庄姜体貌之美。钟惺云："巧笑二句言画美人，不在形体，要得其性情。此章前五句犹状其形体之妙，后二句并其性情生动处写出矣。"按：笑用一倩字，目用一盼字，化静为动，化美为媚，传神写照，活画出一个美人形象来。一时代有一时代之语言，自愧使用今语难以表达古语之妙。作者善于借助一些贴切而新颖的比喻，去绘形状物，让人一见之下，历久难忘，这就是用"对比"的手法。诗中连用了六个比喻，不但写出了容貌，而又道出其身份，最后又加上点睛之笑，使之更为传神而栩栩如生，呼之欲出。清人姚际恒，少折节读书。既而尽其词章之学，专事经学。五十岁后，专心著述，以十四年之力成《九经通论》。又有《庸言录》、《古今伪书考》。他将上举《诗经》句誉为"千古颂美人者无出其右"（《诗经通论》）。

得克萨斯是美国中南部的一州，也是美国本土48州中最大的一州。全州设有公私立高等院校115所，著名的得克萨斯大学是其中之一。该大学的美国犹太作家、1978年诺贝尔文学奖金获得者辛格所领导的研究小组曾对34.5万部小说、戏剧与散文中有关描写佳丽的段落加以分析。作品的大部分产生于英国与美国16—18世纪的英语文学著作，尚有小部分选自中国和印度1—6世纪的爱情诗歌和男女情欲作品。他们广泛涉猎人类历史及各民族的悠久文化，均随手都可找出对佳丽细致生动的描述，这些描述形象地描写出各种美女的神态。公元前4世纪至公元6世纪，以希腊共同语描述的史诗，是从错综虚幻、丰富多彩的神话中概括提炼出来的，也是古希腊戏剧和艺术作品的重要题材。诗歌就是文学的初型，主要是抒情诗。

研究者对所涉及的作品里屡屡出现描写佳丽外貌的词语进行对比，发现"纤细的腰围"出现的概率较高。腰围是腰部周围的长度，是辨别女性生育能力及健康状况的一个极其重要的依据。这是与雌激素水平紧密相关的。

雌激素是人和动物卵巢分泌的一类激素，属胆固醇化合物。有两类：①卵泡分泌的雌激素，刺激性器官发育成熟，引起并维持副性征和性周期；②黄体分泌的孕酮，促进子宫发育，以接纳受精卵，有安胎、抑制排卵并促进乳腺发育的作用。两者及其衍生物和同型物均已能人工合成，应用于临床和畜牧业。

女性到了青春期，即10～20岁，包括童年后期、少年期及青年早期阶段，此期的主要特征为体格生长的再度加速，生殖系统的发育骤然增快并渐趋成熟，包括乳房、阴毛、腋毛等第二性征的相继出现。由于受神经内分泌的调节变化，常出现精神、心理、行为方面的不稳定。独立性加强，兴趣广泛，对外界反应的敏感性亦增高，但知识面尚欠广。

女性到了青春期后期，腰、臀部随着雌激素水平的提高而变细、变紧。随着年龄的增大，腰、臀又会随着荷尔蒙（hé’ě méng，激素的旧称）水平的下降逐渐扩张，患病的概率必然增大。因此在男性的心目中，“小蛮腰”便成为佳丽的最高标准。这就是真正的美女的标准。但美在各朝代的标准不尽相同，例如，楚灵王好细腰，国中多饿死；汉以瘦为美，唐以胖为美，即“汉瘦唐肥”。

同时，男性对佳丽的欣赏还普遍注重态度端庄大方；有光泽的秀发与润滑的皮肤；乳房双峰隆起；卧蚕眉；举止要有神采；气质轻圆柔缓；体态瑟缩，貌色低摧；臀稍峰起圆润，腰部稍瘦削，形成“杨柳细腰”状，亦即谓之“小蛮腰”；体型丰满，外形窈窕。

公元17—18世纪的文学作品对女性的丰满身段、丰润的两颊的描写居多，西方文学以形容面部为水蜜桃居多，东方文学以“出水芙蓉”描写居多。西方以单眼皮为美，东方以双眼皮为上。

综观人类历史与各族灿烂的文化，如古希腊史诗与神话，古代波斯的诗歌，中国先民歌唱的《诗经》，神话的故乡《山海经》、泽畔的悲歌《楚辞》，失去的大观园《红楼梦》、写实奇书《金瓶梅》，古代埃及的诗作，古巴比伦文化，以及各民族的神话，尽管对佳丽的描写千姿百态，各不相同，但对“小蛮腰”这一标志健康美与生育能力旺盛的美均有普遍浓墨重彩之笔。

今天，人们也将婀娜多姿的高层建筑形似女子姿态的优美称为“小蛮腰”，如建于广州国际会展中心附近（即赤岗塔附近）的广州塔（世界第一高塔），人们就爱称为“小蛮腰”。

广州塔（小蛮腰）

美女·才女·烈女吴绛雪

吴绛（jiàng）雪，清浙江永康人，名宗爱。教谕吴士麒女，诸生徐明英妻。貌美工诗画。康熙十三年（1674年），耿精忠叛，部将徐尚朝寇浙江，称献绛雪则地方可无事。时明英已死，绛雪为家乡故，从贼行，至三十里坑，投崖死。有《徐烈妇诗钞》。（《碑传集补》卷六〇）

吴绛雪长得貌美端庄，玉洁冰清。长到十六七岁时，貌似出水芙蓉，身材亭亭玉立。她自幼秉承家学（即家族世代相传之学），天资聪慧，心思敏捷，聪颖过人。年仅9岁即通音律（即音乐上的律吕、宫调等乐律），能随声唱和。11岁作处女作七绝《题晴湖春泛园图》：

画桡缥缈欲凌空，两岸桃花映水红。
三十里湖晴一色，春来都在晓莺中。

桡（rǎo），划船的桨。晓，天亮，天明。诗中尽情抒发情怀，情味正浓，别具一番早春美景的趣味，读之令人击节赞赏。这是一鸣惊人之作。

绛雪12岁便能以诗入画，设色柔和，构思精巧，堪称精绝。书法甚工，一时声名鹊起。她对造型艺术的绘画亦有专攻，尤擅花卉静物画、人物画、动物画等，兼善静写生和室外写生。传世画作有《落英》、《梅鹊图》等珍品。

绛雪姿容娇艳，体态娇娆，为红杏一枝。不幸的是丈夫徐明英英年早逝，只剩下她一个孤零零的年轻未亡人。

绛雪的《咏四季诗》曾经享誉一时：

咏四季诗

莺啼岸柳弄春晴夜月明，
香莲碧水动风凉夏日长。
秋江楚雁宿沙洲浅水流，
红炉透炭炙寒风御隆冬。

这首诗共40个字，第一句咏春天月明，第二句咏夏天日长，第三句咏秋天水流，第四句咏冬天红炉。整首诗又可生发出四首七绝，每一句又生发出28字，分别咏春夏秋冬四季的七言绝句：

春

莺啼岸柳弄春晴，
柳弄春晴夜月明。
明月夜晴春弄柳，
晴春弄柳岸啼莺。

夏

香莲碧水动风凉，
水动风凉夏日长。
长日夏凉风动水，
凉风动水碧莲香。

秋

秋江楚雁宿沙洲，
雁宿沙洲浅水流。
流水浅洲沙宿雁，
洲沙宿雁楚江秋。

冬

红炉透炭炙寒风，
炭炙寒风御隆冬。
冬隆御风寒炙炭，
风寒炙炭透炉红。

此外，原诗又能生发成四首咏四季的五言绝句：

春

莺啼岸柳弄，春晴夜月明。
明月夜晴春，柳弄岸啼莺。

夏

香莲碧水动，风凉夏日长。
长日夏凉风，动水碧莲香。

秋

秋江楚雁宿，沙洲浅水流。
流水浅洲沙，宿雁楚江秋。

冬

红炉透炭炙，寒风御隆冬。
冬隆御风寒，炙炭透炉红。

这首诗文思缜密，构思精巧，采用修辞手法的回文（回文体），诗词字句回旋往返，都能成义可诵。南朝梁刘勰《文心雕龙·明诗》说回文为道原所创，已佚传。今所传者以南朝宋苏伯玉妻《盘中诗》为最古。宋严羽《沧浪诗话》列《盘中诗》为一体。《注》称："《玉台集》有此诗，苏伯玉妻作。写之盘中，屈曲成文也。"宋刻误失其名。另一种手法是采用重文、借字，但又不是通假字、借用字，而是前句的重读。

有道是"屋漏更遭连夜雨，行船又遇打头风"，祸不单行，吴绛雪青年丧夫成为未亡人，加上风云变幻莫测，更悲惨的命运正在等待着她。

清汉军正黄旗人耿精忠，康熙十年（1671 年）袭封靖南王。康熙十三年（1674 年），据福建与吴三桂同反，命其部将徐尚朝进兵，迅即攻克处州。是年六月，徐的大兵兵临永康城下。他早年曾宦于处州（今浙江丽水市西），对吴绛雪的秀美姿容、才艺超绝早有所闻。此番入浙，又探知吴绛雪已是未亡人，住在县城后塘弄的娘家，深居简出，徐便故意扬言："只有献出绛雪，才能免除永康全城屠戮。"企图将绛雪占为己有。绛雪惊闻，知噩运已临头，长太息以掩涕而后说："未亡人终一死耳。"

未亡人，旧时寡妇自称之词。

接着，吴绛雪慨然应许。徐尚朝得悉后，立即号令部属，路经永康严禁杀掠，自己则率军进击金华。当绛雪被护送经白窑岭时，她突然勒马止步不前，并叫护送的人取水解渴。她乘护送者不备这一难逢的瞬间，说时迟，那时快，便纵马驰向悬崖绝壁，赴涧身亡，时年仅 24 岁。徐尚朝“癞蛤蟆想吃天鹅肉”，痴心妄想。

吴绛雪以其大智大勇维护自己的纯贞，以其宝贵的青春向世人证明她灵魂的冰清玉洁，表明她心地的纯洁。她不愿把一朵玫瑰花插在牛粪里。她出淤泥而不染，濯清涟而不妖，可远观而不可亵玩。她在破灭中求完整，在黑暗中求光明，在死亡中求永生。她以刚烈的行动反抗侮辱，保卫自身的纯洁与坚贞，最终也保护了父老乡亲免遭厄运。她谱写出人类最壮丽的诗篇，她的死亡，死得悲壮。

《栀子同心图》是吴绛雪 23 岁时的杰作，将回文诗的写作技巧升华到炉火纯青的地步。

栀（zhī）子，又名“黄栀子”、“山栀”，茜草科，常绿灌木，夏日开白花，顶生或腋生，有香。果实用水淬取可得黄色染料，用于纺织纤维染色。果实中的色素主要为栀子甘。果实入药，性寒，味苦，功能清热泻火，主治热病心烦、目赤、黄疸、吐血、衄血、热毒疮疡等症。

此图形若怒放的栀子花。全图共有 165 字，中央是以“雪”为核心的 81 字组成方形之阵，其余 84 字布成弧形，均匀地排列在栀子花瓣周边，每瓣 14 字。栀子盛开，六瓣同心。按照一定顺序罗列瓣之周边与花蕊的文字，左旋右折，结构精巧工致，读之使人勾魂，心神摇荡，不能自已。往复顺逆，能吟出上千首诗词之多，让人叫绝。此谓“再鸣冲天”。

周皇后喋血明宫

——崇祯周后贵妃生同欢死同穴

明朝末代皇帝朱由检，是光宗朱常洛的第五子。光宗是短命皇帝，1620 年即位，旋即患病，服鸿卢丞李可灼所进红丸，次日即死，在位不满一个月。由子朱由校即位，是为熹宗，即位六年后病死。又因光宗二、三、四子夭折，由张皇后力主，遗诏以皇弟信王朱由检嗣皇帝位。这是幸运儿，“尾尾结凤凰”。朱由检继位后称为崇祯皇帝。

朱由检接手的是一个烂摊子，不易收拾的局面，又混乱又难于整顿的残局。外有强寇虎视眈眈，兵临城下，于建州（今吉林东境与辽宁西南一带）的女贞部落后金，对中原的物阜民丰垂涎三尺，蠢蠢欲动，不时进犯明土，关外土地全部沦陷；内有流寇十二家七十二营，趁机而起，而李自成、张献忠等饥民蜂起尤为甚。朝廷中有魏忠贤等宦党、熹宗乳母客氏等作乱，把朝廷搅成一锅粥。思宗即位后，以快刀斩乱麻之势，杀魏忠贤，斩客氏，毁生祠，赠恤天启间被害诸臣，定逆案，将阉党分别治罪。然天启七年（1627 年）陕西农民揭竿而起，声势浩大，震动朝廷。崇祯二年（1629 年），后金重兵压境，首次入关迫近京师，思宗又中反间计而杀督师袁崇焕，形成了内困于农民军、外则无力御清之窘境。思宗又刚愎自用，17 年中，用辅臣至 50 人，杀兵部尚书 2 人、总督 7 人；初年不用宦臣，继而以为文武均不堪用，乃复任宦官；理财则一再加派为三饷，致使人民负重如牛、苦不堪言，深结民怨，又于事无补。自崇祯六年（1633 年）起，河南成为“战区”，接着以星火燎原之势，波及湖广、四川、江北各地。清兵日强，三次入关，尽占关外之地，兵锋所向披靡。崇祯十六年（1643 年）三月，李自成破京师，帝自缢死。

崇祯帝与兄长熹宗完全不同，熹宗性好斧锯椎凿髹漆之事，厌闻朝事，悉委之魏忠贤，襄成客、魏擅权之结局。

这句话的意思是，明熹宗喜好当木匠，经常操弄锯子开木料，用槌子敲打凿，用凿子挖槽打孔，常用这些手工工具，也喜欢用涂料（油漆）涂饰木器等。

崇祯帝受命于危难之中，一心想做个中兴之王，把衰微的国家复兴起来。他胸怀大志，但腹无良谋。在位十七年如一日，几乎不知道游乐享受为何物，他宵衣旰食，勤于政事。

宵衣，天未亮而穿衣；旰（gàn，晚，迟）食，指事忙不能按时吃饭，此句意指天未明就穿衣，日已晚方进食。陈鸿《长恨歌传》：“玄宗在位岁久，倦于旰衣宵食，政无大小，始委于右丞相。”南朝陈徐陵《徐孝穆集》：“勤于听政，昃食宵衣。”为美化封建帝王的套语。

但崇祯并非一个卓越而果断的君主，而是一个倔强固执、自以为是、疑神疑鬼，任用小人和宦官、滥杀大臣、心胸狭猛、践踏人才的无能之辈。他最终不能挽回明室危如累卵之败局，且成了亡国之君，自己也身死名裂。

崇祯的生母刘氏，是神宗长子光宗被立为皇太子时的妃嫔，后已失宠。当她生下崇祯时，开罪于光宗，被责难而处罚死亡。事后光宗后悔莫及，又担心父皇神宗知道了而责骂他，甚至免除他的继位权，就命宫中官署不得张扬出去，将她偷偷葬于西山。崇祯帝长大懂事之后，身边侍从才将其生母的葬地告诉他。崇祯痛楚万分，便将钱钞暗地里交与内侍，命代他前往祭奠，表示追念。后来熹宗驾崩，崇祯即位才公开追谥生母为孝纯皇太后。又命画工根据生母生前好友的回忆，描绘成生母画像。像成之日，他亲临跪在午门恭迎，高悬于宫中，可见思宗也是一个大孝子。百业以孝为先，他也谙知“入则孝”与“哀毁骨立”之理（即因亲丧悲哀而瘦损异常，如仅以骨头拄身体）。

崇祯帝即位之后，册立王妃周氏为皇后，并册封田氏、袁氏为皇贵妃。

周后祖籍江南苏州，后迁居大兴。

大兴府，金贞元年改析津府置［今北京城西南，后改为大兴县。元至元二十一年改名大都路］。

天启年间，周氏以贤淑（贤惠）之名入选信王府。当时神宗的刘昭妃以皇祖母的尊位掌管皇太后的册宝，凡宫中大事必先禀告于她。熹宗和张皇后仅存信王朱由检一个弟弟，对他更为爱护备至，为他选妃时格外慎之又慎，按皇帝大婚的法则规格行事。当两位贵人陪伴周氏款步趋前出现在张皇后视线时，张皇后感觉她太过幼弱。但刘昭妃不以为然，觉得周氏是亭亭玉立的身材，尽管瘦削一些，但瘦不见骨，日后必然两颊丰润，身材丰满，肥不见肉，丰（风）采动人，便一锤定音，周氏即被册为信王妃。

1628 年，信王即帝位。“红花还需绿叶扶”，周皇后成了贤内助，她执掌六宫后，吸取经验教训，改进工作，提高成效，把整个后宫管理得井然有序。

田妃，明陕西人，后迁扬州。生而纤妍，寡言多才艺。思宗为信王时即侍帝，崇祯元年（1628 年）封礼妃，进皇贵妃。以思宗宠幸有加而骄，谪居启祥宫，旋夏召入，不久即病，去世后葬昌平天寿山，即思陵。

崇祯对工作兢兢业业，任劳任怨，日理万机，常因批阅奏章直至夜半甚至凌晨，才下榻乾清宫御书房，与后妃们相狎而亲近的机会不多。周皇后统摄内宫，治以礼法，威仪凛然。然而，后妃之间相互争宠、争风吃醋、互相妒忌争斗之事多如牛毛。

田氏因自幼学得江南美女的翩翩风度，颇具大家风范，为绝代风华，风貌娉婷。她秀外慧中，凡琴棋书画皆得其妙，兼之刺绣工艺、烹炒调制，一经授技，顷刻便有心得。她不爱红妆爱武装，且风姿潇洒，擅长骑射，上马挽弓，其发必中，人们都对她投以钦佩的目光。她举止娴雅，不苟言笑，精于才艺，故一进信王府便备受宠幸。崇祯帝每与田氏相伴，总感到乐不可支。或伴帝奏笛，或对帝鼓琴，或与帝对局，无一不精，她又是丹青（绘画）妙手。田氏尽管美貌绝伦，但不尚施粉黛，不精心妆饰包装自己。帝每见到她均击节赞赏清水出芙蓉，红杏一枝，故十分宠幸田氏。

由于崇祯帝对田贵妃宠幸有加，田贵妃久而久之便滋长了骄矜的情绪，便目空一切，飘飘然得意起来，与众妃嫔多有不和，甚至连周皇后都不放在眼里。周皇后绝不容许田贵妃如此的骄傲自大，便以礼法对她加以约束。

有一年元旦，西风凛冽刺骨，按照法纪，田贵妃与众妃嫔要往坤宁宫朝见皇后，先在坤宁宫门前庑殿等候。殊不知，你等我等她又等，田贵妃等了半日，仍未见周皇后命人出门宣旨召见。西风阵阵刺骨，田贵妃几乎冻僵，且又挨饿。正在恼怒之时，皇后宣召她入见，参拜礼毕，连一词也不发，无任何表示，两人相坐了很久，皇后便下逐客令命她退下。田贵妃先是坐冷板凳，后又乘兴而来扫兴而归，这正是“话不投机半句多”。

过了很久，田贵妃听到众妃嫔们说，袁贵妃来朝见皇后时，两人谈得很投机，满心欢悦，又发出阵阵的欢笑声，谈笑多时且兴尽而散。田贵妃不听不知道，一听气得跳了起来。她咽不下这口窝囊气，心理开始不平衡了，不管怎样也不能平静下来。一见崇祯帝，她便连哭带诉一番，说自己受到如此的冷落，委屈满肚。崇祯帝自然很不高兴，以为她受尽羞辱，是皇后向他“示威”的表现，心里也很不是滋味，开始对周皇后“感冒”了。

一天，崇祯与周皇后坐于交泰殿随意叙谈。周后又免不了谈到田妃的不是，这正引起了崇祯的怒火，挥臂命皇后退下。皇后不听，仍要继续唠唠叨叨。崇祯更火上浇油，一气之下竟以全力推搡周皇后，说时迟，那时快，周皇后毫无思想准备，一下子站不稳脚跟而重重地倒在地上。宫人们忙上前搀扶，仍扶不起来，大家出尽九牛二虎之力，终于扶起。周皇后不由痛心地哭天抹泪道：

“陛下如此狠心待妾，难道不念当年为信王时，魏阉专权，陛下日夜忧虑，无人可商大事，只有陛下与臣妾共度患难之日。今日贵为君主，就忘了糟糠之妻吗？妾死不足惜，只怕陛下也落得个寡恩的名声！”

说罢，头也不转，便径直返回坤宁宫。

三天之后，崇祯宣召坤宁宫太监问及皇后事宜。太监答道：“皇后三天不吃不喝，只是一味伤心哭泣，表示极度受屈。”崇祯听罢，伤心不已，命内监带上貂裀前去赏赐皇后，又传谕百般抚慰。皇后终于消释胸中的闷气，起身叩谢皇恩，方始进食。有道“夫妻床头打架床尾好”。

事见《明史·后妃列传·庄烈帝愍周皇后》：“帝尝在交泰殿与后语，不合，推后仆地，后愤不食。帝悔，使中使持貂裀赐后，且问起居。”

貂裀（yìn，里层），貂皮绣成的夹衣。

后来，朱由检继帝位，为了使百孔千疮的帝国起死回生，他起早贪黑地工作，同时尽力革故鼎新。

他自奉节省开支，减少饮食。

按照礼法，皇帝与后妃的衣服本来是穿一次就要换掉，后宫库内的箱子堆积如山，盛的均为历代帝后的衣服，朱由检认为这太浪费人力物力财力，提倡节俭，诏令一个月换一次。他自己也身体力行，带头穿洗过的旧衣，大臣们曾目睹他的衬衣袖口磨烂，且吊着线头。

榜样的力量是无穷的，周皇后有时还亲自搓洗衣服。田贵妃的生活也很俭朴，大家都爱护财力物力，一时宫中上下，精打细算、勤俭节约，也蔚然成风。

宫中旧有的用金银制成的缸、盆、碗、碟等器物皆舍弃不用，也不再制造新的。后来不少金银器物均拿到银作局化掉以作月饷之用。

朱由检在位十七年（1628—1644），从未大兴土木，节省了大批经费开支。原有的宫女大批被遣出宫，也从未选美充实后宫。

朱由检的勤政也超过任何帝王，夜以继日又呕心沥血地工作，十七年如一日，白天在文华殿批阅奏折和接近贤臣，晚间又在乾清宫看奏章。在国情紧急之际甚至连续几昼夜都没有闭上眼。

田妃目睹皇上如此为国尽心竭力，竭尽所能，也为之动容，对皇上也倍加关心，体贴入微。宫中有夹道一条，夏日炎炎，炽烈的太阳当头高照，皇上往来于宫殿中常被太阳晒得汗流浃背，万般无奈。

田妃看在眼里，痛在心里，便想出一个办法，在夹道之间搭起一个席蓬遮挡了烈日，让皇上和随身扈从避免炽热煎熬之折磨。同时，田妃又将进入小黄门抬轿脚伕换为宫婢。对这些举措，皇上均满心欢喜。

事见《明史·后妃列传·田贵妃》："宫有夹道，暑月驾行幸，御盖行日中。妃命作籧篨覆之，从者皆得休息。又易小黄门之舁舆者以宫婢。"

籧篨（qú chú），用苇或竹编的粗席。

舁（yú），抬，杠；舆（yú），轿。肩舆，用人力抬扛的代步工具。

一次，周皇后与崇祯帝在永和门赏花，正当兴致勃勃之时，周皇后感到少了一个人，袁妃已经在场，唯独不见田妃。有花无人不精神，有人无花俗了人。皇后见崇祯没精打采，已知道他的心病，心病还须心药医，便启奏崇祯帝宣召田妃一同出来赏玩花景。崇祯自然装模作样地拒绝，皇后便命身边的小太监驾车到启祥宫接来田妃。田妃喜不自胜地来了之后，崇祯见她玉容憔悴多了，上次因口角推倒周皇后之后又反悔，并迁怒于田妃，让其搬至启祥宫思过，三月不召见，这次皇后主动提出，并解释："以前我那样对待田妃，是为了折折她的傲气，既是为她好，也是为大明江山社稷着想，并不存在个人私怨。"

这次后妃相见，捐弃前嫌，相好如初。崇祯帝亦心情畅快。帝、后、妃共同赏花，玩得十分开怀，欢度了一段美好的时光。

据《明史·后妃列传·庄烈帝愍周皇后》："一日，后侍帝于永和门看花，请召妃。帝不应。后遽令以车迎之，仍相见如初。"

田妃的肚皮争气，曾为帝生了永王慈炤、悼灵王慈焕、悼怀王及皇七子。这些皇子除四皇子永王慈炤于京城陷落时不知所终外，其余皆早夭折。

田妃由于三个孩子连续夭亡，感到万分悲切，阵阵悲酸涌上心头而发病，遂于崇祯十五年（1642 年）七月竟先帝后而去。谥曰：恭淑端惠静怀皇贵妃。葬昌平天寿山（一名黄土山），即思陵。

后来，努尔哈赤建立的后金政权声势日益浩大，国内农民军蜂起，京师告急，周皇后婉转进言道："我在南方尚有一家居室。"崇祯想问详情，但皇后又不愿多讲，也许是为了提醒皇夫南迁，又忌讳这样说恐怕是不好的预兆，有所顾虑，故吞吐其词。

崇祯十七年（1644 年）三月十八日，李自成的大顺农民军攻破北京，紫禁城内混乱不堪。崇祯不见棺材不下泪，这时才哭丧着脸对周皇后说："大势去矣。"鸟之将死，其鸣也哀，人之将死，其言也善。周皇后顿足捶胸，极度悲痛道："臣妾服侍陛下十八年，最终都没有见到陛下听我一句话，所以才会有今日。"崇祯又道："你为国母，理应殉国尽忠。"周后道："今陛下命臣妾死，臣妾岂有不从之理?"她接着同太子朱慈烺及定王朱慈炯、永王朱慈炤抱成一团，大哭一场。看着三位皇子惊慌失措地逃出宫去。崇祯随后命皇后自裁。皇后便走入内室，闭门自缢而死。

崇祯又命袁妃自缢，由于绳子断了竟然没有死，崇祯匆匆拔出长剑向她刺去，惊吓之中只砍了她的肩膀，他神色惊慌之中又砍了几个嫔妃，但袁妃却奇迹般地活了下来。

事见《明史·后妃列传·庄烈帝愍周皇后》："崇祯十七年三月十八日暝，都城陷，帝泣语后曰：'大势去矣。'后顿首曰：'妾事陛下十有八年，卒不听一语，至今日。'乃抚太子、二王恸哭，遣之出宫，帝令后自裁。"

崇祯帝又砍倒自己的亲生女儿长平公主，接着与司礼监秉笔太监、当时提督京营的王承恩共饮数杯酒。又咬破手指，蘸上指血亲自书写遗诏，放入衣襟内存好，然后登上煤山（今北京城内景山公园中景山），在寿皇亭内自缢而死，年三十五岁。王承恩也在对面一棵树上缢死。

皇上自缢，皇后自缢，树倒猢狲散，宫中一片混乱，弄得鸡飞狗走。当大顺军冲进宫中时，宫人们纷纷夺路逃跑，隐藏匿迹。宫人魏氏却大呼大叫："我们必定受到污辱，有志的人要及早想出对应的策略!"说完，纵身跃入御河而死。

御河，中国封建时代称皇帝御用的河道为"御河"。如隋的通济渠、木济渠，清京师皇城内的玉泉，皆有此称。

在魏氏带动下，宫人们纷纷效仿，有一二百人纵身死于御河中。

事见《明史·后妃传·庄烈帝愍周皇后》："有宫人魏氏者，当贼入宫，大呼曰：'我辈必遭贼污，有志者早为计。'遂跃入御河死，顷间从死者一二百人。”

有一宫女费氏，年仅十六，被大顺军团团围住，无法冲出罗网跃入御河殉身。见敌军杀气腾腾地冲着她而来，便纵身投入干枯的井中。她万万想不到纵身投井之时竟被敌军看见。他们立刻抢步赶上前去，并以挂钩把她钩出井来，见她长得俊俏动人，互有争夺之意。

费氏一时沉着，眉头一皱，计上心来。为了摆脱险境，她面对众军士大喊一声：“不许无礼，我是皇帝的长公主！”

长公主是长平公主，明思宗女，名徽娖（chuò）。李自成军破京师时，帝挥剑欲杀之，断左臂，昏而复苏。清顺治二年（1645 年），上书请入空门，诏乃归原许婚之周世显，旋卒。

“长公主”态度凛然不可侵犯，使众军士莫不敢犯，便七手八脚地将她拥见李自成。

李自成命中官审判。

中官，朝中内官。宦官，太监。

中官回报这不是长平公主，是费氏。李自成便将她赏给一位姓罗的将军。

费氏对罗道：“婚姻大事，不可轻易苟合，将军既喜欢我，就应该择个良辰吉日，举行参拜天地、公婆、父母的仪式，才能成亲。”

罗自然满心欢喜，于是择吉日良辰举行大婚仪式，大办筵席。罗将军被灌得烂醉如泥，才被众人搀扶着进入洞房，嘴里胡言乱语起劲地唠叨着酒话，三醉两醒地摇头晃脑。费氏见时机已到，忙从怀中拔出匕首，采取断然措施，猛然向其喉咙刺去，白刃进去，红刃出来，罗将军便断送了性命。接着费氏便下定决心，不顾一切地举起匕首，猛地对着自己的喉咙刺进天下最冰凉的一刀，立即身亡倒地。

事见《明史·后妃列传·庄烈帝愍周皇后》：“宫人费氏，年十六，自投眢井中。贼钩出，见其姿容，争夺之。费氏绐曰：‘我长公主也。’群贼不敢逼，拥见李自成。自成命中官审视之，非是，以赏校罗某者。费氏复绐罗曰：‘我实天潢，义难苟合，将军宜择吉成礼。’罗喜，置极欢。费氏怀利刃，俟罗醉，断其喉立死。因自诧曰：‘我一弱女子，杀一贼帅足矣。’遂自刎死。自成闻大惊，令收葬之。”

眢（yuān）井，干枯的井；绐（dài），欺哄。

天潢，皇族、宗室称“天潢”；苟合，随便附合。

宁为玉碎，不作瓦全。宁做英雄的寡妇，不做贼头的妻子。宁愿站着死，不愿跪着生。费氏大义凛然，不可侵犯。这是个多么动人心弦的场面，使听者无不为之动容。这就是刚正有节操的烈女，誓死保全贞操的烈女，叫人为之钦敬，叫人为之泣下。

李自成大军冲进皇宫后，找到了周皇后的尸体，其面容慈祥，犹如活着时一样，只是周身衣服以线层层密缝着；崇祯帝死后披头散发，头发修长且散乱地覆盖着面孔，身上穿着蓝袍，赤着左脚，右脚穿着一只鞋。

大顺军入城之后，被胜利冲昏头脑，骄横自傲，失却警惕。

吴三桂武举出身，以父荫袭军官。明末任宁远总兵，封平西伯，驻防山海关。李自成克北京，招他归降。不从，反致信多尔衮，引清兵入关，受封为平西王，联合清兵进攻大顺军。李自成迎战失利，退出北京。兵败南下。

清军很快进入北京城，找到朱由检和周皇后的尸首，用柳木棺成殓（入殓），寄于寺庙。经独揽大权的摄政王多尔衮决定，将崇祯与周皇后的木棺并入田贵妃的陵墓，这已是田贵妃死后的两年。经过一段时间的勘测工作，方将墓道修好。启开田妃陵墓一看，真凑巧，安放棺木的陵床非常宽大，再安放两口棺材绰绰有余。这样，田妃、崇祯帝、周皇后便同穴长眠于此。寝园被取名为思陵，“思”即明思宗。

清世祖福临定鼎中原之后，周皇后被谥为“庄烈愍皇后”。清兵入关后，朱由检被谥为“怀宗”，无庙号，后改“庄烈帝”；南明谥“思宗”，后改“毅宗”。

清廷命有司拨给袁贵妃住宅，供给生活所需的费用，以便赡养终身。这也是大难不死，必有后福。

有司，官吏。古代设官分职，事各有专司，故称有司。

皇甫规妻忠贞不屈

皇甫是复姓。春秋宋戴公之子曰皇父，因氏命族为皇父氏。至秦改皇甫。

皇甫规，汉朝那人，字威明。汉桓帝延熹中举中郎将。党狱起，一时贤者多受株连，规耻不得与，竟上书自讼，朝廷置不问。后任尚书，迁护羌校尉卒。

“皇甫规妻，汉中郎皇甫规之妻，貌美善文，能草书。规卒，年犹盛。董卓聘之，诣卓门，跪陈辞情，卓使奴拔刀围之。知不免，骂卓欲行非礼，遂被害。”

东汉时，董卓专擅朝政，凶暴滋甚。那人皇甫规之妻才貌双全，善属文，能草书，她经常替夫君写往来书牍，名声在外，名望极高。

皇甫规去世之时，其妻年龄犹盛。当时的相国董卓，早已仰慕她的名望，此时亦垂涎欲滴，以有帷盖的百乘车子、二十四匹高头大马聘娶她，送来的奴婢和钱币、布帛等棉织和丝织品都充塞了道路。

皇甫规之妻这时身穿便服，不加修饰地来到董卓府上，下跪对董卓率直陈言，请求董卓放过自己，言辞表达心头之酸楚、悲哀与凄凉。但董卓始终不改初衷，索性强娶。

为了对皇甫规妻施加压力，董卓命令身边的奴仆侍者都拔出刀来围住她，并对她说：“我的声威命令，能使天下的人望而生畏，还对付不了一个弱小的妇人吗！”

皇甫规妻知道逃不过魔爪，于是从容地站立起来指着董卓大骂道：“你是羌胡的种，毒害天下难道还不够吗？我的祖先，累世有高尚纯洁的情怀，高山景行。皇甫氏文武均为高才，是汉室忠臣，赤胆忠心，你难道不是在其手下供奔走驱遣的走卒吗！今竟狗胆包天地对你主人的夫人行非礼之事，你连猪狗都不如！”

董卓兽性大发，于是下令将皇甫规之妻的头吊在庭院中车辕前的横木上，以棍棒击之。皇甫规之妻厉声道：“为什么不打重些？快点让我死就是你们的恩惠。”最终被击毙于车下。

后人为她画像，认为她是遵守礼法的模范，所以号称她为“礼宗”。

人敬有钱人　狗咬破衣人
——清河公主卖身为奴

综观历代典籍，各个朝代之兴衰嬗递，有如风水轮流转，每当在国家衰亡之际，往往随之而来的是家破人亡，酿出一幕幕人间悲剧，连皇帝的千金亦不例外。

晋惠帝司马衷，字正度，武帝次子，性痴呆。天下荒乱，百姓多饿死，曾说："百姓饿死，何不食肉糜？"290 年至 306 年在位。即位初，杨骏辅政，寻曲贾后专政。诸王相争，演成八王之乱，纲纪大坏，贿赂公行。惠帝先被成都王司马颖劫至邺，复被河间王司马颙挟持入长安，后被东流王司马越迎洛阳，传被越毒死，在位十七年。

贾后产四个千金，长女河东公主，次女临海公主，再次女始平公主，小女哀献皇女。其中，临海公主时运不济，命途多舛。

临海公主原被封清河公主。正当西晋灭亡之时，洛阳大乱，宫中皇族纷纷夺路逃难，不幸途中迷路，遂与家人离散，各奔西东。正当此时，一介乡村野老发现了清河公主，他并不明公主身份，竟为了几文钱将她变卖给吴兴人钱温为奴婢。

钱温有一女，自幼受到娇纵，长大以后便娇惯坏了，对家里的侍婢不是动口骂，就是动手打，又经常颐指气使，极具优越感，自以为高人一等，作威作福，作恶多端，霸气凌人。清河公主被买之后，钱温便把她交给女儿充当丫头，于是公主刚脱离鬼门，又入狼窝，多灾多难的命运正在等待着她。

清河公主天生丽质，仪表俊秀，举止端庄。又因身上带着皇室血统，所以她的一笑一颦均极富韵致，这种温顺的气质不同凡俗，是那些小家碧玉所未能企及的。这便必然使钱温女儿看在眼里，妒忌在心里，她再三追问公主被卖之前的真实身世。公主守口如瓶，防意如城，含混支吾了事。

冷酷无情的钱温女儿，经常把公主当做差役使唤，差遣她做这做那。稍微不检点就以鞭子抽打，使之受尽皮肉之苦，并且关入黑房，百般折磨。更有甚者，连续几个昼夜不供吃喝，手段极其残酷凶狠。公主孤身只影，举目无亲，苦水只有往肚里吞，呼天天不应，喊地地不灵，她暗自思量，昔日做皇女的美好时光，已经成为过眼云烟，消失得无踪无影。此正是：

龙游浅水遭虾戏，
虎落平原被犬欺。

西晋灭亡后，317 年，司马睿（晋元帝）在建康（今南京）重建政权，是为东晋。清河公主听闻这一信息，犹如从漫漫黑夜中看见一道黎明的曙光，获得一线希望。

一日，果真时机从天而降，钱温女儿差清河公主外出购买脂粉。正当这一千载难逢之机，她乘人不备，拼命奔出火坑。跋山涉水，日夜兼程，历尽各种磨难，终于抵达都城，求见当朝天子晋元帝。可是守门卫士目睹她衣衫褴褛，周身奴婢打扮，便加以拒绝。她苦苦哀求，好说歹说，但卫士仍认为她不可能是前朝晋惠帝的公主。她无奈指天赌咒之后，门卫才半信半疑，于是同意向上级如实禀报，终被应允求见。

清河公主跪在晋元帝面前，涕泪纵横，泣不成声，甚悲且哀，一五一十地陈诉着颠沛流离而且又颠连无告的磨难生活。晋元帝并非铁石之人，亦是血肉之躯，他同情公主悲惨的遭遇，慨叹不已，对钱温及其女儿更为恼怒，于是下诏命人押解他们父女归案，投入死牢。

接着，晋元帝将清河公主改封为临海公主，下嫁宗正曹统为妻。

公主终于拨开乌云，重见天日，过着新的生活。此所谓“柳暗花明又一村”。

坏人罪有应得，好人扬眉吐气，公主悲惨的际遇，最终以喜剧结局。

走近苏妲己

——苏妲己千古背骂名

司马迁在《史记·殷本纪》第三对纣王曾有详细的记载：一天，武乙到黄河、渭水一带去打猎，突然遭遇雷殛（jí，杀死或震死），儿子太丁（一作文丁）继位。太丁死后，又传给儿子帝乙。帝乙即位后，殷朝国势日益衰弱。

帝乙的大儿子生在微（或封在微），封为子爵，名字叫启。但启的生母是身份低微的婢妾，因此启虽是长子却不能继位为帝。帝乙的小儿子叫辛，辛的生母是正室，所以就让辛做继承人。帝乙一死，儿子辛就即位，天下人都叫他“纣”。纣之意是“残又损善”，他正确的名字是商代的第三十二位皇帝，名辛，号“帝辛”。

《史记》也记载帝纣这个人聪敏过人，见多识广，不论聪明、勇力都超过一般人。他的勇力能赤手空拳与猛兽搏斗，他的聪明能排拒他人的劝谏，即人家想开口说的话他早就知道，所以你尚未开口说话，他就抢先加以驳斥，他的口才极好，能够说得天花乱坠、有声有色，非常动听。

天花乱坠：据说梁武帝时，云光法师讲经，感动了上天，天上的花纷纷降落下来。后比喻说话浮夸动听，或以甘言骗人而说得石头点头，天花乱坠。

帝纣常把自己的错误掩饰得天衣无缝。

天衣无缝：神话传说，仙女穿的天衣，不用针线制作，没有缝儿，没有破绽。《太平广记》六八引《灵怪记》，说太原郭翰暑日卧庭中，见有少女冉冉自空而下，视其衣，无缝。翰问故，女答道：“天衣，本非针线为也。”后指事物浑然天成，没有一点雕琢的痕迹。

帝纣常拿他的能力向众臣自我夸耀，又常认为自己的声望高于天下；他自诩天下所有的一切都在他之下。他喜欢喝酒，而且过分地贪图享乐。

北里，古舞曲名。曹植《七启》：“扬北里之流声。”晋阮籍《咏怀诗》：“北里多奇舞，濮上有微音。”

帝纣为了增加朝歌城里鹿台中的钱财，不惜横征暴敛，搜刮人民财产。为了充实巨桥仓库中的存粮，更是不惜苛捐杂税。同时从四方搜求走狗、跑马、珍奇、好玩，以充实宫中的摆设，扩建沙丘的花园，刻意地修缮园内的亭台楼阁，并整日在沙丘园中寻欢作乐。池子盛满了酒，到处悬挂着肉，俨然一处树林。他在其中通宵达旦地饮酒行乐。

帝纣的残暴与贪婪使人民怨气冲天，愤恨不已，有的诸侯已经叛变。于是纣王就使用烙酷刑。纣以西伯昌（周文王）、九侯、鄂侯为三公。九侯有美女，送给纣，纣不喜欢，把她杀掉，并把九侯剁成肉酱。鄂侯跟他争论，因言词过激，他不但杀了鄂侯，还把他的肉做成脯干。西伯昌听到了不敢再说，只有暗自叹息。不知怎的被崇侯虎听到了，就告密给纣，纣把西伯昌囚禁在羑里。

《史记》还记载周武王十一年（公元前1066年）二月甲子这天打败纣王。纣王逃入城内，登上鹿台，穿上他缀有珍珠宝玉的衣服，引火自焚而死。周武王于是砍下了纣王的头，跟一面白旗一起挂了起来。又砍了妲己，使其身首异地，这就是暴君走到穷途末路的必然后果。

明朝的《封神演义》（《封神榜》），在第三回《姬昌解围进妲己》及第四回《恩州驿狐狸死妲己》的一段："妲己进午门，过九龙桥，至九间殿滴水檐前，高擎牙笏，进礼下拜，口称：'万岁！'纣王定睛观看，见妲己乌云垒鬓，杏脸桃腮，浅淡春山，娇柔腰柳，真似海棠醉日，梨花带雨，不亚九天仙女下瑶池，月里嫦娥离玉阙。妲己启朱唇似一点樱桃，舌尖上吐的是美滋滋一团和气，转秋波如双弯凤目，眼角里送的是娇滴滴万种风情。妲己口称'犯臣女妲己愿陛下万岁，万岁，万万岁'！只这几句，就把纣王叫的魂游天外，魄散九霄，骨软筋酥，耳热眼跳，不知如何是好。当时纣王起立御案之旁，命：'美人平身。'令左右宫妃'挽苏娘娘进寿仙宫，候朕躬回宫。'忙叫当驾官传旨：'赦苏护满门无罪，听朕加封，官还旧职，国戚新增，每月加俸二千担，显庆殿筵宴三日，众百官首相庆贺皇亲，夸官三日。文官二员、武官三日送卿荣归故地。'"

随着《封神演义》的广泛流传，人们对妲己就更为熟知了。

《封神演义》还说妲己是千年狐狸精变化成人的，迷惑纣王依恋酒色，贻误国家，使人民受害无穷。周武王灭商后，欲斩此妖姬，又因被她的美色所迷惑，刀斧手不忍下手，最后在周武王的正气凛然威慑下，终于原形毕露，狐狸藏不住尾巴，被佐文王、武王为计灭商立大功的姜尚所斩。

有的野史杂说还说妲己是一个比蛇蝎还狠毒的美女，是千古淫乱猥亵的罪魁祸首，罪不容诛。

历来沿袭至今的中国古史框架，基本上是司马迁在《史记》中构建的。由于时代与资料的局限，不论是孔子或司马迁构建的以黄帝为始祖的史论，还是史学家们构建的以黄河流域为中心的古史框架，都与中华民族历史悠久的文化传统不尽吻合，也造成了对中华民族的诸多认识误区，因为中华民族的历史是万年史而并非五千年史。

经过历代人的持续努力，对考古学、民俗学、人类学进行坚苦卓绝的研究而获得卓然的成就，逐渐揭开了历史的本来面目，尤其是使人豁然醒悟的考古新发现。

19世纪末至20世纪初，在今河南安阳市西北的小屯村，发掘出商代后期都城遗址，其中遗物有铜器、玉器，尚有龟甲与兽骨上所刻的大量卜辞与文字。这些遗物的成功发掘引导人们走出认识的误区。

对于妲己要纣王砍开一老一少二人胫骨验证，要纣王传令剖孕妇之腹以验视胎儿以及唯妇人之言是听这些严重罪恶，尤其令人难以置信。

河南安阳是商纣的故都，战国魏地，秦昭襄王取其地改名安阳，以县城在寿山之南得名。西郊小屯殷墟为殷都遗址，出土大批甲骨文（世界文化遗产）。从卜文中可见商朝人普遍重视与信仰神仙鬼怪，事无巨细，动辄在神面前求签问卜来占凶吉，以解决疑难问题，了解五行阴阳休咎之应。这在已发掘出土的甲骨文中，均有准确的记载。

帝辛在位三十年（前1075—前1046），伐有苏国（故地在今河南武陟县东），得有苏氏女妲己。此时殷国力正隆，如日中天，他已有六十多岁了，而妲己正处妙龄，这是“老牛吃嫩草”。妲己美艳绝伦，帝辛知好色则慕少艾，只有寄情于声色犬马、纵情淫乐的生活中。当时姬昌的长子叫伯邑考，太姒所生。质于商，为纣御（驾驶车马）。曾因前往朝歌觐见时，被妲己的美色诱住，因此拼命追求，所以触怒了帝辛。时纣囚文王于羑里邑，一作里邑（在今河南汤阴县西北）。烹伯邑考为羹，赐文王食。伯邑考向妲己疯狂猛追，这无异于虎口拔牙，不葬身才怪呢！

“周”本是古部落，始祖后稷，原居邰（今陕西武功），传到公刘，迁到豳（今陕西旬邑西南），古公亶父时，定居于周原（今陕西岐山北），部族日臻强盛，周遂成为部族名，周文王时，迁都于丰（今陕西西安市长安区沣河以西）。

早在古公时代，周部族便对商虎视眈眈，《诗经·鲁颂》中记有一段《閟宫》诗：

后稷之孙，实维天王，居岐之阳，
实始翦商。

翦是灭除，消灭，倾覆。

《左传·成公十三年》："又欲阙翦我宫室，倾覆我社稷。"

帝辛当时都把视线放在东南一带地方，同时重点经营这片广大的土地。对日益强大的西北的周氏族忽视了，让周独自坐大，实行蚕食政策，逐渐吞灭周边小国。首先吞灭泾渭平原上的密须、徂、共、阮等部落。

密须为商时姞姓之国，故城在今甘肃灵台县西；阮是商代诸侯国，偃姓，在今甘肃泾川县境。《诗·大雅·皇矣》："侵阮、徂、共。"阮、徂、共三国犯周而文王伐之。

周再穿过黄河，征服了黎、邘等部落。

黎，在今山西壶关县西南，"西伯既戡黎"，为周所并；邘，一作盂国。在今河南沁阳市西北。春秋后属郑，而后又属周。

当是时，黄河以南的虞，周时方国，在今河南虞城县北；岗，商时方国，在今陕西大荔县东南。这些国家望风归顺。此时，周已鲸吞的地方逐渐形成了对商的包围圈，其势逐渐对商构成了武力威胁。

周人的首都也迁于丰，周人正潜谋独断，整军经武（即整顿军备，致力武事），同时又展开强大的政治攻势，以便征服人心，务虚务实，虚实并进，大张旗鼓地宣传，进行政治攻势。重在捏造事实，以造谣中伤妲已为祸水；又栽赃陷害纣王，极尽丑化之能事，使他丑态百出。诬蔑妲己是一个骄横奢侈、态度骄慢、怪异不祥的妖魔鬼怪，心肠残忍、凶狠毒辣的蛇蝎美人；诬陷帝辛是一个争强好胜、好高骛远、好大喜功、残酷无情、凶狠残忍，残暴不仁的暴君，是一个"唯妇言是用"的小丑。

姬昌死亡之后，姬发伐纣，其四子姬旦（周公）兴师动众，讨伐无道，宣布帝辛的十大罪状，天人共愤，罪不容诛。于是联合天下诸侯于孟津形成强大的统一战线，以堂堂之阵、正正之旗，师出有名，一鼓作气攻克了商朝首都朝歌。

武王遵文王灭商遗志，结盟诸侯，兴师伐纣，牧野之战大胜，灭商，建立了周王朝，都镐，分封诸侯。灭商后二年而死，在位十九年。

《封神演义》第九十七回《摘星楼纣王自焚》中说妲己是九尾狐狸，且看姜子牙审裁她们的一段："你这三个业障（九头雉鸡精、玉石琵琶精与妲已），无端造恶，残害生灵，食人无厌，将成汤天下送得干干净净；虽然是天数，你岂可纵欲杀人，唆纣王造炮烙，惨杀忠谏，治虿（chài，即蝎类毒虫）盆荼毒宫人，造鹿台聚天下之财，为酒池、肉林，内官丧命，甚至敲骨吸髓，剖腹验胎；此等惨恶，罪不容诛，天地人神共怒，虽食肉寝皮，不足以尽厥辜！”

若照这等罪恶累累，妲己千刀万剐亦死有余辜。

且听妲己的诉求：“妾身系冀州侯苏护之女，幼长深闺，鲜知世务，谬蒙天子宣诏，选为妃。不意国母薨逝，天子强立为后。凡一应主持，皆操之于天子，政事皆掌握于大臣。妾不过一女流，唯知洒扫应对，整饰宫闱，侍奉巾栉而已；其他妾安能以自专也。纣王失政，虽文武百官不啻千百，皆不能匣正，又何况区区一女子能动其听也？今元帅德播天下，仁溢四方，纣王不日授首，纵杀妾一女流，亦无补于元帅。况有语云：‘罪人不孥。’恳祈元帅大开慈隐，怜妾身之无辜，赦归故国，得全残年，真元帅天地之仁，再生之德也。望元帅裁之！”

众诸侯听妲己一派言语，大是有理，皆有怜惜之心。但姜子牙认为她“巧语花言，希图漏网！”命左右“推出辕门，斩首号令！”但妲己绑缚在辕站外，跪尘埃，恍然似一块美玉无瑕，娇花欲语，脸襟朝霞，唇含碎玉，绿蓬松云鬓，娇滴滴朱颜，转秋波无限钟情，顿歌喉百般妩媚，乃对那持刀军士曰：“妾身系无辜受屈，望将军少缓须臾，胜造浮屠七级！”那军士见妲己美貌，已自有几分怜惜，再加她娇滴滴地叫了几声将军长将军短，便把这几个军士叫得骨软筋酥，口呆目瞪，软痴痴瘫作一堆，莫能动履。尽管行刑令下，但众军士被妲己迷惑，皆目瞪口呆，手软不能举刀。姜子牙命：“将行刑军士拿下，斩首示众。”尽管另换了军士，再至辕门。只见那娇妇依旧如前，一样软软，又把这些军士弄得东倒西歪，如痴如醉，谁都下不了手斩这个绝色美人，这等于毁灭一个美好的世界。最后，姜子牙亲自上阵，果见妲己千娇百媚，似玉如花，众军士如木雕泥塑。子牙喝退众士卒，命左右排香案，焚香炉内，取出陆压所赐葫芦，放于案上，揭去顶盖，只见一道白光上升，现出一物，有眉，有眼，有翅，有足，在白光上旋转。子牙打一躬：“请宝贝转身！”那宝贝连转两三转，只见妲己头落在尘埃，血溅满地。诸侯中尚有怜惜之者。子牙斩了妲己将首级号令辕门，众诸侯等无不叹赏。

历史上，把一个王朝政权的灭亡归咎于一个柔弱女子的身上，经常可见。夏桀时的妹喜，周幽王时的褒姒，商纣王时的妲己，都是属于这种悲惨的命运，这难以令人苟同。这些尤物充当男人的玩物之后，其夫君行凶作恶，罪恶贯盈的后果仍要她们来承担，所以万分无奈而以哀号呼天，告冤枉无辜。这是她们委屈过甚，不愿为夫君背黑锅，当替死鬼。

历史上成者为王、败者为寇之事历历可见。所以，唐太宗时就有人提出皇帝不能阅读当朝史。此后亦有人呼吁历史不应由胜利者来写。因为成事者往往豢养着一批堕落的文人，为其歌功颂德，为无限美化其形象而摇笔。歌颂成者是如何的神机妙算，如何的伟大无边，为成者讳，为尊者讳，他们是百分之百的正确无比；相反，为寇者是如何的贪婪淫欲、屠杀生灵，脑袋又是如何的笨拙，愚不可及。历史由他们来篡改，变成一笔胡说八道的糊涂账。由于历史与资料的局限，最公正无私的史学家记史，有时也会失之偏颇，更何况那些御用文人，不把历史搅得成一锅粥才怪呢！

但是，人在做，天在看，历史总不能让成事者一手遮天，颠倒黑白，指鹿为马，信口雌黄。世上总有一批具有良知的文人敢于站出来为历史说句公道话，把颠倒的历史拨乱反正，他们岂容青史尽成灰！他们要还历史的本来面目。他们一身正气，刚强耿介，刚正不阿，他们要杜天下悠悠之口，不让以讹传讹以免贻误来者。对一个手无权柄、一个柔弱无缚鸡之力的女流竟能左右国运的兴衰之论，他们不能苟容。他们在呐喊妲己千古背骂名！

有道鱼必先腐也，而后虫生之。商朝的灭亡完全是商纣作恶多端，民怨沸腾、悲声载道的结果，完全是多行不义必自毙的结果，纣王咎由自取。异化妲己是周人采取政治攻势的一招。但历史往往也对人们开玩笑，谬论重复一万遍便成真理，众口铄金，三人成虎，人言可畏啊！

再说纣王的个性倔强固执，刚愎自用，禀性刚烈，不是任人操纵摆布的人。所以有苏氏一族，始终并未因为妲己受宠而行好运，得势得济，有扬眉出气的一天。

刘义庆在《世说新书》中，也引用孔融的话，说周师攻破朝歌以后，妲己亦成为周师的战利品和周师的辉煌战果，妲己即为周公拥有，从纣王的宠妃摇身一变成为周公的宠姬。自此以后，对妲己横加贬责之辞不再“丛生”。妲己前后判若两人。周公最爱花和月，亦最爱美人。周公抱得美人归，妲己也恢复了名誉。周人悠悠之口，终被杜绝。

第四编
故事

第十四章 朋友之交

八拜之交

八拜之交，为旧时世交子弟见长辈的礼节。邵伯温《邵氏闻见录》卷十：“公（文彦博）至北京，李稷谒见，坐客次，久之。公著道服出，语之曰：‘而父，吾客也，只八拜。’”又后世称异姓结为兄弟的为“八拜之交”。《醒世恒言》中的《李汧公穷邸遇侠客》：“只见众人忙摆香案，抬出一口猪，一腔羊……祭过了天地，又与房德八拜为交，各叙姓名。”又元王实甫《西厢记》一本一折：“有一人姓杜，名确，字君实，与小生同郡同学，当初为八拜之交。”

明汤显祖《紫钗记·吹台避暑》云：“俺二人以八拜之交，同三军之事。”元曲《谏苏秦》：“你不知道张仪和我是八拜之交的朋友。”

八拜之交是对结义双方长辈行八拜之礼，才正式结为金兰之好。

金兰，言交友相投合。《易·系辞》上：“二人同心，其利断金；同心之言，其臭如兰。”《太平御览·吴录》：“张温英才瑰玮，拜中郎将，聘蜀与诸葛亮结金兰之好焉。”《世说新语·贤媛》：“山公与嵇、阮一面，契若金兰。”山公，山涛；嵇，嵇康；阮，阮籍。后引申为异姓结拜兄弟之词，如结义金兰。

金兰簿：冯贽《云仙杂记》卷五引《宣武盛事》：“戴弘正每得密友一人，则书于篇简，焚香告祖考，号为金兰簿。”旧时结拜兄弟时，各序谱系，交换为证，称为“金兰谱”或简称“金谱”。

八拜之交是根据历史的沿革，涉及八个著名的金兰典故共十六位莫逆之交，沿袭前人成说。这八个典故如下：

知音之交　伯牙子期
刎颈之交　廉颇相如
胶漆之交　陈重雷义
鸡黍之交　元伯巨卿
管鲍之交　管仲叔牙
生死之交　刘备关公张飞
忘年之交　孔融祢衡（范云　何逊）
莫逆之交　子桑户、孟子反、子琴张

一、知音之交

知音之交，《吕氏春秋·本味》记伯牙善鼓琴，钟子期善听琴，能从伯牙的琴声听出他的心意。后因称知己朋友为“知音”。钟子期死，伯牙破琴绝弦，终身不复鼓琴，后世谓知己为知音。《三国志·魏·王粲传》附吴质《注》引《魏略》曹丕与质书：“昔伯牙绝弦于钟期，仲尼覆醢于子路，愍知音之难遇，惜门人之莫逮也。”杜甫《哭李常侍峄》诗：“斯人不重见，将老失知音。”

《列子·汤问》：“伯牙鼓琴，志在高山。钟子期曰：‘善哉，峨峨兮若泰山。’志在流水，钟子期曰：‘善哉，洋洋兮若江河。’”后多用此为知音难遇之典，或喻乐曲高妙。金董解元《西厢记》四：“不是秦筝合众听，高山流水少知音。”后因以“高山流水”或“流水高山”为得遇知音或知己之典。《大宋宣和遗事》前集：“说破兴亡多少事，高山流水有知音。”

二、刎颈之交

刎颈之交指友谊深挚，可以同生死共患难的朋友。《史记·廉颇蔺相如列传》：“卒相与欢，为刎颈之交。”司马贞《索隐》引崔浩曰：“要齐生死而刎颈无悔也。”又《张耳陈余传》：“余年少，父事张耳，两人相与为刎颈交。”

三、胶漆之交

胶漆之交，胶和漆，喻事物的牢固结合。《韩非子·安危》：“尧无胶漆之约于当世而道行，舜无置锥之地于后世而德结。”也比喻情意相投，亲密无间。《史记·鲁仲连邹阳列传》：“感于心，合于行，亲于胶漆，昆弟不相离。”《庄子·骈拇》：“待绳约胶漆而固者，是侵其德也。”

陈重，东汉豫章宜春人，字景公。少习《鲁诗》、《颜氏春秋》。举孝廉，为郎。有同署郎欠债数十万，债主日至，重密以钱代还，终不言惠。后复举茂才，为细阳令，迁会稽太守，拜侍御史卒。

雷义，东汉豫章鄱阳人，字仲公。初为郡功曹，尝救人出死罪，罪者以金二斤谢，不受。举孝廉，拜尚书侍郎，有同署郎坐事当刑，义默自表取其罪，事觉，顺帝刘保诏除刑。后拜侍御史，除南顿令。

四、鸡黍之交

鸡黍，谓杀鸡为黍，后用为招待朋友情意真率之语。《论语·微子》：“（丈人）止子路宿，杀鸡为黍而食之。”《文选》南朝梁范彦龙（云）《赠张徐州稷》诗：“恨不具鸡黍，得与故人挥。”孟浩然《过故人庄》：“故人具鸡黍，邀我至田家。”

五、管鲍之交

春秋时管仲和鲍叔牙两人相知最深，后常用以比喻交谊深厚的朋友。仲尝言：“生我者父母，知我者鲍子也。”唐杜甫《贫交行》：“君不见管鲍贫时交，此道今人弃如土。”晋傅咸《感别赋》：“悦朋友之攸摄，慕管鲍之遐踪。”

六、生死之交

《三国演义》第一回《宴桃园豪杰三结义》：“（张）飞曰：吾庄后有一桃园，花开正盛，明日当于园中祭告天地，我三人结为兄弟，协力同心，然后可图大事。”玄德（刘备）、云长（关羽）齐声应曰：“如此甚好。”次日，于桃园中，备下乌牛白马祭礼等项，三人焚香，再拜而说誓曰："念刘备、关羽、张飞，虽然异姓，既结为兄弟，则同心协力，救困扶危；上报国家，下安黎庶；不求同年同月同日生，但愿同年同月同日死。皇天后土，实鉴此心。背义忘恩，天人共戮。"誓毕，拜玄德为兄，关羽次之，张飞为弟。祭罢天地，复宰牛设酒，聚乡中勇士，得三百余人，就桃园中痛饮一醉。

七、忘年之交

忘年交，指不拘年岁辈分，而成为莫逆之交。史传相传甚多，如东海孔融与祢衡（后汉书·衡传），南朝梁张缵与裴子野、范云与何逊（《梁书》中的《缵》传、《逊》传），北齐李际、卢诞（《周书·尼》传），唐张镒与陆贽（《旧唐书·贽》传），宋钱惟演与梅尧臣（《宋江史·尧臣》传）等都有忘年交之称。《南史·何逊》传："弱冠，州举秀才，南乡范云见其对策，大相称赞，因结忘年交。"范云是南乡舞阴（今河南泌阳西北）人。

八、莫逆之交

莫逆之交，彼此同心相契，无所逆。《庄子·大宗师》："（子桑户、孟子反、子琴张）三人相视而笑，莫逆于心，遂相与友。"意谓彼此心意相通，无所违逆。后又称情投意合、友谊深厚为"莫逆"。莫逆之交又指子祀、子舆、子犁、子来四人之友情。

《梁书·处士何点传》："与陈郡谢瀹（yuè）、吴国张融、会稽孔稚珪为莫逆友。"《周书·黎景熙传》："虽穷居独处，不以饥寒易操，与范阳卢道源为莫逆之友。"《北齐书·崔㥄传》附子瞻："与赵郡李槩为莫逆之交。"

夷吾、叔牙管鲍之交
——鲍叔牙慧眼识人才

夷吾是历史上的复姓。春秋时晋惠公名夷吾，其支系子孙以此为姓。

叔牙是名。夷吾在此是名。

管仲，春秋初期著名的政治家，名也叫夷吾，字仲，亦称敬仲，颍上（颍水之滨）人。由鲍叔牙推荐，被齐桓公任命为卿，尊称“仲父”。实行改革，使齐增强国力，让桓公以“尊王攘夷”为名，九合诸侯，成为春秋第一个霸主。后有《管仲》一书，为后人依托之作。鲍叔牙，春秋时齐人，即鲍叔。与管仲交，知管仲贤。鲍叔牙事公子小白，管仲事公子纠。及小白立，为桓公，鲍叔牙遂荐管仲。管仲尝曰：“生我者父母，知我者鲍子也。”故后世言人之相知，必称管鲍。

钩是一种兵器，似剑而曲。

管仲年少时曾与鲍叔牙交往，鲍叔牙知道他很有才干，管仲贫乏穷困，常常骗取鲍叔牙的财物。鲍叔牙一直待他很好，从未提过这件事。后来两人合伙做生意，管仲出很少的本钱，但分利润的时候，却占了头名大份。鲍叔牙看待钱财如粪土，人意值千金，从来没有计较过这些蝇头小利，但人们都背地里议论管仲贪财。鲍叔牙知道之后，就替管仲开脱，说管仲不是贪图钱财，他这样做是因为家庭负担太重，又要侍奉赡养母亲，多分给他一些钱，是自己心甘情愿的。

管仲曾多次为鲍叔牙办事，事情都办不成，让鲍叔牙很困窘。但鲍叔牙并不认为他愚笨，因为鲍叔牙知道时机有利有不利，事情之所以办不成，是由于运气不好的缘故，时机没有成熟罢了。

管仲曾多次做官，也多次被君主罢黜。鲍叔牙并不认为他没有才能，反而认为他时运不济。

管仲曾三次带兵打仗，但三次都从战场上逃跑回家。人们讥讽他是怕死鬼。鲍叔牙听到后，又为管仲开脱，对人们说，因为他对年迈的母亲牵肠挂肚，这是忠孝难两全。

管仲当公子纠的老师，鲍叔牙亦当公子小白的老师。当时齐国的国君齐襄王暴虐无道，又经常不临朝处理政事，贪恋酒色，最终被大臣们杀死。齐襄王被杀之后，为了争夺王位，公子纠和公子小白曾展开过激烈的争斗，管仲与鲍叔牙即各随其主。管仲想杀掉小白从而让公子纠能顺利当上国君，可惜在放暗箭的时候，射中了小白的衣带钩，小白却安然无恙，结果夺得了皇位，是为齐桓公。公子纠逃亡在外，后被鲁国的人杀死，他的老师管仲也当了囚犯。

齐桓公即位之后，想任命鲍叔牙当齐相。但鲍叔牙却认为自己不是当丞相的料子，大力推举被囚在鲁国的管仲。他又为管仲开脱，说管仲以前忠实于自己的主公纠，这并不是什么罪过。他向齐桓公荐举管仲，说他治理国家的才能比自己强，这体现在五个方面：

宽以从政，惠以爱民；
治理江山，权衡安稳；
取信于民，深得民心；
制订礼仪，风化天下；
整治军队，勇敢善战。

鲍叔牙断定，要是齐桓公能够重用管仲，必成霸业。

公子纠与小白争君位而失败，管仲在鲁国忍辱被囚，鲍叔牙并不认为他无耻而极力荐举他当丞相。因为鲍叔牙深知，管仲不拘小节，而以功名不显扬于天下为耻。所以管仲说："生我者父母，知我者鲍子也。"

鲍叔牙把管仲推荐给齐桓公以后，自己处在管仲以下的官位；子子孙孙世世代代在齐国享有俸禄，有封地的十几代，他们在齐国大多是有名的大夫。天下的人不称道管仲的贤能，而称道鲍叔牙慧眼识人才。

羊角哀、左伯桃舍命之交

羊角哀，战国时燕国人。与左伯桃为友，闻楚王贤，乃俱入楚。中途值雨雪，粮将尽，伯桃乃并衣粮与哀，令往，自饿死于空树中。哀至楚，楚王用为上大夫。后哀备礼以葬伯桃，己亦自杀。

左伯桃是战国时燕国人，与羊角哀友善。闻楚王善待士，与之同入楚。途中值雨雪，衣单粮少，伯桃乃并衣粮与哀，令其事楚，自己饿死于空树中。哀事于楚，显名当世，乃启树改葬伯桃，哀则自杀。

西汉时期，楚元王刘交慕仁好义，招贤纳士。燕国人羊角哀与左伯桃友善，品德高尚，才华横溢，得悉楚元王崇儒重道天下归心，所以相约共赴楚国。

楚元王刘交，西汉沛人，字游。高祖同父异母弟。好读书，多才艺，受《诗》于荀卿门人浮丘伯。从刘邦起兵，入关后封文信侯，随刘邦转战各地。高祖即位，封为楚王。曾为《诗》传，称《元王诗》。

当时正是隆冬之际，风雪交加，他们日夜兼程，水陆俱进，晓行夜宿，长途跋涉，雪湮山路，不辨方向，又冻且饿，眼见干粮将尽，仍拼命沿着山道迤逦而行。

正当此时，左伯桃暗自思忖，只剩这点干粮，仅供一个人食用，犹可挨到楚国。若二人俱往，纵然不被冻死，势必饿死于途中。他自知学问比不上羊角哀博大精深，而有自知之明，宁愿牺牲自己，以成全羊角哀的美名。于是他故意摔倒于地，叫羊角哀去搬来大石一块坐着歇息。待羊角哀搬来大石之时，左伯桃已经把身上的衣服脱得精光，裸卧于冰天雪地里奄奄一息，羊角哀只见衣服和干粮整齐地放在一旁，不禁悲哀地大哭。左伯桃叫他穿上自己的衣服御寒，把干粮带走，火速去求取功名。临死之际与羊角哀诀别道："贤弟当有凌云志，但愿衣锦葬尔兄。"于是便离开了人世间。

羊角哀哭成了泪人，将左伯桃的尸首掩埋在一棵干枯老树的洞中，然后背起钱褡和干粮，三步一叩首五步一回头地恸哭离去。

经过长途跋涉，羊角哀终于来到了楚国。楚元王刘交召见了他，求教强国富民的良策。羊角哀不即刻献出计策，道："强国富民之法，不能凭空设想，需据实而定，请允许我在贵国走访十日而后再告大王。"楚元王应允，并派上大夫裴仲陪同外调。

经过十天的深入民间调查之后，羊角哀掌握了第一手材料，便向楚元王陈述十条强国富民之策。楚元王大悦，设宴隆重款待，并封羊角哀为中大夫，坐上座，赏赐黄金百两、彩帛百尺。羊角哀谢过楚元王隆恩盛情后，恸哭不已。

楚元王详问其因，羊角哀便将左伯桃赠衣粮之事讲述一遍，同时再三欷歔，请求前往安葬左伯桃，以告他在天之灵。楚元王非铁石之人，听后亦大为悲痛，亦追封左伯桃为中大夫，并赐一笔埋葬费用，派大队人马护送羊角哀前往。

羊角哀找到了左伯桃的尸首之后，亲自给他香汤沐浴，穿戴中大夫衣冠，置内棺外椁，择吉地安葬，让他安息。

当天晚上，羊角哀便在左伯桃墓前守墓。夜间，他梦见左伯桃遍体鳞伤且步履蹒跚地走来。

究其因，原来左伯桃的墓地与战国时刺客荆轲的墓地相近。当年荆轲受燕太子丹之重托，过易水刺秦王未遂反被戮，高渐离便以其尸葬于此处。荆轲的阴魂“神极威猛”，屡次三番欺凌左伯桃。羊角哀听罢，悲恸不已，下定决心挖掘荆轲墓，无奈当地人誓死不从。于是羊角哀“掣取佩剑，自刎而死”，变成鬼去助左伯桃。“是夜二更，风雨大作，雷电交加，喊杀之声闻数十里。清晨视之，荆轲墓上，震裂如发，白骨散于墓前。墓边松柏，连根拔起，庙中忽然起火烧作白地。”

楚元王听到这消息后，感其义，重新差官吏往墓前建庙，加封上大夫，敕赐庙额，曰“忠义之神祠”，勒碑记其事，香火不绝，四时享祭。

后人将友谊深厚的挚友美称为“羊左”，喻生死之交。《文选》南朝梁刘李标（峻）《广绝交论》：“想惠庄之清尘，庶羊左之徽烈。”

伯牙、钟子期知音之交

钟子期，春秋时楚国人。善辨音律。相传伯牙鼓琴，子期听之，能知伯牙鼓琴时志在高山或志在流水。凡伯牙所念，子期必得之。因与伯牙引为知音。子期死，伯牙破琴绝弦，终身不复鼓琴。

伯牙，春秋时琴师。《荀子·劝学》有“伯牙鼓琴，而六马仰天秣”的记载，喻其琴艺高超。据《乐府解题》：伯牙学琴于成连先生，三年不成。后随成连至东海蓬莱山，闻海水彭湃，群鸟悲号之声，心有所感，乃援琴作曲，后世传此曲为《水仙操》。又相传《高山流水》也是他演奏过的琴曲。

钟子期是春秋时楚国人。楚又称“荆”、“荆楚”，建都丹阳（今湖北秭归西北）。据说钟子期的父亲是楚国宫廷的首席音乐大师，因与宫女情投意合而私奔，回到故里钟家台。又为了躲避追杀，举家迁到邻近的集贤村，这里住着大批隐居于此的社会贤达，在这宁静的环境中过着安定的生活。既无车马之喧闹声，终年又无闻丝竹声。

丝竹指弦乐器（如琵琶、二胡等）与竹制的管乐器（如箫、笛等）。亦泛指音乐。

由于父母长期对钟子期的言近旨远及言传身教，使他耳濡目染，再加上他天禀聪颖，音乐技能与运用的技巧不断提高与娴熟。对父母耳提面命悟道之言，悟性之理解的能力亦迅速提高，他心甘情愿做一个闲云野鹤的樵夫。

闲云野鹤原为闲人孤鹤。闲人指清闲少事之人。鹤性孤高，喜居林野，故常以野鹤喻隐士。笼鸡有米遭汤镬，野鹤无粮天地宽。“孤云将野鹤，岂向人间住。”比喻来去自由，无所羁绊，像野鹤徜徉于烟水间。

樵夫即山上打柴的人。

伯牙是春秋时晋国的上大夫。会鼓琴。学琴于成连，三年不成。成连使至东海蓬莱山，闻海水澎湃、群鸟悲号声，情有所移，心有所感，琴艺大进。琴曲《水仙操》、《高山流水》传为其作品。与钟子期友善，能穷其意趣。后子期死，痛世无知音，不复鼓琴。

成连，春秋时人。伯牙从之学琴。三年伯牙技成，而于精神情志未专一，成连乃携伯牙至蓬莱山，使独留旬日。伯牙但闻海水汩没崩澌、群鸟悲号之声而移其情，使其情志专一，情意绵绵。伯牙遂成妙手。

蓬莱是山名。古代方士传说为仙人所居。《山海经》记“蓬莱山在海中”。《史记·封禅书》：“自威、宣、燕昭使人入海求蓬莱、方丈，瀛洲。此三神山者，其传在勃海中。”蓬莱又名“蓬壶”。

《高山流水》：见《列子·汤问》：“伯牙善鼓琴，钟子期善听。伯牙鼓琴，志在高山，钟子期曰：‘善哉，峨峨兮若泰山。’志在流水，钟子期曰：‘善哉，洋洋兮若江河。’”后多用此为知音难遇之典，或喻乐曲高妙。金董解元《西厢记》曰：“不是秦筝合众听，高山流水少知音。”

成连带着伯牙赴东海蓬莱山，让大自然对他的思想性格以有益的影响，陶冶其情操，使其陶然自得，以便造就人才，于是留伯牙一人孤零零地陪伴着孤岛，在山上抚琴十多天。蓬莱的孤寂，让他难耐，形成孤高不群的性格。伯牙开始感到窒息，除了见到怪峰突兀和怪石嶙峋之外，听到的是山崩地裂般惊涛拍岸的骇浪之声；再加上深山老林中怪鸟的凄绝之声，而风声又是如此的凄厉，寒蝉之声又是这般的凄切，以及气候的苦寒，使他感到整个大自然是如此的凄风苦雨，如此的孤寂与冷漠。

伯牙终于领悟老师对自己的一片苦心，是为了让自己苦心孤诣，让大自然陶冶自己的性灵，移情于己。于是他苦思冥想，又竭尽全力磨砺自己。在艰难苦困的环境里磨炼意志和才干，自此琴艺大进。他所创作的《高山流水》、《水仙操》均成为十年磨一剑之作，无论是艺术技法的纯熟、艺术能力的高超，艺术技巧的运用，还是艺术技艺的精湛，均达到了炉火纯青的程度。其乐曲的思想高度、弹奏的演技亦已经达到出神入化之境界，为同行所无法企及，亦超出了常人所能理解、领悟的范围，偌大的天下却无一人能领略他琴声的真谛。

有一年，伯牙奉晋王之命出使楚国，正值八月十五日，他乘船抵达汉阳江口岸，停泊在一座土山下。夜间云开月出，景致可人，他琴兴甚笃，岂料一根琴弦在一阵急促的转折之后，轰然崩断。伯牙当即断定，必然有精通乐理的人在附近出没。果然遇上了打柴人钟子期。

钟子期一眼相中伯牙的琴技，又一语破的："这是瑶琴！相传是伏羲氏所造。"

瑶琴，有玉饰的琴。

伏羲，传说中远古帝王。风姓。相传始作八卦，教民结网，从事渔猎畜牧，以充庖厨。他为神话中人类始祖，与女娲氏兄妹为婚，制嫁娶，正姓氏。图像为蛇身人首。

这把琴的材质取自梧桐树。梧桐材质细密，木树供制乐器和家具用。选材时，将梧桐树的木料切去首尾，取其中间的一段，因这一部分音质清晰逼真，音韵悠扬，音域宽广，音质效果极佳，中庸和谐，轻重相兼。瑶琴由金童头、玉女腰、仙人背、龙池、凤沼、玉轸和金徽七部分组成。开始是五弦琴，后因周文王被纣拘于羑里又因怀念自己的爱子伯邑考当人质于商，而增加琴弦一根。因为其音清幽、哀婉，令人哀怜，又犹如寒鸦哀鸣，使人凄切哀伤，又犹如倾诉内心的哀怨，令人哀痛欲绝，故被人称为"文弦"。其后周武王伐纣，又增加上一根琴弦，弦音激越高亢，激情满怀，让人壮怀激烈，易于激扬士气，被人们称为"武弦"。因此瑶琴又被称为"文武七弦琴"，又因以七弦为琴的代称。《嵇中散集》一《酒会》诗："但当体七弦，寄心在知己。"

金童玉女，道家谓供仙人役使的童男童女；仙人，神话及宗教所称长生不老的人；龙池，凤沼，皆为弦底孔眼。上曰龙池，下曰凤沼；玉轸，金徽，玉制的琴轸。轸，系琴的小柱；金徽，金饰的琴徽。梁元帝《咏秋夜》诗："金徽调玉轸，兹夜抚离鸿。"

这把举世珍贵的瑶琴自知音死后第二年竟被伯牙摔碎在钟子期的墓前。正是知音弹与知音听，不是知音莫与弹。弹给不是知音听，无异于对牛弹琴。牛耳聋聩，不知声味。《弦明集》曰："昔公明仪为牛弹清角之操，伏食如故。"白费心机罢了。

这把无价之宝的瑶琴，其价值就是钟子期墓地的价值。只有曾经身陷孤岛的伯牙，才像失群孤雁夜长鸣那样，既哀怜又孤身，既孤寂又孤高不群。天下只有伯牙才能真正理解钟子期之为钟子期，钟子期为什么是一个打柴人；真正领略伯牙的琴声，舍我其谁！这就是钟子期的骄傲，是他骄视同侪之所在。

钟子期是春秋战国时楚国人，籍贯在今武汉三镇之一的汉阳。在马鞍山南麓的凤凰山（咀）坐落着钟子期墓与知音亭。古琴台是为纪念伯牙和钟子期知音之交的故事所建，主体殿堂前的汉白玉方形石台，相传就是伯牙抚琴处。《高山流水》志在登高山，钟子期击节赞赏曰："善哉，峨峨兮若泰山！"志在流水，钟子期再击节赞赏曰："善哉，洋洋兮若江河！"仍仿佛萦绕游人耳际。流芳百世知音之交的故事就发生在这里，令人发千古悠悠之情。清光绪十五年（1889 年）汉阳知县华某立碑，在"文化大革命"中已被捣毁。1980 年修复，碑文刻着"楚隐贤钟子期之墓"。人们心中真正的丰碑是不会被人为所泯灭的。今已辟为武汉市旅游景点的名胜古迹，为观光之好去处。

廉颇、蔺相如刎颈之交

蔺相如是战国赵国大臣，原为赵宦者令缪贤舍人。赵惠文王时，秦昭王强索和氏璧，诈云以十五城交换。以缪贤荐，相如奉命带璧入秦，当庭据理力争，终于完璧归赵，以功拜上大夫。赵惠文王二十年（公元前 279 年）随赵王与秦王赴渑池（今河渑池西）相会，以其忠勇智慧，使赵王免受屈辱，因功任上卿，位居廉颇之上，廉颇意欲羞辱之。相如容忍谦让，认为两虎相斗，必有一伤，哪有两全之理，所以避着他，以国家的急难为首，把个人恩怨放在次要的地位。廉颇终于愧悟，袒背负荆请罪，与相如成刎颈之交。

战国时，赵国宦者令缪贤的舍人蔺相如，受赵王派遣，携带稀世珍宝和氏璧出使秦国。

和氏璧又名和璧，春秋时楚人和氏（卞和）所得的宝玉。卞和发现一块玉璞，先后献给楚武王。武王得宝不识宝，卞和却被认为犯欺君之罪，被截去双脚。等到楚文王即位，卞和又抱璞哭于荆山下，楚王派人剖玉加工，果得宝玉，称“和氏璧”。

蔺相如凭借智慧与勇气，据理力争，最终完璧归赵，获得赵王的嘉奖，封为上大夫。秦王一计未逞，又施一计，再提出与赵王相会，企图逼迫赵王屈服，妥协让步。蔺相如和廉颇力劝赵王赴会，不要放弃斗争，以显示赵国的坚强意志和赵王的果敢决断。

廉颇的勇猛强悍与周密布置，让赵王壮胆，也给秦王兵威施压；蔺相如在渑池会上不卑不亢与秦王周旋，毫不示弱地与之交锋，终使秦王无法招架。对秦王与群臣成了巨大的威慑，也显示出赵国的威严。赵王最终免受屈辱之羞，安全地回到了赵国。

赵王以为此行以相如的功劳最大，拜相如为上卿，官位在廉颇之上。廉颇说：“我身为赵国的将军，有攻城略地、扩土保疆的大功勋。而相如呢，只不过动动口舌立了星点儿功，竟然位高于我，而且他本身出身寒微下贱，这太使我难堪了，叫我如何忍心坐在他的下位呢？”相如听说之后，就不肯与廉颇见面。每当朝会之时，他经常托词生病而不出席，避免与廉颇争列次。

有一次，相如外出，远远地望见了廉颇，相如赶紧调转车头躲避。于是他的一些门客便联合起来，进言道：“我们之所以离亲别故地追随在你的左右，只不过是仰慕你的德高望重啊。如今，你与廉颇同朝为官，廉颇公然恶语相向，而你竟被吓得躲躲闪闪的不敢露面，未免过分地胆小怕事了。这在寻常的人都感到羞耻，何况位居将相的你呢！我们没有这种涵养，容我们告辞吧！”

相如再三挽留，说：“依诸位看，廉将军比秦王强吗？”“当然比不上秦王！”大家异口声地说。“以那秦王的权威，我尚敢在大庭广众之下呵责他，羞辱他的群臣。我蔺相如再不中用，难道就只怕廉将军吗？但是我每想到强秦之所以不敢对赵国发动战争，还不是因为他和我同时在朝为官吗？如果我们两个人斗意气，就会如两虎相斗，哪有两全之理；我之所以避着他，无非是把国家的急难放在首位，把个人恩怨放在次位就是了。”蔺相如识大体顾大局的精神，深深地感动了廉颇。廉颇听了之后就袒露着上体，带着荆鞭，由朋友陪送来到蔺相如家谢罪。他说：“我太浅薄了，没想到先生的胸襟如此的宽大。”廉颇知错即改，这种精神需要的是勇气。两人最终结为至交，成为生死与共的挚友。

刘备、关羽、张飞生死之交

刘备，字玄德，身长七尺五寸，两耳垂肩，双手过膝；目能自顾其耳，面如冠玉，唇若涂脂；乃中山靖王刘胜之后，汉景帝玄孙。刘备幼孤，性宽和，寡言语，事母至孝，喜怒不形于色，素有大志，专爱结交天下豪杰。尝师事郑玄、庐植，与公孙瓒等为友。

玄德祖刘雄，父刘弘。弘曾举孝廉，亦尝作吏，早丧。玄德事母至孝；家贫，贩履织蓆为业，不甚好读书。家住本县（涿鹿）楼桑村。其家之东南，有一大桑树，高五丈余，遥望之，童童如车盖。相者云：“此家必出贵人。”

东汉末年，益州牧刘焉发榜招军，此时玄德年已二十八岁。当日见了榜文，慨然长叹，随后一人厉声言曰：“大丈夫不与国家出力，何故长叹？”玄德回视其人，身长八尺，豹头环眼，燕颔虎须，声若巨雷，势如奔马。玄德见其形貌异常，问其姓名，其人曰：“某姓张，名飞，字翼德。世居涿县，颇有庄田，卖酒屠猪，专好结交天下豪杰，适才见公看榜而叹，故此相问。”刘邦说：“我本汉室宗亲，姓刘，名备。今闻黄巾猖乱，有志欲破贼安民，恨力不能，故长叹耳。”飞曰：“吾颇有资财，当招募乡勇，与公同举大事，如何？”玄德甚喜，遂与同入村店中饮酒。正饮间，见一大汉，推着一辆车子，到店门首歇了；入店坐下，便唤酒保：“快斟酒来吃，我待赶入城去投军。”玄德看其人，身长九尺，髯长二尺；面如重枣，唇若涂脂；丹凤眼，卧蚕眉，相貌堂堂，威风凛凛。玄德邀他同坐，叩其姓名。其人曰：“吾姓关，名羽，字寿长，后改云长，河东解良人也。因本处势豪，倚势凌人，被吾杀了；逃难江湖，五六年矣。今闻此处招军破贼，特来应募。”玄德遂以己志告之。云长大喜。同到张飞庄上，共议大事。

飞曰：“吾庄后有一桃园，花开正盛；明日当于园中祭告天地，我三人结为兄弟，协力同心，然后可图大事。”玄德、云长齐声应曰：“如此甚好。”次日，于桃园中，备下乌牛白马祭礼等项，三人焚香，再拜而说誓曰：“念刘备、关羽、张飞，虽然异姓，既结为兄弟，则同心协力，救困扶危；上报国家，下安黎庶；不求同年同月同日生，但愿同年同月同日死。皇天后土，实鉴此心。背义忘恩，天人共戮!”誓毕，拜玄德为兄，关羽次之，张飞为弟。祭罢天地，复宰牛设酒，聚乡中勇士，得三百余人，就桃园中痛饮一醉。

“不求同年同月同日生，但愿同年同月同日死。”这一豪言壮语，向为人们所熟记和赞赏，充分显示出刘关张在困难时利害一致、同舟共济、同心同德的精神与同仇敌忾的思想。他们为了共同目的而定同归于尽之决心，这就是生死之交，为了共同的目的而愿抛却家园、金钱甚至生命。

孔融、祢衡忘年之交

孔融，东汉鲁国人，字文举。孔子二十世孙。性好学，有异才。安辟司徒杨赐府，大将军何进举高第，为侍御史。后辟司空掾，拜北军中侯，迁虎贲中郎将。以许董卓，转议郎。献帝时为北海相，立学校，表儒术，荐贤良。历少府、太中大夫，名重天下。自负才气，对曹操多侮慢之辞，曾被免官，终与曹积怨，构陷成罪，被操所杀。辞有名于世，为“建安七子”之一。有《孔北海集》。

祢（mí，姓）衡，东汉平原般人，字正平。少有才辩，性刚傲慢。唯善孔融及杨修。融深爱其才，数称述于曹操。操欲见之，祢衡称病未往。操召为鼓吏，大会宾客，欲辱衡，反被衡所辱。操怒，遣人送与刘表，表不能容，转送江夏太守黄祖，卒被杀。今存其借物抒怀之《鹦鹉赋》。

据《后汉书·祢衡传》记载：“衡始弱冠，而融年四十，遂以为交友。”

孔融家学渊源，博览群书，为东汉末年一代名儒，名播四海，见于经传。与时人陈琳、王粲、徐干、阮瑀、应玚、刘桢称为“建安七子”。因曹丕《典论·论文》曾此七人并举，且予赞扬，又以同居邺中，亦称“邺中七子”。

孔融为人恃才傲物，负气自尊，谈吐言词锋利，文笔亦尖锐，入木三分。用词简练，构图简约，冷嘲热讽，皆成妙文。与曹操的政治见解不一，常书奏折加以戏谑嘲笑。曹操因顾忌孔融的声威，对他也无可奈何。后亦因言获罪，触怒曹操被杀。

祢衡，字正平，平原（今山东乐陵西南）人。少有才辩，长于笔札，性刚傲物。他才华横溢，才力超群，才识卓著，才思敏捷，所见过目不忘，挥毫即成佳构。

佳构指优秀的文学艺术作品或园林建筑。造园如作诗文，必使曲折有法，前后呼应。最忌堆砌，最忌错杂，方称佳构（《履园丛话·园林·造园》）。

但祢衡风华正茂，恃才傲物，傲气十足。锋芒外露，谈吐锋利，性情狂故，犹如无羁之马。“见不如己者不与语。”不知韬晦忍，对人往往“臧否过差，人皆以是憎之”（《平原祢衡传》）。

韬晦，收敛锋芒；隐忍，隐藏迹，克制忍耐。

臧否（zāng pǐ），褒贬，评论；过差，过失差错，或过分，过度。

只有北海孔融高贵其才，不计较他的无礼与傲慢，认为无可厚非。当时孔融已经四十岁了，而称衡只有二十岁。孔融对这位意气风发的精英的才气才识非常欣赏，彼此情投意合，惺惺相惜，结为忘年之交。

惺惺，指聪慧的人。王实甫《西厢记》：“方信道，惺惺的自古惜惺惺。”

孔融多次写奏折竭诚推荐祢衡，并在曹操跟前击节赞赏道：“资质美善，异于常人，见善若惊，疾恶如仇，如使立于朝廷百官之中，必可见其正直廉能。”

但祢衡初见曹操时就轻口薄舌，举止轻浮，轻慢失礼，又大骂文武百官，曹操大为恼怒，便安排祢衡做鼓吏。且看《三国演义》第二十三回《祢正平裸衣骂曹》中之一段："操召衡至。礼毕，操不命坐。祢衡仰天叹曰：'天地虽阔，何无一人也！'操曰：'吾手下有数十人，皆当世英雄，何谓无人？'衡曰：'愿闻。'操曰：'荀攸、郭嘉、程昱机深智远，虽萧何、陈平不及也。张辽、许褚、李典、乐进勇不可当，虽岑彭、马武不及也。吕虔、满宠为从事；于禁、徐晃为先锋。夏侯惇，天下奇才；曹子孝，世间福将。安得无人？'"

萧何为刘邦丞相，又荐韩信为大将。刘邦称帝，萧何功第一。助高祖灭陈豨、韩信、鲸布等，封相国。

陈平曾任刘邦谋士。建离间项羽、范增，笼络韩信之计，均被采纳。刘邦被匈奴围于平城，以计赂匈奴阏氏，得出。惠帝、吕后、文帝时历任丞相。吕后死，平与太尉周勃合谋，诛诸吕，迎立文帝。任丞相。

岑彭曾任刘秀的刺军大将军，以功封舞阴侯。治军严整，秋毫无犯。率军征隗嚣、公孙述，守益州牧。

马武，从刘秀破王寻等，拜振武将军。后为侍中、骑都尉。击刘永等，以功封杨虚侯。明帝初，拜捕虏将军，破西羌。

"福将"指运气好，所至如意的将领。古人有言，智将不如福将。

曹操夸示自己得士，天下英雄豪杰，尽归于己。可惜祢衡并不买他的账。

衡笑曰："公言差矣。此等人物，吾尽识之：荀彧可使吊丧问疾，荀攸可使看坟守墓，程昱可使关门闭户，郭嘉可使白词念赋，张辽可使击鼓鸣金，许褚可使牧牛放马，乐进可使取状读诏，李典可使传书送檄，吕虔可使磨刀铸剑，满宠可使饮酒食糟，于禁可使负版筑墙，徐晃可使屠猪杀狗。夏侯惇马市称为'完体将军'，曹子孝呼为'要钱太守'。其余皆是衣架、饭囊、酒桶、肉袋耳！"

祢衡口若悬河地将曹操这批英雄骂得个个羞答答，受尽羞辱。祢衡看低天下多少英雄。

人不激人话激人。曹操被激得大怒道："汝有何能？"祢衡自豪地道："天文地理，无一不通，三教九流，无所不晓；上可以致君为尧舜，下可以配德于孔颜。岂与俗子共论乎！"祢衡自信地以简短之词概括了自己之所能。

当时张辽在旁边，掣剑欲斩祢衡。曹操挥手劝止，说："吾正少一鼓吏，早晚朝贺宴享，可令祢衡充此职。”衡不推辞，应声而去。张辽问曹操：“此人出言不逊，何不杀之?”曹操说：“此人素有虚名，远近所闻。今日杀之，天下必谓我不能容物。彼自以为能，故令为鼓吏以辱之。”这是阿瞒精细之处，毕竟是老谋深算，遇事冷静，考虑周全，这才能延揽人才，笼络人心。张辽相比，等而下之。

曹操自以为得计，因为羞辱了祢衡。这是最笨拙的一招。祢衡这个硬汉哪里吞得下这口窝囊气，最终亦弄出一个鱼死网破，来一个硬碰硬。

一天，曹操在省厅上大宴宾客，令鼓吏挝鼓。旧吏云：“挝鼓必换新衣。”衡穿旧衣而入，遂击鼓为“渔阳三挝”，音节殊妙，渊渊有金石声。坐客听之，莫不慷慨流涕。

渔阳三挝，一作渔阳掺挝，鼓曲名。

渊渊是鼓声，象声词。《诗·小雅·采芑》：“伐鼓渊渊，振旅阗阗。”振旅，整顿部队；阗阗（tián tián）即盛貌。

在场的人喝道：“何不更衣！”祢衡当面脱下破旧衣服，裸体而立，浑身尽露。坐客皆掩面。衡乃徐徐着裤，颜不变。

曹操大怒骂道：“庙堂之上，何太无礼！”衡曰：“欺君罔上乃谓无礼，吾露父母之形，以显清白之体耳！”

曹操说：“汝为清白，谁为污浊?”这一问就问出个厉害来。祢衡针对这个“谁”字，一针见血地大做文章，毫不客气，毫不含糊。祢衡说：“汝不识贤愚，是眼浊也；不读诗书，是口浊也；不纳忠言，是耳浊也；不通古今，是身浊也；不容诸侯，是腹浊也；常怀篡逆，是心浊也！吾乃天下名士，用为鼓吏，是犹阳货轻仲尼，臧仓毁孟子耳！欲成王霸王业，而如此轻人耶?”

祢衡口沸目赤地细数曹操眼黑、口黑、耳黑、腹黑、心黑，这就是阳货轻慢孔子、臧仓毁孟子。试问曹操还像人吗?

阳货又名阳虎，是季孙氏的家臣，他先把自己的主人李桓子抓了起来，占据了他主人的地位，扶持鲁定公，成了鲁国的独裁者。他想延揽人才为其效命，想争取孔子。但他知道孔子绝对不会去拜见他，他也不愿意去拜见孔子。于是趁孔子外出时，派人送了一只乳猪给孔子。按当时的礼节，如果大夫送礼物给士，这个士如果不在家亲自接受礼物，之后就该亲自到大夫家叩谢。可是孔子的确不愿意与阳货见面，也趁阳货不在家，登门叩谢，表示已经尽礼了。没想到，冤家路窄，在回程中与阳虎碰面了，阳虎说："来，我跟你说几句话：不把自己的学问贡献给国家，反而藏起来，这种行为合乎仁吗?""不合乎仁。""愿意从政，却屡次放弃机会，这算是智吗?""不算。""你要知道时间可是不停留的，岁月可不会等着我们!"孔子应付他说："好的！我就要出来做官了。"但孔子怎么会为一个奸贼效命呢？他终于婉拒了阳货，保全了自己的声誉。

臧仓，战国时鲁国人。鲁平公嬖（宠幸）人。平公欲见孟子，仓诬言孟子非贤者，阴平公之行。

当时孔融在座，担心曹操杀祢衡，于是从容地说：祢衡罪同劳役的囚徒。

接着，曹操便令人挟祢衡赴荆州为使，欲借刘表的手杀他，令手下文武备酒于东门处送行。荀彧说："如祢衡来，不可起身。"衡至，下马入见，众皆端坐。衡放声大哭。荀彧说："何为而哭?"祢衡说："行于死柩之中，如何不哭?"众皆曰："吾等是死尸，汝乃无头狂鬼耳!"衡曰："吾乃汉朝之臣，不作曹瞒之党，安得无头?"众欲杀之。荀彧急止之曰："量鼠雀之辈，何况污刀!"衡曰："吾乃鼠雀，尚有人性；汝等只可谓之螺虫!"众恨而散。

祢衡到了荆州，见刘表礼毕，虽然颂德，实为讥讽。刘表不悦，令去江夏见黄祖。对众将说："曹操不杀他，恐失人望，欲借我手杀之，使我受害贤之名。吾今遣去见黄祖，使曹操知我有识。"刘表亦外显度量，内隐机谋，英雄所见略同。

刘表，时为荆州刺史，后为成武侯。不参与混战，爱民养士，众客自保，静观时变。

黄祖，时为江夏太守，事刘表。表送祢衡与祖，祖初善待之。后衡言不逊，祖怒杀之。

后来，黄祖斩了祢衡，刘表问其因。原来黄祖与祢衡共饮，皆醉。黄祖问祢衡："君在许都有何人物?"祢衡回答："大儿孔文举，小儿杨德祖，除此二人，别无人物。"黄祖又问："似我如何?"祢衡说："汝似庙中之神，虽受祭祀，俱无灵验!"黄祖大怒说："汝以我为土木偶人耶!"遂斩之。衡至死骂不绝口。刘表听了之后，慨叹不已，令葬于鹦鹉洲边。

孔文举就是孔融，字文举。杨祖德即杨修，字祖德。孔、杨、祢三人友善。

鹦鹉洲，在今湖北武汉市西南长江中。唐崔颢《黄鹤楼》诗："晴川历历汉阳树，芳草萋萋鹦鹉洲。"

祢衡被杀时年仅二十六岁，正值风华正茂时。

君子之交淡若水

春秋末年之后，有德者称为君子，无德者称为小人、野人，如以小人之心度君子之腹。《礼记·曲礼上》："博闻强识而让，敦善行而不怠，谓之君子。"《论语·子路》："故君子名之必可言也，言之必可行也。"《荀子·劝学》："故君子结于一也。"君子之交是道义之交。《庄子·山木》："且君子之交淡若水，小人之交甘若醴；君子淡以来，小人甘以绝。彼无故以合者，则无故以离。"

君子之交完全是为了对方，善待对方，想对方所想，急对方所急，从未想过要对方回报任何物质与精神上的报答。

水之所以为水，是因为水是无色、无味、无臭的液体。君子之交清淡如水，但又不使干枯，滋润如水，这是最恰切的诠释与说明。

水的品质又至柔至清。柔，柔软和顺；清，纯洁清澈，朴素清纯。故老子赞曰："上善若水。"上善是最完美最至上的，水善利万物而不争。毫不利己，专门利人。无色无味方能调和众色，容纳千味；至柔方能克刚，充沛于天地之间，滋润万物，又滴水成冰，再水滴石穿，更水到渠成。水对万事万物又毫无私心，毫不偏袒，所以只有水才称为水平。至清方能清澈见底，彰显万物有色无色，彰明混浊清纯。

水之为水，实为最正之色，最纯之味，最柔之性，最刚之气，故柔能克刚，弱能克强。既能克刚克强，必显其阳刚之气。故以水喻君子之交，措词十分确切。

孔子曰："君子怀德，小人怀土，君子怀刑，小人怀惠。"把君子与小人区分得一清二楚。君子与小人每天心中所惦记的事都不相同，君子有自己的主见，不跟着潮流走，更不随着坏人做坏事。他心中所系的是怎样实践自己的道义；小人每天在心头所想的是怎样追名逐利，怎样占小便宜，追腐逐臭，患得患失。

一次，孔子对曾参说：“子夏的学习成绩将会很快就提高，因为他喜欢与比他贤德的人交往。所以说，跟善人相交，犹如进入长满香花的房子里，时间久之后，被其感染而潜移默化。因此，君子必然谨慎地选择与自己在一起的人啊！”所以孔子语重心长地说：“与善人居，如入芝兰之室，久而不闻其香，即与之化矣。”故称贤士所居之处为芝兰室。

芝兰，香草名。《荀子·王制》：“其民之亲我也，欢若父母，好我芳若芝兰。”《孔子家语·在厄》：“且芝兰生于深林，不以无人而不芳；君子修道立德，不谓穷困而改节。”芝兰又作芷兰。

薛仁贵，少种田为业。太宗贞观中应募入军，以骁勇闻名于军，迁后领军中郎将。显庆中破高丽，擒契丹王，以功拜左武卫将军。击突厥九姓于天山。发三矢，辄杀三人，于是虏慑皆降。军中歌曰：“将军三箭定天山，战士长歌入汉关。”乾封初以降扶余等封平阳郡公。咸亨元年(670年)，吐蕃入寇，唐军败，仁贵退守大非川，除名为庶人。未几，高丽余众叛。仁贵起为鸡林道总管，复坐事贬象州。会赦还，高宗思其功，起授瓜州长史，不久拜右领军卫将军，检校代州都督。卒于官。

薛仁贵出身寒乞，与妻子栖息于寒窑洞，过着清寒贫困的生活，经常获得好邻居王茂生的物资接济。后来，薛仁贵应募入军，官高位显，拜“平辽王”，权倾朝野，位显一时。一次在高奏凯歌，得胜回朝大宴宾客之时，朝中居高位掌大权的达官显贵们与地方绅耆商贾，无不争先恐后地献殷勤，奉上贵重的礼品，聊表寸心，可皆被一一婉谢。唯独对王茂生送来的美酒两坛情缘未了，即席打开瓶盖一看，原来是两坛清水，四座宾客大骇，均以为王茂生搞这恶作剧，戏弄平辽王，势必遭殃。

岂料薛仁贵呵呵大笑，一连倒出三碗清澈的水，当众得意地一饮而尽，再倒扣碗底，接着自豪地说道：“当在我贫寒之时幸得王兄之接济。如今我显达了，他再送来两坛清水，这就是最珍贵的礼品。”当时博得满场喝彩，掌声不绝，在场宾客均敬佩薛仁贵的胸襟恢廓，气度恢弘。

王茂生尽管家境并不殷实，但总不至于送不起两坛醇酒，穷有穷的志气。其实此中有深意，他在从旁提醒薛仁贵，富贵不要忘记君子之本色，体现出他们君子之交淡如水的深厚的友谊和感情，更体现出他对至交满怀深情、深挚而亲切的关怀。难能可贵的是薛仁贵的身份显贵了，但高尚的情操与品质没有变，仍然保持着清醒的头脑，深刻地领会这位至交一番美好的心意，至今仍使人击节称颂，成为千古美谈。

水能载舟，亦能覆舟，水亦能包容万事万物。它对世间万事万物，不分彼此，一视同仁，它无孔不入，无所不滋润。有的人腰缠万贯，有的赤贫如洗，它都一见钟情，同样看待，一视同仁。由于水不偏不袒，所以又叫一碗水端平。

人的思想往往随着环境的变化而变化，一旦显达，思想往往掺杂上酒肉与铜臭，失却掉原来纯洁的心地、纯净的灵魂和纯美的心灵，此为小人，非君子。君子之交淡若净水，这是永远不会改变的，故君子之交亦淡若水。

司马光为北宋大臣、史学家，为相时推举刘元城到集贤院任职。宋时集贤院掌理秘书图籍等事，设史馆、昭文馆、集贤院为三馆。

司马光问刘元城："你知道我缘何推举你吗?"刘元城作答道："可能是我曾在你的门下学习，见面的机会多吧。"司马光道："错了。是因为我闲居在家时你经常来信问寒问暖。当我为相之后，你从未来过一封信，所以举荐你啊!"

正是刘元城不趋炎附势，不阿谀趋奉，所以被司马光看中而慧眼识英才的结果。近朱者赤，近墨者黑，见朱者不趋炎附势，近墨者趋之若鹜。

"天下熙熙，皆为利来；天下壮壮（攘攘），皆为利往。"（《史记·货殖传》）此为小人之交，均离不开尔虞我诈，名利情仇。人以利交，利尽路绝；人以名重，名反丧人；人以情交，情变为仇。这些都是名缰利锁，将人束缚住。只有君子之交重在道义，以德行世，以诚为本，只予人，不谋之己，坦坦荡荡，曲终人不散，人走茶不凉。因为道义是永恒的，君子之交亦是永恒的。

第十五章 铁面无私

皇帝叩不开的城门

汉高祖刘邦的九世孙刘秀，三十岁称帝，成为一代明君。他具有恢廓大度的气概，严于律己而待人宽容厚道。

东汉时期有明文规定：夜晚禁止开城门。一天，汉光武帝刘秀率领一批随驾扈从到郊外狩猎，很晚才收兵回朝，当走到洛阳城的上东门前一看，城门早已关闭。刘秀便命扈从趋前叩门。掌管上东门的管门官郅恽回答道："法律规定，夜晚禁止开门！"刘秀一听，只好下车，亲自来到城门下解释道："我是皇帝，快给我开门吧！"郅恽斩钉截铁道："夜色苍茫，看不清楚，为谨慎起见，不能开门！"刘秀听了，觉得郅恽所言，句句入情入理。不得已而求其次，无奈地离开上东门，绕道至东中门。东中门的管门官，一看是皇帝驾临城门，二话没说，三步并作两步，趋前打开城门，十分恭敬地把汉光武帝迎入城门。

第二天，郅恽给汉光武帝呈文道："您身为一国之君，不应带头违犯夜禁的法令。"

"夜禁"既夜间禁止通行。《周礼·秋官·司寤氏》："掌夜时，以星分夜，以诏夜士夜禁。"《元史·刑法志》四《禁令》："请夜禁，一更三点钟声绝，禁人行；五更三点钟声动，听人行。违者笞二十七；有官者听赎。其公务急速、疾病、死丧、产育之类不禁。"

夜禁既是如此严厉的严令，人人必须严守，才能严肃法令，才能严防事故发生。夜间打开城门的禁令更要人人遵守，对人对己必须严格要求。管他皇帝不皇帝！

汉光武帝

郅恽是东汉南西平人，字君章。治《韩诗》、《严氏春秋》，明天文历数。曾上书王莽，斥为“窃位”。收系诏狱，会赦得出。光武帝时举孝廉，为洛阳上东城门侯。帝尝出猎夜还，恽拒关不纳，次日上书谏。

刘秀读了奏章，严于责己，对郅恽执法如山、秉公办事的精神深为感动，非但没有怪罪他，而且赏赐布百匹。东中门的管门官反而没有受到丝毫的奖赏。这更让人们称奇。

郅恽后授太子刘疆《韩诗》，侍讲殿中。及郭后废，劝太子让位，退居藩国。迁长沙太守，坐事（因事获罪）免归（罢免官职而归家）。

虞延不徇情枉法

汉光武帝的皇后阴丽华，其弟阴就，封信阳侯。善结交，性刚傲，不得众誉。明帝时为少府，位特进。永平二年以子丰杀妻郦邑公主，当连坐，乃自杀。

汉光武帝时，阴就有一个门客（门下之食客），名叫马成，倚仗权势，无恶不作，恣意妄为，成为奸盗，被洛阳县令虞延收而拷之。阴氏屡请，获一书辄加笞二百。阴就大发怒火，面带怒色地向光武帝控告，说虞延违法失职，冤枉外戚马成，使之蒙受不白之冤，存心与他过不去。光武帝为了此事，便驾临虞延府馆，巡察狱囚，察访详情。虞延干脆把全部囚徒倾狱而出，并让囚徒分站成两列。凡案情复杂、尚待全部落实定案者，站在东边；凡案情已经厘清定案者，站在西边。马成趁人不防，便想站到东边去。说时迟，那时快，虞延一个箭步趋前，一把抓住马成，严词喝问："你这条十三大蠹虫，以为躲在土地庙里，火就烧不着你了？告诉你，现在我要依法治你的罪！"

土地，神名。古称土地之神为社神，后世称为土地，是金、木、水、火、土，五德神之一。古代传说中管理一个小地面的神。《公羊传·庄公二十五年》："鼓用牲于社。"何休注："社者，土地之主也。"《李经纬》："社者，土地之神。"土地阔不可尽祭，故封土为社，以报功也。《通俗编·神鬼》："今凡神，俱呼土地。旧俗祭祀土地，以求年岁丰稔。道教亦尊为神。"

马成此时趁机厉声直呼："冤枉好人，冤枉好人！"

光武帝目睹这一场景，深知虞延执法不阿，于是对马成说："你触犯了国法，罪有应得！"说毕，就率领扈从回朝。几天之后马成伏诛。于是外戚敛手，莫敢为非作歹。

周党隐逸不仕

汉光武帝刘秀对待前朝的逸士、逸民、隐士等均怀恢廓的胸襟，礼贤下士，降低自己的身份敬重和结交他们。

逸士，隐居之士。《文选》晋潘安仁（岳）《西征赋》："悟山潜之逸士，卓长往而不反。"

逸民，指避世隐居的人。亦作"佚民"。《论语·微子》："逸民：伯夷、叔齐、虞仲、夷逸、朱张、柳下惠、少连。"又《尧曰》："兴灭国，继绝世，举逸民，天下之民归心焉。"

伯夷、叔齐是商孤竹君的两个儿子。孤竹是古国名，亦作觚竹。相传为姜姓，其君墨胎氏，在今河北卢龙东南，存在于商、西周、春秋时。伯夷、叔齐即商末孤竹君的两子，相传其父遗命要立次子叔齐为继承人。孤竹君死后，叔齐让位给伯夷，伯夷不受，叔齐也不愿登位，先后逃到周国。周武王伐纣，两人曾叩马谏阻。武王灭商后，他们就拒食周粟，逃到首阳山，采薇而食，后饿死在山上。《孟子·万章》（下）、《史记·伯夷传》均记有此事。封建社会里把他们当做高尚守节的典型，唐韩愈《昌黎集》十二《伯夷颂》是这方面的代表作。

虞仲又名仲雍。周太王的次子。相传太王欲立少子季历，以便再传给历子昌（文王），仲雍和太伯一同避往楚、越间，自号句吴。

夷逸，春秋时人，周大夫夷诡诸之后，隐居不仕。或劝其仕，夷逸以牛为譬曰宁服軛以耕于野，不忍被诱入庙而为牺。

軛（è），牛马等拉东西时架在脖子上的器具。

朱张，西周人，字子弓。古之隐者，不仕。

柳下惠，春秋时鲁国大夫。展氏，名获，字禽，食邑在柳下，谥惠。任士师（掌刑狱的官）。鲁僖公二十六年（前634年），齐攻鲁，他派人到齐劝说退兵。以善于讲究贵族礼节“坐怀不乱”著称。

不驯，不顺服者。

战国秦庄襄王四年置太原郡，治所在今山西太原市西南，西汉文帝改为国，不久复为郡。此地有不少春秋晋国公侯的家族后裔，有些亡国之民及改朝换代后不仕新朝者均有怀旧思想，怀念他们已经失去的乐园和天堂，对新朝的统治者往往带有一种仇视的目光与对抗抵触的情绪。或者等待时机兴风作浪，报复仇恨；或者退隐山林，不愿为新朝效命，不在王侯跟前屈服，俯首称臣。所以，在汉初，太原仍是“难化”之域。

刘秀登位时，太原郡广武县（西汉置，治所在今山西代县西南之古城）有个名叫周党、字伯况的名人，王莽窃位，托疾杜门。光武建武中征为议郎，以病去职。及光武引见时，无奈地穿上短布单衣，用树皮裹着脑袋前往见朝廷大员。按礼节，封建时代的读书人被尊贵者，尤其是至尊召见，务必通报姓甚名谁，不然便是对尊者的轻蔑。周党见了刘秀，恃才傲物，不通报姓名，自陈愿守所志，不愿做官。勉强无用，刘秀便应允了他。当时被征为拜议郎，迁博士的范升，被帝数召参议朝政大事。他上书，言及周党在至尊面前傲岸不群，傲气十足，反有百君子慕其清高，嘉其文采，应治“大不敬”之罪，以儆效尤。

大不敬，为不敬皇帝的罪名。《史记·申屠嘉传》：“（邓）通小臣，戏殿上，大不敬，当斩。”也称“不敬”。又《魏其武安侯传》：“劾灌夫骂坐不敬，系居室。”北齐、隋两朝刑律定不敬为重罪十条之一。唐以大不敬为十恶之一。历代封建王朝因之。

刘秀却将范升的呈文让公卿们相互传阅，互相传告。同时下诏云："自古明王圣主都有不愿为他做臣的人，伯夷、叔齐就不食周粟。太原那个周党，不接受我的俸禄，这也是各自的志愿，赐给他四十匹绸子吧。"

周党遂隐居渑池，著书而终。

渑（miǎn）池，古城名。一作黾池。因南有黾池得名。在今河南渑池西。

严光"旧情可叙，当官莫提"

严光是刘秀旧日的同窗好友。东汉会稽余姚人，字子陵，一名遵，少有高名。及秀即帝位，他并没有去走后门，拉关系，以求一官半职，而是隐姓埋名不愿相见。刘秀派人四处查询他的足迹，一无所获。后令人画他的像张贴于天下。据人提供线索，才发现其行踪，是在齐国一个湖边钓鱼取乐，经一而再、再而三始能请到。刘秀喜出望外，当天就亲自去看望他。他却旁若无人，躺在榻上，不起身相迎，也不说话。刘秀就与他一起躺在榻上抵足而眠，抚摸着他的肚皮道："哎，哎，子陵，你就不能帮帮我的忙?"他仍然装聋作哑，若视而不见，听而不闻。过了好久，才勉强睁开眼睛看着刘秀，慢吞吞地道："人各有志，何必勉强我呢?"接着又闭上双眼。刘秀大失所望，只好怏怏不乐地离开，并叹息再三地说："子陵，决心不肯为我当臣下吗?"过了不久，刘秀仍不死心，又来拜访他，只谈旧日交往之情，避开要他做官的话题，抵足相谈了好长时间，并从容地问他："我比以前怎么样?"他答道："陛下比以前有些长进。"刘秀仍与他同榻共枕，抵足而眠。他将自己又肥又大的"象腿"压在刘秀的肚皮上。刘秀又坚持不懈地要他出山做谏议大夫（掌论议，属光禄勋）。仍未答应出山，答道："士故有志，何至相逼乎!"除谏议大夫，不就，归，耕于富春山（今浙江桐庐县西南）。此即旧情可叙，当官莫提。

第五编 读书

第十六章
创作与阅读

不亲临其境也能产生名山之作
——谈《岳阳楼记》

中国古代有四大名楼：滕王阁、黄鹤楼、鹳雀楼与岳阳楼。名楼并非只是质量上乘，抑或是自然景观独特而对旅客产生魅力，而且楼因文名，让远近的游客怀着景慕的心情，到此一游，目睹其景，亲临其地，登高远眺，借以满足生平的快慰。江西章江门上的滕王阁，见效于王勃省父而过南昌参加洪州牧阎伯屿宴僚属筵席而作的《滕王阁序》；建于湖北武汉市蛇山的黄鹤楼，得益于崔颢的《黄鹤楼》一首诗。诗人登楼，深感鹤去楼空，借今昔变化之大，抒发了“黄鹤一去不复返，白云千载空悠悠”的寂寞、惆怅之感。建在湖南岳阳县城西门上的岳阳楼，得力于范仲淹撰《岳阳楼记》。以上三楼并称为“江南三大名楼”。令人称奇击节叹赏的是，写前二楼的名篇，均为作者登楼临远，触景生情，落笔成文之作。唯独《岳阳楼记》的问世，则完全归功于范仲淹在知觉材料的基础上，经过新的配合而创造出新形象新篇章的结果。这就是他具有腾飞的想象力。想象力并不是想当然或想入非非、脱离实际的胡思乱想。因为范仲淹终其一生都没有登过岳阳楼，没有亲历其地，同样写出了一篇掷地有声、脍炙人口的名山之作。

滕宗谅，字子京，宋河南府人。宋真宗大中祥符八年（1015 年）进士。以泰州军事推官召试学士院，迁殿中丞。尝请刘太后还政。仁宗亲政后除左正言，迁左司谏，以言宫禁事出知信州。西夏攻宋，调知泾州，为范仲淹荐，擢天章阁待制，徙庆州。施以在泾州时用公使钱逾制被弹劾，降官数迁至苏州，卒。

滕子京与范仲淹同举进士。仁宗朝，范仲淹因件宰相吕夷简，罢吏部员外郎、权知开封府，贬知饶州。子京自请一同贬谪，出守巴陵郡（故治今湖南岳阳县）。

滕子京并非因被贬而消沉委靡，而是愈挫愈坚，振作精神，励志图强，带领群众，群威群胆，群策群力。经过一年的努力，奇迹便出现了，政通人和，百废俱兴，又重修岳阳楼。他有远大的眼光，深具“楼观非有文字称记者不为久，文字非出于雄才巨卿者不成著”这一远见卓识，因此极力邀请千里之外的范仲淹为重新修建的岳阳楼作记来纪念这件事。

庆历六年（1046）九月十五日，范仲淹在河南邓州的百花书院，收展滕宗谅的来信与随信寄来的《洞庭晚秋图》一幅。他心潮澎湃，浮想联翩，便舒展了想象的翅膀，挥毫泼墨，而一气呵成这篇千古名文。他首先想象景致，“予观夫巴陵胜状（美好的景色），在洞庭一湖。（口）衔远山，吞（吐）长江，浩浩汤汤（shāng shāng，大水急流），横无际涯（无边无际）。朝辉夕阴（清晨的阳光，黄昏的夕阳），气象万千（千变万化）。”这些就是岳阳楼的壮丽景致。

接下来，再分别写阴天和晴天。

阴天是“若夫霪雨霏霏（当那连绵细雨纷纷下落），连月不开（一连数月也不放晴），阴风怒号（阴惨惨的狂风怒号着），浊浪排空（浑浊的浪涛翻腾到半天空），日星隐曜（日月星辰失去了它的光辉），山岳潜形（高大的山也隐没了它的形体）。”

晴天是“春和景明（春风和煦，景色明媚），波澜不惊（湖面波平浪静），上下天光（天光与水色交相辉映），一波万顷（碧绿的湖水一望无际）；沙鸥翔集（沙滩上的白鸥，有的展翅飞翔，有的栖止聚集），锦鳞游泳（五光十色的鱼儿游来游去）；岸芷汀兰（岸边的芷草和沙洲上的兰花），郁郁青青（香气郁郁，颜色青青）。”

作者在此展开了飞腾的想象，极目远眺无边的际涯，之所以用“若夫”，这是一种表示假设语气的连词，均为作者的假想。如果不用这个

“若夫”假设，就会使读者误会作者是写实而不是假设。写晴天的“至若（至于）”是用在另提一件事，都是出于作者的假想。

同样，“予观夫巴陵胜状，在（于）洞庭一湖”，“在”是“在于”，是介词结构，这指出事物的本质特征之所在，一般用在比较抽象的事物方面。又如“览物之情，得无异乎?”“得无”即“只怕”，表示不主观武断，是一种“估计”或“猜测的语气”，因为作者是揣度“迁客骚人”的心理状态与情绪，他不能肯定地说“皆无异也”，只能说“恐怕”或“只怕”不可能吧，这样比较客观，读者易于认同与接受。

作者在文中最后抒情，“登斯楼也，则有去国怀乡，忧谗畏讥，满目萧然，感极而悲者矣!”文章并不仅仅停留在洞庭湖的胜状描述上，而是笔锋一转，从写景叙事升华到抒发情怀上，而不是无病呻吟，无的放矢。

去国，是离开京城；怀乡，是怀念家乡。

忧谗畏讥，是担心遭到他人的诽谤和讥刺的心情；满目萧然，即满目都是萧瑟的景象；感极而悲者矣，心情极度感伤而十分悲痛。这是写阴天时的夹叙夹议。

写晴天景致时，作者的思想再进一层升华，为了加重语气与迸发感情，又强调“登斯楼也”，则有“心旷神怡，宠辱皆忘，把酒临风，其喜气洋洋者矣”。其思想不仅仅是停留在感伤与消沉上，而是感到胸怀开阔，精神愉快，乃至一切荣辱得失都被置之度外。临风饮酒，真有无穷无限的喜悦。

文章最后将思想升华到顶点，体现出其远见卓识思想的光辉：“不以物喜，不以己悲。居庙堂之高，则忧其民；处江湖之远，则忧其君。是进亦忧，退亦忧。”

物，指外在的大环境；己，指自己的遭遇。

庙堂，即宗庙和明堂，古代帝王祭祀的地方，此借指朝廷。

作者最后以“嗟夫（唉）”引出他曾经探索过古代仁人的心情，他们或许有不同于前面两种情况的。“何哉”一句设问，提起下文。这是因为他们不因环境的顺心而欣喜，也不因个人的失意而悲伤。在朝廷做官就为升斗小民而忧虑，退隐到民间或在外地作小官，又为君主而忧虑。这就是进朝做官也担忧，退处江湖也担忧。

文章为将主题思想再推进一层，因此再设问：“然则何时而乐耶?”而引出一个高尚的思想境界："先天下之忧而忧，后天下之乐而乐欤（忧在天下人之先，乐在天下人之后吧）！"

这是全文画龙点睛，笔下生花之句。

接着，作者敞开心扉地剖白心迹："噫，微斯人，吾谁与归！（唉，除了这种人，我还能与谁同道呢）！"

作者具有飞腾的想象力，故能放飞其想象，让想象力自由地驰骋。根据语言的描述与《洞庭晚秋图》的示意，再创造出相应新的形象。故其想象力出众超群，"出乎其类，拔乎其萃"。

本来修建岳阳楼是一件极其普通的事情，不见得有什么惊人的创举。岳阳楼始建于唐，为张说所建，后屡修屡毁，毁毁修修，有籍可考的就有30多次。宋腾子京重修落成之时，邀范仲淹写篇文章，以作纪念，此后才声名鹊起，可见《岳阳楼记》为一鸣惊人、再鸣冲天之作。

其实，在范仲淹之前，早有许多文人墨客到此一游，且留下笔墨，李白、杜甫、韩愈、白居易均写有岳阳楼诗。李白《与夏十二登岳阳楼》："楼观岳阳尽，川迥洞庭开。雁引愁心去，山衔好月来。"诗人登上岳阳楼，观看岳阳山之南，山林城市一览无余。江水浩渺，流向一望无际的洞庭。大雁飞向远方，好似把忧愁之心带走了。月亮从山顶上爬起来，又仿佛是从山口衔吐出来的一样。诗写得不谓不壮观又别致。杜甫的"昔闻洞庭水，今上岳阳楼"，文美词精，但均被范仲淹"先天下之忧而忧，后天下之乐而乐"一句比下去了。这在于范仲淹具有飞腾的想象力，还具有超群出众的思想境界。单凭依一幅《洞庭晚秋图》就引出他心有灵犀一点通，写出岳阳楼的青山绿水大好风光及地势地貌，而且动中有静，静中有动，动静相宜，描写得深刻入微，极其逼真。真是绘形绘影，令阅者拍案叫绝。

也因其具备飞腾的想象力，所以能心骛八极，神驰四海。

骛，是奔驰；八极，是八方极远的地方。

神驰，心思飞向（某种界境）；四海，天下。

此外，作者胸怀坦荡，气量大度，胸襟开阔，放眼天下，心系黎元，吞吐日月，才能一泻无余地倾吐胸臆。所有这些禀赋都是范仲淹过人之处，所以才能笔下生花，令人称奇而叫绝。

范仲淹是一位思想开放、政绩斐然的政治家，有人称他是"本朝人物第一”。其诗词文章均出色，风格豪放，语言凝练。《岳阳楼记》中的“先天下之忧而忧，后天下之乐而乐”，千古传诵，为政者多引以自勉。他的为人质朴与忠厚，决定了他的文风质朴。他为宋代诗文革新运动开拓了先路。但后人多极力推崇其文韬武略。元好问曾赞誉他：“在布衣为名士，在州县为能吏，在边境为名将，其才其量其忠，一身而备数器。在朝廷，则孔子所谓大臣者，求之千百年间，盖不一二见。”（《范文正文集》第十册《赞颂论疏》）朱吉普盛誉为“天地间第一流人物”。王国维曰：词有境界自成高格。同样，文有境界其势必宏。只有高超的思想境界，才能产生出神入化的篇章。由上观之，具备腾飞的想象力和超群的思想境界和胸怀，殊为范仲淹从未登过岳阳楼也能写出《岳阳楼记》的原因。

全球华人面临阅读危机

最近在澳大利亚悉尼的唐人街有“中国书店”等三家书店先后关门停业，加拿大的多伦多亦有几家“三联书店”相继倒闭，还有一些华文书店相继停业，一些书店的新书以斤论价地出售。没有关门的一些书店也处于风中烛的状态。再看看国内的“光合作用”等书店的停业，也说明中国人正在经历着一场阅读危机的洗礼。

一些历史长久且大型书店的倒闭，当然应该归咎于其经营不得法，但究其社会层面而言，不少书店门可罗雀、无人问津的现象仍很普遍。在海外，免费报刊均置于华人集市中心区，可自由索取，但也乏人问津。

再看看海外华文报刊，其发行量也不大，跨洲跨国的大型平面媒体《星岛日报（澳洲版）》的日发行量也只有两万多份。其他报刊的数量也有限，共度维艰的时日较多。

有好事者曾统计，说犹太人年均阅读量最多，为60多本。美国人每年阅读40多本，屈居其次。俄罗斯每人每年阅读28本，屈居第三。英、德、法等国每年每人阅读充其量也只是20本。中国人只有四五本而已，有的人可能连这个数字都难于达到。究其原因，则有多种，有的人说网上每天都有重要新闻，所以没有看报的必要；有的说他们都阅读专业书，如理财、房地产、经商、考驾照等方面的书籍较多，其他书则没时间精力阅读。

再说犹太人，犹太人也叫以色列人。公元1—2世纪罗马帝国统治期间，绝大部分被赶出住地。散入欧洲的受到迫害屠杀，或与当地民族结合。12世纪初叶，犹太人多迁移到印度孟买，少数移居中国开封等地，俗称“蓝帽回回”，明代以后逐渐与当地居民融合。近代散居在世界各地的犹太人，多数已用所在地语言，并取得定居国国籍，但仍保持犹太教习俗。中世纪在欧美的多数犹太人从事放贷与小商业。19世纪后，部分人因从事金融业和实业而致富。第二次世界大战时，被德国法西斯杀害的犹太人达600多万。全世界的犹太人约有1282万人（1995年）。马克思实际上是犹太人，他的父母是犹太人，他出生在德国。

在美国流传着一个笑话，说的是全世界的钱都向美国人的口袋滚滚流来，但美国人的口袋装在犹太人的脑袋里。犹太人在金融、商业、科技方面，尤其是在全球已经形成一个强大的商业帝国，掌握着不少国家、城镇、社区的经济命脉。所以他们能够人坐在家里而使钱从天上来，成为赚钱高手，不少人银满箱金满箱。

犹太人是最善于阅读的一个民族，他们居于各行业的制高点而叱咤风云，呼风唤雨。又有传说犹太人对书的崇拜近乎宗教，每当婴儿呱呱落地及嗷嗷待哺期间，都必须在《圣经》的封面上以嘴舔一下，这样孩子就尝到了书的甜味，深知读书是一件莫大的乐趣而不是烦恼和苦役。人们常说“爱哭爱闹的婴儿有糖吃”，但犹太人的婴儿往往不是这样。犹太人经常将书本、秤、糖放在一起测试婴儿的选择，多数婴儿首先选择书本（读书），其次选择秤，即做生意经商，搞房地产、金融业等，很少有去抓糖果的。所以，犹太人从事科研等前沿和尖端科学的人也多，有建树的亦为数众多。

经商的目的是为了赚钱，而且期望赚大钱，这是无可厚非的。但要生财有道，用财亦要有道。

古有“无奸不商”之语，这就提出一个“商德”问题。

为人师表要有师德，治病救人要有医德，不管从事任何行业，首先要突出职业道德之“德”字。即使为政者，也要以德治国，这是天地之正道。顺之者昌，逆之者亡。只有以德治国，才能使近悦远来。

经商的每一个铜板都应来得干干净净，清清楚楚。囤积居奇，投机取巧，尔虞我诈均为不义之财，犹太人从商重商德，守合同，讲信用，一言九鼎，一诺千金，信得过。

综观古今中外的历史，国家与国家的竞争，主要是民族道德素质的竞争。道德滑坡乃至沦丧的民族是可悲而危险的无望的民族。而要提高道德素质，阅读是重要的源泉，是正途，能提高民族综合竞争力。只有提升民族综合素质与整体实力，民族才由“贫因书而富，富因书而贵”，精神才不空虚，才由贫瘠、荒芜进入富足与富饶，民族才能真正的崛起。

综观西方的民族，他们多数人都分秒必争地阅读，排长队购物，办事，抑或等、乘火车，多手不释卷，珍惜分秒阅读。再综观华人，多为高声闲聊，或者闭目养神。这不是无书可读的危机，而是有书不读的危机。

海外华人的阅读必受到诸多因素的制约，移民时间长的一般都读英文书，看英文报，只有移民时间短或不通英文的人才阅读中文读物。从中国内地来的人喜欢看简体汉字书报，而且不读竖行排版的刊物。从中国台湾、香港、澳门等地区及越南、缅甸、马来西亚等国迁移来的华人，多阅读繁体汉字及竖行排版的刊物，他们不习惯阅读横排及简体字排版的刊物。

在国外的华人子女，因为土生土长在国外，接受的是外国人的教育，学的听的想的说的写的都是英文，相反，他们学中文就像是学外语。海外的中文学校一般一周只有周六上课，学生周一至周五都在西方学校上课，而且有不少学生不想学中文，认为是一种负担，殊不知中文是他们的根，是他们的优势。

我们没有丝毫理由对华人及其子女的阅读评头论足，指指点点，我们希望的是有更多的华人更多地培养阅读的习惯兴趣，要更多地投入阅读预算的开支，这是提升道德素质发挥优势的终南捷径。

德国哲学家、唯意志论者叔本华曾经在2000多年前感悟道：没有什么比阅读经典作品更让人神清气爽与神采飞扬的了，如同早饮山涧清冽的泉水似的，让人心情舒畅、神乎其神，充满灵感，产生神来之笔。

有读书乐诗一首，录如下：

读得书多胜大坵，不需耕种自然收。
东家有酒东家醉，到处逢人到处流。
日里不忧人去借，晚间何怕贼来偷。
虫蝗水旱无伤损，快活风流到白头。

附录：读书工程　无边风月

古代的读书人普遍受到人们的尊重，收藏家亦备受尊敬，认为值得为他们树碑立传。师范院校的学生均被社会器重，师范师范，学问高深为师，道德高尚为范。他们多成“为人师表”，当教师的被尊崇为“一日为师，终身为父”。

今天的华人重视读书的也比比皆是，重视积累知识，重视购书的人亦为数众多。一些单位的领导亦重视抓“读书工程”的建设，他们不但重视知识，重视读书，也关心本单位职工的文化学习，他们不惜重金，成批成批地购买新书以供单位职工学习和提高自身素质。笔者曾经出版过几本拙作，从其订购一览表即可见到各行各业都有重视抓“读书工程”的领导人。从他们的身上可看到我们民族的希望，这是“无边风月”（具体见各书订购概况表）。

《中华文化奇观》第一版订购概况一览表

单位	职务	姓名	数量（本）	单位	职务	姓名	数量
农垦国有红华农场	场长	曾德俊	200	儋州邮政局	局长	李德成	50
儋州市胜利派出所	所长	黄振海	20	农垦工会	主席	林明芳	30
人民银行儋州分行	行长	符祥熊	30	中国银行	股长	王小妹	30
儋州大城中学	校长	吴学文	30	工商银行儋州支行	行长	陈　明	30
儋州长坡中学	校长	郑儒文	120	农垦八一中学	副校长	颜　盛	30
那大三中	校长	吴壮佑	100	农垦八一糖厂	主任	李耀明	30

续上表

单位	职务	姓名	数量（本）	单位	职务	姓名	数量
农垦八一小学	校长	王大堃	30	那大二中	校长	李盛华	200
农业发展银行儋州支行	行长	黄康锐	30	螺旋藻医药公司	经理	林　仁	40
儋州新英中学	校长	万振全	30	儋州保健所	所长	谢定坤	30
国有八一农场总场	科长	陈剑如	100	儋州国税局	局长	吴琼开	60
国有大岭农场中学	校长	许　能	30	那大三小	校长	陈秀琼	30
那大四中	校长	符日喜	30	儋州市医院	院长	李雪娟	100
海南省老干局	处长	周龙蛟	30	儋州教育局	局长	李盛于	80
儋州体育委员会	主任	韦长其	100				

注：订购数量不含出版社和书店的发行量，下同。

《历代文化举要》第一版订购概况一览表

单位	职务	订购人	数量（本）	单位	职务	订购人	数量
海南省委党校	处长	张党华	130	四川机械工程公司	经理	张开路	30
琼海市教育局	主任	李孔则	360	那大四中	校长	符日喜	40
琼海市师范学校	校长	高荣泰	120	海南师范附小	校长	王　勇	30
农垦局芙蓉田中学	校长	陈传雄	200	华南热带作物大学	教授	陈益达	100
儋州白马井小学	校长	麦兴助	30	儋州白马井口小学	校长	麦兴诗	30
儋州新州中学	校长	谢　政	110	儋州民歌歌舞团	团长	刘　庆	30
南海渔业公司子弟学校	校长	郑玉花	30	儋州国税局	局长	吴琼开	90
那大三中	校长	郑盛焕	100	儋州妇幼保健所	所长	谢定坤	30

续上表

单位	职务	姓名	数量（本）	单位	职务	姓名	数量
农垦大岭农场中学	校长	吴春常	70	琼山市琼山中学	教师	王忠汉	80
儋州民族中学	校长	郭建华	100	海口市十四中学	教师	李文渊	30
那大二中	校长	李盛华	200	儋州保险公司	经理	吴土金	30
儋州财政局	局长	罗华兴	60	海南农垦医院	主任	张振南	200
海南中学	校长	黎当贤	120	儋州新英学区	主任	林儒汉	200
农业银行儋州行分	股长	罗华达	300	海南木排热作农场	场长	刘忠隆	120
琼海市教师进修学校	校长	王光谢	115	南海渔业公司技工学校	校长	林如钦	40
儋州长坡中学	校长	郑儒文	130	儋州新英中学	校长	郑伯欧	40
那大三小	校长	陈秀琼	60	海南洋浦港社会保障局	局长	黎贵儒	30
琼海市嘉积中学	教师	杨明庆 林开敏	100	海南国有农垦红华农场	场长	曾德俊	200
广东湛江师范学院	教授	刘谷城	60	儋州人民医院	院长	李雪娟	100
儋州技术监督局	局长	黎应健	30	儋州体育委员会	主任	韦长其	100

《天下神奇文化》订购概况一览表

单位	职务	姓名	数量（本）	单位	职务	姓名	数量
儋州市人民医院	院长	李雪娟	100	那大三中	校长	吴壮佑	40
海南民主同盟	主委	柯向渔	40	那大二中	校长	李盛华	200
儋州新英中学	校长	万振全	30	儋州长坡中学	校长	郑儒文	120
单位	职务	姓名	数量（本）	单位	职务	姓名	数量

续上表

儋州科技园	主任	佴乔	30	儋州人民银行	行长	符祥熊	40
海南师范学院附属小学	校长	王　勇	30	儋州农业发展分行	行长	黄康锐	30
儋州海头中学	校长	林维仁	20	西联农场中学	校长	赖坤海	30
农垦八一糖厂中学	校长	颜　盛	20	东坡书院	院长	林开鸿	60
农垦红华农场	场长	曾德俊	220	八一糖厂小学	校长	王大堃	20
中国银行	股长	王小妹	30	芙蓉田中学	校长	陈传雄	30
蓝洋中学	校长	陈建科	30	儋州邮政局	局长	李德成	60
西联农场	董事长	简陈洪	120	农垦八一总场	宣传部长	吴多平	60
儋州教育局	局长	李盛华	100	海头糖厂	经理	吴兆强	30
儋州体委	主任	韦长其	100	儋州宣传部	部长	张荣	20
那大三中	校长	黎发安	70	那大二中	校长	何佳庠 姚辉	150
海南教育厅	处长	郭继武	120	松涛水库	主任	王恩学	30
儋州民族中学	校长	薛雁华 叶健雄	100	儋州物业管理局	局长	潘汀济	30
儋州宣传部	—	余良师	30	四川遂宁国际学校	—	姚　辉	20

之所以列出此项读书工程，其目的并非为出版社和笔者扩大发行量，增加收入。更重要的是期望引起一些单位领导的重视，能从年均收入中安排一项阅读开支预算，带动更多的职工读书。要从国内外一些华文书店相继倒闭的悲凉中清醒过来，亦从中华文化传承的败笔中警惕将要酿成的悲剧。悲哀并不可怕，可怕的是知道了悲哀而置若罔闻，无动于衷，这才是民族真正的悲哀和不幸。

第十七章 考试

考试制度古今略览

隋文帝废九品中正制，改成诸州岁贡三人。至炀帝乃置进士等科。唐代科目多至五十余，故曰科举。其后宋用帖括，明清用八股试士，亦沿科举之称。自科举行而荐举渐废，至光绪三十一年（1905 年）明令废科举，科举制度才“寿终正寝”。

科举必先进行科考（科试），科试必先设科场，科场里往往出现科场案。

清政府严办科举考试舞弊的案件，以顺治十四年（1657 年）丁酉乡试的顺天、江南两案最为著名。前一案杀考官李振邺、张我朴；后一案斩主考方猷、钱开宗。凡牵涉的考官、举人等多被处死或流放，家产籍没。咸丰八年（1858 年）戊午科顺天乡试案亦为科场之一大案，余则数见不鲜。

清代如果在考场上发现枪手，对枪手雇主的处罚亦非常严格，一般先戴上枷锁在考场门外示众 3 个月，然后发配边疆。

新中国成立自 1952 年起建立高考制度，是世界上最早采用全国统一考试成绩来录取高校新生的国家，也是世界高考招生考试史上的一大创举，“文化大革命”时期曾中断 10 年，至 1977 年，全国高考制度才恢复。但仍是分省命题，当年走进考场的就有 570 万考生。

历年高考时对违规的工作人员和考生的违规处罚，尽管甚严，但违规事件屡禁不止。2012 年我国又公布了新修订的《国家教育考试违规处理办法》，加大了对考试作弊行为的惩处力度，针对作弊情节特别严重者，除取消高考成绩外，最高可被暂停 3 年参加各种国家教育考试的资格。

新办法细化了考试违规行为的划定，并加大了处罚力度，例如：考生携带具有发送或者接收信息功能的设备进入考场，即使尚未使用，都将被视为作弊行为；胁迫他人为自己抄袭提供方便，或在答卷上填写与本人身份不符的姓名、考号等信息，以及“非法获得加分资格”，均被“推定为考作弊行为的认定”，等等。

新办法也加强了有关程序的设计，保证了考生有陈述、申辩和获得救济的权利。此外，在各地考点有更为严密的措施和更为严格的规定，例如：安装摄像头进行 360 度全方位的监控，手机、手表严禁带入考场，水杯、笔袋必须透明，只准带准考证和身份证“裸考”，等等。

华东一个中学考点就安装有全方位视角摄像探头、金属探测棒和无线耳机探测器，在监控室内操作电脑就可监控所有考室的实时情况，代替了过去三步一岗、五步一哨，荷枪实弹、如临大敌的士兵。

鉴于历年高考试卷没有严格界定答卷的缺陷，往往给个别考生钻了空子。自 2012 年起，高考严格禁用繁体字、火星文、网络语言、甲骨文作答题。

繁体字、火星文、网络语言、甲骨文等，这些非现行规范汉语言文字每有出现在答卷中的事件，让个别考生尝到了甜头，占了大便宜。2009 年，四川考生黄蛉用甲骨文写作而一鸣惊人。他的高考成绩平平，却被四川大学锦城学院破格录取。凭借甲骨文，在两年之内他已获得两级跳（从三本到一本），在四川大学接受了一对一教学。2010 年，江苏考生王云飞用文言文与冷僻古字写的作文，借机会展示了他深厚扎实的语文功底，最终获得了东南大学的破格录取。

对于考试卷上出现的这些特殊现象，阅卷者深感棘手，难于处理。大家争论不休，众说纷纭，公说公道理，婆说婆文章，清官亦难于判断。

针对个别考生别出心裁又别有用心的答卷，以获得阅卷教师的称奇和欢心而拿得高分的手法，曾引出过极富争议性的话题。为了杜绝类似情况的发生，2012 年，教育部公布了《2012 年高等学校招生全国统一考试考务工作规定》，规定“高考时，除外语科外，笔试一律用汉文字答卷”。看来，考生再企图以另立门户，另搞一套取得高分的答卷，将被“彻底封杀”。

上有政策，下有对策，古今中外，历来如此。即使在美国的大学里，考试作弊如果被逮着，会受到退学处分。在澳洲的大学，即使学生平时抄袭资料当作业，也将被责令检讨之后学期考试要考满分，方能毕业。

作弊器具

一、作弊袖珍书

江苏泰州市民陈先生，将珍藏多年的两册袖珍古书《礼经》、《四书》于某年6月公之于世。《礼经》尺寸为4.5厘米×5.5厘米。《四书》为5厘米×8.5厘米。《礼经》比南京出现过的微型古书小一半，比两个硬币稍高。

《仪礼》，春秋、战国时代一部礼制的汇编。古只称《礼》，对记言则称《礼经》，合记言则称《礼记》。《礼》又名《士礼》，儒家经典之一，共十七篇。一说是周公制作，一说是孔子订定。近人根据书中的丧葬制度，结合考古出土器物进行研究，认为成书当在战国初期至中期。1959年在甘肃武威发现《礼》汉卷多篇，可供校订今本《仪礼》参考。有东汉郑玄《仪礼注》、唐代贾公彦《仪礼义疏》、清代胡培翚《仪礼正议》等。

四书五经:《四书》、《论语》、《大学》、《中庸》、《孟子》。南宋理学家朱熹注《论语》，又从《礼记》中摘出《中庸》、《大学》分章断句，加以注释，配以《孟子》，题称《四书章句集注》，作为学习的入门书。元皇庆二年（1313年）定考试课目，必须在四书内出题，发挥题意规定以朱熹的《四书章句集注》为根据，一直到明、清相沿不改。

袖珍古书

陈先生收藏的《礼经》、《四书》的扉页，即书刊封面之内印着书名、著者、出版者等内容之页上，印有“光绪帝辛卯仲春精校重订”字样。

光绪辛卯年为1891年；仲，居中的；仲春，即夏历二月为春季之中。

由上可见这两本袖珍书已出版了将近120年。这两本书的内面页印有“舟车便览，勿带入场”等字，实际上是给考生提供作弊时所用。有的考生把它们藏在鞋后跟内，有的干脆扎在头发里带入考场。

二、作弊坎肩

西安半坡博物馆和上海嘉定博物馆曾联手举办“中国科举文化展”，展示科考试题100多卷，还展示有夹带等实物。其中有一件夹带是清代一位考生精心抄写的坎肩。这件坎肩是用麻布制成的，高50公分，长55公分。

坎肩，背心，古称半臂。《清稗类抄（钞）·服饰》：“半臂，汉时名绣”，即今之坎肩也，又名背心。

抄写在这件坎肩上的字极细小，上面抄有62篇八股文，共40000多字。所用之笔是用老鼠的胡须制成的鼠须笔。

鼠须笔，又称鼠毫，用老鼠胡须制成的毛笔。唐何延之《兰亭记》：“（王羲之）挥毫制序，兴乐而书，用蚕茧纸，鼠须笔，遒媚劲健，绝代更无。”

唐朝科举取士（选拔人才）除了看考试成绩以外，还要有著名人士的推荐，北宋初年沿袭成规。但为了杜绝徇私犯法，之后又增补了一入闱（入考场）的锁院制度。

锁院，为保守机密而锁闭院门，断绝来往交通。《宋史·职官志》：“凡拜宰相及事重者，晚漏上，天子御内东门小殿，宣召面谕，给笔札书所得旨。禀奏归院，内侍锁院门，禁止出入。”又试士亦行锁院。宋吴自牧《梦粱录》三《士人赴殿试唱名》：“诸路过都举人，排日赴都堂簾引讫，伺候择日殿试。前三日宣押知制诰详评定考试等官，赴学士院锁院。”即考试期间考生一旦进入考场，就断绝与外界关系。

此外，又规定了弥封与謄录（téng lù，誊录）制度。

弥封：科举时代，为防止舞弊，考生试卷写姓名处，由弥封官反转折叠、用纸订固，糊名弥封，上盖关防。至试官阅文取中，填写榜文时，始拆封检视姓名。唐武后时，吏部选人多不实，令考生自糊姓名。至宋景德、祥符年间，弥封之法有定制，到清末废科举前，一直沿用。

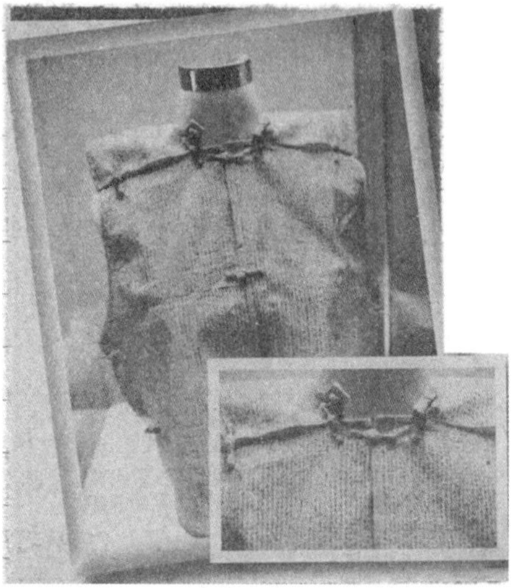
作弊坎肩

誊录，自宋真宗大中祥符八年（1015年）置誊录院，先是乡、会试考生试卷交由封印官糊名封卷。至仁宗时，为防止笔迹有弊，进一步规定试卷交誊录所誊写，以誊本交给考官评阅。明、清乡会，试皆沿宋制。清制，于会试下第之举人及顺天乡试，正榜外分别挑取作弊坎肩能书者充誊录，备各馆缮写，集资得邀议试。

神秘“枪手”温庭筠

古代考生参加科举考试，开始入场时必须经过严密的搜身检查，严防作弊事故发生。但仍在不少人夹带草稿，多是将丝绸夹带、纸夹带卷成小卷，密缝于衣袖里，或塞进空心的笔杆里、辫在发辫中、藏在砚台底部，或藏在干粮里，等等，但一经查出，即严惩不贷，以严明考纪，制止不正之风。

枪替高手温庭筠（yún），为唐太原人，原名岐，字飞卿。寄家江东。每入试，押官韵，八叉手而成八韵，时号“温八叉”。大中初应进士，仕途不得意。从40岁到55岁的15年间，曾多次应举，但都名落孙山。官国子助教，常作诗忤时相令狐绹，故不被大用。其诗词藻华丽，多写个人遭际，于时政亦有所反。词多写闺情，风格秾艳。现有词六十余首，在唐词人中数居第一，多收入《花间集》，为花间派鼻祖，其诗与李商隐齐名，称“李温”。词则与韦庄并称“温韦”。又工骈文，与李商隐、段成式齐名，因三人皆排行十六，时称“三十六体”。原有集，已散佚。后人辑有《温庭筠诗集》、《金荃词》。另著有传奇小说集《干子》，原本不传，《太平广记》引录甚多。黄昇在《花庵词选》中评温词为：“极流丽，宜为《花间集》之冠。”

枪替，科举时代冒名代考叫枪替，代考者称为抢手。

温庭筠尽管屡试失败，但失败是成功之母，他从中积累了丰富的临场经验，而且谙熟考场规则，具备了应对考场复杂形势的应变能力。唐代的考场除了进行严格的入场检查之外，座席之间还设置有隔离物，要交头接耳传替草稿更是难上加难。但在如此壁垒森严的情况下，温庭筠均无阻，如入无人之境，在考场上充分显露出自己的本领，每每得手而大功告成。而温庭筠当枪手，完全出于自觉自愿去做，从未收费。

唐宣宗（李忱）大中九年（855 年），苏州吴人户部侍郎。判度支沈询出任主考，为了防范舞弊事故发生，他严加戒备，并重点锁定温庭筠一身。他从历年考场违规记录中得知，温庭筠当枪手，无人匹敌，已经成为“惯犯”，是“天字第一号”。于是，沈询便特意为温庭筠专设一考生席，又与周围的考生隔开一段距离，以便将这个“神枪手”盯死看牢。

次日开考，考场平安无事，沈询看出温庭筠守规守矩，甚是老实。温庭筠突报到身体不适，并提前将试卷交了。沈询一看试卷，人家仍然交出了千字的文章。但谁也料想不到，温庭筠早已在考场上做了手脚，他洋洋得意地在考场外悄悄地告诉别人说：“这次考试我救了八个人。”一场考试，替八人当枪手，真是技艺高超，如天马行空，使沈询对之丝毫奈何不得。其枪替技艺为史上绝技，令人无不称奇叫绝。

这次科举考试，的确发生过重大事故，考试的试题严重泄漏。这次泄密的试题是否也落到了温庭筠的手中，无人得知。这一泄漏机密事件被御史台专司弹劾之后，对于一批与考试有关的人员进行了严厉的处理，工部侍郎、翰林学士裴谂改国子祭酒；考试官（任宏词试官）郎中唐技因漏泄试题，出为虔州刺史；兵部员外郎知制诰周敬复罚两月俸料（俸禄，旧称官吏所得的薪水、粮食等）；冯涯为京兆府参军，主京兆府试，此次被罚一月的俸料。

温庭筠终其一生，不但屡试不中，惨败而归，而且每次充当义务枪手，考官明明知道是他在作案，但又拿不出确凿的证据，只有记录在册，他虽有落得一个“品行不端，本性不良”的骂名，但毫不损伤他的名节。而且他也满不在乎，因为他的满腹经纶仍然在考场中得以充分流露和发挥。

“野鹤进士”黄河清

黄河清，字浚如，号异山，儋州人。祖籍干冲，后迁至王五徐浦村。小时聪慧，勤奋好学，博通史籍。文思敏捷，文笔精巧，品貌兼优。

清高宗乾隆十八年（1753 年），黄河清参加乡试中举；乾隆二十六年（1761 年）中恩科进士。

据说黄河清参加会试后留京准备参加殿试期间，因家境清贫无钱延师学礼，但他并不气馁，反而穷且益坚，自认为才识卓异，文才超群，又加以榜上名字次序并非前列，殿试时稍微模仿先者便可。皇帝在殿上亲发策问也可对答如流。乾隆皇帝在殿试时翻阅应试者名录，看到黄河清这个名字，顿时龙颜大悦，正因为这一大悦，黄河清立即行了好运。

因为有史以来，黄河之水都是浑浊不堪的，历稽载籍，黄河之水只有一次是清的，那时年景最好，社会稳定，人民安居乐业。有诗曰：

黄河水清，
天下太平。

古人以黄河水清为瑞徵。《文选》三国魏李萧远（康）《运命论》：“夫黄河清而圣人生，里社鸣而圣人出，群龙见而圣人用。”以黄河水清喻难得罕见之事。宋包拯（希仁）立朝刚毅，未尝有笑容，人谓包希仁笑比黄河清。

当时乾隆皇帝沉思一想：今年恩科殿试贡生名单中有黄河清这个名字，这莫非是大好预兆，可能今年的黄河水变清，天公必将赐予瑞雪兆丰年，国泰民安。于是乎，他要亲自看一看这个黄河清到底是怎样的一个奇才。便打破惯例不按榜上名单次序而下圣谕，传黄河清首先登殿应对策问。传者太监连呼："黄河清上殿！黄河清上殿！"黄河清根本就不相信自己的耳朵，他做梦也想不到自己打头炮首先被传呼上殿，丝毫没有准备，于是慌了手脚，不知如何是好，无奈便硬着头皮匆匆上殿，双膝弯曲下跪，慌慌张张地歪着头对乾隆皇帝斜着眼看，等待皇帝的策问。奸佞的太监见状便高声喝道："黄河清！你莫非吃了豹子胆，竟敢斜目视君，试问你长有几个脑袋？立即推出斩首！"在场者无不捏一把汗。古代称斜视为"睥睨（pì nì）"，亦作"辟倪"、"俾倪"、"僻倪"，有厌恶或傲慢意。对君斜视而傲慢，这是一大罪，在当时是要砍头的。

在此生死关头，黄河清并不惊慌，而是急中生智，想出了应付的办法，于是高呼："学生并无欺君之意，而是奉母命视君，以告慰于慈母！"

乾隆也是一个大孝子，且看到黄河清也是个大孝子。"孝子不匮，永锡尔类。"意即孝子不会乏绝，永赐给您同类同德。于是大孝子惜大孝子，怎能忍心将黄河清斩首呢！再想想黄河清这个名字具有吉祥之兆，于是摆了摆手，赐他免死。在场的人这才缓缓地舒了一口气。

经过乾隆皇帝当场策问，黄河清对答如流，仍赐他进士及第。但没有授予官职。

黄河清荣归故里，潜心兴办教育，设馆授徒。四方八境的生徒闻风而来，每年大约有一百多人。对于贫苦人家的子女，他经常周恤米粟及物资。

为桑梓培育英才，他殚精竭虑教授有方，同时聘任有真才实学的人任教。陈京本年青有为，虽不是举人、进士，但能诗善对，便聘任他登堂讲课。由于黄河清的精心培育，后来不少学生成才，陈京本也考试中举。

黄河清笃志经学，笃实敦厚，边执教鞭边与师友切磋琢磨。他热爱大自然美好的风光，或是到小溪边放牧牛群，且悠游有得于幽雅的大自然之间，或静坐于小溪流水旁，边垂钓边看书，享受田园风光之乐趣。

黄河清也是田园诗人，其诗多以农村景物或农夫、牧人、渔夫的劳动场景为题材，如：

夕阳斜照射山巍，
鸟宿[口宿][口宿]乱椽隈。
归去无须燃火烛，
高携明月送公回。

其诗歌清雅，景色清丽，色调清新，文笔简洁。

黄河清胸襟豁达，性格开朗，知足常乐，终身不辱，每每自感无官一身轻的乐趣。

笼鸡有米汤盘近，
野鹤无粮天地宽。

他常以这首楹联自律。

荏苒冬春谢，寒暑忽流易。转瞬之间，已经过去几年。经过一些忠臣的从旁提醒，乾隆才又忆起远在天涯海角的进士、大孝子黄河清，天下太平的祥瑞预兆，于是便派遣使臣日夜兼程南下，渡海抵达儋州，召他赴京走马上任。但黄河清只立志做大事，不立志当大官，即以“慈母归天，孝期未满”为由搪塞，婉转谢绝。使臣见他归隐故园之意已决，非言官可动心志，于是便索取这首“野鹤”楹联返京复命。“野鹤进士”之称，便不胫而走，流传开去。

野鹤性孤高，喜居林野。故常以喻隐士。唐代刘长卿《刘随州集》一《送方外上人》：“孤云将野鹤，岂向人间住。”

黄河清于桑梓兴学授徒，其地人才日出，其室人品高尚，素有人望，进士辈出。胞弟黄海清，字洛如，乾隆五十一年（1786 年）考试中举。堂弟黄河照，字湛如，乾隆三十九年（1774 年）亦考试中举。时人美其名曰“三黄”。

黄河清考中进士，固然是他的真才实学，但也无可否认他这个名字价值千金，引起乾隆皇帝的浓厚兴趣而打破常规，跳越榜上名序，把他排在“天字第一号”，名字给他带来好运，这是他所始料不及的。

张居正是明代湖广江陵人，字叔大，号太岳。曾入相，在位十年，颇行改革。他说：“自汉以来，取士悉重阀阅。”又言：“至我国家（明代）立贤无方唯才是用。”

王世贞，明苏州府太仓人，字元美，自号凤洲，又号弇州山人。后累官刑部尚书，曾言：在科举制度之前，“世医”、“世家”、“贵姓”，“其人皆以姓贵”，“有爵而不替”。又言，实行科举制度之后，“天子所与共天下者皆彬彬书生、诵法孔子辈”，“故其姓之所以贵，渐不在纨绔易在诗书”。

以上议论皆言是。但黄河清一个极端寻常的名字，此时贵名，又当别论了。

世界名校面试题

英国的最高学府牛津（University of Oxford）、剑桥（University of Cambridge），是遐迩闻名的大学。要是你想读，又想圆这个梦的话，就请你在面试时回答这类问题：

（1）要是你是一个柚子（shaddock；pomlo），你想是个有籽（seed）的还是无籽的?

（2）假如你是一只喜鹊（magpie），你想做什么?

类似的问题还很多，待后再逐一列举。

要是你认为这些都是怪异不经的问题而拒不作答的话，那就听由尊便，你当然跨不进牛津、剑桥这道门槛，也就圆不了你的美梦。除非你的 A - Levels（水平）成绩全优，都是 A，尚有考虑的余地，可能还有一线希望。

对普通考生而言，笔试容易，面试难。因为你不知道你将面对什么样的考官，而考官又将对你提什么样的问题，特别是那些你连做梦都想不的问题。所谓怪题难题怪在这里。

你以为这类是怪题，但对考官而言，并不以为然。他们就是通过这类问题来分辨好学生和优秀生，既能判断出考生的记忆、观察、想象、思考、判断等能力；又能挖掘考生潜在的能力，启开考生头脑中到底蕴藏着多少“金矿”。

牛津、剑桥大学曾经出过这些面试的“怪题”：

（1）你希望是一部小说还是一首诗?（Would you rether be a novel or a poem?）——牛津英语系

（2）如果你是一只喜鹊，你会做什么?（What would you do if you were a magpie?）——剑桥自然科学系

(3) 你准备在一次实验里用几只猴子?(How many monkeys would you use in an experiment?)——牛津实验心理学系

(4) 谈谈灯泡。(Talk about a light buld.) ——牛津工程系

招生部门对这类怪题却另有一番解释。

牛津大学本科招生主管迈克·尼科尔森曾说:“面试主要集中在学术内容和与学科相关的问题上,不是考核学生学到了什么,而是重在评估考生的思维方式对学科相关问题的反应能力,以及如何在不熟悉的领域运用他们对概念的理解。”他对一些人们以为是刁难学生、钻牛角尖的问题,也加以否定道:“人们认为这些问题离奇怪谲,是因为他们脱离上下文来孤立地理解。比如,如果是考察生物学的相关知识,我们完全可以在问完水果与植物如何繁殖优良品种,产生新的个性以传代的问题之外,随即又问香蕉的颜色深浅、鲜艳和所呈现的形状等问题。”他最后说:“只要考生的知识结构合理,功底扎实深厚,又有强烈的求知欲,通过面试关的可能性就很大,成功几率就高。有一年牛津大学对 2.4 万名考生进行面试,最终录取 3200 人。”

为了有效地帮助考生面试,排除各种心理障碍,有的独立教育咨询机构也应运而生,指导考生顺应时机、沉着应战。如“申请牛剑”就是这样的顺应机构,英文为 Oxbridge Applications(申请牛津大学与剑桥大学)。

这种咨询公司仅仅提供三天的面试培训课程服务,让学生从心理上放松,并取得平衡,以便满怀激情、精力充沛、充满着自信和力量走向考场,而不是指导考生如何猜题,如何背书拿高分,争当高分状元。

也有另一说,认为考生之所以说是怪题,正好反映了他们仍摆不脱历来应试教育的思路,深陷于这一窠臼,仍隐于现成格式和老套子中,不能独创一格。

应试教育就是背书教育,也即背答案教育和分数教育。该教育制度崇奉分数至上,分分小命根,一考定终身。所以,学生差一分就落榜,差一分学生就得掏腰包花费几万元读自费。只认分数,不看能力,培养的是高分低能“人才”,高分低能盛行一时。

应试教育下的学生只有为着应试团团转,为分数活着,从小学到中学,所经历的大大小小考试多如牛毛,例如,三日一测验,五日一小考,还有什么月考、期中考、期末大考,又有平日数不清的口头提问,而且还

有什么分科考、阶段考、抽考、模拟考、过级考、统考、口试，总之是考、考、考，整个青少年时代都绕着分数转来转去，转去又转来，一年到头忙乎乎的叫苦不迭，晕头转向。但主管教育者总是乐此不疲，劲头十足。

由于学生学习如牛负重，从小学一年级起就背着一个沉甸甸的书包，除了正常的学习背书上课之外，假期还要上语文、数学、英语、物理等科的补习班，晚上还要做堆积如山的家庭作业。学生学生，为学习而生，为背书包而生，身上被套上沉重的书包枷锁，这是学习枷锁，又是精神枷锁。这种教育方式又能带给学生什么启发，什么创造性、创新能力和应变能力呢？所以，当学生一旦碰上玉皇大帝和如来谁大这一类“怪题”，便被卡住了，犹如被点了“死穴”，傻了！这类问题尽管与语文、数学、物理，化学、外语毫不相干，但只要学生能摆脱书本和答案的束缚，脱前人之窠臼，应用逻辑学的推理和归纳方法，就能概括出一般原理的方法：如来佛 > 孙悟空 > 玉皇大帝，问题就迎刃而解。

应试教育只能培养出书呆子，只能培育出虚弱的身体、孤僻的性情、孤独的性格，以及心理承受能力差的“孤家寡人”，更扼杀了孩子的天性，摧残了青少年的人性；应试教育让学生从小与世隔绝，两耳不闻窗外事，一心要拿高分数，致其成为孤陋寡闻的人，更谈不上培养独立创新和应变判断的能力。

2012 年复旦首届“望道计划”选拔学习尖子，进行面试。来自沪、浙、苏的 237 名学生参加这一面试。面试之后，一些学生百思不得其解：“教授是否有意刁难我？为什么要问我一些不着边际的问题?”

一名来自江苏的考生，当他向面试教授介绍他的家乡在连云港，为苏北沿海的天然良港，涉及花果山之时，教授出乎意外地打断他的话，问他有没有看过《西游记》，他作答看过。紧接着教授又问：“玉皇大帝和如来佛祖谁大?”他发呆了，待稍为定神之时作答道：“他们一个是道教，一个是佛教，不具类比性。”

花果山即连云港市云台山，旧称青峰顶、苍梧山。

玉皇是中国道教崇奉的天帝，即昊天金阙至尊玉皇大帝，简称“玉皇大帝”或“玉帝”。原是光严妙乐国王子，后舍弃王位到普明秀岩山中修道功成。他辅国救民，济度众生，又经历亿万劫才修成“玉皇上帝”，住天上玉清境三元宫，是总管天上、人间一切祸福的真神，类似人间的皇帝。玉皇的神话显然受佛教影响。

如来是佛陀的称号之一，乔答摩常用以自称。据一般解释，历史人物佛陀是过去和将来证得觉悟或教导他人证得觉悟的众多佛陀之一。在大乘佛教教义中，如来指人人固有的潜在佛性。

如来即译“多陀尼伽陀”、“答塔葛达”等，释迦牟尼的十种称号之一。释迦牟尼常用以自称，一般也以如来佛称释迦牟尼。其含义有两说。《成实论》认为，“如”指“如实”，即“真如”，“如来者”，乘如实道来成正觉。《金刚经》认为，“如来者，无所以来，亦无所去，故名如来”。

这位考生说：“我真的不明白教授为什么对我问这个问题，‘望道计划’问这个问题是否恰当呀?”

一名理科考官说：“考生如觉得问题‘无厘头’，也可当场提出，再说明为什么它‘无厘头’，只要言之有理，也是可以加分的。”

“我们现在的教育有个误区，即长期以来形成的某种错误认识和错误做法——即认为每道问题应该有一个标准答案。其实今天的面试不是一种考试，它是没有标准答案的。我们应该把今天的面试当作面谈来看。必须引导考生走出这个误区。”一位文科考官解释说，“我们不会因为学生回答不出一个问题就对之加以否定。学生可当场否定这个问题，甚至可以反问考官。我们非常欣赏那种当考官把一个问题提出来之后，他会反问你确定条件的学生，因为他的思维周密，能对问题进行缜密的分析。像《西游记》这道问题，学生如果读过《西游记》，回答的空间就非常广阔。比方他可以说，玉皇大帝不能降服孙悟空，要请如来佛来降伏，这说明玉皇大帝的武力不如如来佛祖。但如来佛祖与玉皇大帝又不是上下级的关系，所以不能说谁比谁大，以证明这道问题太离谱。”

一位来自浙江的考生大惑不解地说：“教授问我一道有关滚动摩擦与滑动摩擦的问题，两种摩擦有何区别？我没有答好。”

滑动摩擦力是指当两个互相接触的物体发生相对运动时，在接触面上产生的阻碍它们相对运动的力。

滚动摩擦力是轴承的一种，利用滚珠或滚柱的滚动来代替滑动。摩擦力较小，但承受冲击负荷不及滑动轴承。

“教授接着又问我是否知道高温超导，我也回答不出来。因为我只知道低温超导。”

高温，较高的温度，在不同的情况下所指的具体数值不同。例如，炉内温度就要测量物体的热辐射，在某种技术上指几千摄氏度以上，在工作场所指32℃。

低温，较低的温度。物理学上指－192℃～－263℃的液态空气的温度。一般低温现象是指温度低于液氮沸点（－196℃）时物质的性状。

超导电性是许多元素、化合物及合金在极低温下呈现的一种性状。在超导态中，物体的热、电、磁等性质与正常态迥异。

该考生最后说：“然后教授问我‘是否知道最近发现的第三种超导现象?’我也不知道。”一连说了三个不知道后，考生无奈地吐苦水：“我这次报考的明明是复旦医学实验班，为什么给我面试的四位专家偏偏不问我有关医学的问题，反而问我很多物理学的问题，真是出乎意料，难以理解，太奇怪了！这样（专家们）就能考查衡量出我在医学研究上的潜力吗?”

对于考生的困惑和疑难，医科考官解释说：“之所以考官不问这位学生医学知识的问题，是因为今天面试的考生都不具备医学背景，不可能问他医学方面的问题，中学阶段有一门课程是直接与医学彼此相连的。我们通过询问他对其他学科的知识了解，借以观察他的分析能力和抽象能力，即借助于概念、判断、归纳、推理反映现实的思维能力。”他又说：“医学发展到今天，与越来越多的科学有交叉，成为交叉科学，物理也是其中一个交叉科学。”

问题是，面试的时间只有15分钟，时间是如此的短促，面试专家会否在判断上失误，酿成失之毫厘、错之千里的悲剧。

面试教授说：“每当我们感到考生有压力的时候，就会立即切断。”

面试医学的专家又说：“我们和学生聊天，主要是考查他的学科背景、分析和抽象能力，以及观察事物视野宽度和广度的能力。要是学生的叙述让考官感到他可能有这方面的潜力，我们就会循着这个点提问，以判断他在这个点上认知的深厚度。要是考生所有点都知道，那我们就会问得更深入一些，大概界定一下他的知识点范围。学生的一句话，四名考官兴趣点可能完全不同。因此，每名学生的面试过程都是不同的。”

【资料1】牛津大学

牛津大学是英国的私立大学。1168年创立于牛津，是世界上历史悠久、声望甚高的大学之一。该校建立之初，以巴黎大学为榜样，设神学、法律、医学、艺术等学院，当时，每年有1200名学生入学就读。初创期间缺乏校舍，在租用的大厅里或教室里上课。建校初期，学生与居民之间经常发生纠纷。1354年发生了最有名的学生与市民间的骚乱，双方竟用弓箭猛烈械斗，长达两日。后学生失败，有的被杀死。事后，牛津市长、警官和60名自由市民每年举行一次宗教默哀仪式，并赔偿大学损失，此惯例延续到1825年。13世纪初期，由于皇家颁发了办学许可证，牛津大学的地位才得以加强。近年来在该校工作或教学的诺贝尔奖获得者更增加了牛津的声誉，获奖者包括希克斯爵士（经济学）、波特（生物化学）和廷伯根（动物学）。曾在牛津学习后担任首相的有：大皮特、坎宁、皮尔、索尔兹伯里伯爵、格莱斯顿、阿斯奎斯、艾德礼、艾登、麦克米伦、希思和威尔逊爵士。

牛津大学现由30多所学院和若干研究生院组成，设立法律、近代史、东方学、人文科学、中世纪和近代欧洲语文学、英语和文学、美术、音乐、经济、社会科学、教育、心理学、数学、计算机、物理、生理、生物和农业、人文学和地理、医学、神学等院系。

【资料2】剑桥大学

剑桥大学是英国的私立大学，1209年创立于剑桥，是英国自治的高等教育学府。位于英国剑桥郡剑桥市卡姆河畔，在伦敦以北80公里。在剑桥大学成立以前，剑桥就是一座重要城市，曾被罗马人占领，后英王威廉在此设防。1209年，一些学生从牛津迁到这里。1318年，教皇约翰二十二世正式认可该校为大学。1284年，伊利主教雨果·德·鲍尔塞姆创建了该校第一所学院——彼得豪斯学院。剑桥其他学院大多建于其后300年中。剑桥大学模仿牛津大学和巴黎大学的形式，于1571年正式将各学院合并成立大学。它开设的课程以传统的三艺（语法、修辞、逻辑）和四艺（算术、几何、音乐、天文）为基础。学生学习高级课程以后，可获得神学、法律、医学学位。1669年，艾隆克·牛顿前来教授数学，大大提高了剑桥的学术地位。他在剑桥居住了近30年，使该校数学研究水准达到卓越地位，至今仍然如此。1873年，剑桥成立了该校第一所女子学院——格顿学院。

第一次世界大战后，许多学者名流在剑桥任教。剑桥大学由28所学院和3所研究生院组成，设有哲学、古典文学、英语、近代中世纪语言、经济和政治、法律、历史、教育、考古和人类学、东方学、音乐、建筑、艺术、数学、计算机、物理和化学、工程、地理和地质、化学工程、生物学、临床医学、神学等院系。剑桥大学图书馆藏书300多万册，它同英国国内为数不多的几个图书馆一样，享有获得一本英国出版的任何书籍的权利。图书馆中珍藏的收藏品，包括阿克顿图书馆收藏的中世纪的、基督教的和近代史的图书，阿斯顿的日本书籍、达尔文的手稿，以及威妥玛的中国收藏品。菲茨威廉博物馆收藏丰富，其中包括重要的古埃及、古希腊和古罗马的收藏品，中世纪和近代著作家的手稿，以及欧洲著名画家的作品。

【资料3】复旦

复旦，既夜而复明。《尚书大传·虞夏传》："日月光华，旦复旦兮。"白居易《曲江早秋》："我年三十六，冉冉昏复旦。"复旦其真谛是"自强不息"。

复旦大学是综合性大学。校址在上海，1905年由马相伯创办，原名复旦公学，1917年改现名，1942年改为国立。旧设文、理、法、商、农等学院，1952年开始为文理科综合性大学，2000年上海医科大学并入，是国家"211工程"和"985工程"重点建设高校。

美国大使馆招聘笔试怪题

最近流传美国大使馆招聘外籍人员笔试怪题，现摘录如下：

指引：以下每题都必须回答。时长4小时。现在开始。

历　史

描述罗马教廷起源到现在的历史，主要集中在其对欧洲、亚洲、美洲和非洲的政治、社会、经济和哲学方面的冲击上。

医　药

你有一个剃须刀片、一片纱片和一瓶苏格兰威士忌

(Scotch)，怎样切除你自己的阑尾。

演 讲

2500名疯狂的游击战士正在对这房间发起攻击。为让他们冷静下来，你需要进行即兴演讲（你可以使用除拉丁语和希腊语之外的任何一种古代语言）。

音 乐

写一段钢琴协奏曲，并且你将在座位底下找到钢琴，请演奏出来。

人们看了美国大使馆招聘外籍人员笔试题后议论纷纷，感慨万端："太难、太怪异了！"有的自嘲："这么多年白学了！"

但美国驻华大使馆对此加以回应，说这套试题"是假的"，并表示他们从未见过这么难的试题。"这是太难了，不是我们出的。""这不仅对中国申请人是很难，对美国申请人来说也很难！"又表示："这些试题听起来很离谱，都有点像在考核电影特技演员的表演技能了。"

美国驻华大使馆又表示："使馆不管是招聘中国雇员还是外国雇员，一般都会根据不同空缺职位的工作性质和条件，来具体考核求职的申请人是否合格，考核有一定的专业针对性，而对于非美国雇员的招聘，会进行一定的英语语言测试。"

美国驻大使馆同时表示："美国驻华大使馆的确有空缺职位待聘，且不乏适合美国以外国籍的求职者。但这些空缺职位根据各自特点提出的要求亦各异，都与职位相关。"例如，美国公民服务部助理职位，除却要求应聘的人要具有大专以上学历和至少两年与公众联络的工作经验之外，英语水平要运用自如，应达到四会（听、说、读、写）既快又清楚的程度。

同时，各种空缺职位还要求提供中美两国的婚姻、护照管理、移民、儿童领养、外国人居住权、海关、签证等法规的有关材料；而且，要具备良好的协调管理能力、公众沟通思想的能力，以及问题正确判断的能力和判明是非与判明真相的能力。

一说有关这类题在外企招聘中是家常便饭的事，属于招聘企业的一种开放性的文化。既然没有标准的答案，那么应聘者可自由发表谈话，发挥题意或借题发挥，发掘埋藏在自己头脑中的"金矿"的潜力，尽量抒发己见。这类题看似怪诞不经，但它易于考查出应聘者的"软素质"，如发挥创新能力、反应的敏捷能力、想象能力与应变能力方面的素养。例如，“切除阑尾炎”一题，不一定要从医学的专业角度作答，也可用比喻的修辞手法作答，把事物表达得更加生动和鲜明。

“孔子老子打架你帮谁”之怪题

据说，一些教师出怪题是为了考查小学生的“脑筋急转弯”，即反应灵敏度；考中学生的怪题是“脱离生活，浪费资源题”；考大学生的是“神题”，如“孔子老子打架你帮谁?”

如有一道小学一年上学期的语文题：“有一个人到一个地方去，他来回乘同样的交通工具，可是他去时只耗费一小时，回来却花了两个半小时，请问这是为什么?”这就是让小学生“脑筋急转弯”。天哪！请孔夫子的尖子生颜回也恐怕答不出来呢！难怪个别记者请同事、中学生、大学生，甚至教授也答不出来呢！

又据说，有一道考大学招生的“神题”：“有一只熊掉到一个陷阱里，陷阱深 19.617 米，下落时间正好 2 秒。问熊是什么颜色的？提供的选择答案分别是白色、棕色、黑色、黑棕色、灰色。”

人们不禁要问：“掉进陷阱跟颜色有什么关系?”

出题者给出的答案，又使一些学生心服口服。

根据题目算出 $g=9.8085$，陷阱的所在地约 44 度。又根据熊的栖息地理分布，南半球不产熊，便知应为北纬 44 度；其次再推论，既然为熊设计地面陷阱，必定是陆栖熊。再看熊的先天生理均视力不佳，对陷阱难以分辨，故易掉入陷阱。

据以上情况，可推断的答案：棕熊、美洲黑熊、亚洲黑熊。但题目提供的只有棕熊和黑熊，这只有两个选择答案。既然陷阱深度为 19.671 米，土质必为冲击母质，这样才易于挖掘。棕熊虽地理分布广，但多为高海拔地区，尤其是北温带山林地区；杂食性，主食植物幼嫩部分和果实，也吃昆虫，特别是蚁类和多种脊椎动物，性凶猛，好攻击；分布于中国黑龙江、吉林、甘肃、四川、贵州、西藏、青海、新疆等地，欧洲、小亚细亚、印度和北美亦有分布；捕杀的危险系数大，且没有黑熊的价值高。黑熊多栖于山地树林中；杂食，主食植物，也喜吃蚁类和蜂蜜，并吃鱼、蛙、鸟类和小型兽类；性孤独，在较冷地区，冬季蛰伏洞中处于半睡眠状态；能游泳，善爬树，能直立行走，广布于中国大部分地区，亦分布于俄罗斯、朝鲜半岛、日本、越南、印度、缅甸、尼泊尔等地。而且熊掌（熊蹯，即熊的脚掌）是一种珍贵的食品。《孟子·告子上》："鱼，我所欲也；熊掌，亦我所欲也。二者不可得而兼，舍鱼而取熊掌者也。"人们猎熊或作为陈列品，或为其经济价值。黑熊胆的经济价值高。

由上观之，棕熊、黑熊分布的地理位置各异。所以，命题者得出的答案说：该题的正确答案为掉进陷阱里的是黑熊。

这个标准答案未曾有多少学生能回答。

附录：千百年来人们易误解的名句

1. 床前明月光，疑是地上霜

床：井上围栏。

原句为“床前看月光”，出自李白《夜思》。人们都译作床前洒满着银色的夜光，我疑心是地面落上秋霜。原诗句出自梁简文帝诗“似秋霜”，作者化其意而用之，写在榻前就寝时见月光洒满大地，还怀疑是降了霜。

床本作“牀”，据《辞源》解有数义项：①坐卧之具；②安放器物的架子；③井上围栏；④底部。《辞海》尚有量词一义项。此处“床”取井上围栏之义。《古乐府·淮南王篇》：“后园（園）作银井作床，金瓶素绠汲寒浆。”诗人置身在金秋夜静明月下的井边围栏上，抬头凝望着皎洁的月光，低头更思念遥远的故乡。作者常静坐望着月亮从峨嵋山冉冉升起。古人又常将“有井水处”此喻为故乡。相传古制八家一井，后引申为乡里、人口聚居地。《韩非子·八女姦》：“使朝廷市井皆劝誉已。”《文苑英华》陈子昂《谢赐冬衣表》：“三军叶庆，万井相欢。”故床非卧床。

2. 予有乱臣十人

乱臣：善于治理国家的能臣。《书·泰誓》中：“予有乱臣十人。”《疏》：“《尔雅·释诂》云：‘乱，治也。’治理之臣有十人也。”

乱臣的另一个义项是作乱的臣子。《管子·群臣》下：“君为倒君，臣为乱臣。”历代统治者把反对朝廷的臣民叫做“乱臣贼子”，也用来诬蔑起义、反抗的人民。《孟子·滕文公》下：“孔子成《春秋》而乱臣贼子惧。”《后汉书·董卓传》：“汝等凶逆，逼迫天子，乱臣贼子未有如泣者。”指李傕。

3. 床头屋漏无干处

“床头屋漏无干处，雨脚如麻未断绝。自经丧乱少睡眠，长夜沾湿何由彻！”这句诗出自杜甫《茅屋为秋风所破歌》。屋漏，屋之西北角，一般人解释为屋顶漏雨。《辞源》对“屋漏”有两个义项：①屋破漏水处。《世说新语·排调》：“祖广行恒缩头，谐桓南郡（桓玄），始下车，桓曰：‘天甚晴朗，祖参军如从屋漏中来。’”列举杜甫诗句正为此义项。②房子的西北角。古人设床在屋的北窗旁，因西北角上开有天窗，日光由此照射入室，故称屋漏。《诗·大雅·抑》：“相在尔室，尚不愧于屋漏。”《疏》：

“屋漏者，室内处所之名，可以施小帐而漏隐之处，正谓西北隅也。”后称不欺屋漏，即不欺暗室的意思。《礼·中庸》“尚不愧于屋漏”，唐孔颖达《疏》：“言无人之处，尚不愧之，况有人之处，不愧之可知也。言君子不问有人无人，恒能畏惧也。”《尔雅·释宫》：“西南隅谓之奥，西北隅谓之屋漏，东北隅谓之宧。”屋，小帐；漏，隐。《辞海》亦与上义项同。此外另有“屋溜（霤）”一义项，指水落，屋的承霤，即承屋上雨水下霤于地之具。

“霤（liù）”通流，指屋檐水。《说文》：“霤，屋水流也。”

总之，屋漏在本诗是名词而不是动词，具体地说是方位名词，点出床头与屋漏。两处代指整个屋子已经破漏不堪，但雨脚如麻仍下个不停。

4. 名都多妖女，京洛出少年

出自曹植《名都篇》。“名都”指著名的城市。“妖女”即美女。东汉张衡《定情赋》：“夫何妖女之淑丽，光华艳而秀容。”京洛，洛阳的别称，因东周、东汉均建都于此，故名。班固《东都赋》：“子徒秦阿房之造天，而不知京洛之有制也。”少年，也指青年男子。王维《老将行》：“少年十五二十时，步行夺得胡马骑。”也指青年，如少年老成。

曹植有称“天下才共一石，子建独得八斗”。为建安文学之集大成者。钟嵘《诗品》说他“骨气奇高，词采华茂，情兼雍怨，体披文质，璨溢古今，卓尔不群”。集中体现了建安时期的文学风貌，并为后世典范。钟嵘推崇为“陈思为建安之杰”。因其最后封地在陈郡，卒“谥思”，故称“陈思王”。

妖，古指反常怪异的事物或邪恶不正派的人，如妖精、妖怪、妖魔、妖星、妖孽、妖言、妖灾等。曹植《美女妖篇》：“美女且闲，采桑歧路间。”妖，又指娇媚。《京本通俗小说·志诚张主管》：“说不尽万种妖娆，画不出千般艳冶。”也形容歌曲婉转动听。辛弃疾《御街行》词：“临风一曲最妖娆。”妖，也指艳丽，如妖冶。司马相如《上标赋》：“妖冶闲都。”亦指美而不庄重。归有光《山茶》诗：“虽具富贵姿，而非妖冶容。”

5. 夔一足

夔（kuí）一足。意为“一夔已足，不必多求。”《吕氏春秋·察传》载：“鲁哀公问孔子，舜时的乐官夔是否只有一足。”孔子说：“昔者舜欲以乐传教于天下，乃令重黎举夔于草莽之中而进之，舜以为乐正。夔于是正六律，和五声，以通八风，而天下大服。重黎又欲益求人，舜曰：……若夔者，一足而已。故曰夔一足，非一足也。”意谓一夔已足，不必多求，而误传为夔有一足的神话。一说夔是尧时的乐官。《后汉书·曹褒传》：“昔尧作大章，一夔足矣。”意谓只要是真人才，有一个就够了。《中国现代记》第一回：“一夔已足，世上哪里有兼全的事?”

6. 停车坐爱枫林晚，霜叶红于二月花

这是杜牧《山行》诗句。坐，由于，为着。古乐府《陌上桑》：“来归相怨怒，但坐观罗敷。”坐，又解释为守定。《左传·桓公十二年》：“楚人坐其北门。”引申为常驻，如坐办。又引申为不劳，不动，如坐享其成、坐以待毙。坐，又指方位所在，如：坐北朝南。坐，又解为获罪。《史记·商君传》：“商君之法，舍人无验者坐之。”坐，又解为争讼相质证。《左传·僖公二十八年》：“卫侯与元咺讼，宁武子为辅，鍼庄子为坐。”

坐，又充当副词：①无故，自然而然。《管子·轻重》甲：“北海之众，无得聚庸而煮盐，若此，则盐必坐长而十倍。”《文选》晋张茂先（华）《杂诗》：“朱火青无光，兰膏坐自凝。”《注》：“无故自凝曰坐。”②空,徒然。南朝梁江淹《江文通集》三《望荆山》诗：“玉柱空掩露，金樽坐含霜。”③遂，即将。唐柳宗元《柳先生集·早梅》诗：“寒英坐销落，何用慰远客。”④正，恰好。唐杜甫《答杨梓州》：“到杨公池水头，坐逢杨子镇东州。”

坐，又当介词，即上举“停车坐爱枫林晚”句。坐，又是“座”的本字。《韩非子·外储》：“郑人有且置履者，先自度其足而置之其座。”坐常用作动词，以臀部着物而息。古人席地而坐，坐时两膝着地，臀部压在脚跟上。坐又引申为乘坐，如坐船、坐车。坐又是名词，如座位，即席位。贾谊《鹏鸟赋》：“鹏集予舍，止于坐隅兮。”《三国志·魏志·王粲传》：“车骑填巷，宾客盈坐。”坐，又解为放置，如坐一壶水。坐，又作下觉解，如房子向后坐了。坐，又作当结实解，如坐（结）果、坐（结）瓜。坐，又当犹自解。《文选·鲍照〈芜城赋〉》：“孤蓬自振，惊砂坐飞。”李善注：“无故而飞曰坐。”坐，又指办罪的因由，如连坐、反坐。《汉书·贾谊传》：“古者大臣有坐不廉而废者，不谓不廉，曰簠簋不饰。”簠（fǔ），古代祭祀时盛谷物的器皿，长方形，有盖，有耳。簋（guǐ），古代盛食物的器具，圆口，两耳。饰，通“饬”；不饰，谓不整齐。簠簋不饰，比喻为官不廉政。后世弹劾官吏贪污，多用此语。

坐，又引申为相坐、对质。《左传·昭公二十三年》：“使与邾大夫坐。”杜预注：“坐，讼曲直。”坐，又作恰好、正。林逋《易从师山亭》：“西村渡口人烟晚，坐见渔舟两两归。”坐，又解作即将、遂。韩愈《石鼓歌》：“观经鸿都尚填咽，坐见举国来奔波。”白居易《别元九后咏所怀》：“同心一人去，坐觉长安空。”坐，又解作“深”。李白《长干行》：“感此伤妾心，坐愁红颜老。”坐，又作空、徒然。坐，又作座，量词，如一坐城池。孔尚任《桃花扇·誓师》：“眼见京师难保，岂不完了明朝一座江山也！”

总之，坐是多义词，一字兼多职。要依据具体的语言环境解释，才能恰如其分，正合分寸。

7. 天子呼来不上船，自称臣是酒中仙

这是杜甫《饮中八仙歌》中的诗句，写了八位著名的诗人。

饮中八仙歌

（杜甫）

知章骑马似乘船，眼花落井水底眠。

汝阳三斗始朝天，道逢曲车口流涎，恨不移封向酒泉。

左相日兴费万钱，饮如长鲸吸百川，衔杯乐圣称避贤。

宗之潇洒美少年，举觞白眼望青天，皎如玉树临风前。

苏晋长斋绣佛前，醉中往往爱逃禅。

李白一斗诗百篇，长安市上酒家眠，天子呼来不上船，自称臣是酒中仙。

张旭三杯草圣传，脱帽露顶王公前，挥毫落纸如云烟。

焦遂五斗方卓然，高谈雄辩惊四筵。

这首诗是杜甫于天宝五年（746 年）四月以后写的，当时他初至长安。八仙指唐贺知章、汝阳王李琎、李适之、崔宗之、苏晋、李白、张旭、焦遂，他们性豪饮不羁，时人称为“饮中八仙”。该诗描写八人醉态各异，并以嗜酒刻画性情狂放，态度狂妄，其中尤以对李白的表达和描写更是突由，亦更具特色。清施补华曰：“《饮中八仙歌》，题目纤小，章法离奇，不足效法。后人津津称之，可谓鼓说矣。”清沈德潜曰：“前不用起，后不用收，中间参差历落，似八章仍似一章，格法古未曾有。每人名赠数语，故有重韵而不妨碍。”明王嗣奭曰：“此创格，前无所因，后人不能学。描写八公都带仙气，而或两句、三句、四句，如云在晴空，卷舒自如，亦诗中之仙也。”

“船”，衣领，衣襟。诗中的“不上船”并非指不登皇上的龙舟，而是写李白敞开着衣襟，连纽扣都不扣上。《康熙字典》解“衣领曰船”，或谓“衣襟为船”。《辞海》亦解“船”为酒器。李濬《松窗杂录》：“上因联饮三银船。”可见，船不光具有水上运载工具一个义项。

8. 落霞与孤鹜齐飞，秋水共长天一色

这是唐王勃《王子安集》五《滕王阁诗序》句。现附录《滕王阁诗》如下：

滕王阁诗

滕王高阁临江渚，佩玉鸣銮罢歌舞。
画栋朝飞南浦云，珠帘暮卷西山雨。
闲云潭影日悠悠，物换星移几度秋。
阁中帝子今何在？槛外长江空自流。

此诗写作年月史上持有二说：一为王勃前往江西省父路经南昌时作，时年仅十四岁；一说作于上元二年（676 年）王勃往交趾省父时路经南昌所作。但近年学术界对此二说多持异议，或以作于唐高宗李治总章元年（668 年）。

交趾又称交阯、南交，指今越南北部。

渚，是水中小块绿地，海岛，水边。

佩玉，古代贵族以佩玉为饰，以玉比德。

鸣銮又称鸣鸾。銮，系在马勒或车前横木上的铃。鸣銮，指皇帝出行。

画栋，经过彩绘的大梁，描写滕王阁建筑的华丽。南浦，今南昌市西南。浦，水边。珠帘，滕王阁上珠饰的贵重帘幕。西山，今南昌市西北的山，又称南昌山。“画栋”一句意为：早上南浦飘来的彩云，飘拂着雕梁画栋的楼阁，夜幕西山刮来的风雨，席卷了珠饰的帘幕。此句细致地描绘出滕王阁的危乎高哉与富丽堂皇，以及当地的自然景色。

闲云，悠然自得的彩云。潭影，倒映在深水潭中的云影。日悠悠，每天都悠然自在地飘过。物换，自然界的变化。星移，天上星宿不断地移动，指时势景物的变化无常。宋辛弃疾《稼轩词贺新郎·赋滕王阁》："滕王，唐高祖李渊的第二十二子李元婴，曾任洪州（今江西南昌）都督，在赣江边的长洲上建阁，人称滕王阁。"王勃题此诗时，滕已死。槛外，栏杆外面。长江，此指赣江。空自流，徒然独自流去。在此作者慨叹不已，景物依然，人已回天上，以人去阁空的客观事实对比、世易时移，抒发出在《滕王阁序》中表达的思想："穷睇眄于中天，极娱游于暇日，天高地迥，觉宇宙之无穷；兴尽悲来，识盈虚之有数。望长安，于日下，指吴会，于云间。"意即，面对太空精密地观察，利用假期尽情地欢愉。天是这样的高啊，地是如此的远，才觉得宇宙万物的无穷无尽；兴致尽了，悲从中来，方识得盈虚的消长都有定数。在太阳底下抬头远望长安国都，在云层中间指点着吴、会二郡。

王勃在凭吊滕王阁时，适值九月九日洪州都督阎公举宴于阁中，阎公事先已安排其乘龙快婿孟学士作《序》，又故意让在座众宾客执笔挥毫。众宾皆辞让之。独王勃初生之犊不怕虎，不让群儒。阎公初看不顺眼而表不悦，后闻报至"落霞与孤鹜齐飞，秋水共长天一色"二句，"如听仙乐耳暂明"，顿时前倨后恭，认为王勃有两下子，深表佩服。此诗附于《序》文之末，诗人抚今追昔，抒发年华易逝，盛衰无常之感慨。尤其是"闲云潭影日悠悠，物换星移几度秋"，铺叙了宇宙无限之空间与悠长的岁月，探求了大自然的变化无常与世事沧桑的奥义，表达了深邃宇宙哲理的意识，寄慨遥深，成为千古名句。

宋俞元德《萤雪丛说下》："王勃《滕王阁序》：'落霞与孤鹜齐飞，秋水共长天一色'，世率以为警联。然落霞者，飞蛾也，即非云霞之霞，土人呼为霞蛾。至若鹜者，野鸭也。野鸭飞逐蛾虫而欲食之故也，所以齐飞。"星散的飞蛾被孤单的野鸭在水面上追捉，这就是最恰如其分的诠释。

9. 红酥手，黄縢酒，满城春色宫墙柳

此句出于陆游的名作《钗头凤》。

《钗头凤》

红酥手，黄縢酒，满城春色宫墙柳。东风恶，欢愉薄，一杯愁绪，几年离索。错，错，错！　　春如旧，人空瘦，泪痕红浥鲛绡透。桃花落，闲池阁，山盟虽在，锦书难托。莫，莫，莫！

《钗头凤》填于绍兴五年（1155年），诗人时值31岁（一说27岁）。元周密撰二十卷《齐东野语》："陆务观初娶唐氏，闳之女也，于其母夫人为姑侄。伉俪相得，而弗获于其姑，既出而未忍绝之，则为别馆，时时往焉。其姑知而掩之，虽先知挈去，然事不相隐，竟绝之，亦人伦之变也。唐后改适同郡宗子赵士程。尝以春日出游，相遇于禹迹寺南之沈氏园。唐以语赵，遣致酒肴，翁怅然久之，为赋《钗头凤》一词，题园壁间。实绍兴乙亥岁也。"这是在仁宗绍兴五年。又据南宋陈鹄撰的笔记《西塘集耆旧续闻》（简称《耆旧续闻》）："务观一日至园中，去妇唐氏闻之，遣黄封酒果馔，通殷勤。公感其情，为赋此词。其妇见而和之，有世情薄，人情恶之句。"二词都极感人至深，后为人乐于传诵。

红酥手，红润柔和的手。一作糕点。縢（téng），封闭，绳子。

红酥手中的酥为乳制酪类，喻皮肤洁泽，柔和润泽。黄縢酒，又名"黄封"。宫廷酿造之酒以用黄罗帕封，故称，也用以泛指美酒。宋苏轼《岐亭》之三："为我取黄封，亲拆官泥赤。"

这几句的意思是红润柔和的手，送过了一杯黄封酒，满城一片春色，宫墙围着绿柳。这三句写出当时宴饮的情况及环境。

红酥手另一说是点心，是桌上的糕点，黄封是饮品。

10. 嫁鸡随鸡，嫁狗随狗

这个成语原为"嫁鸡（乞）随鸡（乞），嫁狗（叟）随狗（叟）"，其意为女人就算嫁给乞丐或老头，也要随其生活一辈子，无怨言，从一而终。随着时代的变迁，这一成语亦转成谐音"嫁鸡随鸡，嫁狗随狗"，唯夫是从，不能自主。宋赵汝鐩《野谷诗集》中的《古别离》："我闻军功去易就，膏血紫塞十八九。嫁狗逐狗鸡逐鸡，耿耿不寐辗转思。"也比喻寄人篱下，任凭摆布，不能自主。宋欧阳修《文忠集》七《代鸠妇言》："人言嫁鸡逐鸡飞，安知嫁鸠被鸠逐。"庄绰《鸡肋编》卷下："杜少陵《新婚别》云'鸡狗亦得将'，世谓谚云'嫁得鸡逐鸡飞，嫁得狗逐狗走'之语也。"《红楼梦》第八十一回："你难道没听见人说'嫁鸡随鸡，嫁狗随狗'？"《元曲选》武汉臣《老生儿》剧三："我嫁的鸡随鸡飞，我嫁的狗随狗走，嫁的狐堆坐的守。”

11. “王八蛋”

“王八蛋”是骂人之语。五代前蜀主王建行八，少无赖，以屠牛、盗驴、贩私盐为事，里人谓之贼王八。金元好问《遗山集》十一杂著诗之七：“泗水龙归海县空，朱三王八竞言功。”朱三，后梁主朱全忠。或以为应作“忘八”，指忘了礼、义、廉、耻、孝、悌、忠、信八字。“王八”又是龟的俗称。《雍熙乐府》二《叨叨令兼折桂令》：“虾儿腰，龟儿辈，玉连环系不起香罗带。脊儿高、绞儿细，绿茸毛生就的王八盖。”实际上这句话的真面目是王八端，谐音为“忘八端”，意为人处世立身之本都忘记了，还像人吗？

12. 三个臭皮匠，顶个诸葛亮

这是一句谚语。“皮匠”原指“裨将”，谐音。裨（pí）将，即副将。《史记·李斯传》：“（蒙恬）为人臣不忠，其赐死，以兵属裨将王离。”此句原指三个副将的智慧加起来就能顶一个诸葛亮的智慧，比喻人多见识广，智慧高。该谚语在流传过程中，人们将“裨将”说成“皮匠”，这根本对不上号。

13. 有眼不识金镶玉

金镶玉形容事物精美，有如黄金镶着的美玉，原句为“有眼不识荆山玉”。

荆山是山名。湖北、陕西、河南、安徽皆有荆山，本句所指为湖北南漳县西的荆山，漳水所出。《书·禹贡》：“荆及衡阳，惟荆州。”汉孔安国《传》：“北据荆山，南及衡山之阳。”相传卞和得璞玉于楚荆山，本语即出于此。

14. 狗屁不通

狗屁不通本是鄙视文理不通的人。文理指文章内容和词句方面的条理。文理不通即指文不对题，文不从字不顺。

狗屁不通原为“狗皮不通”。因狗的表皮没有汗腺（又称汗肤，毛孔、汗孔，是皮中分必汗的腺体。汗腺随交感神经的支配，分泌量随外界温度和心理状态的变化而增减。汗孔是汗腺在皮肤表面的开口，汗从这里排泄出来），但在夏日炎炎似火烧的季节，狗又如何散热的呢？原来，狗的舌长而薄，具有散热功能，每当气温升高之时，狗便将舌头伸出嘴外，即可散热了。

15. 不到黄河心不死

“不到黄河心不死”由“不到乌江心不死”讹变而来。乌江实指乌江亭。秦置，即今安徽和县东北乌江镇。楚汉之际项羽垓下战败，至此自刎。

项羽即楚霸王。秦亡后自立为西楚霸王，封诸侯王。继与刘邦争衡，后为汉军困于垓下，兵少粮绝，四面楚歌，乃突围至乌江，自刎。

《初刻拍案惊奇》卷十五：“马氏道：‘恁地说来，也还有些志气。’我道：‘你不到乌江心不死，今已到了乌江，这心原地该死了。我且问你，假若有了银子，你都去做些什么？’”《官场现形记》第十七曰：“周老爷道：‘这种人不到黄河心不死。现在横竖我们总不落好，索性给他一个一不做二不休。你看如何？’”

“乌江”讹为“黄河”，让人百思不得其解。

这句谚语形容某些人对于明知不可能办的事，却执意去做，且不肯听从他人的劝告，不到失败绝望的地步不肯罢休。

16. 不见棺材不掉泪

“不见棺材不掉泪”是从“不见亲棺不掉泪”演变而来的，并非见了任何棺材不掉泪。要是不管见了谁的棺材就掉泪的话，那就令人不可思议了。原意为不见亲人的棺材以前，是不会掉泪的。比喻一些人执迷不悟，直到失败才肯停止。常用以责骂执迷不悟的人不等到灾祸发生，不会改变固执的态度。

17. 舍不得孩子套不住狼

“舍不得孩子套不住狼”原为“舍不得鞋子套不住狼”，原意为要打到狼，就不怕跑路，不怕耗费鞋履，这可理解。但四川人管读“鞋”为“孩（hái）”，比喻不付出代价，忍痛作出牺牲，就消灭不了敌人。后也作“舍不得娃子逮不住狼”和“舍不了鞋子（孩子）打不了狼。”也作“舍不得金弹子，打不住银凤凰”。其意相同，都是不要顾虑怕这怕那，否则什么都干不成。

第六编

科技

第十八章
医学知识

五谷为养　医食同材

五谷是五种谷物，说法不一：①《周礼·天官·疾医》："以五味、五谷五药养其病。"《注》、《庄子逍遥游》："不食五谷。"《疏》指麻、菽、麦、稷、黍。《大戴礼记·曾子天圆》卢辩注同，唯豆作菽。菽是豆的总称。②《孟子·滕文公上》："树艺五俗。"赵岐注："五谷，谓稻、菽、稷、麦、菽也。"③《楚辞·大招》："五谷六仞。"王逸注："五谷，稻、稷、豆、麦、麻也。"④《素问·藏气法时论》："五谷为养。"王冰注以为是粳米、小豆、麦、大豆、黄黍。⑤佛教密宗修法所使用的五种谷物。因祈祷的目标不同，使用的五种谷物也不同，如《成就妙江莲华经王瑜伽观智仪轨》以稻谷、大麦、小麦、绿豆、白芥子为五谷，《建立曼荼罗护摩仪轨》以大麦、小麦、稻谷、小豆、胡麻为五谷等。⑥《周礼·夏官·职方氏》"其谷宜五种"《注》指黍、稷、菽、麦、稻。有稻而无麻。后来统称谷物为五谷，不一定限于五种；"为养"就是养病。

五谷为人类生活所需，为世界主要粮食，除却充当食粮之外，尚有医药功效。

一、大米

大米具有丰富的淀粉，富于黏性胶质。除了作粮食之外，可酿酒、制淀粉，可作饲料和工业原料。大米可以润肺，吸收入脾、胃、肺经之后，能滋阴润肺。滋阴亦称“养阴”，滋养阴液的一种治法，适用于阴虚潮热、盗汗，或热盛伤津而见舌红、口燥等，常用药物如沙参、玉竹、天冬、石斛、生地黄等；润肺是中医学名词，滋润肺阴的一种治疗方法，适用于阴肺亏损而致干咳少痰、咽喉燥痛、鼻燥口干或兼咯血等，常用药物如沙参、麦冬、百合、玉竹等。大米又可补中益气、升阳举陷，适宜补脾胃气虚，症见食少、神疲、身热畏寒、气短乏力、肺象虚弱及久泻、久痢、脱肛等；补内脏下垂、重症肌无力、疲劳综合征、低热等属脾胃气虚或中气下陷等。大米亦有补中益气、消除烦渴、健脾益胃的作用，凡因肺阴亏虚而酿成的咳嗽、便秘等，用大米煮烂成粥服用或加上适量的梨。常服大米粥有益于生津、滋润皮肤，光滑，而且有弹性。

二、黑米

黑米又称菰（gū）米，可作蔬菜。其实如米，称雕胡米。古以为六谷之一。黑米富含铁元素，可补助人体内的钙，助益于血浆与骨骼，有助于凝血过程及肌肉的收缩过程，为生命必需的微量营养元素。

三、小米

小米又名黍（shǔ），性黏，可供食用或酿酒，去皮后北方称黄米子，也有称糯米的。颗粒细小，颖果球形或椭圆形，去壳后籽实呈白色、黄色或褐色。是黄河流域农耕的早期谷物，生长在旱瘠沙丘地带。小米养脾，吸入胃、脾、肾经后，具有健运脾气的作用。补益于脾气虚弱、运化无力所致的脘腹胀满、大便溏泄、食欲不振、肢疲乏力等，常用方剂如参苓白术散、香沙六君子等。又可治疗脾胃不和，有益于中焦脾胃之气不和而致胃脘胀闷、嗳气吐酸、厌食、舌淡苔白等症，常用药物如陈皮、姜半夏、木香、砂仁等，均为中医的和中方。故小米煮成的粥最适合脾胃虚弱者食用。小米粥黏稠的米油具有保护胃黏膜、补益脾胃的功效，是慢性胃溃疡病者食用的良方。新米的黏性胶质比陈米的更浓，更为有效。

四、黑豆

黑豆是大豆之一种。大豆依种皮颜色分别称黄豆、青豆、黑豆、泥豆，以嫩豆粒作蔬菜的称毛豆。大豆种子富含蛋白质、脂肪和碳水化合物，是世界第一大油料作物和食用蛋白的重要来源。种子提取油脂，或作主食和豆制品。饼粕是食品、医药、饲料等工业的原料。黑豆补肾强身，味甘性平，有活血利尿、解毒祛病的功效。肾又称腰子，是人体造尿器官，左右各一。肾有纳气作用，如肾虚而致吸气困难，动则气喘，称“肾不纳气”，肾气充足而“耳能纳五音”。肾虚致腰痛、耳鸣，患者可取黑豆50克，拌入狗肉500克文火煮烂，再适当加入有关调味品食用。

五、小麦

小麦养心。小麦主要有普通小麦、密穗小麦、圆锥小麦、硬粒小麦、东方小麦、波兰小麦等。麦粒富含淀粉和蛋白质，主要用于制作面粉。麸皮可作精饲料和微生物培养基。小麦煮烂之后食用，入心、脾、肾经后，具有保养身心、散热、止渴、益肾的作用。这是“养和”。“和”是自然的和气、元气，又称“天和”，是自然的祥和之气。失眠、心烦、悲伤患者可用带皮的全小麦煮成流体食用，自然起着疏肝理气、调畅心气的作用。疏肝是疏调肝气的一种治法，适用于肝气郁结，失去疏泄而致胸闷胁胀、嗳气吞酸等症，常用药物如柴胡、香附、青皮等。

心气是心脏的精气，是维持心脏生理活动的物质基础和动力来源。《灵枢·脉度》：“心气通于舌，心和则舌能知五味矣。”心气虚，则心主血脉、主神志等功能均可减退。

六、高粱

高粱养肝。高粱是禾本科谷类作物及其可食颖果，原产于非洲。其食用价值低于玉米，含丰富的碳水化合物、10%的蛋白质、3.4%的脂肪以及钙、铁和维生素 b_1 和烟酸。通常碾成粉煮粥食用，做小面包干和糕饼，也用于制食用油、淀粉、葡萄糖、糨糊和高粱酒。甜高粱主要种植在美国和非洲南部，用作饲料或制作糖浆。高粱耐热抗旱，是非洲的主要谷物，美国、印度、巴基斯坦以及我国东北部和华北地区也有栽培，大量种植的则是苏联、伊拉克、阿拉伯半岛、阿根廷、澳大利亚及南欧。

高粱具有健脾益胃、养肝护肝的作用。凡是脾胃两虚亏的病变，首先是脾虚不能统摄血液的病变，多见于内伤杂病。可见症是纳食不化、口淡无味、脘腹胀闷、腰酸足软、大便溏泄、神情萎疲、面色无华等。或小儿消化不良引起的胃肠道分泌减少，或运动功能失常等产生的消化功能障碍。凡有食欲不振、腹胀、腹泻、体重减轻等症状，可取高粱面在锅中文火焙黄，而后煮成粥服食。

五味为养　医食同材

不特五谷能养病，五味亦能养病。

五味指酸、甜、苦、辣、咸五种味道。《周礼·天官·疾医》：“以五味、五谷、五药养其病。”郑玄注：“五味，醯（xī，就是醋）；酒；饴蜜（yí mì，用麦芽制成的糖浆）；糖稀；姜；盐之属。”《礼记·礼运》：“五味，六和，十二食，还相为质也。”郑玄注：“五味，酸、苦、辛、咸、甘也。”也泛指各种味道。《老子》：“五味令人口爽。”《疏》：“醯则酸也，酒则苦也，饴蜜即甘也，姜即辛也，盐即咸也。”

一、酸味

酸是醋的味道。《周礼·大官·食医》：“凡和，春多酸，夏多苦，秋多辛，冬多咸。”酸甘化阴。酸味和甘味药物合用，能化生阴津、阴液，适用于脾阴不足而见饮食减少、消化力弱、失眠健忘、腹胀、肢痿等症，以及胃阴不足而见胃脘痞闷、食少、舌绛、咽干、烦渴、不寐、肌燥、熇热、大便不爽等症，代表方如芍药、甘草汤。酸橙也含有维生素 C，以前英国海军用以预防坏血症。

二、甜味

甜是糖或蜜的味道。《孔子家语·致思》：“楚王渡江，得萍实，大如斗，赤如日，剖而食之，甜如蜜。”甜叶菊的叶含有比蔗糖甜 300 倍的甜味物质“甜叶菊苷”，是良好的天然甜味剂，用于食品工业或供糖尿病者食用。

甘草的根状茎均可入药，性平、味甘，功能缓中补虚、泻火解毒、调和诸药，炙用治脾胃虚弱、肺虚咳嗽等症，生用治咽病、痈疽肿毒、小儿胎毒等症。甘草具有肾上腺皮质激素样的作用，可治慢性肾上腺皮质功能减退症和消化性溃疡。亦应用于糖果、卷烟和医药工业。

甜柑的皮、核、叶皆可入药。甘味生于百谷。甜菜叶是核黄素、铁以及维生素 A 和 C 的来源。

三、苦味

苦今指胆汁或黄连的味道。苦草药可治妇女白带。苦丁茶是一种具有保健功能的代用茶。含有熊果酸、香树脂醇、三萜类和黄酮类等物质，性凉，可清热解毒、健胃消积，治痧气、感冒、咽喉肿痛等症，常服有减肥、降血压、血脂和胆固醇的作用；亦可煮水外用，可消炎去毒。

苦瓜未熟嫩果可作蔬菜。成熟果瓤可生食，有消热祛暑、降血糖功效。

苦参根可入药，性寒、味苦，功能清热燥湿、杀虫，主治痢疾、痔血、湿热黄疸、疥癣、湿疮、皮肤瘙痒等症。

四、辣味

辣椒成熟后味辛辣或极辣。辣味就是姜、蒜、辣椒等带刺激性的味道。姜蒜之性，到老愈辣。姜的根茎辛辣，用为调味品，曝干者称干姜，可入药。鲜姜用于烹调。可将鲜姜去皮加入糖浆中煮，以为蜜饯。日本等地，在每道菜之间要吃姜片以去味。在医药上，生姜常用治疝痛和祛风。干姜用于面包、酱油、咖喱菜肴、糖果、蜜饯、姜汁酒。干姜均含20%香精油，系通过蒸馏制得，用于食品及香料工业，主要成分是姜稀 $C_{15}H_{24}$，其辛辣味主要在于含姜油酮。有道“晚吃萝卜早吃姜，不用医生开药方”。

蒜的鳞茎是众多民族的菜料，味芳香而辛辣。在美国，蒜的广泛食用是受欧洲移民影响的结果。在古代和中世纪，蒜的医疗价值早已受到重视，人们还把它当作护身符带在身上辟邪。蒜的鳞茎含蒜素，能抗菌、祛痰，治疗肠痉挛，如呃逆、膀牵筋、癫痫、破伤风、狂犬病等；此外，尚能治支气管哮喘、贲门痉挛、肠绞痛、肾绞痛等。蒜是治疗各种痉挛的药物原材料，也有益于循环系统的运作。

葱蒜类蔬菜有韭菜、大蒜、韭葱、大葱、分葱、细香葱、楼葱、洋葱、薤和胡葱等。这类蔬菜多含有挥发性的硫化丙烯，故有辛辣味，可增进食欲，并具杀菌功效，是一种良好的调味蔬菜。亦作药用。

五、卤味

卤是盐的味道。睡前喝杯淡盐水，可防腿脚抽筋，也称抽搐，即骨骼肌突然而迅速抽动的现象，如面肌抽搐等，有时泛指惊厥、痉挛等。究其原因有：①神经受到刺激，多为颈椎、腰椎有毛病而引起；②过度疲劳、睡眠不足、少休息而引起局部酸性代谢产物滞留；③严寒刺激；④睡姿不好，仰睡时间过长，使被子重压在脚面上，或俯卧时间过长，脚面与床铺相抵而眠，这使小腿某些肌肉处于长时间放松状态等。有时因体内电解质失调、缺钙，使水分大量流失所致，也可能是所服药物起副作用，或是内科甲减病（甲状腺减低）等引起。

电解质是在水溶液（或非水溶液）中或在熔融状态下能导电的化合物，如酸类、碱类及盐类等。由于能离解成离子，故能导电。按电离度，分强电解质与弱电解质两类。

防止腿脚等抽筋，还应多喝牛奶和豆浆、吃蔬菜、喝猪及鱼等骨汤。临时突发肌肉抽筋，要马上按摩相关肌肉部位。如经常抽筋，最好及早就医。

佛教以乳味、酪味、生酥味、熟酥味及醍醐味为五味。

乳即奶汁。《魏书·王琚传》："常饮牛乳，色如处子。"酢是酢浆，或果实煮成之浆，或用牛羊马等乳制成的乳浆。酢是"醋"字。

酥是以牛羊乳制成的酪类。佛教指酒。宋宝苹《酒谱·异域酒》："天竺国谓酒为酥。"

醍醐是作乳酪时上一重凝为酥，酥上加油者为醍醐。味甘美，可入药。《涅槃经》十四《圣行品》："譬如从牛出乳，从乳出酪，从酪出生酥，从生酥出熟酥，熟酥出醍醐，醍醐最上，……佛以如是。"醍醐又指酒。

五药为养　医食同材

五药是五类药物。《周礼·天官·疾医》："以五味、五谷、五药以养其病。"《注》："五药，草、木、虫、石、谷也。"佛教用来代表一切药物。佛经东传后，佛教徒以我国的伏苓、朱砂、雄黄、人参、赤箭作为五药。

一、茯苓

茯苓又名松腴，入药。《淮南子·说山》："千年之松，下有茯苓，上有菟丝。"《史记·龟策传》作"茯灵"。菌核可食用；并可入药，性平味甘淡，能益脾、安神、利水渗湿，治脾虚、泄泻、心悸、失眠、水肿。

二、朱砂

朱砂也作"硃砂"、"辰砂"。矿物名。为炼汞的主要原料，也可制作颜料、药剂。古代方士用作炼丹的主要材料。《南史·陶弘景传》："弘景既得神符秘诀，以为神丹可成，而苦无药物。帝给黄金、朱砂、曾青、雄黄等。"中药上用为安神、定惊药。性微寒，味甘，主治癫狂、惊悸、不寐等症。经火炼者有毒。

三、雄黄

雄黄为矿物质，常与雌黄共生，用于制取砷和砷化物等。中医学上用为解毒、杀虫药，性温，味苦辛，有毒。外用治疥癣恶疮、蛇虫咬伤等症，内服微量可治惊痫、疮毒等症。

四、人参

人参为"关东三宝（人参、貂皮、乌拉草）"之一。见于朝鲜半岛，称高丽参、朝鲜参、别直参。野生的称为"野山参"，栽培的称"园参"，根含皂苷、人参酸、挥发油、植物甾醇、维生素等。中医学上以加工后的干燥根部入药，生者性微寒，制后性微温、味甘微苦，能大补元气、补脾益肺、生津、安神，主治气虚欲脱、脾虚食少、肺虚喘乏、津少口渴、惊悸失眠等症。人参略能降低血糖，小剂量使用能提高心脏的收缩力和频率，兴奋中枢神经系统，并可使网状内皮系统的功能等亢奋；大量剂则能抑制心脏的收缩力和中枢神经系统与网状内皮系统的功能等。

五、赤箭

赤箭又名独摇、离母、合离草、鬼督邮。初生茎直上，高三、四尺，状如箭，故名。赤青色，叶尖小，初夏开淡紫花成穗，实如豆大。其根曝干后可以入药，称天麻。唐韩愈《进学解》："王札丹砂，赤箭青之、牛溲马勃，败鼓之皮，俱收并蓄，待用无遗者，医师之良也。"赤箭块茎入药，性平、味甘，能熄风定惊，主治肝风头痛、眩晕、抽搐痉挛、小儿惊风等症。

张仲景发明饺子治冻疮

饺子是一种有馅的半圆形面食，如水饺、蒸饺。饺子并非饺儿。《正字通·饺》："今俗饺饵，屑米面和饴为之，干湿大小不一。水饺铒即段成式食品中牢丸，或谓之粉角。北人读饺如娇，因呼饺铒，讹为饺儿。"饺子的前身是馄饨。但馄饨是和汤吃的，饺子是干着吃的。

除夕包饺子是一项大"工程"，妇女们一早就料理、筹划着，个个忙得不亦乐乎。一直张罗至午夜，家家户户的鞭炮声响了，才透了一口气去上香，叩拜天地诸神与祖宗。供上素馅水饺，恭迎诸神下界（下人间）享用。在神位上供奉的饺子，每碗盛上六个，含有六六大顺之意。再摆上筷子在碗之右边，然后燃上三炷香，点燃鞭炮，恭请前后左右诸神及先祖入室团聚。供神的所有规矩做得停停当当之后，合家人才拢在一起品尝饺子。

饺子可以充饥，也可以治病，是冶冻疮的良药。这一处方良药的发明人是张仲景。

张仲景是东汉南阳人，名机。学医于同乡张伯祖，尽得其传。初举孝廉，传献帝建安中官长沙太守。时大疾流行，乃钻研《内经》、《难经》等古医书，博采众方，著《伤寒杂病论》，其书辗转流散，经后人整理成《伤寒论》、《金匮要略》。

金匮是以金属制成的藏书匮。《汉书·龟策传》对策："臣窃观上世之传，若高皇帝之建功业，陛下之厚德而得贤佐，皆有司之所览，刻于玉版，藏于金匮，历之春秋，经之后世，为帝者祖宗，与天地相终。"

《金匮要略》为汉张机撰，晋王汉和集三卷，为医杂症者所祖，其书本与《伤寒论》合，至宋时始分为二。

《国语·晋》八："上医医国，其次疾人。"《新唐书·甄权传》："古之上医，要在视脉，病乃可识。"上医是最高明的医生；医国是以治病喻治国，谓为国除病祛弊。宋侯真《孏窟词·满江红》以为"上医医国"是"惊人匀，天外得；医国手，尘中识"。

张仲景曾有名句以之明志："进则救世，退则救民；不能为良相，亦当为良医。"

建安中叶，张仲景官长沙太守，大疾流行、万民罹患，目不忍睹，于是便以自己的医术拯救苍生。当时为官者是不能随便进入民宅的，于是他择定每月（旧历）初一与十五两天不问政事，洞开衙门，端坐于大堂之上，为民望闻问切，医治疾病。由于他医德高尚，施惠于民，为了纪念这位伟大的医圣，后人就把坐在药堂上悬壶济世的医生称为"坐堂先生"。

张仲景后来解印去县，拂袖还乡。时疫流行，因伤寒而死者十居其七，返乡又正值数九严冬，许多平民百姓食不果腹，衣不蔽体，骨瘦如柴，忍受凄风苦雨的煎熬，不少人的耳朵都被冻烂了，叫人不堪入目。张仲景心里实是难忍，于是叫弟子以竹、木搭成棚架，埋锅熬煮"祛寒娇耳汤"，自冬至到除夕期间给病患者医治传染病、内科杂症和手、足、耳等部位的冻疮。他把羊肉、辣椒及生姜等驱寒药物统统放入大锅熬煮，然后将其捞出，切成细碎，用和过的面包成形似耳朵的"娇子"，煮熟后分给患者食用。人们食了娇子，喝了"祛寒汤"，周身感到暖和，手、足、耳顿时发热，冻伤的部分很快治愈。由于他对症下药，轻者散寒通络，重者温经散寒、调补气血。皮肉溃烂者托里解毒，除内治之外，又辅以外治，轻者以生姜及红灵酒之类频擦；皮肉开裂或溃烂者，用对生肌收口起作用的药物涂敷。不久，患者个个身离病，人人病离身。这就是手到病除，是医师父母心。

张仲景医治冻疮，以活血、消炎为原则，对患者精心医治，轻度冻疮预后不留痕迹，重度冻疮却形成瘢痕。

张仲景以娇子治冻疮的高超手法自此不翼而飞，不胫而走，一传十，十传百，百传千，千传万。后人便也学张仲景做娇子，在过年时食用。因为每天开始是子时，相当于深夜十一点至凌晨一点，每个时辰两小时。每年的除夕之夜不但是新旧两天之交，同时又是新旧岁的更替，年年如此，周而复始，“娇子”与“交子”正好又是谐音，故除夕合家吃饺子便逐渐形成习俗。

张仲景总结了外感性疾病的规律，又对一般内科、妇科等杂症提出了诊断治疗的原则及药方。他继承了以《内经》为主的古典医籍的基本理论，提出了包括理、法、方、药等比较系统的辨证论治原则，使中医学的基础理论与临床实践有机地结合。其《伤寒杂病论》书中方剂配伍严谨，药味精炼，疗效显著，沿用至今。因此，后人一直尊其为“医圣”、“医方之祖”。至今河南南阳城东还有“医圣祠”和“仲景墓”。近来中国中医界建立了仲景学说研究会。中日两国学者都在探讨他的医学奥秘。

呵护肝脏的高手

一、草莓

草莓原产北半球温带地区，南半球亦广泛栽培。草莓果并不是真正的浆果，而是由许多瘦果部分嵌入膨大的花托形成的。草莓富含维生素 C、铁及其他矿物质，常作为餐后水果或果馅。草莓脆饼是美国的传统点心。栽培的大果草莓于 18 世纪起源于欧洲。19 世纪，多数国家已栽培出适应于当地气候、日照、海拔等条件的品种。草莓也可制果酒、果酱等。草莓性寒，味酸甜，是养肝与护肝的能手。

肝是体内最大的消化腺，为脊椎动物所特有。有的人肝火亢盛，多是由肝火疏泄、气郁化火或肝热素感所致，与情绪激动过度有关，表现为目赤、易怒、头痛、胁痛、口苦、吐血、咯血、脉弦数等。由于肝火犯肺伤及肺络，就易烦躁、胸痛等。又因草莓的红色入心，又可去心火。心是心脏，是脊椎动物推动血液循环的肌性器官。五脏分属五行，心属火的范畴。心热火旺的病变，多由心阴不足、情志之火内发，或肾水亏虚不能上济所致，表现为心烦、失眠、面赤、口渴、口舌生疮、舌红，甚则神乱发狂等。草莓富含维生素 C，有助于人体吸收铁质，助益骨骼，而且能滋养细胞。草莓天生的抗炎成分又可以减少自由基的产生数量。自由基又名游离基，受到外界光、辐射、热的影响，龟裂而成含有不成对价电子的原子或原子团。所以，草莓又可提神醒脑。但草莓性凉，脾胃虚寒、易腹泻、胃酸者须慎重控制食量。

二、枸杞

枸（gǒu）杞可供观赏，嫩茎、叶作蔬菜，中医学上以果实（枸杞子）、根皮（地骨皮）入药。枸杞子性平、味甘，能补肾益精、养肝明目，主治目眩昏暗、肾虚腰痛等症。地骨皮，能消虚热、凉血，主治虚劳发热、盗汗、咯血等症。平日生活没有规律且需养护肝的人，每日取 10 克枸杞泡水出味后食用，对养肝阴与修复肝细胞系统很有助益。人如果肝阴不足，就易引起内伤杂病，常由情志不遂、气郁化火、失血伤阴、久病耗损等所致，有眩晕、目花、两目干涩、视物模糊不清、皮肤瘙痒，甚至筋肉跳动等症状。

由于天性肝细胞的病变，使肝脏摄取、结合和排泄胆红素的功能减退，便产生黄疸，见于肝炎、肝硬化和肝癌等，服枸杞护肝就有助益。肝主藏血，才能正常运作造血功能。

三、其他养肝食物

我们在饮食上要注意均衡营养，以达养肝护肝之养身目的，所以，红、黄、蓝、白、黑、绿各种颜色蔬果的成分都应食用，绿、红、黄色富有叶黄素，即类胡萝卜素的一类，这是有机化合物，在许多动物的肝脏中可转变为维生素 A。在植物中，胡萝卜素使花（蒲公英、金盏草）、果实（南瓜、杏）、根（胡萝卜、白薯）呈黄、橙或红色；在动物中，可见于脂肪（奶油）、蛋黄、羽毛（金丝雀）和贝壳（龙虾）。

白花菜，花白色或带红晕，全草及种子入药，能消肿止痛，外治风湿性关节炎、痔疮。

花椰菜俗称花菜、菜花。茎顶端形成白色肥大花球，叶可作饲料，菜花常作蔬菜，也可做沙拉或配菜生食。

白花菜、花椰菜都是抗癌的高手。

韭菜可作蔬菜。种子供药用，主治腰膝酸痛、小便频数、遗尿带下等症。

佛（fó）手，又名佛手柑。果实可供观赏，亦可制蜜饯。中医学上以果实和花入药，果实主治胸腹胀满、胃痛等症，花功能相似。其果亦可煮食，嫩块根食法同马铃薯。

木耳又称云耳、黑木耳，灰黑、褐色，也有白色的（银耳），供食用及药用。

木瓜，树可供观赏；果经蒸煮或蜜渍后可食用；亦可入药，名“光皮木瓜”，性温、味酸，能舒筋、和胃、化湿，主治筋脉痉挛、腰膝酸重、脚气水肿、吐泻转筋等症。此外，广东、广西、福建称木瓜为番木瓜，河北、山西、陕西称为“文冠果”。

贝类指蛤螺等类的有壳软体动物，主要养殖有牡蛎、缢蛏、泥蚶、贻贝、蛤蜊、鲍、扇贝、马氏珠母贝等。

以上食物都能疏肝养肝。

酸奶治病的功效

酸奶是半流体的发酵乳制品，因所含乳酸成分而有柔和的酸味。其原料用法，美国及中北欧喜用牛奶，土耳其及东南欧常用羊和山羊奶，埃及与印度用水牛奶。酸奶可能源于土耳其。酸奶可以加各种香料和甜料，不加糖与香料的天然酸奶可与水果或蔬菜混合食用。印度人用黄瓜切片加香料做酸奶沙拉，中东国家用酸奶做汤与调味品。

一、富营养、保肠胃

酸奶营养优于鲜奶，对肠胃有保健作用。酸奶含有乳酸菌，具有酸化肠腔、抑制腐败菌生长和减弱其在肠道中产生毒素的作用，又有较多 B 族维生素，有助于消化，又能预防与治疗便秘（热秘、气秘、虚秘、冷秘）。酸奶有湿阳通便的功效，也能治疗腹泻、腹痛等疾病。

二、抗感冒

酸奶能抵抗流感（感冒）。感冒有普通感冒与流行性感冒。轻者俗称"伤风"，重者称"流行感冒"。此症均为由病毒引起的呼吸道传染病。除了解热镇痛药、抗病毒药及中草药制剂之外，喝酸奶能提高人体胃肠功能，提高人体免疫力，所以喝酸奶也有抵抗感冒的作用。

三、抗衰老

酸奶拌黑芝麻能润肤、抗衰老。芝麻有白、黄、棕红和黑色。中医学上以黑色种子入药，能补肝肾、润燥结。黑芝麻富含蛋白质、维生素 A、维生素 E、糖类、铁、钙及卵磷脂。其中，维生素 E 具有极强的抗氧化活性，不但能有效地延缓皮肤衰老，又能滋润皮肤，还能养血润燥结、乌发美容、益骨、益肝补肾，抗衰老。

四、抗辐射

喝酸奶可减轻电磁波辐射对人的损害。电脑、电视机等辐射装置附近的磁场分为感应磁场与辐射磁场两部分。感应磁场不辐射能量，电磁场幅度随距离增加很快衰退。辐射磁场形成能量辐射，其幅度随距离增加衰退较慢。

酸奶中的乳酸菌对人体免疫系统具有显著的促进作用。这种乳酸菌广泛分布于乳制品、植物果、叶或动物肠道等处。厌氧或兼性厌氧，广泛用于乳酸、乳链菌肽、酸奶和益生菌剂的生产中。而且，其中富含的维生素 B 能提高人体抵御辐射损伤的能力，以及抵御辐射后人的淋巴细胞数目减损的作用。

淋巴细胞又名淋巴球，白细胞中的一种。分布于胸部的叫 T 淋巴细胞，骨髓淋巴细胞即 B 淋巴细胞。前者参与细胞免疾，后者参与体液免疾。某些疾病可影响淋巴细胞数目的增减，如患结核病时，淋巴细胞常有显著增加。

第十九章 古代高科技

长明灯

墓，古代称谓很多，如坟、茔、坈、塜、山、陵、阴宅等。但同中亦有异。

古时封土隆起的叫坟，平的叫墓。《礼·檀弓》上：“吾闻之，古也墓而不坟。”《方言》十古：“凡葬而无坟谓之墓，所以墓谓之坈。”

茔，墓，葬地。《汉书·哀帝纪》建平元年：“太皇太后诏外家王氏田非冢茔，皆以赋贫民。”《注》：“茔，冢域也。”茔域即墓地。《后汉书·栾巴传》：“茔域所极，裁二十顷。”

冢，高坟，坟墓。

山，坟墓。《汉书·地理志》下：“非独为奉山园也。”唐颜师古《注》：“如淳曰：《黄图》谓陵冢为山。”

《黄图》是书名，即《三辅黄图》。撰者不详。《隋书·经籍志》二者录《黄图》一卷，记三辅宫观、陵庙、明堂、辟雍、郊畤等事。今本六卷，与如淳、晋灼诸家所引不同，盖出于好事者所增辑。

陵是帝王的坟墓。《水经注·渭水》：“秦名天子冢曰山，汉曰陵。”

阴宅，葬地。《礼·杂记》上：“大夫卜宅与葬日。”《疏》：“宅谓葬地。”后因称墓地为阴宅。《水浒》一二〇：“我若死于此处，堪为阴宅。”堪舆家以墓地为阴宅，住宅为阳宅。《水龙经·总论》：“若秖取大荡，阳宅尚有归收，阴墓必难乘按。”

古今中外都有专门发死人财的盗墓人，而且多为训练有素的专业队。他们多在伸手不见五指的黑夜，专门与死人打交道。他们专干那些见不得人的勾当，而且机构相当庞大，形成“一条龙”服务。有的跋山涉水，专门勘察古墓，进行实地调查，包括地形地貌调查，做好工程“施工”前的充分准备，并做好记录；有的打造工程施工的工具；有的专门掘墓，在墓穴中“淘金”，将陪葬的金银珠宝掏个精光的同时，又抛散死人枯骨于光天化日之下曝晒，而后扬长而去；有的专门研究从墓中掏出的金玉珠宝的朝代与年代、质量与价值，成为这方面的“专家”；有的成为“珠宝商”，专门负责珠宝的销售业务，以求高价迅速出手，避免露出犯罪的蛛丝马迹。

以上这些所谓“一条龙”服务是对工程繁杂、需要巨大施工队的墓地而言，必须成群结队，一鼓作气，才能速战速决。至于一些施工工程简单的坟墓，一般都是个人单枪匹马地进行挖掘，以便独占独吞，这就适宜个体“单干户”行动，不必组成“互助社”与“合作社”。

并不是所有古墓的墓穴都是漆黑一团的，有的古墓在建筑结构成弧形的拱顶上，安装有一盏长明灯，而且千百年如一日地投射出微弱的灯光，照射到每个幽暗的角落。这就是佛像或神像前长燃不熄的所谓长明油灯。

西亚一个小国叙利亚，已有四千多年的历史，公元 7 世纪成为阿拉伯帝国的一部分。当时东罗马帝国亦称拜占庭帝国，简称拜占庭，势力强大，疆域包括巴尔干半岛、小亚细亚、叙利亚等。其占领军在叙利亚发现一个壁龛里亮着一盏长明灯，用一个精心制作的罩子罩着，罩子可起着挡风和集中灯光的作用。根据当时发现的铭文，确定这盏长明灯是在公元 27 年点亮的，到占领军发现之时，已经持续不断地燃烧了 500 年之久。

龛（kān），盛着佛像或神主的小阁。《宋史·礼志》四《明堂》：“郊壇第一龛者在堂，第二第三龛设于左右夹庑，及龙墀上。”

铭文，文体的一种。古代常刻铭于碑版或器物，或以称功德，或以申鉴戒，后成为一种文体。

人们对这盏长明灯 500 年不熄的原因，深感神秘莫测，称为绝妙的神品。令人可惜的是，士兵们得宝不识宝，暴殄天物，随手将它毁灭掉。

埃及是非洲东北部尼罗河游城的文明古国。远在旧石器时代，埃及即有居民。新石器文化遗址在埃及境内多有发现。古王国时代（约前27—前22世纪），法老（国王）就大量耗竭民力建造金字塔。古埃及是世界文明的发源地之一，在文字、历法、建筑、艺术、科学知识等方面，对西亚和欧洲曾有巨大的影响。希腊的一位历史学家曾记录有埃及太阳神庙门上燃烧着的一盏长明灯。这盏灯已经燃烧几个世纪，令人奇怪莫测的是，其竟然不用任何燃料。尽管刮大风下大雨，它都未曾熄灭，而且越发光亮。

奥古斯丁，亦译奥斯定，是古罗马的思想家、教父哲学的主要代表，著有《忏悔录》、《论上帝之城等》。他曾记述埃及维纳斯神庙也有一盏长明灯，风吹不熄，雨浇不灭，神妙异常。

维纳斯是古罗马女神，司掌农田和园林。罗马人认为她就是司掌爱情的希腊女神阿佛洛狄忒。恺撒出身的尤利亚氏族（也是奥古斯都由于过继而加入的氏族）出于政治目的，提倡对维纳斯的崇拜，他们声称自己是埃涅阿斯之子尤鲁斯的后裔。从荷马时代起，人们就认为埃涅阿斯是阿佛洛狄忒之子，不属于尤利亚氏族。罗马如三执政之一的庞培也希望与这位重要神祇拉上关系。公元前55年，庞培把神殿献给维纳斯。恺撒则在公元前46年将神殿献给生育之母维纳斯。罗马皇帝尼禄死于公元68年，此前生育之母一直是维纳斯主要的称号。朱里亚－克劳狄家族衰败后，维纳斯仍然受到世人和帝王的崇拜。公元135年，皇帝哈德良在罗马建成维纳斯庙。维纳斯象征爱情和女性美，因此自古就是重要艺术题材，著名的有公元前约150年的朱洛维纳斯和公元1485年前后波提切利所绘的《维纳斯之生》。

公元1400年，有人发现古罗马派勒斯的坟墓里也燃着一盏长明灯，他是古罗马国王之子。据专家考证，这盏长明灯已经燃烧了2000多年之久，历经风雨毫无伤损，仍然光彩熠熠。只有抽走灯碗里的液体，灯才熄灭。有人怀疑是神话中阿拉丁的神灯。

1534年，英国都铎王朝国王亨利八世大力加强王权，抗拒罗马教廷干预其婚事，1533年与教皇决裂。次年国会通过《至尊法案》，宣布国王为英国教会首领，并将英格兰圣公会立为国教。处死不同意其宗教政策者（包括托马斯·莫尔）；下令封闭修道院，没收其地产；还俗土地采用资本主义方式经营。1543年将威尔士并入英格兰。当他的军队冲进英国教堂解散宗教团体时，又挖掘了无数坟墓，劫掠了许多金银珠宝。在英格兰北部城市约克挖掘罗马皇帝康斯坦丁之父的坟墓时，偶然发现了一盏长明灯正在熠熠闪光。墓主死于公元300年，据推算这盏长明灯已经燃烧了1200年之久。

17世纪中期，在法国里昂东南的格勒诺勃市这座历史名城，一位瑞士士兵名叫普瑞兹，偶然间发现一个古墓的入口，墓道迂回曲折且险阻，他竭尽全力进去探宝。但墓里空无一物，使他大失所望。但有一盏长明灯仍在燃烧，发射着幽幽的微弱灯光，照着这个幽宅。灯上还有一个玻璃罩罩着。他惊奇地将这盏神乎其神的灯带出墓道，送给了修道院。修道院中的僧徒个个呆若木鸡，他们把这宝物小心翼翼地保存着。不久，出人意料的是噩运发生了，一位老僧侣因粗心大意而摔碎了它。

公元1610年，一位名叫洛斯克鲁兹的炼金术士的坟墓，在他死亡120年后被人挖掘。墓里面也亮着一盏长明灯，人们同样惊惧不已。

对于长明灯的记载，不独外国有，中国也有。司马迁在《史记·秦始皇本纪》中也早有记载：秦始皇的陵墓里修建了宫殿和百官的位次，藏满稀奇珍贵的宝物，他命令工人制造机关弓箭，如有人盗墓，一接近就会触动机关被箭射死。他拿水银作百川江河大海，用机器互相灌输。冢的上壁装饰天文，地下布置地理，取人鱼的脂肪作蜡烛，预计能经久不灭。

人鱼，大鲵，俗称娃娃鱼。《山海经·北山经》：“決決之水出焉，而东流注于河，其中多人鱼。”《水经注》十五《伊水》：“《广志》曰：鲵鱼声如小儿啼，有四足，形如鲮醴，……司马迁谓之人鱼。”

鲮（líng）鱼，体侧扁，头短，口小，背部青灰色，腹部银白色。生活在淡水中，不耐低温。又名土鲮鱼。

醴（lǐ），鱼类的一科，身体圆筒形，头扁，背鳍和臀鳍很长，尾鳍圆形，头部和躯干都有鳞片。

人鱼的脂肪又叫人膏。《汉书·刘向传》：“石椁为游馆，人膏为灯烛，水银为江海，黄金为凫雁。”司马迁《史记·秦始皇本纪》作：“以人鱼膏为烛。”

这里的“烛”就是长明灯。

定陵在中国有六处，此处指的是明十三陵之一的定陵，明万历皇帝朱翊钧（神宗）墓，在今北京市昌平县天寿山。定陵葬神宗和孝端、孝靖两皇后，始建于万历十二年（1584），十八年完工。墓室由五个极其高大宽敞的石筑殿堂联结组成。进口处至后墙总长达 87 米。前、中、后三殿间有三重雕刻精美的石门。随葬品有皇冠、龙凤冠、龙袍、谱册、金银器、玉器、装饰品和丝织品等，都具有极高的艺术价值及考古价值。1956 年发掘。1959 年于原址建立“定陵博物馆”，整理开辟为地下宫殿。

发掘定陵正殿时，发现一口青瓷大缸，内盛蜡质灯油，还有一支灯芯，这就是一盏长明灯。经研究证实，这盏灯在定陵封闭后不久就熄灭了。究其原因，是墓里缺少助燃物氧气，故长明灯并不长明。

有一种长明灯的设计是双层结构的，里面为容器以盛灯油。灯芯是用醋泡制过的灯草、纱、线等，经久耐燃。外层装水，其功能是冷却灯油。使长明灯消耗的油主要不是点燃掉，而是受热挥发。经过醋泡制的灯芯能保持低温，油坛外面的水又有效阻止油温上升，能保持常温或低温。但是长明灯毕竟是理想中的梦，要圆这个梦，仍有待人类一代又一代的接力研究。

世界上无论哪个国家的长明灯，都不会经久不熄。一旦被人发现，都因各种各样的原因很快熄灭掉。从未有过一盏长明灯原封不动的在博览会上展览过。眼不见不信，当然，信则有之，不信则无；信者恒信，不信者恒不信。有人认为这种长明灯的能源严重违背能量守恒定律。

能量守恒定律，旧称“能量守恒和转化定律”，自然科学中最重要的普遍定律之一。该定律由法国哲学家笛卡儿、德国化学家迈尔和物理学家亥姆霍兹、英国物理学家焦耳和格罗夫等在实验基础上加以论证和发展。它同细胞学说和进化论一起，被称为“19 世纪自然科学三大发现”。

能量守恒定律认为能量既不会凭空消灭，也不会凭空产生，它只会从一种形式转化为其他形式，或者从一个物体转移到另一个物体，而在转化和转移的过程中，能量的总量保持不变，这就是能量守恒定律。

世界上的一切物质都具有能量，能量有各种不同的形式，它可以由一种形式转化为另一种形式，由一个系统转化到另一个系统，在转化和转移的过程中的总数值不变。它是人类认识自然，利用自然，保护自然的有力武器。

总之，长明灯是古代自然科学的高新科技，它是精神文明的象征，这种高新科技并没有丝毫的危害人类，但至今人类对其尚未理解，觉得不可理喻。有道：“一灯能除千年暗，一智能灭万年愚。”

万里长城与糯米砂浆

秦始皇时代建筑的万里长城，西起嘉峪关，东至山海关。

实际上，万里长城并非是秦国单独建造的。早在春秋战国时，各国为了相互防御，各在形势险要的地方修筑长城。《左传·僖公四年》（公元前656年）："楚国方城以为城"，长城始见记载。战国时，齐、楚、魏、燕、赵、秦和中山等国相继兴筑：①齐长城。《管子·轻重》丁："长城之阳，鲁也，长城之阴，齐也。"此齐之长城，沿河因泰山为之。②楚长城。《水经注》三一《沅水》："盛弘之云：叶东界有故城，始犨（chōu）县，东至溱水达比阳界，南北联联数百里，号为方城，一谓之长城。"

犨县，西汉置，治所在今河南鲁山县东南。南朝宋永初后废。

溱（qìn）水，古水名，即今南泌阳、遂平境内沙河。本为汝水支流之一，明嘉靖间西平、遂平间汝水断流，此后南汝遂以此为正源。

秦始皇鲸吞六国，威震四海，统一全国之后，以战国时诸侯国原有长城为基础，命蒙恬率兵三十万北逐匈奴，收河南地，主持修筑长城。因地形起临洮，东达辽东，称万里长城。主要是防御匈奴南侵。于公元前214年将秦、赵、燕三国的北边长城予以修缮，连贯为一，至今仍有遗迹残存。此后汉、北魏、北齐、北周、隋各代都曾在北边与游牧民族接境地带筑过长城。明代为防御鞑靼、瓦剌侵扰，自洪武至万历时，前后修筑长城十八次。北部长城东起山海关，东南至龙头，西至嘉峪关，称为"边墙"；宣化、大同二镇之南，直隶山西界上，并筑有内长城，称为"次边"；东北为防御兀良哈三卫和建州女真、海西女真的骚扰，在正统、成化年间修筑了起自山海关附近的铁场堡，终今辽河东西岸，至今丹东市东北九连城鸭绿江边的辽东边墙。全部总长约6300千米，大部分至今基本完好。居庸关一带墙高8.5米，厚6.5米，顶部厚5.7米，女墙高1米。各朝代对长城的修建，以汉代和明代的修建工程为最大。明灭元，为防御蒙古再次南侵，自1386—1536年先后对长城进行了十多次修建，在建筑工程和防御设备上都有很大的改进。清朝由于政治、军事的发展，特别是统治策略的改变，便不再大修长城。

自春秋（公元前770—前476）各诸侯国家相互防御开始修建长城以来，除汉民族建立的各王朝修筑的长城外，中国其他民族所建立的王朝如北魏、北齐、北周、辽、金、元等都修过长城，长城是中国各族人民智慧和辛勤劳动共同创造的历史丰碑。长城沿线险要或交通要冲都设有关口，除山海关、居庸关、嘉峪关外，还有喜峰口、古北口、张家口、杀虎口、紫荆关、倒马关、平型关、雁门关、娘子关等。并在沿线设有烽火台，遇有军情，用以报警，至今河西走廊仍残存有多处烽火台遗址。千百年来由于风沙侵蚀，岭谷变迁，长城有些墙段已被黄沙湮没，有的原来紧靠河坝的已远离河岸，有些还受到地震的影响，遗留着断裂或位移痕迹，这些对研究长城沿线的历史地理提供了宝贵资料。

长城是中国古代伟大工程之一，在中国北方，横亘甘肃、宁夏、陕西、山西、内蒙古、北京和河北七个省、市、自治区，沿途穿越莽莽草原、浩瀚沙漠、巍峨群山，直至苍茫的渤海之滨，好像长蛇盘踞在北方一样。

长城景象雄伟，波澜壮阔，显得格外壮观，是史无前例的壮举。如今，从月球上都能够看到万里长城，它是中国的第二项“世界文化遗产”，早已列入《世界遗产名录》。

古老的万里长城至今已有2700多年的历史，仍屹立于世界的东方，它阅尽人间春色，饱经世事沧桑，成为世界奇迹，令世界称奇。这到底是什么原因呢？

这全靠糯米立下的伟大功劳。

糯米又名糯稻，是米质黏性特强的一种栽培稻。通常米质外表呈不透明的乳白色，糊化温度较低，糊化时间较短。蒸煮后饭质透明，黏性极强，胀性小，多用于制作糕点、酿酒等。糯米是糯稻碾出的米，又名江米。用淀粉加工制成的糯米纸，薄如纸，可以吃，也可用做糖果、糕点等的内层包装。

古代的中国人就是利用糯米具有极强黏性的性能制成一种黏结性超强的砂浆来建造万里长城的。这就是万里长城超越2700年而不倒的根本原因。

砂浆是建筑上砌砖石用的黏结性物质，古人制造的砂浆是由一定比例的沙子和糯米浆、石灰膏、黏土等加水和成。今天制的砂浆是由一定比例的沙子和水泥、石灰膏、黏土等加工和成，也叫灰浆、砂浆。

古代中国的建筑工人将糯米与标准砂浆和合而成为糯米砂浆，用于填充砖块、石块，修建城墙、宝塔、墓穴等，其中一些建筑历经千百年风雨的剥蚀、地震的破坏，以及地层的演变，至今犹存。这都是糯米砂浆立下的奇功。

糯米砂浆的凝聚力比纯石灰砂浆的强度更大，更具有耐水性，经久耐用，是优质的耐水材料。它是一种使用有机与无机原料制成的复合砂浆。这种复合砂浆是当时的高新技术，使很多雄伟瑰丽的建筑千百年来能防御风雨的剥蚀、防御地震的破坏，至今坚不可摧，甚至用现代的大型推土机也不易推倒。

糯米砂浆具有超强度的凝聚力，其秘密的武器是什么呢？主要是有一种支链淀粉的缘故。

支链反应是在链反应中当一个活性中心消失时，能产生一个以新的活性中心的反应。

淀粉指有机化合物，化学式为 $C_6H_{10}O_5$，是二氧化碳和水在绿色食物细胞中经光合作用形成的白色无定型物质。多存在于植物的子根、块根和块茎中，是主要的碳水化合物食物。工业上广泛应用。

糯米砂浆是由一种特殊的有机与无机合成材料组成的。有机原来指跟生物体有关的或从生物体来的化合物，现在指除碳酸盐和碳的氧化物外，含碳原子的化合物，如有机酸、有机化学等。糯米砂浆的有机成分是支链淀粉；无机是指跟非生物体有关的或者从非生物体来的化合物，现在指碳酸盐和碳的氧化物外，不含碳的原子的化合物，如无机盐、无机肥料、无机化学等，糯米砂浆的无机物——支链淀粉，来自于添加至沙中的糯米汤。它发挥着抑制剂的作用：一方面能控制硫酸钙晶体（化学式为 $CaSO_4$）的白色粉末或晶体，主要用作油漆、白色颜料、纸张填料、抛光粉等，可溶性硫酸钙可作固体、气体和有机液体的干燥剂等的增加，同时又产生紧密的微观结构。这种结构正是使有机与无机砂浆产生超强度凝聚力的真正原因。经过现代化学的研究和实践充分地证明，糯米砂浆与石灰砂浆相比较，糯米砂浆的物理特性更稳定，不易被酸、碱、强氧化剂等腐蚀，也不易受光和热的作用而改变性能。它的机械强度更大，相容性更强。这些特点是传统石灰砂浆所不能具备的，故糯米砂浆必然成为行家修复古代石造建筑，如城墙、坟墓、庙宇（庙堂）、寺庙、寺院（修道院）、佛寺、宫殿等的上乘材料。

全球最窄的科林斯运河

运河是人工开凿的通航水道。在中国古代是通漕运之河，用以沟通不同河流、水系，连接重要城市和工矿区，发展水上运输。运河在唐以前称为沟、渠、漕渠、漕河、运渠。宋代始有运河之称，元明以来渐成通称。后来把沟通海洋的渠都称为运河；按地理条件又分为内陆运河和海域运河。跨越分水岭或高地和比较大的运河，均需建筑船闸，使河水分成若干梯级。

科林斯运河穿过希腊科林斯地峡。这地峡是在希腊大陆和伯罗奔尼撒半岛之间，将科林斯湾与萨罗尼克科湾隔断。地势从南部向中部隆起，形成海拔 90 米左右的荒凉高地。1893 年，西北连接科林斯湾，东南连接萨罗尼克湾的潮水河的科林斯运河通航了。它长 6. 3 公里，深 7 米，河宽从河床最窄处的 21 米，到河面最宽的 25 米不等。运河给其西北端的波西索尼亚港及其东南端的伊斯米亚带来很大的经济利益。运河只能容纳宽度在 16. 5 公尺的船舶及深度 7. 3 公尺的现代化海洋货轮。运河缩短了从亚得里亚海到雅典的比雷埃夫斯港的 320 公里航程。

科林斯运河

船舶只能单向行驶，而且在固定的某一时间内，大型船只能以拖船拖曳才能驶过。

拖船是用于拖曳其他船舶或浮体的机动船，设有拖缆、绞车等拖曳设备。其用途有拖带驳船、木排、受损船舶、起重船、浮船坞，拖曳大船入港埠或船坞等。体积尺度小而主机功率大，对稳定性和操纵性要求较高。

第二十章 下水道

北京团城排水系统藏玄机

团城在中国北京市西城区、故宫西北、北海以南低丘上。有圆形城垣，故名。金代挖北海湖泥堆成，高4.6米，周长276米，面积约4500平方米，其上建有殿宇。元、明、清均为御园。主要建筑承光殿（元代始建）内有玉佛，殿前有玉瓮亭，内放元代玉瓮，系由整块玉石砌成。整座团城就是一个圆形的宫殿，被誉称为“世界上最小的城堡”。整座城墙上没有一个泄水口，地面上也没有排水明沟，有时尽管倾盆大雨，但只是雨过地皮湿，雨水立即渗透得干干净净。那些雨水到底流向何方？原来，古人设计有一个精妙且构思精巧的排水系统。这一精巧的工程是专为皇家设计的，它的秘密武器就是地面所铺的“青砖”及其“地下涵洞”。青砖具有极强的吸水功能；涵洞是地下孔洞式过水通道。入、出口水面与原水道相接，用于沟渠的交叉处，能使沟渠之水排泄通畅，让雨水流入涵洞后在地底下形成“暗河”；输水快，水量损失小。上大下小的青砖构成一个倒梯形，使每块砖成为一个微型水库。雨水流经青砖时，经缝隙再流到地下。若雨量再大，又利用北高南低的走势，迅速地进入质水眼中。所以，其地面上没有排水明沟。它的设计是如此的精妙且简单，只需从地皮挖下深井，每个深井在地下既解决了雨水的排放问题，又合理地让水患变为水利，灌溉与滋润着地面上的古木大树，使之郁郁葱葱。所以，水眼除却有渗水与排水功能之外，又可以降低树根周围的水位，使土壤里的水分适宜树木生长。同时，涵洞又与水眼组成了一个巨大的地下通风透气系统，为城中的古木大树提供了良好的地下通风透气条件，让这些绿色植物进行光合作用时放出氧气，吸入二氧化碳。

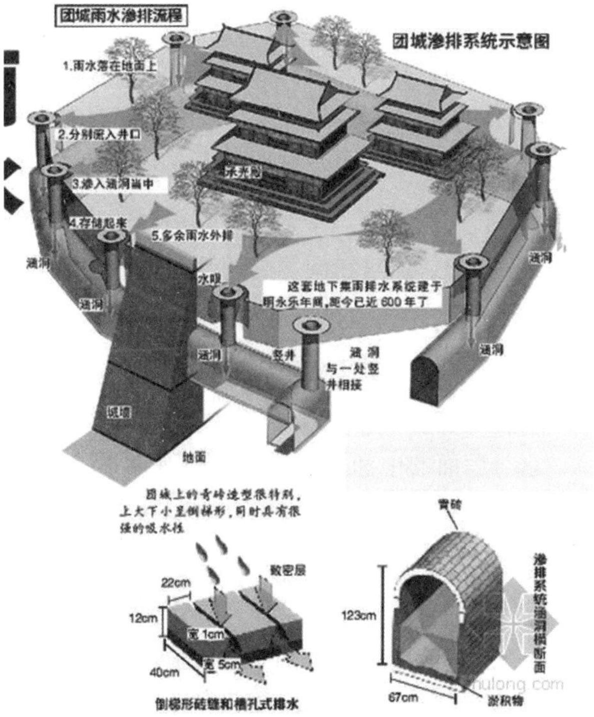

北京团城排水系统

法国浪漫主义作家雨果在长篇小说《悲惨世界》中曾说：“下水道是城市的良心。”

从北京团城排水系统的奥妙，可见明朝的天子与万民充满着无穷的智慧与大度包容的精神。承蒙天恩才福泽万代，占尽了天时、地利与人和，达到了尽善尽美“天人合一”的境界。

故宫与优越的排水系统

故宫，顾名思义是古代封建王朝遗存的宫殿，一般指紫禁城。紫禁城是明、清两代留下的皇宫，在北京市南北中轴线上。始建于明永乐四年至十八年（1406—1420），后历代都有改建，是中国现存规模最大的古建筑群，也是世界上现存规模最大、保存最好的一座帝王宫殿，先后住过24位皇帝，现珍藏稀世文物105万件。是中国博物馆行业集大成者，不但涉及领域广阔，珍品丰富多彩，而且在同等的博物馆中，馆藏品的质量与档次都超越国内其他同行。

北京故宫东西长760米，南北宽960米，面积72公顷，共有大小房间9999间半，各个建筑布局开阔对称、严整。主体建筑前三殿，即金銮殿（亦称太和殿），它与后面的中和殿、保和殿总称为“三殿”，是当时皇帝发布政令、举行典礼的地方。这三大殿建在三层的汉白玉雕石台基上，是全组建筑中最高的建筑群。再往后是内廷区，以乾清宫、文泰殿、坤宁宫为中心，均为帝后居住的宫殿。也就是说，故宫按功能分前殿与内廷。前者以太和殿、中和殿、保和殿为中心，是帝王举行大典、召见大臣、处理政务的地方，殿堂体型宽阔，气势雄伟而磅礴，宇内雕梁画栋，金碧辉煌。三大殿中又以太和殿最突出，坐落在8米高的汉白玉雕石台上，宽64米、进深37米、殿高27米，是目前中国最大的木结构建筑。

除宫廷外，还建有玲珑雅致的御花园，中轴线以西是西路，又叫西六宫；西六殿之南有养心殿，其暖阁便是慈禧当年垂帘听政的地方。由此往东，横穿中路便进入东路及外东路，这里有一些展览馆，如陶瓷馆、青铜器馆、绘画馆及珍宝馆等。乾隆花园后符望阁旁，有一口“珍妃井”，据说是光绪帝的宠妃珍妃被慈禧推落井的地方。

1911年辛亥革命结束了中国最后一个王朝，1925年，故宫改为故宫博物馆，成为中国最珍贵的历史文化遗产之一。为全国重点文物保护单位，并被列入《世界遗产名录》。

总之，整个故宫建筑群是按中轴线对称布局，层次分明，主体突出，集中体现了古代中国建筑艺术的优秀传统和独特风格，体现了中国人民高超的智慧、无穷的智力与创造才能，现为故宫博物院。

说到北京故宫排水系统的优越性，主要归功于明清时期建造的排水明沟和暗沟。明沟是地面上敞开的排水沟，又称阳沟。能迅速排除故宫周边部分地面水。暗沟，即挖一定深度的沟，上盖土垡再回填土，或在沟底填滤水材料或再回填土料的暗沟，它能迅速排除积水，所以故宫从未发生过雨水滞阻的现象。这些明沟与暗沟历经了600多年的岁月，仍默默无闻地“济世安民”。

紫禁城中的大小庭院，从地形地势来看，均为中央隆起，周边斜低，北高南低。但凡下雨，雨水流入明沟的石水槽，而地面与明沟的水立即通过入水口流入地下。至于各个大小庭院的明沟与暗沟的水，又分流入沟水渠的干线和支线，最后这些雨水将全部流入内金水河。

金水河，金始导今北京城西北玉泉山水东注今三海；元重加修浚，下游被圈入禁苑之内，故称“金水河”。故道自玉泉东南流，在今西直门南入城，东注今三海，又自三海南端至皇城，最终注入通惠河。明改引玉泉为通惠河源，城西金水河故道遂湮废。玉泉水入城至什刹海后分为二支：一支东南流为通惠河；一支南注三海，东贯大内为金水河，又自宫苑南出绕皇城前东入通惠河。清代以在紫禁城内为内金水河，在皇城前者为外金水河，相沿至今。天安门前有金水河，跨河有汉白玉石桥五座。桥前为天安门广场。明朝时始称“承天门”，清顺至八年（1651）重修，改称天安门。

赣州“福寿沟”功在千秋

2010年1月底，中国遭到强暴风雨的连连袭击。水灾为患，引发南昌、南宁等诸多城市严重内涝。当洪峰冲击赣州时，降水量达到百毫米，赣州市竟安然无恙，让人惊奇不已。究其原因，缘于宋代的一条排水沟。

赣州是中国历史文化名城，在江西省南部，以赣江得名，此处赣南山地、赣江上游。地形具乌龟之形，城南为龟首，城北为龟尾，向有“浮城”之称。民间认为不管江水涨多高，赣州城都能“浮”起来。

赣州又是江西省第二大城市。东晋为南康郡治，隋为虔州治，南宋以后为赣州州、路、府治。宋之前赣州常为水患，到了北宋熙宁年间刘彝任知州时，为了根绝水患给百姓带来的灾难，便着手规划，对兴修水利问题亦有全面而长远的发展计划，又对赣州城区的街道进行修建；同时，根据街道的地形进行合理的布局、全面的安排和统筹。对下水道采取分区分流的排水原则，建成两大干道排水系统。又因为两条大干道延伸的走向酷似篆体的“福”、“寿”二字，故命名为“福寿沟”，后与江西南昌的福寿庵遥相对应。

刘彝是宋福州闽县人，字执中。幼从胡瑗学。仁宋庆历六年（1046年）进士。为朐山令，有惠政。神宗时除都水丞，改知虔州，著《正俗方》，以医易巫。加直史馆，知桂州。以禁与交趾人互市而失钦、廉、邕三州坐贬，除名为民。哲宗元祐初召还，卒于道。有《七经中义》、《水经注》、《明善集》、《居阳集》等。

福寿沟全长12.6公里，至今仍默默无闻地济世，承载着赣州旧城区近十万居民的排泄雨水、污水的功能，大致推算，以目前积水区域人口的雨水和污水处理量，即使再增加四倍的流量，均可承受，确保无虞。

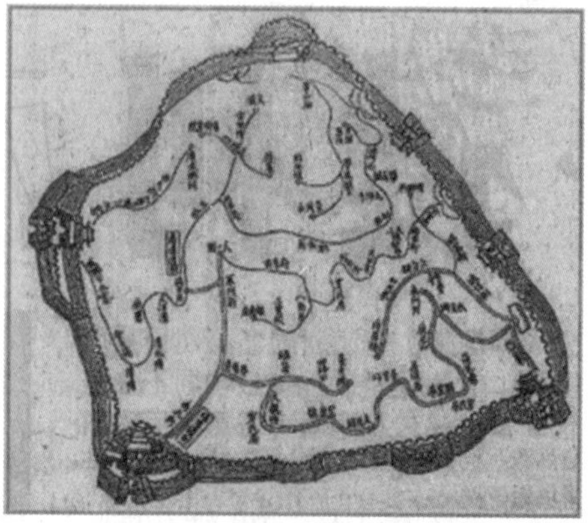

光绪年间“福寿沟”图

刘彝从政，但又是一名水利专家，他完全依据赣州地形走势的高差，采用自然流向的办法，因地制宜，因势利导，让赣州旧城区的雨水和污水自然排入江中。他又依据水力学的原理，在出水口处，“造水窗十二，视水消长而后闭之”，这样就有效地防止雨季江水上涨、水位加高而出现江水倒灌入城的情况，解除了水患发生的可能。当江水水位低于水窗时，便借下水道水力将水窗冲开排水；相反，当江水水位高于水窗时，则借江水水力将水窗自外紧闭，确保防止倒灌。其实，水窗的功能类似水门、水闸，通过关闭闸门挡水，开启闸门过水的低水头水工建筑物。水窗的建造又具有洪水闸、排水闸、分洪闸、挡潮闸的功能，属于开敞式水窗，用它调节水位和控制流量，适应不同的需要，以防止有害水情造成洪涝等严重自然灾害。

建造福寿沟总共耗时十年，而给百姓受益千秋万代。刘彝“治簿书，恤孤寡，作陂池，教种艺，平赋役，抑奸猾，凡所以惠民者元不至”。刘彝就是地道的父母官、清官，他的心中装的是平民百姓，他“先天下之忧而忧，后天下之乐而乐”。

宋代修建的城墙也是坚不可摧的，不仅能防盗，又能防洪。但刘彝仍于城内设计建造水塘数百口，与福寿沟相连，使之发挥了极其重要的调蓄作用，实际上组成了一个泄水网络，成为人类建设史上一个不平凡的奇迹。

总之，北宋“福寿沟”名副其实，900 多年以来经历风风雨雨的冲击至今仍安然无恙，主要奥妙在于“顺天意而为之”，根据地势的自然走向，以“因势利导”的设计思想，采取明沟与暗沟相结合，既避免了沟水外溢，又可利用废水养鱼、种植水生植物，造福人民。它又通过城墙下面的水窗，将污废水排入章江与赣江。

章江又名西江，源出今江西大余县西聂都山，东北流至赣州市北，合贡江为赣江。

贡江又名贡水、会昌江、东江。源出福建长汀县界，西流至江西赣县与章水合流为赣江。

北宋赣州“福寿沟”为古代城市建设排水系统中极富独到创见与新精神的综合性工程，这也是当时创造性的综合工程，到清朝初期才进行过大规模的保护和修理，使暗沟“广二、三尺，深五、六尺”不等，成年人可在暗沟中行走自如。这更能发挥它的功能、延长它的寿命，它将绵亘地造福人民。

德国人在青岛建的下水道

青岛在山东省东部，原系一渔村。清光绪二十三年（1897 年）德国侵占胶州湾，次年强行租借青岛，辟为军港和商港，才将青岛构建成最初的城市雏形，也同时设计出新型的现代排水系统。当时是以三四十万人口的城市规模设计的，建造新的排除雨水和污水的管道（下水道），构思巧妙，设计精密，施工质量上乘，所以整个下水道网路至今仍完整如初，仍发挥着重要作用。

德国人于一百多年前曾在租借地设计建造的下水道，在几年前，有的零件已经老化，必须更新。可惜当年制造零件的公司已经关门。青岛有关人员经多方寻觅之后，才有一家德国企业给他们发来了电子邮件，言及根据德国施工惯例，在老化零件周围 3 米范围之内，应该可以找到存藏的备件。工作人员立即在下水道中找到了一个小小的储物库，里面着实有备件，而且以油布包裹着，打开一看，仍闪闪发光，岁月的流逝对其光泽丝毫无损。

租借地，指一国通过条约，以租借方式从他国取得的领土。租借大多有年限，但即使是永久租借地，租让国也有权要求收回。租借地一般涉及主权行使的移转。历史上帝国主义列强曾通过不平等条约从弱小国家取得租借地。

青岛港阔水深，终年不冻，是华北天然良港，当年德国强租胶州湾之后，修筑水港码头，开辟工厂。1904 年胶济铁路建成。1914 年，日本从德国手中夺取青岛，大肆进行掠夺性经营。1922 年华盛顿会议后，归还中国。1929 年设特别市，港口继续发展，1930 年贸易额超过天津港。1938—1945 年被日本再度占领。青岛历尽沧桑，但德国人建筑的下水道，至今仍畅通无阻，让很多中国人百思不得其解，亦让后来的主政者汗颜。

附录：谜团重重

1. 先有猫还是先有狗

猫是哺乳纲，食肉目，猫科。狗属犬科。在狗猫的驯化历史上，家养狗早于家养猫。原因是对于猫来说，它们经历过更为漫长时间和艰苦的努力，才脱离野生世界。

狗和猫的祖先都是大约生活在6500万年前的早期食肉动物，但随后开始沿着两条轨迹进化，即猫科和犬科。而狗的近期祖先是狼。早在1.5万年以前，狗就成为人类的伙伴。但家猫，这一非洲野猫的后代，却是在大约9000年前才出现。具体来说，欧洲家猫起源于非洲的山猫，一般认为亚洲家猫起源于印度的沙漠猫。

2. 先有男人还是先有女人

先有女人，后有男人。包括人类在内的所有高级动物都是先从雌性开始的。随后才出现了一种异常的现象，使得有一些个体转变为雄性。

当一种动物的生存状况相对稳定之时，雌性会占据支配力。但当灾难临头，威胁到这一平衡点之时，这一物种就会自动转为雄性占据多数领域的上风。

3. 先有羽毛还是先有翅膀

人们根据一切已经掌握的材料证明，羽毛出现在翅膀之前。根据最新考古发现的化石表明，在将近1.3亿年前就有了被羽毛覆盖全身的陆地动物，其中包括某种恐龙。这就证明了现今的禽类是源于这些早期陆地动物。最初的羽毛是从刺进化而来的，具有防御的作用，并最终适应环境的需要，成为抵御严寒的工具。随后，羽毛变得越来越灵活柔软。随着年深日久，羽毛逐渐具备了在空气中支撑主体的能力。羽毛使陆地动物变成了可以滑翔的动物，最终成为可飞行的动物。

4. 先有昆虫还是先有甲壳动物

昆虫是甲壳纲动物中最古老的物种，是节肢动物门昆虫纲的动物。昆虫和甲壳纲动物同属于无脊椎动物，但后者存在的时间更加久远，大约出现在5亿年前寒武纪时代。

寒武纪是古生的第一个纪，代表符号为“∈”。“寒武”一词源自英国威尔士一个古代地名Cambria的日语汉字音译，中国加以沿用。开始于

5.45 亿年前，分早、中、晚三个世。生物群以海生无脊椎动物为主，特别是三叶虫、低等腕足类和古杯类。低等植物的红藻、绿藻等开始繁盛。这一时期形成的地层称“寒武系”。

在寒武纪，生物大都生活在水中，动物一般都有坚硬的外壳，以抵御海水盐分中化学物质的腐蚀。今天的昆虫多数是大家族且分类又复杂，但它却比甲壳纲动物晚出现大约一亿年，即在泥盆纪时代。那时，陆地上升，植物开始生长。

泥盆纪是古代生物的第四个纪。代表符号为“D”。“泥盆”一词源自英国一个郡名 Devonshire 的日语汉字音译，中国加以沿用。开始于 4.17 亿年前，结束于 3.54 亿年前，分早、中、晚三个世。无脊椎动物除珊瑚、腕足类和原始菊石外，昆虫出现，其他门类的动物也有发育。脊椎动物中的鱼类（甲胄鱼、总鳍鱼）大量出现。晚期出现原始两栖动物啮齿类。蕨类、原始裸子植物出现。这一时期形成的地层称“泥盆系”。

5. 先有人类还是先有黑猩猩

人和黑猩猩拥有一个大约生活在 2500 万年以前的共同祖先，所以他们最初演化的历程是一样的。但是，大约在 600 万年前，二者才开始朝向不同的道路进化。

黑猩猩在分类学属于猩猩科。

猩猩又名“褐猿”。哺乳纲，灵长目。人类属于人科。《书·泰誓上》：“惟天地万物父母，唯人万物之灵。”人科是灵长目的一科。包括现代人类和所有的化石祖先，如南方古猿属和人属。其中，南方古猿的一些进步类型已能制造工具。人科起源的时间可上溯到第三纪上新世。

猩猩科和人科同属于灵长类哺乳动物。现代人类，又称智人，出现在大约 20 万年前的非洲。

6. 先有蛋还是先有鸡

鸡属鸟纲，雉科家禽。先有蛋还是先有鸡？这个千古之谜一直困扰着人们。先前科学研究的结果都肯定先有蛋，后有鸡。现在的家养鸡源于野生雉，其驯化的历史已有 4000 年。前期的家养鸡是从一只原鸡产下的蛋中孵出来的。原鸡是一种野鸡，是现在家鸡的祖先。但也有人认为，现在的家鸡是不同种的鸡杂交之后的产物，不存在到底是鸡生蛋还是蛋生鸡的问题。因为无论是鸡还是其他生物，一个物种的早期成员都是其他一物相近物种的后代。

科学家经过长期研究，确定“先有鸡后有蛋”之论。因为鸡蛋的形成必须依赖于 OC－17 的蛋白质。这一物质必须在母鸡的卵巢中产生，只有先有鸡，才能产生第一个蛋。彻底否定“先有蛋后有鸡”的怀疑瞎说，圆了千百年以来世人的梦。

参考文献

[1] 辞源．北京：商务印书馆，1979.

[2] 辞海．上海：上海辞书出版社，1999.

[3] 全唐诗．北京：国际文化出版公司，1995.

[4] 大不列颠百科全书（中文版）．台北：丹青图书有限公司，1987.

[5] 中国社会科学院语言研究所词典编辑室．现代汉语词典（5版）．北京：商务印书馆，2005.

[6]（清）吴楚材，吴调侯．古文观止．北京：中华书局，1980.

[7]（汉）司马迁．史记．兰州：甘肃民族出版社，1997.

[8] 张撝之，沈起炜，刘德重．中国历代人名大辞典．上海：上海古籍出版社，1999.

[9] 魏嵩山．中国历史地名大辞典．广州：广东教育出版社，1995.

[10] 邓方．中国古代神仙祖庙百例．北京：中国华侨出版社，1993.

[11] 刘逸生．诗经选．广州：广东人民出版社，1984.

[12] 陈光裕．世界地名词典．上海：上海辞书出版社，1981.

[13] 沈起炜，徐光烈．中国历代职官词典．上海：上海辞书出版社，1998.

[14] 李恩江，贾玉民．说文解字译述．郑州：中原农民出版社，2000.

[15] 俞鹿年．中国官制大辞典．哈尔滨：黑龙江人民出版社，1992.

[16] 袁世全．誉称大辞典．上海：汉语大词典出版社，2003.

[17] 赵孟祥．中国皇后全传．北京：中国社会科学出版社，2004.

[18] 乔继堂．中国皇帝全传．北京：中国社会科学出版社，2003.

[19] 孙云鹤．常用汉字详解字典．福州：福建人民出版社，1986.

[20] 许嘉璐．中国古代礼俗辞典．北京：中国友谊出版公司，1991.

[21] 胡真，张葵．占测趣谈．上海：上海古籍出版社，2005.

[22] 周勋初，等．唐诗大辞典．南京：江苏古籍出版社，1990.

[23] 钱穆．论语新解．北京：生活·读书·新知三联书店，2002.

[24] 陈子展．诗经直解．上海：复旦大学出版社，1983.